中国—中东欧
高等教育合作研究

Research on China-Central and Eastern Europe
Higher Education Cooperation

赵坤　宗欣　等　编著

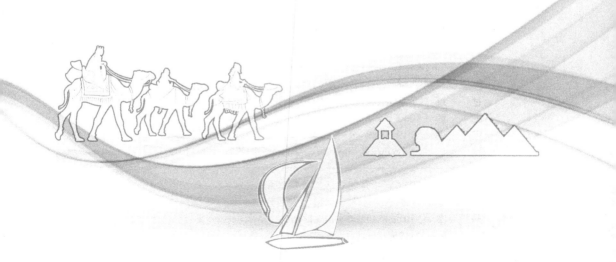

北京理工大学出版社
BEIJING INSTITUTE OF TECHNOLOGY PRESS

版权专有　侵权必究

图书在版编目(CIP)数据

中国—中东欧高等教育合作研究 / 赵坤等编著. －－北京：北京理工大学出版社，2023.4
ISBN 978 – 7 – 5763 – 2293 – 4

Ⅰ. ①中⋯　Ⅱ. ①赵⋯　Ⅲ. ①高等教育－国际合作－研究－中国、欧洲　Ⅳ. ①G648.9

中国国家版本馆 CIP 数据核字(2023)第 082163 号

责任编辑：王晓莉　　**文案编辑：**王晓莉
责任校对：周瑞红　　**责任印制：**李志强

出版发行 / 北京理工大学出版社有限责任公司
社　　址 / 北京市丰台区四合庄路 6 号
邮　　编 / 100070
电　　话 / (010) 68944439（学术售后服务热线）
网　　址 / http://www.bitpress.com.cn
版 印 次 / 2023 年 4 月第 1 版第 1 次印刷
印　　刷 / 廊坊市印艺阁数字科技有限公司
开　　本 / 710 mm × 1000 mm　1/16
印　　张 / 28.75
字　　数 / 388 千字
定　　价 / 138.00 元

图书出现印装质量问题，请拨打售后服务热线，负责调换

《中国—中东欧高等教育合作研究》编委会

主　编：赵　坤　宗　欣　李　晶
副主编：吴　迪　苗　旻　沈佳培　马　薇
　　　　于春晓　刘　进
委　员：赵　坤　宗　欣　李　晶　吴　迪
　　　　苗　旻　沈佳培　马　薇　于春晓
　　　　刘　进　JELENA VUJICIC（波黑）
　　　　刘郁恒　郑雯琦

前　言

　　高等教育对外开放是我国改革开放事业的重要组成部分，也是人类命运共同体建设的重要内容。在当今纷繁复杂的国际形势下，高等教育面临着一系列新压力、新挑战。在重大危机面前没有谁能够独善其身，各国是休戚与共的命运共同体，团结合作是应对挑战的必然选择。教育交流合作的意义和作用远远超过了教育本身。在新的对外开放形势下，高等教育国际交流合作要坚持扎根中国与融通中外相结合，以更加开放合作的姿态应对全球的共同威胁和挑战。

　　"一带一路"倡议下的高等教育国际交流合作是实现共商共建共享，促进"民心相通"的关键所在。"国之交在于民相亲，民相亲在于心相通。""心相通"的深层基础是文化、关键在教育。目前，我国专家学者开展对"一带一路"国家高等教育的研究比较少、成果积累有限、研究时效性缺乏，尤其是对"一带一路"国家高等教育历史、现状与趋势，教育制度、政策与体系，人才培养体制与入学制度，教育国际交流与合作等缺乏比较研究，无法有效支撑"一带一路"高等教育研究和实践活动。

　　2015年至今，本项目团队聚焦"一带一路"高等教育，持续开展系统研究，形成立体化研究成果，在一定程度上弥补了国内外研究不足。一是系统梳理各国教育体系。逐一展开对"一带一路"沿线国家教育制度、对华联系、招生考试等专题研究,已发表学术论文70余篇、出版"一带一路"高等教育研究系列专著6部。二是聚焦"一带一路"人才流动、招生质量、大数据库建设等关键议题,通过承担科研项目积极发挥智库作用。先后主持2项国家自然科学基金面上项目、6项省部级项目,绘制形成64国学生流动图谱,长线追踪高质量生源流动轨迹。三是搭建平台举办系列学术会议。2015年创立"一带一路"高等教育研究国际课题组,以国际课题组为平台,组织召开了5届"一带一路"高等教育国际会议,已成为全球范围内举办时间最早、系列化程度最高、学术影响最大的"一带一路"高等教育研究会议之一。四是成立"一带一路"教育大数据研究中心,成为面向"一带一路"国家、以大数据为主要研究方法的国别和区域研究中心,基于大数据平台开展各类纵贯研究。

为进一步推进"一带一路"国家高等教育研究,自2021年起,本项目团队在北京理工大学国际交流合作处、留学生中心、教务部、研究生院、科学技术研究院等相关部门和北京理工大学出版社的大力支持下,计划陆续推出《"一带一路"高等教育合作研究丛书》和《"一带一路"高等教育国别研究丛书》2套丛书。《"一带一路"高等教育合作研究丛书》主要以"一带一路"区域国家高等教育为研究对象开展合作比较研究。《"一带一路"高等教育国别研究丛书》是以国家为单位,分册介绍"一带一路"沿线64国的高等教育概况。

《中国—中东欧高等教育合作研究》是《"一带一路"高等教育合作研究丛书》的第三本图书,从高等教育发展历程、高等教育概况、高等教育国际化、高等教育交流与合作、代表性大学等方面介绍了中东欧16个国家的高等教育概况和同中国的高等教育交流与合作。本书可以作为我国来华留学生教育管理工作者和计划赴"一带一路"国家留学的学生和家长们了解生源国和留学目的地国中高等教育概况的参考用书,同时也可作为高等教育研究人员开展"一带一路"高等教育研究的基础素材。本书由赵坤、宗欣等编著,由编写小组集体完成。在撰写过程中,得到了北京理工大学在校来华留学生和已毕业校友的大力支持，在此表示衷心的感谢。

由于水平有限，时间仓促，本书中应该还存在一些不足，敬请专家学者和读者朋友不吝指教。

目录

第一章 波 兰 1
　　第一节 国家概况 1
　　第二节 高等教育发展历程 3
　　第三节 高等教育概况 11
　　第四节 高等教育国际化 21
　　第五节 中波高等教育交流与合作 25
　　第六节 代表性大学 31

第二章 捷 克 43
　　第一节 国家概况 43
　　第二节 高等教育发展历程 45
　　第三节 高等教育概况 51
　　第四节 高等教育国际化 59
　　第五节 中捷高等教育交流与合作 67
　　第六节 代表性大学 71

第三章 塞尔维亚 81
　　第一节 国家概况 81
　　第二节 高等教育发展历程 84
　　第三节 高等教育概况 88
　　第四节 高等教育国际化 94
　　第五节 中塞高等教育交流与合作 103
　　第六节 代表性大学 110

第四章 匈牙利 ... 115
- 第一节 国家概况 ... 115
- 第二节 高等教育发展历程 ... 117
- 第三节 高等教育概况 ... 123
- 第四节 高等教育国际化 ... 134
- 第五节 中匈高等教育交流与合作 ... 141
- 第六节 代表性大学 ... 146

第五章 波斯尼亚和黑塞哥维那 ... 153
- 第一节 国家概况 ... 153
- 第二节 高等教育发展历程 ... 156
- 第三节 高等教育概况 ... 159
- 第四节 高等教育国际化 ... 166
- 第五节 中波高等教育交流与合作 ... 172
- 第六节 代表性大学 ... 178

第六章 立陶宛 ... 188
- 第一节 国家概况 ... 188
- 第二节 高等教育发展历程 ... 189
- 第三节 高等教育概况 ... 194
- 第四节 高等教育国际化 ... 203
- 第五节 中立高等教育交流与合作 ... 208
- 第六节 代表性大学 ... 211

第七章 斯洛伐克 ... 219
- 第一节 国家概况 ... 219

第二节　高等教育发展历程..................221
　　第三节　高等教育概况........................225
　　第四节　高等教育国际化....................232
　　第五节　中斯高等教育交流与合作........237
　　第六节　代表性大学............................240

第八章　罗马尼亚..245
　　第一节　国家概况................................245
　　第二节　高等教育发展历程..................246
　　第三节　高等教育概况........................248
　　第四节　高等教育国际化....................255
　　第五节　中罗高等教育交流与合作........257
　　第六节　代表性大学............................266

第九章　拉脱维亚..273
　　第一节　国家概况................................273
　　第二节　高等教育发展历程..................275
　　第三节　高等教育概况........................280
　　第四节　高等教育国际化....................289
　　第五节　中拉高等教育交流与合作........292
　　第六节　代表性大学............................294

第十章　克罗地亚..302
　　第一节　国家概况................................302
　　第二节　高等教育发展历程..................304
　　第三节　高等教育概况........................307

第四节　高等教育国际化...314
第五节　中克高等教育交流与合作....................................318
第六节　代表性大学..323

第十一章　保加利亚...330
第一节　国家概况...330
第二节　高等教育发展历程...333
第三节　高等教育概况..335
第四节　高等教育国际化...344
第五节　中保高等教育交流与合作....................................346
第六节　代表性大学..351

第十二章　爱沙尼亚...356
第一节　国家概况...356
第二节　高等教育发展历程...358
第三节　高等教育概况..364
第四节　高等教育国际化...372
第五节　中拉高等教育交流与合作....................................374
第六节　代表性大学..376

第十三章　斯洛文尼亚..383
第一节　国家概况...383
第二节　高等教育发展历程...385
第三节　高等教育概况..388
第四节　高等教育国际化...395
第五节　中斯高等教育交流与合作....................................398

第六节　代表性大学……401

第十四章　阿尔巴尼亚……405
　　第一节　国家概况……405
　　第二节　高等教育发展历程……406
　　第三节　高等教育概况……408
　　第四节　高等教育国际化……412
　　第五节　中阿高等教育与合作……414
　　第六节　代表性大学……417

第十五章　黑山……419
　　第一节　国家概况……419
　　第二节　高等教育概况……420
　　第三节　高等教育国际化……423
　　第四节　中黑高等教育交流与合作……427
　　第五节　代表性大学……428

第十六章　北马其顿……431
　　第一节　国家概况……431
　　第二节　高等教育概况……433
　　第三节　高等教育国际化……438
　　第四节　中北马高等教育交流与合作……440
　　第五节　代表性大学……441

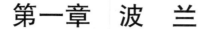

第一章 波 兰

第一节 国家概况

波兰共和国（The Republic of Poland），简称"波兰"，地处欧洲中部，北临波罗的海，南接捷克和斯洛伐克；东邻白俄罗斯，西接德国；东北和东南部则与俄罗斯、立陶宛以及乌克兰接壤。国土面积32.26万平方千米。截至2022年3月，波兰全国人口3 803万人，其中波兰族占人口的98%以上，少数民族主要有德意志、乌克兰、俄罗斯、白俄罗斯、立陶宛等。官方语言为波兰语。全国约有87%的居民信奉罗马天主教。波兰共有16个省、314个县和66个县级市、2 477个乡。首都为华沙，是波兰第一大城市，人口179.1万人（2020年），是全国的工业、贸易及科学文化中心，也是全国最大的交通运输枢纽。其他人口分布较为集中的城市还包括克拉科夫、革但斯克三联城、罗兹、弗罗兹瓦夫、波兹南等。在波兰的华侨华人1万人左右，主要集中在华沙等大城市。波兰当地货币为兹罗提，货币代码PLN。2016年12月12日起，兹罗提与人民币实现直接交易。2023年2月，兹罗提与人民币汇率为1∶1.567，与美元汇率为1∶0.227。

波兰起源于西斯拉夫人中的波兰、维斯瓦、西里西亚、东波美拉尼亚、马佐维亚等部落的联盟。966年，波兰大公梅什科一世接受天主教为国教，建立皮亚斯特王朝。16世纪时，波兰与立陶宛联合组成波兰立陶宛联邦，成为欧洲大国，史称第一共和国，首都从克拉科夫迁往华沙。1772年、1793年和1795年波兰分别被沙俄、普鲁士以及奥地利三次瓜分。1918年11月11日独立，成立波兰共和国，史称第二共和国。1939年9月1日，法西斯德国入侵波兰，第二次世界大战全面爆发。战后建立波兰共和国，后改名为波兰人民共和国。波兰统一工人党（共产党）执政40余年。1989年波兰政治经济体制实施转轨，改国名为波兰共和国，将5月3日定为宪法日，11月11日定为国庆日。波兰于1995年7月1日加入世界贸易组织，1996年加入经济合作与发展组织，1999年3月12日加入北大西洋公约组织，2004年5月1日加入欧盟，2007年12月21日加入申根协定。按人口和面积，波兰是欧盟第六大国。

自1989年转轨以来，波兰经济持续增长，2004年加入欧盟后，经济增速居欧盟国家前列，经济总量在欧盟位列第六，人均GDP由1992年的1 547美元提高到2020年的约15 571美元。2020年虽受新冠疫情影响，人均GDP下滑2.8%，但衰退程度低于其他主要欧洲国家。2021年，波兰经济复苏，国内生产总值同比增长5.7%。根据波兰中央统计局数据，2020年，波兰农业、工业和服务业占GDP的比例分别为2.36%、21.66%和75.98%。波兰是欧洲农业大国，2020年农产品出口总额同比增长4.9%，贸易顺差增加11.4%；波兰还是欧洲大客车的重要产地，电动汽车用锂离子电池成为波兰出口增长最快的商品。波兰凭借其优越的地理位置、稳定的宏观经济、较大的国内市场、较低的劳动力成本和高素质的人力资源，被很多投资者视为首选投资目的地和进入欧盟市场的门户，其经济总量、对外贸易、吸引外国投资等方面均居中东欧国家之首。后疫情时期，波兰制订了国家重建计划，数字化转型、能源转型和降低能耗、绿色智能出行、医疗保健、基础设施等是重点支持领域，具有较大发展潜力。

波兰是首批承认中华人民共和国的国家之一，与中国的友谊源远流长。建交以来，两国关系稳定发展，经贸、科技、人文交流全面展开。2011年两国建立战略伙伴关系。2012年温家宝总理访问波兰，开启了

"17+1"中国—中东欧国家领导人会晤机制。2016年习近平主席对波兰进行国事访问，两国建立全面战略伙伴关系。2020年，两国贸易额超过310亿美元，创历史新高。"一带一路"倡议实施以来，中波经贸合作成效显著，中欧货运班列多条线路经过或抵达波兰，两国开通直航航线，中远海运开通上海至革但斯克定期航线，两国地方和企业交往日益密切。

第二节 高等教育发展历程

波兰教育历史悠久，可谓是"名人之乡"：日心说的创立者哥白尼、作曲家肖邦、"镭元素之母"居里夫人等知名人物均来自波兰。有不少世界著名科技机构从事研究工作的科学家都曾在波兰接受过高等教育。波兰教育体系的发展与波兰国家的曲折命运紧密相连。波兰于966年接受天主教为国教后，由教会开设的旨在为教会培养人才的学校陆续在波兰建立。1364年，波兰卡齐米日国王创立了波兰第一所大学——雅盖隆大学（Jagiellonian University），开启了波兰高等教育发展的篇章。依据1945年第二次世界大战结束、1989年波兰政治体制和经济体系转轨及2017年实行新国民教育体系改革三个重要时间节点，波兰高等教育发展可分为孕育期、发展期、探索期和革新期四个时期。

一、孕育期（1364—1945年）

第一所大学——克拉科夫大学（后为强调与雅盖隆王朝的联系，改名为雅盖隆大学）创建于1364年，是欧洲历史上最早创立的第四所大学，位于波兰旧都、今第二大城市克拉科夫。其经历了几个世纪的盛衰，为数学、天文学等学科的发展做出巨大贡献。此后，波兰立陶宛联邦又相继于1579年和1661年创立维尔纽斯大学（University of Vilnius）和利沃夫大学（University of Lviv），促进了波兰民族文化的进步。1773年，波兰成立国民教育委员会，该机构被认为是世界上第一个教育部。华沙大学（Warsaw University）于1816年建立，是位于波兰首都的第一所学术机构；第一所技术大学——华沙理工大学（Warsaw Polytechnic）于1826年创建。1795年被俄国、普鲁士和奥地利瓜分后，波兰处于异族统治之下，时间长达123年，直到1918年11月波兰才得以重建国家。在此期间，高等教育在重建、维系波兰文化和科学方面扮演着重要的角色，以雅盖隆大学为代表的波兰高校一直坚强矗立，为波兰民族精神及文化的传承和保护做出了卓越贡献。波兰高等教育在这一时期遇到了较大的挫折，例如沙皇俄国在1830年关闭华沙大学，虽然1870年得到允许重新开办，但仍被置于沙皇的严格控制之下。

1918年波兰独立后，教育领域面临的首要问题是教育体系的重建。1919年波兰成立教师议会（Teachers' Parliament），提出普及7年制初等教育、提高中等教育受教育人数等改革措施。1932年起开始尝试7年制小学改革，但由于波兰当时80%的人口在农村，农村大多数学生没有条件接受完整的小学阶段教育，一般只能上到小学四年级。其间国家也开办了一些中学，但由于20世纪30年代资本主义世界经济危机，中学的入学人数也大幅下降。高等教育领域，波兰在同一时期建立了华沙工业大学（Warsaw University of Technology）、卢布林天主教大学（Catholic University of Lublin），但大多数学生来自贵族和高收入家庭。学习所需的费用阻断了那些并不富裕的家庭的学生接受教育，加剧了社会不平等现象。

1939年法西斯德国占领波兰，要求波兰关闭所有中学和大学，小学不允许教授波兰语言，企图通过教育手段剥离波兰人民的民族特性。为应对危机，波兰人民成立了秘密教学组织，开展从小学到大学等各种层次的地下教育。尽管地下教育组织为维系波兰民族特色做出了突出贡献，但"二战"对波兰的教育系统还是带来了严重破坏。80%的学校在"二战"中被摧毁，30%的教师在战争中被杀害，导致大学毕业生仅50万人，文盲300万人。此外，战争留下了150万孤儿，有70万学龄儿童不能上学。

二、发展期（1945—1989年）

波兰高等教育在"二战"中遭受了巨大损失，全国约600万人失去了生命，仅有40%的教授活了下来，财产的损失也同样巨大。1945—1989年波兰高等教育进入共产主义时期，高校得到了恢复和发展，但大部分高校实行了苏联模式，学校的目标、任务和关于教学和研究的资源都由政府决定和分配。

"二战"后，波兰的教育发展面临的最大问题是国内极高的文盲率和极度短缺的校舍和教师。1945年波兰通过决议实行免费教育，建立统一的教育体制，实行8年制基础学校，对18岁以下的青少年进行义务教育。由于当时缺乏足够的师资和校舍，从1948—1949学年开始，实行7年制基础学校和4年制中学。为适应经济和社会建设的需要，1949—1951年，波兰为100多万人进行了扫盲，并在7年制基础学校的基础上创办了职业训练班（4~11个月）、初级职业学校（多数学制为2年）和职业技术中学（3~5年不等）。从1959年开始又在中学2年的基础上增设职业学校（如卫校、师范学校等）。1961年，波兰议会通过《教育制度发展法》，最后确定基础学校学制延长至8年，在此基础上设立4年制普通中学和职业学校。初级职业学校学制为2~3年，专门培养技术工人。职业技术中学学制为4~5年。

此时期高等教育也得到了很大发展。高等学校的数量从"二战"前的32所增加到1958年的76所，到1989年增加为96所，包括10所综合性大学、18所理工科大学、9所农学院、6所经济学院、11所高等师范学院、10所医学院等。高校在校生由1946年的5.6万人增加至1989年的29.1万人；毕业生人数从1946年的3 900人增加到1989年的5.2万人。1989年，平均每10万居民中有大学生767名，较"二战"前的14.4人增长了52倍。

除了高等教育机构数量和受教育人数的增长外，此时期高等教育的另一大成就是布局得到改善。"二战"前，波兰高等教育主要集中在华沙、克拉科夫和波兹南等大城市，1938—1939年度波兰大学生的总数为12万人，几乎一半在华沙学习，其余30%在克拉科夫和波兹南学习，中小城市拥有的高等教育机构较少。20世纪60—70年代，波兰增加了2所综合大学——卡托维兹西里西亚大学（1968年建立）和革但斯克大学（1970年建立）。1989年前后，最大的高校集中地是首都华沙，拥有13所高等教育机构，6.8万名学生；克拉科夫也拥有13所高等教育机构，4.9万名学生；弗罗兹瓦夫拥有9所高等教育机构，3.4万名学生。在较小的城市也有12所高等教育机构，这些高校促进了波兰高等教育布局的改善，但也遇到了一些困难，比如因师资的短缺导致不能招收足够数量的学生，平均每一所高等教育机构雇用教师少于400人，而且大多数教师只有助理教授或讲师等初级职称。

1945—1989年社会主义时期，波兰教育尤其是高等教育虽然取得了一定成就，但受国家制度的影响，教育体系高度集中，政府机构使用严格的制度和广泛的控制机制来操纵高等教育机构，高校的自主性和开放性十分有限，高等教育的发展受到了政治因素的重重束缚。波兰统一工人党执政期间，颁布了一系列法案来建立苏联高等教育模式，消解了波兰高等教育的传统，学术自由和机构自治都荡然无存，例如，1951年的高等教育法案就规定高等教育机构的责任是在社会传播社会主义意识形态；高等教育的管理系统受控于科学和高等教育部；波兰社会主义政党代表出现在大学和学院的各个机关中，监控着高等教育机构的日常管理工作；高等教育机构的热门职位由科学和高等教育部任命等。政治强烈干预高等教育的事务和使用政治标准来管理和雇用教职员工，实际上消解或剥夺了学术自由、学术自治和学术中立，波兰高等教育机构的独立性完全丧失。

高等教育结构受苏联模式的另外一个影响是高等教育结构单一化。1949年，波兰政府将天主教大学之外的所有私立高等教育机构国有化，导致高等教育结构单一化。虽然公立高等教育具有能保证高等教育质量、促进高等教育公平化、传播社会主义思想意识等优点，但是单一的公立高等教育模式也暴露出一些问题，例如不能充分满足人民群众对高等教育的需要、政府财政压力过大和办学僵化等。

三、探索期（1989—2017 年）

20 世纪末，东欧政治格局发生深刻变化，寻找和建立一种新的高等教育模式已是大势所趋。当时，中东欧国家的高等教育水平已经远远落后于西欧国家。为弥补差距，波兰重新构建了高等教育体系，高等教育进入了探索改革期。此外，20 世纪 90 年代的人口剧增，进一步倒逼波兰高等教育的发展，高等院校数量虽有所增加，但是教育质量却难以保障，政府、高校等都在为解决这个问题而努力。

波兰大力推行高等教育改革，拓展办学类型，重新界定管理权限，调整高校运转模式，促进国际交流，有效提高了高等教育领域的活力。1990 年后，波兰议会接连颁布实施了《高等教育法》《职称和学位法》《国家科学研究委员会法》和《高等职业教育法》，从法律和体制层面明确保障了高等院校和师生的基本权利，完善了波兰的教育体系，使高等教育更具有合法性。《高等教育法》的核心价值是赋予了学校高度自治的权利，明确了高校办学的主体地位。《职称和学位法》重新规定了教师职称评审方法、评审过程和评审标准，是一部保障学术评价不受政治和其他因素干扰的法案。《国家科学研究委员会法》确立了大学是国家科学研究机构的重要组成部分，规定了国家根据科学研究委员会对高校学术成就的评估成绩向学校进行科研拨款的拨款方法。《高等职业教育法》的颁布实施填补了高等教育在地方管理上的法律空白，它规定教育部、地方政府、地区职业协会、地区就业单位等组织机构共同监督和管理高等职业教育，共同负责高等职业学校教育质量、教师聘任、教学组织、教学计划、市场研究等。根据四部关于高等教育的纲领性法案，波兰政府确立了近期和远期的高等教育改革目标，出台了与之配套的改革措施。

此外，波兰对高等教育进行了结构性改革，由单一模式转向了多维模式，形成了办学形式的多层次、教育供给的多类型、资金筹措方式多渠道的格局。在学习层次上增加了本科学历教育，形成了专科、本科、硕士研究生、博士研究生的递进式教育结构。在教育供给上，新的《高等教育法》不但确立了私立学校的合法性，允许私人或企业投资办学，而且允许公立大学开展夜间、周末、校外、远程教育等收费式的办学类型。在资金筹措方式上，波兰一方面通过收费和增加学费以提高学校的财政来源，另一方面通过科研商业化、教育机构设施商业化、人员使用的机动化来调动私有资源投资高等教育的积极性。通过结构性改革，高等教育规模发生了巨大的变化，实现了从精英教育向大众化教育的转变，2007年大学发展到400多所，其中私立学校有270多所，学生数量增长了4倍，毛入学率也从13.1%上升到47%，而博士生数量增长近10倍。

1999年6月，欧洲29个国家签署了博洛尼亚宣言，明确提出到2010年建立欧洲高等教育区的目标。波兰是最早签署博洛尼亚宣言的29个国家之一，为推进"博洛尼亚进程"做出了一系列教育改革，具体包括：①积极引进和发展欧洲新学制，即3+2或3.5+2的双阶段学制，学生学习3年或3年半拿到学士学位，再学习2年拿到硕士学位；②开始采用欧洲学分转换制度（ECTS），实现了学习成绩与欧盟其他国家高校的相互认可，促进了学生的校际交流；③积极开展国际交换生合作项目，如苏格拉底项目（Socrates）、伊拉斯谟项目（Erasmus），并且签订了学校、学院、教师间的国际交流与合作的各种双边和单边协定；④通过执行"博洛尼亚进程"的"文凭补充协定"，实现了波兰国内高校间以及与其他国高校间文凭相互认可，推动了学生在欧洲范围内的自由择业。

在一系列改革措施推动下，波兰高等教育规模发生巨大变化，实现了从精英教育向大众化教育的转变。根据波兰全国人口和住房普查数据，2011年30~34岁接受过高等教育的人数是2002年的3倍。波兰融入欧盟高等教育一体化后，高等教育质量显著提高，成为东欧高等教育发展最快的国家。2000年，国际学生评估项目（Programme for International Student Assessment，PISA）中的波兰学生平均成绩相当低，但是到 2009 年，波兰已跻身前 15 名。这表明波兰在教育体系方面取得了长足进步。波兰采用了欧盟成员国的方法体系和学制学位，改造自身的高等教育系统，调整高等教育体制、课程设置、教学内容等，控制学校的数量和质量。20 世纪末，波兰允许私立学校的法案出台后，私立学校数量快速增加，也促进了波兰高等教育的发展。2011 年，民办的高等教育机构达 328 所，而公立高等教育机构仅有 132 所。2010 年，私立高等教育机构招生占比达到 31.5%。

四、革新期（2017 年至今）

2017 年 9 月 1 日起，为了加强基础阶段教育，波兰实行新的国民教育体制，取消初中，将基础阶段教育分为初等教育 8 年、中等教育 4~5 年，取代原来的 6-3-3/4 模式。

2018 年 7 月，为全面推进高等教育体制改革，波兰政府出台了《高等教育与科学法 2.0》，也称《科学宪法》，取代了先前的《高等教育法》《学位与职称法》《科学资助原则法》和《学生贷款法》。该法案聚焦于学术研究、学生培育、学校组织、经费补助、教授资格以及高等教育国际化等项目，提出了"一揽子"改革方案，旨在通过综合体制改革，全面提升波兰高等教育整体质量和对社会经济发展的贡献度。

上述改革的提出基于波兰经济社会与高等教育发展的现实诉求。在持续巨变的国际国内环境中，波兰可持续经济增长面临着人口老龄化、生产力增速放慢等一系列挑战，亟须通过优质高等教育全面提高国民知识技能水平，推动技术创新。2018 年《欧盟科学、研究、创新绩效》报告显示：波兰基础教育成效显著，但成人知识技能水平偏低；技能型人才比例不断增加，但终身学习仍不发达；国家研发创新日益成为新经济增长的引擎，但研发经费投入强度仍较低，是欧盟研发经费投入强度最低国家之一；科研创新产出质量仍处于欧盟较低水平，非欧盟博士生、协同科研成果产出、专利申请、创新衍生公司等均处于弱势。由于波兰人口呈现负增长状态，新生人数逐年下降，一方面波兰高校在校生人数逐年下降（见表 1-1），而另一方面更面临着人才流失问题。为了推进"博洛尼亚进程"，波兰进行了高等教育体系改革，推动了国际学生流动，但"走出去"和"引进来"的学生比例失衡。2018 年经济合作与发展组织统计显示，约有 4.8 万名波兰高中生选择国外大学，如英国、美国、德国等；而留学波兰的外国留学生人数为 5.5 万人（2016 年），仅占总人数的 3%，低于欧盟国家平均水平（9%）。高等教育机构面临招生不足、人才外流、师资需求减少、经营不善而破产等问题。

表 1-1　2010—2021 年波兰高校在校生人数

年份	在校生人数 / 万人
2010	184.13
2011	176.41
2012	167.69
2013	154.99
2014	146.94
2015	140.51
2016	134.88
2017	129.19
2018	123.02
2019	120.40
2020	121.53
2021	121.81

* 数据来源：Statista.com

根据《高等教育与科学法 2.0》，波兰新一轮改革依据分层分类办学原则，将国家高等教育体系分为研究型大学、研究教学型大学和教学型大学。根据改革目标，到 2021 年，波兰将在全国建立 10 所研究型大学（其中包括 3~5 所旗舰大学）、80 所研究教学型大学和 35 所教学型大学。另外还将对 283 所私立高校通过兼并、关闭等方式缩减为 30 所私立研究教学型大学和 100 所私立教学型大学。大学的类型依据国家现行学科评价机制（根据评价结论中 A+ 或 A 得分比重）进行分类和定位，将一个以上学科领域达到 A 或 A+ 等级的大学确立为研究型大学，这类大学具有博士学位授予权，可自设新学科领域；将一个以上学科领域达到 B+ 等级的大学确立为研究教学型大学，部分优势学科领域具有博士和硕士学位授予权，可在科学和高等教育部审批下开设新学科领域；将所有学科都在 B 和 C 等级的大学确立为教学型大学，可在科学和高等教育部审批下开设实用性新学科领域，不设博士学院。

为促进大学科研分布式卓越和集群化发展，波兰政府于 2019 年在全国启动了"卓越计划"（Excellence Initiative）和"旗舰大学计划"（Flagship Universities Project）。"卓越计划"在全国分为三个层级：第一层级范围是全国顶尖研究型大学，第二层级范围是区域顶尖研究教学型大学，第三层级范围是区域应用科学大学或其他高等职业学院。波兰政府根据前期"国家顶尖研究中心计划"设立"国家卓越计划"，涵盖与国家研发创新优先战略和社会经济发展密切相关的学科群，遴选对象是学科评价在 A 和 A+ 类的研究型大学。"区域卓越计划"主要是那些未能入选"国家卓越计划"但具有较大发展潜能的区域研究型或研究教学型大学，需具备 A+、A 或 B+ 等级的学科，并设有专门博士学院。同时，波兰政府在借鉴英国"教学卓越框架"经验的基础上，在应用科学大学体系中设立"教学卓越计划"，向教学卓越的应用科学大学提供专项资金支持。未来几年，波兰政府将从"国家卓越计划"中遴选出 3~5 所大学作为旗舰大学集群，使其率先进入世界一流之列。

第三节　高等教育概况

波兰的高等教育机构分为公立和私立两类，均得到国家教育部以及科学与高等教育部的承认。根据科研水平和教学质量，可分为研究型大学、研究教学型大学和教学型大学；而根据学科专业领域，又可分为综合类大学、工业类高校、经济类高校、农业类高校、师范类高校、医学类高校等。公立学校保障全日制学生公费（tax-supported）就读，同时招收自费学习的非全日制学生；私立高等教育机构收取学费并提供广泛的课程，主要开展技术类教育和继续教育。

一、教育体系

波兰的教育体系可以分为四个阶段（见表 1-2）：学前教育（3 年）、小学教育（8 年）、中学教育（3~4 年）、职业教育或高等教育（3~4 年）。实行 9 年制义务教育。

表 1-2　2021—2022 学年波兰教育概况

层次	年龄范围/岁	机构数量/个	学生数量/万人	毛入学率/%
学前教育	3~6	22 400	150	90.4
小学	7~14	14 100	310	94.6
职业初中	15~18	1 674	20.71	13.3
普通中学	15~18	3 166	74.02	43.7
中等技术学校	15~19	1 854	65.65	35.9
职业高中	19~21	1 357	23.27	5.1
高等教育机构	19~21/22	362	121.8	—

* 数据来源：波兰统计局

波兰义务教育为 9 年制，包括 1 年的学前班和 8 年的小学教育。小学教育面向年龄 7~15 岁的学生，分为两个阶段：1~3 年级为早期教育阶段，教学内容以语言、数学、体育、艺术为主；4~8 年级为阶段二，以不同的科目教学为主。小学阶段最后一年，学生必须参加毕业考试，毕业考试的成绩和学生的学业表现会对中学入学有影响。2021 年 5 月，波兰有 35.71 万名小学生参加了毕业考试，考试科目包括波兰语、数学和英语。

2017年9月起，波兰实行新的国民教育体制，取消初中，职业教育并入中等教育，分为初等教育8年、中等教育4~5年（普通中学4年或职业/技术学校5年）。目前改革正在进行中，新旧两种模式并行，原先的6~3~（3/4）模式正在逐步向8~4/5模式转变。改革后的中等教育面向年龄15~18/19岁的学生，包括：4年制普通中学、5年制中等技术学校、3年制职业初中、2年制职业高中。职业学校和技术学校的学生完成学业后可参加职业资格考试并获得职业资格证书。普通中学和技术学校的学生完成学业后还可以参加外部组织的中学毕业考试，从而获得大学入学资格。2年制职业高中的毕业生也可通过同样的方式获得大学学习资格。

二、教育管理体制

波兰设有国家教育部（The Ministry of National Education）和科学与高等教育部（The Ministry of Science and Higher Education）。前者负责教育管理、设置政策和核心课程、监督教育主管部门/人员的部分工作，并负责在教育领域开展与其他组织机构和单位的合作。地方和区政府负责经营学校和运行。地方省份有合作机制，监管教育部政策的实施情况，并对教学监督负责。后者监管高等教育体系和高等教育机构，包括公办和私立的，监督科研发展，并在高等教育总理事会的支持下制定面向高等教育的教育政策，还负责监管学生学习，以及高等教育机构的运行。

波兰设有非政府组织——高等教育总理事会（The General Council for Higher Education），成员由高等教育机构选举产生。理事会与科学与高等教育部合作，共同制定教育政策。理事会负责对相关法律文本的复核，包括如高等教育、科技与文化、高等教育相关的预算的意见，以及对高等教育机构拨付政府补贴原则等方面。科学与高等教育部负责定义教学领域以及教育发展标准、检查复核高等教育机构对学术学位和艺术/文科领域学位的授予权所提交的申请或要求。

为了赋予大学更多的自主空间，促使学校管理更具弹性，波兰2018年颁布的《高等教育与科学法案2.0》明确规定："公立大学新设董事会，设置董事6~8席，任期为4年，由校内及校外人士担任董事，学生自治组织代表担任首席董事，其余董事由校务会议遴选，校外董事人数不低于全体董事总额的二分之一。"董事会任务为议决学校策略及执行报告，针对学校法规草案提供建言，监督学校财务管理，遴选校长或提名校长候选人。董事会监督校务治理并提供建议，由校务会议决定是否接受建议。大学决策层级的校务会议成员及选举人团由校内全职教职员及学生选出，校务会议和选举人团代表全体师生选出校长及董事会董事。

三、规模及分类

波兰高等院校分为普通高等院校和高等职业院校两类。二者都可以提供学士学位和硕士学位课程，但普通高等院校需具备A+、A或B+等级的学科方可开设博士学位课程和授予博士学位，高等职业院校则不需要参加学科评价，也没有开设博士课程的资格。2021—2022学年，波兰高等教育机构362所，在校生人数121.8万人，研究生人数16.62万人，67.5%的学生就读于公立高校。毕业生人数29.7万人，其中本科毕业生占55.2%，硕士毕业生占37.7%。外国留学生人数8.94万人，占学生总数的7.3%，较上一学年增长了5.6%。70%的外国留学生来自欧洲，其中约3.6万人来自乌克兰。

四、招生机制

波兰本科和研究生阶段的入学采取申请制，入学要求一般由各高校自行决定。一般来说，申请本科学位的学生必须具备中学毕业文凭（Matriculation Certificate）或相应学历证明。在波兰，普通中学和中等技术学校的学生都必须参加毕业考试，毕业考试一般包括笔试和口试两部分，笔试科目是波兰语、数学和任选一门现代语言。英语是最常被选择的考试科目，几乎94.9%的学生会选择英语。2021年，共有27.34万名学生参加了中等教育阶段的毕业考试，其中61.3%的学生来自普通高中。而职业教育领域，2021年共有32.66万人参加了不同领域的职业资格考试或职业资格认证，75.9%获得了相应职业资格或认证。只有通过毕业考试并获得中学毕业文凭的学生才有资格申请大学。对于外国留学生，申请波兰高校无须参加考试，只需提供高中、学士、硕士或同等学历证明，选择波兰语学位课程的学生还需提供语言水平证明。对于没有波兰语言基础的学生，波兰特定高校还开设了语言预科班，一般每年10月开课，时长9个月，课程包括波兰语言文化及人文、工程或经济学等不同学科的波兰语课程，学费在2 300美元左右。

五、人才培养模式

（一）学制和学分

目前，波兰高等教育学历教育分为学士、硕士、博士学位（见表1-3），其中本科阶段至少需要3年，硕士阶段2年，博士阶段4年。此前，波兰高等教育实行长硕士学位课程，学生通过4~6年的学习在毕业后直接获得硕士学位。目前长硕士学位项目只针对11个特定学科专业，比如表演、牙医学、法学、医学、制药学、理疗学等。大部分波兰高校还是按照"博洛尼亚进程"要求，引进和发展了"3+2"或"3.5+2"的双阶段欧洲新学制，学生学习3年或3年半后获得学士学位，再学习2年获得硕士学位。无论是学士、硕士还是长硕士学位，学生在毕业前都必须参加学位考试，通过考试的学生才能获得相应学位证书。按照"博洛尼亚进程"要求，波兰高校的学分采用的是欧洲学分互认体系（European Credit Transfer and Accumulation System，ECTS）。

表 1-3 波兰高等教育等级和学分要求

等级和学分要求	
第三周期 博士学位	
第二周期 硕士学位 90~120 学分	长周期 硕士学位 270~360 学分
第一周期 学士学位 180~240 学分	
中等教育阶段 毕业考试	

（二）学期和评分体系

波兰高校的一个学年包括冬季学期和夏季学期 2 个学期，每个学期 15 周。冬季学期 10 月开始，2 月中旬结束，包括 10 天的圣诞节假期。考试周一般在 1 月，持续 2~3 个星期。夏季学期 2 月中旬开始，6 月结束，包括 7 天的复活节假期。考试周一般在 6 月，持续 2~3 个星期。暑假 3 个月，7 月初至 9 月底，但对于考试挂科的学生，还需在 9 月参加补考。

高等教育机构开设的所有课程都须以考试结束。考试一般在每学期期末的考试周举行，包括口试和笔试两种形式。学生每学期或每学年必须完成考试并取得及格及以上的成绩，才能获得相应学分（见表 1-4）。全日制学生一个学期需修满 30 学分（ECTS），一个学年修满 60 学分（ECTS）。

表 1-4 评分体系

等级	程度
5	优秀（very good）
4	良好（good）

续表

等级	程度
3	及格（satisfactory）
2	不及格（unsatisfactory /fail）
	通过（credit/pass）

六、学生毕业情况

波兰高校的毕业生人数近年来逐年下降（见表1-5），仅在2016年出现短暂的反弹上升，与波兰人口负增长现状一致。2020—2021年学年，波兰高校毕业生总人数297 368人，较2010—2011学年下降了40.2%。其中本科毕业生164 265人，占比55.2%；研究生毕业生111 967人，占比37.7%；长硕士毕业生21 136人，占比7.1%。

表1-5　2010—2020年波兰高校毕业生人数

年份	毕业生人数/万人
2010	49.75
2011	48.52
2012	45.52
2013	42.46
2014	39.52
2015	36.46
2016	38.75
2017	32.77
2018	31.38
2019	29.34
2020	29.74

* 数据来源：Statista.com

在波兰，最热门的专业是工商管理（18.2%），其次是医疗健康（12.1%）、社会和行为科学（10.8%）、工程与工业工程（8.2%）、教育（6.2%）和语言（5.2%）等（见表1-6）。

表1-6 2020—2021学年波兰高校毕业生数量（按学科划分）

学科	毕业生总数/人	女性毕业生人数/人
教育	25 232	21 586
人文	26 722	19 402
社会科学、新闻	31 669	21 932
工商管理、法律	71 416	46 959
自然科学、数学与统计	11 768	8 255
信息通信技术	13 392	2 119
工程、制造和建筑	46 619	18 746
农林渔业、兽医学	5 277	3 097
医疗健康、社会福利	33 313	26 840
服务	24 751	14 662
其他	7 209	3 558
总计	297 368	187 156

数据来源：波兰统计局

七、教育经费

波兰教育经费主要来自以政府拨款为主的公共经费投入，高等教育领域的公共经费投入达81%~82%，非高等教育领域的公共经费投入达89%。公共经费投入主要包括：国家预算划拨至地方政府部门的一般性教育经费（非高等教育领域）、国家预算按特定目的划拨至地方政府部门的专项经费（比如用于学前教育、购买教科书和教育资源等）、国家预算划拨至高等院校的经费、地方政府部门自有经费以及欧盟资助等。

2019年波兰在教育上的公共支出占当年国内生产总值（GDP）的4.5%，其中在高等教育领域的支出占1.3%，略低于经济合作组织国家的平均支出水平（教育总支出4.9%、高等教育支出1.5%）。

2018年颁布的《高等教育与科学法案2.0》保障了高等教育领域的公共经费投入。该法案规定，自2019年起，国家科学与高等教育经费支出占当年国内生产总值的1.2%，以后每年预期增加0.1%，到2025年有望增加到1.8%。同时，为增加学校使用经费的弹性，该法案还修改了国家对学校分流细散的经费拨款方式。随后，科学和高等教育部与国家研究发展中心联合公布《高等教育机构整合计划》，规定各校可依据学校规模与目标属性，通过竞争性计划申请经费，波兰政府计划新增10亿兹罗提经费（合16.5亿人民币）。高等教育机构整合计划包含三种类型：第一轨道（Track Ⅰ）预算为5亿兹罗提，公私立学校皆可申请，在校生人数须达200人以上并取得波兰认证委员会认可，每校可获得的经费为300万~3 000万兹罗提。第二轨道（Track Ⅱ）预算为2.5亿兹罗提，申请学校在校生人数不超过2万人，多数学科获评B级，每校可获得经费为300万~2 000万兹罗提。第三轨道（Track Ⅲ）预算为2.5亿兹罗提，申请学校在校生人数须达2万人，多数学科获评A或A+，每校获得经费可达4 000万兹罗提。获得经费支持的学校可自行规划经费用途，学校自主权的总体目标也得到了提高。

八、质量保障体系

波兰的高校教育质量受到专业机构的监督并定期评估。波兰有官方的和民间的两种机构执行教育评估工作。官方机构是波兰认证委员会（the Polish State Accreditation Commission，PKA），由80~90名成员组成，这些成员从高校、学校参加的社会团体、高校学生联合会中产生，由科学与高等教育部部长任命。目前波兰认证委员会设有人文、经济、社会科学、理学、生农林兽、能源技术、医疗健康和艺术8个小组。波兰认证委员会的组织法规定每个小组至少有4名成员，而且其中3人要求有学术头衔。认证委员会会邀请其他专家一起参加评估或认证工作。

波兰认证委员会负责就以下方面向教育部提出意见和建议：①高校的创建；②高校对某个教育层次某个特定学科开展高等教育的权利；③高校创建学校分支或是外部校区；④对特定学习项目教育质量的评估，评估新建项目（在3年内启动的，或是从许可证或工程师升级至硕士学位的）；⑤对教师教学质量的评估。

波兰还有很多民间教育评估机构。所有民间教育评估机构只能对学士和硕士阶段的教育和证书发放进行评估，对本科和硕士的课程教学教师以及科研水平进行全面评估，但是对于博士授予权教学点和指导博士的教师教学只能由波兰认证委员会进行评估。一般认为与国家质量认证委员会相比，民间质量认证委员会对教学质量的要求更高、标准更严。

民间评估机构的建立是为了平衡波兰各大学在教育质量方面的标准，致力于依据"欧洲高等教育共同体"的评估体系的标准来提升质量并创建认证体系。具体任务包括：在专家组的建议基础上，决定各个特定学科领域的教育质量所要达到的标准；确定在评估程序中的必要文件和文本；根据学校要求决定开始启动认证学科的认证程序；监督每一项认证过程；任命专家组以及组长、评估团队的成员；接收评估团队的报告；对于参加认证的学校可以授予通过、拒绝或延迟其特定学科的认证，或是向波兰大学校长会议提出请求；组织并完成其他相关必需的活动。

主要的民间评估机构有教育管理学会论坛（Association of the Managerial Education Forum）和学术机构校长会议（The Conference of Rectors of Academic Schools in Poland，CRASP）。前者主要从事职业教育范畴的认证与评估工作，后者本身并不实施认证工作，只是负责组织波兰的同行自愿认证，它由8个不同领域的民间认证委员会具体操作执行，所有民间认证机构都必须由国家根据"博洛尼亚进程"对评估机构资质认定的要求进行审查，经批准方能开展教育评估工作。波兰认证委员会的认证和评估是不收费的，是根据国家要求进行的；而民间机构的认证和评估都是收费的，请民间评估机构进行评估是学校自愿的。

第四节 高等教育国际化

一、国际化历程

波兰高等教育国际化经历了从停滞封闭走向持续稳定的发展道路，并成为波兰高等教育发展的重要战略。1945—1989年社会主义时期，波兰高等教育国际化基本处于停滞状态，一方面，"二战"后波兰高等教育系统遭到严重破坏，高等教育质量急速下滑；另一方面，受到波兰国家制度的影响，波兰高等教育系统处于半封闭状态，基本只限于与苏联地区的高校互动。从统计数据来看，1950年波兰政府招收了183名外国留学生，到1960年外国留学生数量仍仅为740名。之后的10年（1971—1980），由于联合国提出关于支持发展中国家的教育发展计划，波兰的外国留学生人数得到增长，到1990年外国留学生人数达到4 259名。

为推进高等教育国际化，1998年，波兰各大学校长自发成立了一个独立的、非营利性机构高等教育联合会（Perspektywy Education Foundation），成为波兰早期从事高等教育国际化研究的专门的非政府机构。1999年波兰加入"博洛尼亚进程"，共同促进建立"欧洲高等教育区"，1998—1999学年加入伊拉斯谟计划和苏格拉底计划。

2004年加入欧盟后，波兰高等教育发展却遭受了一定挫折：一方面，在欧洲高等教育一体化发展背景下波兰高等教育机构需要和欧洲其他国家的高校一同竞争生源；另一方面，从整体学术水平来看波兰高校的整体排名不高，年轻的波兰学生纷纷出国留学，英国、德国等国家的大学成为热门申请高校。这一时期波兰高等教育机构面临着前所未有的学生外流危机，加上波兰高等教育机构对外国留学生的吸引力不够，导致波兰高校学生数量入不敷出，平均每四个波兰学生出国，只有一个外国学生留学波兰。在这种情况下，为了吸引更多的外国留学生弥补国内学生数量的不足，波兰政府和高校机构采取了众多措施。

2005年，波兰学术机构校长会议（CRASP）共同发起了"Study in Poland"项目，该项目主要负责组织会议、开展专业研讨会、出版指导手册，同时研究重要的教育市场，吸引世界各地的学生到波兰学习，波兰高等教育国际化进入快速发展时期。从外国留学生数量上来看，2005年留学波兰的学生人数是10 092人；经过10年的发展，2015年留学波兰的学生人数增长至57 119人，增长比例达82%；从高等教育国际化的内容来看，波兰高等教育国际化从最初的师生流动转向本土国际化和国外国际化两大发展路径，不仅关注师生流动、科研项目合作，还致力于实现高校课程的国际化，丰富外语课程体系和国际学习课程；从发展主体来看，波兰政府在实现高等教育国际化上起着越来越重要的作用，从最初的被动局面转变为统筹规划的重要角色，2015年波兰政府首次颁布《高等教育国际化计划》，进一步明确了政府和地方高校的责任机制，提供了政策保障。

2018年，波兰发布《高等教育与科学法2.0》，开启新一轮高等教育改革。针对波兰卓越研发创新国际化动力不足、全球大学排名中卓越科研成果严重缺失、国际高被引论文表现欠佳、博士以上高层人才国际流动性不强等问题，新改革指出，国际知识流动是波兰成功获取世界优势知识资本的重要途径，是提升国家知识创新能力和国际创新竞争力的新动力。波兰需要积极参与国际高等教育、科研、创新知识网络。波兰政府将制定更加广域的可持续国际化战略，采取"自下而上"和"自上而下"双向战略取向确立推动高等教育国际化行动计划。波兰将制定参与欧盟科研创新框架的国家新型战略和国家欧洲研究区路线图，拓展教育、科研、创新"知识三角"国际协同新机会，将国际同行评审机制融入整个国家学术领域，优先发展国际出版物，加大国际多边科研网络和科研团队的培育力度，主动参与国际大科学研究计划。波兰推动英语成为大学科研和教学的标准语言，激励青年研究人员到国外接受博士或博士后培养；加强与国外著名大学的跨国协同关系，创建高度开放的卓越高等教育系统，通过多元投资渠道支持大学参与国际学术交流与合作，鼓励大学课程体系国际化，发展学生全球公民技能。大学与地方政府联合成立国家学术交流局（National Agency for Academic Exchange），帮助波兰学生和科学家出国游学，为师生参与国际学术交流和国际科研协同提供优质服务，并吸引外国学者到波兰留学、访学。加强政府、大学以及其他利益相关者协同关系，合力推动国家劳动力市场和教育系统国际化，不断完善国外学历认证机制，放宽移民政策，鼓励国际学生留在波兰。

二、国际化内容

波兰高等教育国际化的发展内容兼顾人才培养和科学研究，一方面是在合作交流中实现人才培养国际化，另一方面是在科研项目中实现学术科研国际化，旨在提高高等教育的就业水平和办学质量。

（一）人才培养国际化

人才培养国际化是波兰高等教育国际化的重要任务之一，实现人才培养国际化的首要前提是建立欧洲国家之间统一的人才培养标准，其次是积极推进人才培养交流项目。

1999年波兰加入"博洛尼亚进程"后，积极引入欧洲新学制，完成了学位制度的国际化转换；实行欧洲学分转换制度（ECTS），实现了学分的跨境互认；开设特色课程和英语授课课程，推动了课程的国际化接轨。目前，波兰高等教育学位制度采用的是欧洲范围内的学位体系转换，由长周期学位体系（硕士）和三周期学位体系（本－硕－博）两个部分构成。2007年起波兰全部大学都要求使用欧洲学分（ECTS），大大提高了欧洲学生在波兰高校学习的认可度，为各高校联合培养国际性人才奠定了基础。波兰课程的国际化接轨主要体现在大力发展特色课程，比如波兰享有盛誉的医学学位课程和技术学科（Technological sciences）课程，以及用德语、英语、俄语等外语授课的课程体系。波兰高等教育提供非常丰富的以英语为基础的专业学习课程，且在网上公布详细的课程内容和教学安排，目前波兰现有英语授课的本科专业近

400个、硕士专业450余个、博士专业44个。

在支持本国学生出国留学上，波兰积极参与"苏格拉底"项目、"伊拉斯谟"项目、"伊拉斯谟+"项目等，大约有16 000名波兰学生从中受益。此外针对本国的优秀学生，波兰还设立了"优秀学生学习项目"，每年帮助100名优秀学生去世界一流大学接受教育。2021年，波兰具有海外学习经历的学生2.6万人，约占在校生总数的2%，主要留学国是英国（9 269人，占比35.0%）、德国（5 434人，占比20.5%）、美国（1 406人，占比5.3%）、丹麦（1 398人，占比5.2%）。

过去10年间，波兰外国学生人数逐年增长，2021年达8.94万人，较2012年翻一番（见表1-7）。外国留学生占学生总数的7.3%，70%的外国留学生来自欧洲，其中来自乌克兰的外国留学生3.6万人，占比40.3%，其次是白俄罗斯（1.1万人，占比12.4%）、土耳其（2 900人，占比3.2%）。但是和欧洲其他国家相比，在波兰留学的学生依然较少，是国际化水平相对较低的欧盟国家。

表1-7 2012—2021年波兰外国留学生数量

万人

年份	2012	2013	2014	2015	2016	2017	2018	2019	2020	2021
数量	2.91	3.60	4.61	5.71	6.58	7.27	7.83	8.22	8.47	8.94

* 数据来源：Statista.com

（二）学术科研国际化

促进学术发展是波兰推进高等教育国际化的重中之重。波兰政府在实现学术科研国际化上，既建立了专门的研究机构，还提供了配套的经费支持和申请要求，为外国学者在波兰做科学研究提供了有力保障。

在实现学术科研国际化上，波兰政府参与了欧洲"地平线2020"（Horizon 2020）科研规划。"地平线2020"规划于2014年1月31日正式启动，其研究内容几乎囊括了欧盟所有科研项目，分为基础研究、应用技术和应对人类面临的共同挑战三大部分，主要目的是整合欧盟各国的科研资源，提高科研效率，促进科技创新，推动经济增长和增加就业。为了顺利展开"地平线2020"科研规划，波兰政府设立了专门的机构——国家科学研究中心（National Science Center Poland，Polonez），主要为人文社科、生命、物理和工程领域的基础研究项目和科研人员提供资金支持。2015年9月，波兰科学研究中心再次发起号召，鼓励研究者申请自己感兴趣的研究项目，包括学术性和非学术性研究。申请条件无任何国籍限制，但是需在波兰做研究或工作3年且没有住房。申请通过后研究员将获得一系列的资助，包括研究奖励、工资和家庭津贴，获得期限是12~24月，并且还将有机会参加学习培训以提高科学研究能力。

为了吸引外国学者来波兰做科学研究，波兰非营利性机构——波兰科学基金会（Foundation for Polish Science，FNP）设立了波兰科学基金会奖（FNP Prize），用以奖励最杰出的科学家，同时实施了"研究启动基金""国际研究推进基金""哥白尼波兰—德国研究基金""玛丽居里波兰—法科学家基金"等项目体系，为外国学者提供了充足的科研经费和时间保障，吸引外国学者在波兰做科学研究，推动波兰科学事业的发展。2021年，波兰科学基金会共开展了16个项目，投入了250万元兹罗提，用以资助科学家和科研团队开展学术研究。自1991年波兰科学基金会成立以来，有3 700余名波兰和外国的学者获得资助，开展国际交流与合作。

第五节　中波高等教育交流与合作

1949年10月7日，中波两国建立大使级外交关系。两国建交后不久，即开始了教育领域的交流。中国于1950年开始向波兰派遣留学生，这是新中国向国外派遣的第一批留学生。1984年，两国启动中波双边教育交流计划，两国互换留学人员规模逐步增长。2000年4月，两国教育部高层代表在波兰首都华沙签署了《中华人民共和国教育部和波兰共和国国民教育部2000—2002年教育合作协议》，开启了两国教育合作的新篇章。在此背景下，中波高校互访与交流稳步推进，中国多所大学与波兰知名高校开展了中外合作办学、学生联合培养等合作项目。

2010年5月，中波两国代表在华沙签署《中华人民共和国教育部和波兰共和国科学与高等教育部合作意向书》，为打开两国高等教育合作新局面奠定了基础。次年12月，时任波兰总统布罗尼斯瓦夫·科莫洛夫斯基访华期间，两国教育部部长签署《中华人民共和国教育部与波兰共和国科学与高等教育部教育合作协议》，为中波高等教育合作指明了方向。以此为契机，两国组织召开"中波大学校长论坛"，在展示两国高校已有合作成果的同时，也致力于推动两国高等教育向着宽领域、高层次方向发展。其后，中波两国领导人在互访等交流活动中，就加强两国高校学历学位互认和校际交流、教育信息化发展等问题交换了意见，为深化和拓展两国高等教育交流与合作提供了有力支持。此外，两国政府高层通过会见对方高校或师生代表、实地访问和考察等方式，深入了解两国高校间交流与合作的具体情况，提出指导意见，进一步推动务实高效合作。2016年6月，两国签署了《中华人民共和国与波兰共和国关于相互承认高等教育文凭和学位的协议》。

在两国教育主管部门的大力推动下，2017年3月21日，"一带一路"中波大学联盟成立，12所波兰高校和15所中国高校加入联盟，为推动中波高校实现多层次、多角度、全方位的深度交流与合作创造了新的平台和机遇。2018年10月21日，中国高等教育展在波兰华沙理工大学开幕，来自中国的25所高校参加了教育展，为波兰高校和波兰学生了解中国高等教育、促进双方交流合作提供了重要途径。截至2020年年底，中国—中东欧国家高校联合会中共有70余所中国高校与波兰30余所高校和研究机构建立了校际合作关系。在两国政府的重视和支持下，两国高校加强沟通、深化合作，通过开展中外合作办学、教师互访、科研合作、学生交流、人才联合培养及共建孔子学院等多种形式的合作与交流，取得了令人瞩目的成绩。

一、合作办学

中外合作办学是中波高等教育合作的重要方式。根据教育部教育涉外监管信息网公布的信息，截至 2021 年 4 月，中国与波兰高校共合作举办 2 个非独立法人中外合作办学机构、11 个中外合作办学本科教育项目、4 个中外合作办学专科教育项目。其中，非独立法人中外合作办学机构分别是 2003 年由重庆工商大学与波兰华沙人文社科大学（University of Social Science and Humanities in Warsaw, Poland）合作举办的非独立法人机构"重庆工商大学现代国际设计艺术学院"，以及 2020 年由天津城建大学与波兰比亚威斯托克工业大学、波兰克拉科夫工业大学合作成立的非独立法人中外合作办学机构"天津城建大学国际工程学院"。此外，2013 年郑州大学与波兰罗兹大学合作举办的经济学专业本科教育项目获得教育部批准，成为首个中波中外合作办学本科教育项目。

中波中外合作办学在办学层次上跨越专科、本科、硕士三个层次，合作专业包括经济学、环境设计、电子信息工程、化学工程与工艺、人文地理与城乡规划、财务管理、食品科学与工程、能源与动力工程等，覆盖经济学、理学、工学、管理学、艺术学等多个学科门类，表明两国高校在中外合作办学领域已形成广泛且深入的合作关系。

2022 年 11 月 14 日，燕山大学欧洲学院（波兰校区）揭牌仪式暨开学典礼在西里西亚理工大学举行，标志着中国在波兰首个办学机构顺利启动运行。燕山大学欧洲学院是中国燕山大学与波兰西里西亚理工大学在国际化人才培养方面开展的创新举措，两校围绕优势专业共同制定培养方案，共同投入教师资源实施教学，最终实现课程学分互认和学历学位互授。

二、学术交流

随着中波高校校际交流日趋频繁，两国高校依托各自的学科优势与学术资源，开展了形式多样的学术交流与科研合作活动。主要包括以下几个方面：第一，两国高校合作设立科研机构，建立联合科研队伍，在相关专业领域开展长期科研合作。如德州学院与波兰革但斯克工业大学联合成立了"德州学院与格但斯克工业大学机电工程联合实验室"，该实验室将为两校机电工程专业教师、科研人员以及学生开展合作研究搭建国际化科研交流平台，共同推进高水平机电工程科研合作与成果转化。第二，两国高校科研人员联合开展课题研究，合作发表学术成果。如郑州大学与波兰居里夫人大学研究人员合作申请中国国家自然科学基金面上项目1项，并联合发表论文3篇。第三，两国高校合作举办国际学术会议，通过学术会议拓展、深化学术交流与合作。如波兰克拉科夫AGH科技大学（AGH University of Science and Technology）与中国矿业大学联合组织举办了2015年第七届国际矿业科学技术大会和2019年第四届煤矿动力灾害国际学术研讨会。第四，两国高校开展教师互访活动，以外籍教授聘任、短期讲学、师资培训等方式加强师资共享，提升师资队伍的专业水平和国际化水平。如重庆邮电大学聘请波兰科学院物理所学术委员会负责人 Andrzej Suchocki 为特聘外籍教授；温州医科大学在2017—2019年每年选派一定数量教师赴波兰卢布林医科大学开展针灸康复短期讲学和师资培训工作，其中2017年10人、2018年3人、2019年6人。

此外，为加强彼此了解，深化合作关系，两国多所高校还建立了关于对方国家的专门性研究中心，如华沙大学于2014年5月成立了"当代中国研究中心"；中国多所高校如四川大学、北京外国语大学、东北大学、北京第二外国语学院、浙江大学宁波理工学院、西安外国语大学近年来也相继成立了"波兰研究中心"。

三、学生流动

在学生交流与联合培养方面，中波高校建立了广泛且形式多样的合作模式，为两国学生到对方国家交流学习及继续深造创造机会和条件。首先，合作建立非中外合作办学性质的机构和项目，是两国高校开展学生联合培养的重要方式。如浙大宁波理工学院和波兰比亚维斯托克理工大学于2015年共同创立"中国—中东欧国际物流与服务学院"，旨在培养国际化、高层次、创新型的物流领袖人才。郑州大学与罗兹大学在中外合作办学项目的基础上，于2015年启动"2+2"双学位项目；截至2021年春季学期，已经有57名郑州大学学生通过该项目前往罗兹大学，已经或将会获得合作双方的学历学位。其次，一学期或一学年中长期学习交流项目以及形式更为灵活的暑期项目，也在中波高校之间广泛展开。如华北电力大学与波兰弗罗茨瓦夫理工大学开展合作，2017—2020年每年选派10名学生前往波兰交流学习。郑州大学目前共有121名学生通过暑期项目前往罗兹大学等波兰高校交流学习。两国多所高校还联合成功申请欧盟"伊拉斯谟+"奖学金项目，为中国学生前往波兰学习提供资助。与此同时，波兰留学生也走进了中国多所高校，从北部的中国政法大学，到中部的郑州大学，以及东部的温州大学等高校，波兰籍留学生在全国大部分地区都有分布。

根据联合国教科文组织统计研究所（UNESCO UIS）和《来华留学生简明统计》的数据，2022年中国赴波兰留学人数为1 292人，位列波兰国际学生生源国的第7位。波兰来华留学生数量在中东欧国家中位居前列。2019年来华留学学历生和非学历生达1 989人，人数位列中东欧国家第一；2020年受疫情影响人数有所下降，为802人（见表1-8）。

表1-8 2015—2020年中波学生双向流动数据

人

年份	2015	2016	2017	2018	2019	2020
波兰来华留学生	1 556	1 757	2 115	1 926	1 989	802
中国大陆学生留学波兰	786	846	953	1 164	1 259	—

资料来源：来华留学生简明统计和波兰Study in Poland。

四、语言教学与文化互鉴

早在 1951 年，中波两国就签署了《中华人民共和国与波兰人民共和国文化合作协定》。70 多年来，中波两国共签署 25 个年度文化合作议定书，为两国文化交流与合作奠定了坚实的法律基础。人文交流与文化互通是中波高等教育合作的重要方面。一方面，高等教育为中波文化交流与合作提供了重要载体和平台；另一方面，文化交流与互通也丰富并拓展了中波高等教育交流与合作的内容和形式。

以高等教育为平台，两国在文化领域的交流与合作主要体现在以下三个方面。第一，互设中文与波兰语专业。语言是交流的桥梁与媒介，中波的文化交流与合作始自对彼此语言的学习与了解。中国的波兰语教学始于 20 世纪 50 年代初，北京外国语大学的波兰语专业是该校历史最悠久的两个专业之一。自 20 世纪 90 年代，中国高校逐步启动了波兰语专业硕士研究生和博士研究生的招收与培养，目前开设波兰语专业的高校已有 12 所。波兰高校近年来也相继开设了汉语专业，一些私立语言培训学校也开设有汉语课程。第二，合作共建孔子学院。自 2006 年以来，中国和波兰两国高校合作建立了六所孔子学院、四个孔子课堂（见表 1-9）。在汉语教学之外，孔子学院组织举办丰富多彩的文化活动，为增进波兰人民对中国文化的了解、加强两国间的文化交流与互通做出了重要贡献。第三，开展形式多样的文化交流活动。在中波两国政府的支持和"一带一路"中波大学联盟的推动下，近年来中波高校组织举办了多个大型文化艺术交流活动，如于 2018 年 12 月举办的首届"一带一路"中波大学联盟艺术节暨艺术设计大赛，于 2019 年 7 月举办的"中波班列——互联互通"青年夏令营活动等。两国高校之间也开展了丰富多彩的文化艺术交流活动，如波兰学生在中国学习中国茶艺，中国学生代表团赴波兰参加音乐节等。

表 1-9　波兰孔子学院、孔子课堂基本情况

孔子学院名称	成立时间	中方合作院校	外方合作院校	所在城市
雅盖隆大学孔子学院	2006 年 12 月	北京外国语大学	雅盖隆大学	克拉科夫（波兰南部城市）
波兹南密茨凯维奇大学孔子学院	2008 年 6 月	天津理工大学	波兹南密茨凯维奇大学	波兹南（波兰中西部城市）
奥波莱孔子学院	2008 年 10 月	北京工业大学	奥波莱工业大学	奥波莱（波兰南部城市）
弗罗茨瓦夫大学孔子学院	2008 年 12 月	厦门大学	弗罗茨瓦夫大学	弗罗茨瓦夫（波兰南部城市）
革但斯克大学孔子学院	2015 年 9 月	中国社会科学院大学	革但斯克大学	革但斯克（波兰北部城市）
克拉科夫 AGH 科技大学孔子课堂	2017 年 10 月	"一带一路"中波大学联盟	克拉科夫 AGH 科技大学	克拉科夫（波兰南部城市）
西里西亚大学孔子课堂	2019 年 2 月	北京工业大学奥波莱孔子学院下设的三所孔子课堂		西里西亚（波兰西南部城市）
西里西亚理工大学孔子课堂	2019 年 2 月	西里西亚		
比亚威斯托克理工大学孔子课堂	2019 年 2 月	比亚威斯托克（波兰东北部城市）		
华沙工业大学孔子学院	2019 年 9 月	北京交通大学	华沙工业大学	华沙（波兰首都，中部城市）

第六节　代表性大学

一、华沙大学

华沙大学（University of Warsaw，UW），公立大学，坐落于波兰首

都华沙，是中欧地区顶尖高等学府、波兰规模最大的高等学府。该校成立于1816年，拥有200多年建校史，诞生了7位诺贝尔奖获得者和5位波兰总理。2023年QS世界大学排名位列第284位，波兰高校中排名第1位。

华沙大学的历史与跌宕的波兰历史及作为首都的华沙历史紧密相连。18世纪沙皇俄国、普鲁士及奥地利瓜分波兰，1815年波兰由俄罗斯沙皇统治。1816年，沙皇亚历山大一世授旨建立华沙大学，合并了1808年建立的法律学校和1809年建立的医学院，创校之初的五大学院为法学院、医学院、哲学院、神学院和文理学院。1818年学校正式运行时的名称为"华沙皇家大学"（Royal University of Warsaw），随后成为波兰师生反抗沙皇统治的起义阵地，被迫关闭数次后，于1869年更名为"华沙帝国大学"（Imperial University of Warsaw），成为一所俄语大学。1915年沙皇俄国撤离华沙后，华沙大学逐步恢复为波兰语大学。

华沙大学是一所综合性研究型大学，设有25个学院和30个研究中心，包括博雅（Liberal Arts）学院、应用语言学学院、应用社会科学与再社会化学院、生物学学院、化学学院、经济科学学院、教育学院、地理与区域研究学院、地质学学院、历史学院、考古学学院、法律与行政学院、新闻学、信息学和文献学学院、管理学院、数学、信息学和力学学院、医学院、现代语言学院、东方学学院、哲学学院、社会学学院、物理学院、政治科学与国际研究学院、波兰研究学院、心理学学院和文化艺术学院。东方学学院于1925年开设汉语专业，历史悠久，先后有著名汉学家为波兰的汉学研究做出了不朽贡献。华沙大学现有126栋教学建筑，星罗棋布地分布在华沙城市的各个角落，其中还包括已于19世纪收归国有的、历史悠久的宫殿建筑。

2019年，华沙大学入选波兰第一批次"卓越计划—研究型大学"（Initiative of Excellence – Research University），获得了约8.26亿兹罗提的政府拨款，用于维持和发展教学与科研活动。在校生总数37 404人，其中博士研究生2 127人、占比5%；国际学生2 689人，占该校在校生总数的7%。教职工总数7 815人，其中教师3 974人，具有教授头衔的教师 527 人，国际教师约 200 余人。该校开设了 304 个学位项目，覆盖理管文等学科，其中包括 34 个英语授课学位项目。设有 4 个专门博士学院：人文科学博士学院、社会科学博士学院、自然科学博士学院、跨学科博士学院。

华沙大学重视国际交流与科研合作，国际合作网络遍布 70 余个国家的 350 多所院校。2020—2021 学年，1 190 名师生受"伊拉斯谟+"奖学金资助开展国际交流和访问学习，研究人员持续参与 78 项"地平线 2020"资助项目，并在地平线欧盟新框架下新获批 5 项由欧洲研究委员会资助的科研项目。此外，华沙大学教职工还广泛参与了 1 339 项由波兰政府资助的项目。

二、雅盖隆大学

雅盖隆大学（Jagiellonian University，JU），即克拉科夫大学，建立于 1364 年，位于波兰第二大城市克拉科夫，是波兰历史最悠久的大学。从建立之初，雅盖隆大学就是中欧地区最重要的科研学术研究基地之一，650 多年的历史上诞生了天文学家尼古拉·哥白尼和罗马教皇若望·保禄二世等杰出校友。2023 年 QS 世界大学排名位列第 293 位，波兰高校中排名第 2 位。

1364 年，波兰国王卡齐米日在当时波兰首都克拉科夫市创建克拉科夫大学，开设了文科、医学和法学三个学院。国王去世后，克拉科夫大学的发展一度停滞。1400 年，波兰王国和立陶宛大公国联合王朝的统治者、雅盖隆王朝的开创者雅盖沃国王及王后，对克拉科夫大学的恢复与重建给予了极大的支持，尤其王后雅德维加将其一笔可观的私人资产捐赠给学校。15 世纪，克拉科夫大学经历了一段繁荣时期，每年约有 200 名新生入学，除了波兰当地学生外，来自俄罗斯、立陶宛、匈牙利、德国、捷克、英国、荷兰、法国、意大利及西班牙等多国留学生在此深造。1817 年，为强调学校与雅盖隆王朝的联系，正式更名为雅盖隆大学。

雅盖隆大学是一所综合性研究型大学，设有16个学院，包括法律与行政学院，医学院，药学院，医疗健康学院，哲学院，历史学院，文学院，波兰研究学院，物理、天文和应用计算机科学学院，数学和计算机科学学院，化学学院，生物学院，管理与社会传播学院，国际政治研究学院，生物化学、生物物理和生物技术学院，地理和地质学院。设有4个专门博士学院：人文科学博士学院、社会科学博士学院、自然科学博士学院、医学和健康科学博士学院。

2021—2022学年，在校生总数34 432人，在168个不同的专业进行学习和研究，其中博士研究生1 890人、占比5%；国际学生3 048人，占该校在校生总数的8%。教职工总数8 735人，其中教师4 737人，包括教授576人、副教授和客座教授691人；国际教师约为150人。

雅盖隆大学入选2019年波兰第一批次"卓越计划—研究型大学"，是波兰首屈一指的科研机构，并与全世界最优秀的高等院校进行合作，在气候变化等人类共同面临的复杂问题上开展国际合作课题研究。许多医学院的学者在心外科、泌尿系统科以及神经科等领域的关于开创性研究及先进外科手术技术的论文在国际专业期刊上发表，引起广泛关注并广获国内外专家的肯定与好评。学校获授权专利数量也不断增加，2007年8个专利项目申请，2项获得授权；2013年增长为60个专利项目申请，11项获得授权。

该校重视国际交流，与全球54个国家和地区的177所高校签署了校际合作协议，开展教师和学生交换交流。在中国大陆地区，该校与北京外国语大学、大连外国语大学、中央民族大学、上海外国语大学、北京工业大学等14所高校建立了双边合作关系。由北京外国语大学与雅盖隆大学共同建设的克拉科夫孔子学院成立于2006年9月，是波兰第一所孔子学院，2016年荣获"先进孔子学院"表彰，2019年成为"示范孔子学院"。克拉科夫孔子学院目前除在波兰的文化之都克拉科夫设有教学点之外，还在波兰首都华沙、波兰第三大城市及中欧快铁沿线重要枢纽城市罗兹等地设有教学点，包括克拉科夫AGH科技大学、华沙社会科学与人文大学、罗兹大学、凯尔采科哈诺夫斯基大学等。孔院本部开设初、中、高级不同等级的中文课程，2021年孔院注册学员数达1 950人。孔院为雅盖隆大学学生提供中文课程，并与雅盖隆大学合作开设"当代中国"1年制高级研修学历项目，主要面向计划从事与中国相关研究和职业的学者、官员以及商务人士。克拉科夫孔院积极与当地中小学合作，在克拉科夫全市及近郊10余所中小学开设中文课，其中一所中学已将中文列为必修课，在波兰南部地区首开先河。

三、波兹南生命科学大学

波兹南生命科学大学（The Poznań University of Life Sciences，PULS）位于波兰第五大城市、最古老的城市之一波兹南，是一所公立大学。该校的起源可追溯到1870年在波兰著名哲学家奥古斯特·切什考夫斯基坚持和资助下设立的农业高等学校。1919年，波兹南大学成立后，在农业高等学院基础上成立农林学院。1951年，农林学院从波兹南大学中分离出来，成立农业高等学院（the Higher School of Agriculture），开展农学教育和研究。1996年改名为奥古斯特·切什考夫斯基农业大学，2008年更名为波兹南生命科学大学。2023年QS世界大学排名位列521~530区间，波兰高校中排名第3位。

该校下设6个学院，包括农业、园艺和生物工程学院，林业和木材技术学院，兽医和动物学学院，食品科学和营养学学院，环境和机械工程学院和经济学院，拥有23个专业方向，涵盖本科、硕士、博士等各层次。目前在校生总数7 157人，其中国际学生83人，占比1%；教师总数800余人，其中具有教授头衔的95人。

波兹南生命科学大学积极参与欧盟伊拉斯谟计划，并与我国多所大学建立了合作关系。2016年11月，西北农林科技大学发起成立"丝绸之路农业教育科技创新联盟"，成员包括中国、俄罗斯等丝绸之路沿线12个国家的高校和科研机构。波兹南生命科学大学是该联盟的创始成员之一，致力于共同推动联盟国家农业教育科技的进步与发展。2018年起，为推进人才培养国际化，该校开设农学、林学、动物科学、生物技术、木材科学、园艺、食品科学、环境工程与保护、农业经济学9个全日制英语授课的学术型硕士研究生项目，以及农业科学、林业科学和生物科学3个方向的全日制英语授课博士研究生项目。

四、华沙工业大学

华沙工业大学（Warsaw University of Technology, WUT）位于华沙市中心，是波兰历史最悠久、排名第一位的理工大学，同时也是波兰最重要的科研技术中心。该校前身是创建于1826年的波兰第一所技术大学——华沙理工学院（Warsaw Polytechnic Institute），1915年正式成立并更名为华沙工业大学。2019年入选波兰第一批次"卓越计划—研究型大学"。2023年QS世界大学排名位列521~530区间，波兰高校中排名第4位。

华沙工业大学是波兰规模最大的理工类院校，下设20个学院，基本覆盖所有的工程和应用科学学科，具体包括管理与社会科学学院，建筑学院，汽车与建筑机械学院，化学与工艺工程学院，化学学院，土木工程学院，电子工程学院，电子与信息技术学院，屋宇设备、水利和环境工程学院，地测与制图学院，数学与信息学院，管理学院，材料科学与工程学院，机械与工业工程学院，机电学院，物理学院，动力与航空工程学院，交通学院，土木工程、力学和岩石化学学院，经济与社会科学学院。另外，华沙工业大学的国际商学院（WUT Business School）在整个欧洲颇为出名，所有课程英语授课，高级管理人员工商管理学硕士课程（EMBA）在欧洲名列第23位、全球名列第57位（QS 2023）。

华沙工业大学在校生近35 000人，其中国际学生占比约为7%。教师2 000余人，生师比18.9。国际合作网络遍布50个国家和地区的120余所高校、研究机构和企业。2019年，北京交通大学与华沙工业大学合作共建的华沙工业大学孔子学院揭牌成立，成为波兰第六所、首都华沙地区第一所孔子学院，通过开办汉语教育课程和各级别汉语水平的认证考试、中国文化研讨会和对华商务培训等形式开展公共服务，辐射并协助华沙首都地区其他高校和中小学传播中国文化和推进波兰汉语教育。

五、克拉科夫 AGH 科技大学

克拉科夫 AGH 科技大学（AGH University of Science and Technology），成立于 1913 年，是一所公立理工大学。该校成立的初衷是建立一所培养采矿专业人才的学校。1913 年，奥地利皇帝弗朗茨·约瑟夫一世授旨建立采矿高等学院（Higher School of Mining）。1947 年，该校更名为矿业和冶金学院（波兰语：Akademia Górniczo-Hutnicza，AGH）。随着经济和社会的发展，该校陆续开设了自动化和机器人、计算机科学、机电工程等工程和应用科学专业，办学规模不断扩大。2003 年正式更名为 AGH 科技大学（AGH UST）。2019 年入选波兰第一批次"卓越计划—研究型大学"。2023 年 QS 世界大学排名位列 801~1 000 区间，波兰高校中排名第 5 位。

该校下设 16 个学院、59 个专业、200 余个专业方向，包括土木工程与资源管理学院，金属工程与工业计算机科学学院，电子工程、自动化、计算机科学与生物医学工程学院，计算机科学、电子与电信学院，机械工程和机器人学院，地质、地球物理与环境保护学院，地理数据科学、地测与环境工程学院，材料科学与陶瓷学院，铸造工程学院，有色金属学院，钻井、石油与天然气学院，管理学院，能源与燃料学院，物理与应用计算机科学学院，应用数学学院和人文学院。17 个专业可全英文授课。

截至 2021 年年底，在校生总数 20 562 人，其中本科生和硕士生 19 512 人、博士生 1 050 人；国际学生 483 人，占在校生总数的 2%，本科生占比 54%。教师总数 1 998 人，包括教授 222 人、副教授 534 人、助理教授 1 039 人，国际教师约占 1%。年均签署研发协议 1 000 份，其中与企业签署的协议占 75%；年均获得专利授权 100 个，孵化企业 25 个。

2017 年，由"一带一路"中波大学联盟发起的孔子课堂在克拉科夫 AGH 科技大学建立，是波兰前沿理工类大学孔子课堂网络的一部分。

该孔子课堂由 AGH 科技大学人文学院外语系进行管理，是面向克拉科夫 AGH 科技大学的教师、研究人员和讲师、学生以及行政人员提供对外汉语教学的中心。目前已为 3 种不同级别的 150 名学生设立了 13 个语言教学小组。除了在对外汉语教学方面，克拉科夫 AGH 科技大学的孔子课堂还与雅盖隆大学孔子学院紧密合作，积极推广中国文化和传统，组织文化工作坊和艺术表演等。

六、波兹南密茨凯维奇大学

波兹南密茨凯维奇大学（Adam Mickiewicz University in Poznan，UAM），又名亚当·密茨凯维奇大学、波兹南大学，是一所公立大学，创办于 1519 年。其前身是建于波兰西部的两所教会学校，一所为罗马天主教主教扬·卢布兰斯基于 1519 年设立的学院，另一所为 1537 年建立的耶稣学院（The Jesuit College）。1955 年，为纪念伟大的波兰诗人亚当·密茨凯维奇，学校更名为亚当·密茨凯维奇大学（中国教育部认证名称为波兹南密茨凯维奇大学）。2019 年入选第一批次"卓越计划—研究型大学"。2023 年 QS 世界大学排名位列 801~1 000 区间，波兰高校中排名第 6 位。

该校下设 4 个校区、20 个学院、82 个专业、250 个专业方向。4 个校区分别为位于波兰和德国边境的斯武比采校区、位于格涅兹诺的欧洲文化研究所、位于皮拉的纳米科技研究所和位于卡利什的教育与艺术学院。20 个学院包括英语学院、人类学与文化研究学院、考古学学院、生物学院、化学学院、波兰语和古典哲学学院、哲学学院、物理学院、人文地理与规划学院、历史学院、数学与计算机科学学院、地理与地质科学学院、艺术研究学院、政治与新闻学院、现代语言文学学院、心理学与认知科学学院、法学与管理学院、社会学学院、教育研究学院和神学院。其中现代语言文学学院开设了大量小语种课程，是波兹南密茨凯维奇大学最强势的学院之一，开设的西班牙语、俄语、德语、意大利语、波兰语、捷克语、法语、日语、韩语、泰语、汉语、捷克语、匈牙利语、葡萄牙语等语种专业，排名均为波兰全国第一，为波兰外交部、各驻外使领馆、各驻外贸易代表处输送了大量外语人才。

目前在校生总数 30 152 人，其中本科生占比 61%；国际学生 1 436 人，占在校生总数的 4.8%，国际本科学生占比 64%。教师总数 2 823 人，其中国际教师 143 人，占比 5%。全球合作伙伴院校 240 所，签订 620 份国际合作协议，每年出国交流学习的师生约为 2 800 人，接收国外来校交流学习师生约 1 260 人。

2008 年 6 月，在波兹南密茨凯维奇大学汉语系成立 20 多年的基础上，由天津理工大学和波兹南密茨凯维奇大学合作共建的孔子学院揭牌成立，这是波兰第二所孔子学院，成为中波语言文化交流的重要桥梁。2018 年 4 月，第 17 届"汉语桥"世界大学生中文比赛波兰赛区决赛即在波兹南密茨凯维奇大学举办；2022 年 4 月，由浙大宁波理工学院外国语学院、波兰研究中心，波兹南密茨凯维奇大学汉语系、孔子学院主办的"中国—波兰等中东欧国家语言文化研究的意义及前景"国际学术会议线上线下同步举行。

参考文献

［1］中华人民共和国外交部. 波兰国家概况（2022 年 10 月更新）［EB/OL］. https://www.mfa.gov.cn/web/gjhdq_676201/gj_676203/oz_678770/1206_679012/1206x0_679014/.

［2］中华人民共和国商务部. 对外投资合作国别（地区）指南 波兰（2021 年版）［EB/OL］. http://www.mofcom.gov.cn/dl/gbdqzn/upload/bolan.pdf.

［3］程鑫, 卡她日娜·皮乐邦奇克, 马丁·雅谷比. 波兰高等教育概况及中波高等教育合作［J］. 世界教育信息, 2017, 30（17）: 61-65+73.

［4］Charzynska Katarzyna, Anczewska Marta, Switaj Piotr. A Brief Overview of the History of Education in Poland. Paper presented at the

Annual Meeting of the Bulgarian Comparative Education Society(10th, Kyustendil, Bulgaria, Jun 12-15, 2012)[EB/OL]. https://files.eric.ed.gov/fulltext/ED567110.pdf.

[5] 为真. 波兰的教育体制及其改革[J]. 国际论坛，1988（1）：12-17.

[6] 李金涛. 波兰教育简述[J]. 国际论坛，1987（4）：51-55.

[7] 王文礼. 社会主义时期的波兰高等教育：成就与缺失[J]. 河北师范大学学报（教育科学版），2012，14（4）：66-71.

[8] 单可. 波兰融入欧盟高等教育一体化的举措与启示[J]. 台州学院学报，2019，41（5）：47-50.

[9] 杨昌锐. 政治转型后波兰高等教育改革述评[J]. 外国教育研究，2009，36（2）：66-69.

[10] 刘苹苹. "博洛尼亚进程"和波兰高等教育[J]. 上海教育评估研究，2017，6（1）：42-48.

[11] 武学超，罗志敏. 波兰新一轮高等教育体制改革动因、向度及评价[J]. 比较教育研究，2020，42（6）：82-88+96.

[12] 崔珊. 波兰高等教育改革与国家发展——基于《高等教育与科学法案》分析[J]. 外国问题研究，2020（3）：110-116+120.

[13] European Commission. Science, Research and Innovation Performance of the EU 2018:Strengthening the foundations for Europe's future[R]. European Union, 2018:23.

[14] OECD. Education at a Glance 2019: OECD Indicators[EB/OL]. [2023-02-16]. https://doi.org/10.1787/f8d7880d-en.

[15] Statista. Number of students in higher education institutions in Poland from 2010 to 2022[EB/OL]. [2023-02-16]. https://www.statista.com/statistics/1269503/poland-number-of-students-at-universities/.

[16] Statistics Poland. Education in the 2021/2022 school year[EB/OL]. [2023-02-16]. https://stat.gov.pl/en/topics/education/education/education-in-the-20212022-school-year,1,18.html.

[17] European Commission. Poland: Key features of the Education System [EB/OL]. [2023-02-16]. https://eurydice.eacea.ec.europa.eu/national-education-systems/poland/overview.

[18] Polish National Agency for Academic Exchange. Studying in Poland [EB/OL]. [2023-02-17]. https://nawa.gov.pl/en/international-promotion/promotional-materials.

[19] Statista. Number of university graduates in Poland from 2010 to 2021 [EB/OL]. [2023-02-17]. https://www.statista.com/statistics/1269516/poland-number-of-university-graduates/.

[20] Statistics Poland. Higher education in the 2021/22 academic year-preliminary data [EB/OL]. [2023-02-17]. https://stat.gov.pl/en/topics/education/education/higher-education-in-the-202122-academic-year-preliminary-data,10,8.html.

[21] European Commission. Poland: Funding in Education [EB/OL]. [2023-02-18]. https://eurydice.eacea.ec.europa.eu/national-education-systems/poland/funding-education.

[22] OECD Education at a Glance 2022. Table C2.1. Total expenditure on educational institutions as a share of GDP (2019) [EB/OL]. [2023-02-18]. https://www.oecd-ilibrary.org/docserver/3197152b-en.pdf?expires=1675482575&id=id&accname=guest&checksum=D4470D361816B07ECD1E885B338CC987.

[23] 李玲. 波兰高等教育国际化发展探析 [J]. 教育文化论坛, 2017, 9 (3): 109-114.

[24] Studyfinder. Programs taught in English [EB/OL]. [2023-02-18]. https://study.gov.pl/studyfinder.

[25] UNESCO UIS. Global Flow of Tertiary-Level Students: Poland [EB/OL]. [2023-02-18]. http://uis.unesco.org/en/uis-student-flow.

[26] Statista. Number of studying foreigners in Poland 2014-2021 [EB/OL]. [2023-02-18]. https://www.statista.com/statistics/1072307/

poland-number-of-foreign-students-2014-2019/.

[27] Foundation for Polish Science. Programmes of the foundation for polish science［EB/OL］.［2023-02-18］. https://www.fnp.org.pl/assets/FNP_broszura_programowa_online.pdf.

[28] Foundation for Polish Science. Annual Report 2021［EB/OL］.［2023-02-18］. https://www.fnp.org.pl/assets/Raport_FNP_2021_net-1.pdf.

[29] 中华人民共和国驻波兰共和国大使馆. 中波教育交流概况（2004年6月更新）［EB/OL］.［2023-02-18］. http://pl.china-embassy.gov.cn/ywzn/jyhz/200406/t20040608_2463105.htm.

[30] 中国—中东欧国家高校联合会. 中国—波兰高等教育合作（2021-07-30）［EB/OL］.［2023-02-19］. https://ccheic.xjtu.edu.cn/info/1052/1199.htm.

[31] 中华人民共和国驻波兰共和国大使馆. 中国在波兰首个境外办学机构启动运行（2022-11-18）［EB/OL］.［2023-02-19］. http://pl.china-embassy.gov.cn/ywzn/jyhz/202211/t20221119_10977899.htm.

[32] "一带一路"中波大学联盟. 孔子学院与孔子课堂［EB/OL］.［2023-02-19］. http://spuc.bjut.edu.cn/kzxyykzkt/klkfAGHlgdxkzkt.htm.

[33] Poland Government. "The Excellence Initiative-Research University" programme［EB/OL］.［2023-02-19］. https://www.gov.pl/web/science/the-excellence-initiative-research-university-programme.

[34] UW Annual Reports 2021 Executive Summary［EB/OL］.［2023-02-19］. https://en.uw.edu.pl/wp-content/uploads/2014/06/executve-summary_basic-data.pdf.

[35] 北京外国语大学孔子学院工作处. 克拉科夫孔子学院［EB/OL］.［2023-02-19］. https://oci.bfsu.edu.cn/info/1199/6150.htm.

第二章 捷克

第一节 国家概况

捷克共和国（The Czech Republic），简称"捷克"，地处欧洲中部，东靠斯洛伐克，南邻奥地利，西接德国，北毗波兰，国土面积78 866平方千米。捷克西北部为高原，东部为喀尔巴阡山脉，中部为河谷地。1993年1月1日，捷克成为独立主权国家，2004年正式加入欧盟。截至2020年年底，捷克人口为1 070万人，其中约94%为捷克族，斯洛伐克族约占1.9%，波兰族约占0.5%，德意志族约占0.4%，还有乌克兰、俄罗斯和匈牙利族等。官方语言为捷克语，主要外语包括英语、德语及俄语。主要宗教为罗马天主教，全国有39.2%的居民信奉罗马天主教，4.6%的居民信奉新教，还有少数居民信奉东正教、犹太教。捷克全国共划分为14个州级行政区，下属114个市。首都布拉格为直辖市，是全国最大的城市，面积496平方千米，人口约128万人。10万人口以上的城市有：布拉格、布尔诺、俄斯特拉发、比尔森、利贝雷茨和奥洛穆茨。在捷克的华人数量约为7 500人，主要集中在首都布拉格地区。捷克货币名称为克朗，货币代码CK，可与美元、欧元、英镑等货币自由兑换，但人民币与捷克克朗不可直接结算。2023年2月，克朗与美元汇率为1∶0.045，与人民币汇率为1∶0.312。

5—6世纪，斯拉夫人西迁到今天的捷克和斯洛伐克地区，并于830年在该地区建立了大摩拉维亚帝国。9世纪末、10世纪上半叶，在今捷克地区建立捷克公国。1419—1437年，捷克地区爆发了反对罗马教廷、德意志贵族和封建统治的胡斯运动。1620年，捷克被哈布斯堡王朝吞并。第一次世界大战后奥匈帝国瓦解，捷克与斯洛伐克联合，于1918年10月28日成立捷克斯洛伐克共和国。1938年9月，英、法、德、意四国代表在慕尼黑签署了《慕尼黑协定》，将捷克斯洛伐克的苏台德地区割让给德国。1939年3月捷克斯洛伐克被纳粹德国占领。1945年5月9日，捷克斯洛伐克在苏军帮助下获得解放。1948年2月，捷克斯洛伐克共产党开始执政。1960年7月改国名为捷克斯洛伐克社会主义共和国。1968年8月20日，苏、波、匈、保、民德五国出兵捷克斯洛伐克，镇压"布拉格之春"改革运动。1969年4月，胡萨克出任捷共第一书记（后为总书记），1975年任总统。1989年11月，捷政权更迭，实行多党议会民主制。1990年改国名为捷克和斯洛伐克联邦共和国。1992年12月31日，捷克和斯洛伐克联邦共和国解体。1993年1月1日起，捷克和斯洛伐克分别成为独立主权国家。2004年5月1日，捷克正式加入欧盟。2006年捷克被世界银行列入发达国家行列。捷克同时也是经济与合作发展组织（OECD）、北大西洋公约组织和申根协议成员国。

捷克为中等发达国家，工业历史悠久，在机械、电子、化工和制药、冶金、环保、能源等行业有着雄厚基础，许多工业产业如汽车、纺织机械、机床、电站设备、光学仪器、环保设备、生物制造等领域在全世界享有盛誉。外贸在捷克经济中占有重要位置，国内生产总值85%依靠出口实现。自2004年5月1日加入欧盟后，捷克宏观经济环境进一步改善，政府进行一系列经济调整，采取了扩大开放领域、降低税收、改革社会保障体系等措施，同欧盟经济管理体系进一步接轨，促进捷克与其他欧盟成员国经济融合，提高经济竞争力。2012年，捷克政府通过《捷克2012—2020年出口发展战略》，大力支持高附加值产品的出口，同时，支持企业积极开拓欧盟以外的市场，将巴西、中国、印度、伊拉克、塞尔维亚、乌克兰、美国等国家列为重点出口市场。2016年8月，捷克政府批准通过了《捷克工业 4.0 倡议》，工业 4.0 在经济上的准备主要体现在互联网和数字环境的质量上。2019 年 1 月，捷克政府研发和创新委员会批准了《2019—2030 年国家创新战略》，致力于将捷克打造成欧洲最具创新力的国家之一。该战略包括九大支柱，涉及研发、数字化、知识产权、智慧投资与营销等方面，同时拟提高捷克在研发领域的投入。2021 年，捷克国内生产总值为 2 823 亿美元，增长率为 3.3%，人均国内生产总值约为 2.69 万美元。

捷克是中国在中东欧地区重要经贸合作伙伴之一。中国与原捷克斯洛伐克共和国经贸关系始于 1950 年。2004 年 5 月加入欧盟后，捷克一直采取积极务实的对华贸易政策，制定旨在鼓励企业开拓中国市场的对华贸易战略。2015 年 11 月，捷克与中国签署了共同推进"一带一路"建设的政府间合作谅解备忘录；2016 年 3 月，中捷两国元首签署《中华人民共和国和捷克共和国关于建立战略伙伴关系的联合声明》；同年 10 月，两国教育部签署《中捷高等教育学历学位互认协议》。

第二节　高等教育发展历程

捷克长期以来重视教育事业，国民具有良好的文化素质，其教育体系的建设和发展拥有悠久的历史和传统。早在 863 年，在今天的捷克领土上就出现了第一所学校。1348 年查理四世皇帝在布拉格建立了中欧第一所大学——查理大学，该学校目前拥有约 5 万名学生，是捷克规模最大的高等教育机构。1774 年，哈布斯堡王朝统治者玛丽亚·特蕾莎颁布法令，规定 6~12 岁的儿童必须接受教育，小学阶段的教育自此成为义务教育。捷克目前的识字率在 99% 以上。

1620—1918 年，捷克一直处于哈布斯堡王朝统治之下，捷克的教育体制与奥地利、德国、瑞士、匈牙利等邻国类似。1918 年奥匈帝国瓦解后，捷克斯洛伐克共和国继承了奥匈帝国时期的教育体制。1948 年捷克斯洛伐克共产党开始执政后，沿袭了苏联高等教育的办学模式，高等教育发展进入转折期。1989年政治和经济体制转轨后,捷克大力推进教育改革,高等教育发展进入改革期。随着欧洲一体化和"博洛尼亚进程"的不断推进,高等教育一体化进程不断深入,捷克高等教育制度逐步与欧洲各国接轨。

一、奠基期(863—1948年)

捷克历史上第一所见于文字记载的学校建立于863年,在今捷克波希米亚地区南部的布奇村(Budeč),用于贵族儿童进行拉丁文和宗教学习。中世纪时期,捷克主要有两种类型的学校,一类是由教会设立的学校,一类是由城镇设立的学校,后者应此时期手工业和贸易业的繁荣发展而生。与教会学校一样,富裕家庭的孩子可以在城镇学校里学习,由神职人员担任教师。经过两个世纪的发展,直至13世纪末,波西米亚王国几乎每个城镇都建立了自己的学校。

十字军东征的结束及紧随而来的经济发展为大学的建立创造了可能。波西米亚国王、神圣罗马帝国皇帝查理四世统治时期,是中世纪捷克最强盛的时期。查理四世大力营建布拉格,于1348年在布拉格建立了中欧第一所大学——查理大学,捷克高等教育的发展史就此拉开序幕。中世纪的大学教育实行的是单一学位制,只授予硕士或博士一种学位,学士只是继续进修的条件,而非学位。高等教育的受众主要是神职人员和皇室贵族,开设的专业主要是法学、医学、神学或艺术。查理大学的建立参照了博洛尼亚大学和巴黎大学这两种中世纪大学的模式,创始之初开设了神学、文学、法学和医学四个专业。查理大学的不断发展,促进了捷克人民民族意识的觉醒和反对罗马教廷、德意志贵族和封建统治的运动。捷克伟大的爱国者、宗教改革先驱约翰·胡斯(Jan Hus)就曾担任过查理大学的校长。查理大学不仅向贵族和富裕家庭的学生开放,也接受来自贫穷家庭的学生,而学生毕业后成为建设城镇学校的重要力量,他们帮助城镇建立小学和中学,为手工业和贸易业的发展、为大学的建设储备人才。

17世纪诞生了捷克教育史上最著名的教育改革家和教育理论家，被誉为"现代教育之父"的约翰·阿姆斯·夸美纽斯（John Amos Comenius）。夸美纽斯生于1592年，逝于1670年，是一位以捷克语为母语的摩拉维亚族人。他是公共教育最早的拥护者，西方近代教育理论的奠基者。他的人学思想十分丰富，认为"人是上帝的形象"，其教育思想也围绕这一逻辑起点展开。他倡导建立统一的、以人为本的现代教育体系。为了纪念夸美纽斯，捷克将其生日3月28日定为教师节。

1774年，为了增强帝国实力，哈布斯堡王朝的统治者玛丽亚·特蕾莎采取了一系列改革措施，包括颁布法令确立统一的三阶段义务教育体制，规定6~12岁的儿童必须接受教育。此时期还建立了多所职业学校。1752年建立了第一所军事学院，1770年开始引进商学院模式，对于教师的培养也成立了专门的学校。由于哈布斯堡王朝的官方语言是德语，教育系统使用的也是德语，激发了捷克人民的民族情绪，继而爆发了以复兴捷克语言和文化为主要内容的民族复兴运动。为了镇压民族复兴，教会和统治者不断巩固自身地位。1886年，捷克的教育体制又重新回到两阶段式，第一阶段为基础阶段（14岁以下），第二阶段为中学教育，包括普通高中和中等技术学院。教师的培养在4年制师范学院中完成。学校的督导职责由原先的教会转变为专门的督察员履行。1869年，义务教育时长由6年增加至8年。

1918年成立的捷克斯洛伐克共和国基本继承了奥匈帝国的教育体制，同时也进行了一系列改革，修订教育内容，建立统一的中等教育体系，促进综合型教育和职业型教育的均衡发展。1939年，捷克斯洛伐克被纳粹德国占领，所有高等教育机构和大部分普通高中被迫关闭。

二、转折期（1948—1989年）

1948年2月，捷克斯洛伐克共产党开始执政，捷克的社会、经济都以苏联为参照进行了重建。在教育领域，1948年4月国民议会通过了《教育法案》，规定学校国有化；建立统一的、民主的教育体系；实行

9年义务教育制;捷克斯洛伐克公民人人享有平等的受教育的权利。捷克的社会主义教育事业迅速发展。经过30多年的发展,到20世纪80年代中期,幼儿园入园儿童的人数增加了2倍多,基础学校(即小学和初中)的学生由140万人增加到近200万人;由于学校设施的完善和教师队伍的扩大,平均每班学生人数由33人降为25人,平均每19名学生就配备一名教师;普通中学学生人数增加了1倍。

高等教育领域,捷克一方面沿袭了苏联高等教育的办学模式,由国家对高等教育的发展进行宏观控制,高等院校的院系建立、专业设置、学习年限和招生计划均由国家教育部和有关部门决定。另一方面,由于此阶段教育发展的主要目标是满足国民经济发展的需要,在国家的计划控制下,高等教育人才培养更偏向于"专才教育",培养满足经济发展需求的各领域专业人才。为了给劳动者或农民的生产活动提供教育服务,捷克开设了大量的专科大学,比如工学院、农学院、建筑学院、医学院、师范、体育、美术、音乐、戏剧等院校,扩充到原来缺少大学分布的捷克斯洛伐克全境。大学数量的增加,为劳动阶层接受高等教育创造了良好条件,促进了捷克的高等教育由传统的精英教育向大众教育的转变。根据捷克统计局数据,1984年,捷克高等学校在校生人数18万人,较1971年增长了38%;高校具有副教授以上职称的教师人数5 336人,较1971年增长了47%。全国劳动人口的文化和技术水平明显提高。根据1980年11月人口普查数据,接受过高等教育的劳动者比例由1950年的1%上升为7.4%,中学和技工学院毕业生所占比例由16%上升为60%。

1948—1989年社会主义时期,捷克教育尤其是高等教育虽然取得了一定成就,高等教育普及率明显提高,但受国家制度的影响,捷克教育体系高度集中,政府机构对高等教育机构的控制过于严格而僵化,高校的自主性和开放性十分有限。此时期高等教育的问题可概括为两点:一是未能扭转"粗放办学"的路子,与科研、生产紧密结合不够,培养质量不高;二是权力过分集中,管理水平低,官僚主义严重。例如,按1980年《高等教育法》规定,学校的专业设置由捷政府发布命令确定,确定之后五六年无法变动；招生计划、师资规划则由教育部决定，学校也无权修改。教育部事无巨细，样样都管，却无暇顾及教育事业长期规划这样的方向性问题。此外，教育经费不足，教学设备陈旧，也是一个突出的问题。

三、改革期（1989年至今）

20世纪90年代以来，随着捷克共和国市场经济体制的建立，捷克实施教育政策调整，以扩大高等教育规模、与欧盟国家高等教育接轨为主要目标，大力推进教育改革，对现有大学进行了调整、合并、重组，变单一学科为综合或多学科，变学院为大学，保证每个州都有一所水平比较高的大学。90年代初期，捷克公立大学通过重组和新建达24所，公立大学的格局基本形成。1992年，捷克教育主管部门批准设立了20余所高等职业学校，尝试开拓高等教育的不同形式；1995年政府简化了申请设立高等职业学校的法律程序，高职院校数量得以迅速增长。

调整和发展公立教育体系的同时，捷克还推进办学体制改革，积极发展私立教育。1998年，捷克颁布《高等教育法》，允许设立大学性质和非大学性质的私立高等教育机构，私立教育逐步成为国民教育的组成部分。私立学校主要分为两类，一类是由公司、民间组织创办，一类是由慈善组织创办。截至2022年，捷克拥有26所公立高等教育机构、33所私立高等教育机构，私立高等教育机构的发展成为捷克高等教育机构的补充。

1999年6月，欧洲29个国家签署了博洛尼亚宣言，明确提出到2010年建立欧洲高等教育区的目标。捷克是最早签署博洛尼亚宣言的29个国家之一，在推进"博洛尼亚进程"方面积极主动、支持配合，采取一系列的措施改革高等教育，包括：①法律法规改革；②成立负责"博洛尼亚过程"实施的机构；③高等教育经费投入机制的改革；④高校的自治与其他人员的参与管理；⑤平等的入学机会；⑥三级学位；⑦质量保证；⑧学位与学习时间的认定；⑨学生与教职工的流动。

参与"博洛尼亚进程"之前，捷克普通高等学校实行单一学位制，所提供的学位包括硕士和博士两个层次。1998年和2001年的《高等教育法》对三级学位制度改革和实施做了详细规定，即一些特殊专业（如医学、法学等）除外，传统的硕士学位由学士学位和硕士学位两级学位制度替代，博士学位不变。为了促进学位制度改革，捷克以欧洲高等教育区资格框架（QF-EHEA）为指导，于2000年通过并实施有关学位互认的《里斯本宣言》，在高等教育机构或相关项目中逐步建立了以欧洲学分转换与累计系统（ECTS）为基础的大学学分制。

2004年加入欧盟以后，捷克更加积极地响应并切实参与欧洲高等教育改革。捷克先后颁布高等教育领域一系列持续性的发展规划，包括《高等教育机构学术、科学、研究、发展、创造、艺术和其他创新活动战略规划2011—2015》（简称《高等教育机构战略规划2011—2015》）、《高等教育机构战略规划2016—2020》、《高等教育机构战略规划2021+》，不断反思各个阶段自身教育发展中存在的问题，并提出新阶段改革的新举措。"质量""开放""效率"是贯穿于捷克高等教育战略规划的关键词，也是捷克高等教育改革的关注焦点。捷克严格控制高等教育机构学生数量，特别公立大学的学生数量，第一次入学率保持适龄人口的三分之二，硕士学位学习者不超过50%；进一步完善高等教育机构评价标准，严格高等教育机构的评审规程，不支持新高校的建立，鼓励现有高校的整合，促进高等教育改革项目的多样化，凸显捷克高校在研究、教学、国际合作和区域影响等多方面的优势；进一步优化高校高层次人才培养激励机制，鼓励博士、博士后和年轻学者到国外留学并回国工作，支持国外高层次留学生与学者到捷克访学与长期交流，促进高质量的研究、发展和创新人才的培养；稳定高校经费预算，高校财政支出继续保持在国民生产总值的15%；同时，优化高等教育经费管理机制，调整高校经费预算结构、区别对待高校不同学习项目预算，强化高校集中发展项目资金、支持艺术及相关项目发展，提高非政府投入资金使用的有效性。

近年来，捷克高等教育改革取得了明显成效，并赢得了良好的国际声誉，16所捷克高校跻身2023年QS世界大学排名，高等教育入学率已超过50%，实现了从精英教育、大众教育向普及教育的过渡。

第三节　高等教育概况

捷克的高等教育机构有国立、公立、私立三种形式，包括高等专科学校、非综合性大学与综合性大学三种类型。涉及专科、本科和研究生教育三个层次，学士、硕士、博士三种学位。按成立的时间分，捷克的大学可以分为以下三类：第一类是社会主义制度建立之前成立的大学，它们都有悠久的历史，规模大，但数量少；第二类是社会主义时期成立的大学，初期为技术及农业专科院校，1989年经济政治体制转轨后升格为综合大学，分布在各地方城市；第三类是1998年以后成立的私立大学，其数量虽呈逐渐增加之势，但规模较小。

高职专科学校为不需要大学学位的行业培养具有职业能力的高等技术性人才，一般学制3~3.5年，毕业生可获得毕业证书和专科文凭（Specialist）。高职院校会收取一定的学费，公立高职院校的学费为2 500~5 000克朗/年。对于捷克公民，公立大学一般是免费的，但年龄超过26岁的受教育者将无法享受在医疗保险和社会福利等方面的学生优惠。私立大学可自行决定收费标准，学费一般在2 000~3 000欧元。

一、教育体系

捷克现行的教育系统与我国基本相同，由学前教育、义务教育、高中阶段教育和高等教育等几部分组成。捷克实行9年制基础义务教育。高中、大学实行自费和奖学金制，但国家对学生住宿费给予补贴。

初等教育属于义务教育，一般为9年学制，包括两个阶段：第一个阶段是小学，年龄6~11岁，1~5年级；第二个阶段是初中，年龄11~15岁，6~9年级。在大多数城镇，小学教育可以在一所学校中完成。完成5年小学教育的捷克学生也可以选择"8年制学校"(含初中、高中),进入"8年制学校"就读的都是准备上大学的学生,一般学习成绩比较好。另外也可以在小学阶段教育的第5年或第7年选择6年制或8年制的专科学校,比如8年制的舞蹈专科学校等。

中等教育不属于义务教育,面向15~21岁的学生,一般为4年学制(10~13年级)。中等教育阶段有三种类型的学校,即普通中等学校、中等技术学校和中等职业学校。普通中等学校对学生进行通识的、学科性的教育,目的是为学生进入大学学习做准备。中等技术学校主要是针对性培养中等技术人才,包括建筑、化学、工程领域技术人才,以及商学院、农学院、护理学院、音乐和艺术学院等。中等职业学校主要是进行职业资格训练,学业完成进行毕业考试和发放职业资格证书。2021—2022学年中等职业学校学生人数占总人数的45.7%,普通中等学校人数占29.9%(见表2-1),中等职业学校是中等教育阶段更常见的教育形式。一般完成中等职业教育并获得相应职业资格证书的毕业生,即投入社会开始工作,无意继续深造。

表2-1 2021—2022年度捷克教育资源情况

阶段	学校/所		学生/万人	教师/万人
学前教育	5 349		34.84	3.3
初等教育	4 238		93.40	6.7
中等教育	1 285		44.62	4.1
	其中:	中等职业学校	20.40	
		普通中学	13.33	
		中等技术学校	9.13	

* 数据来源:捷克统计局

二、教育管理体制

捷克教育青年体育部(Ministry of Education, Youth and Sports,简

称"教青体部")是教育领域的政府管理机构。捷克的教育采取的是教育部、州(县)政府两级管理,以州(县)为主的管理模式。国家教青体部是最高教育决策机构,主要对教育进行宏观管理,包括制定国家高等教育长远发展规划、组织教育评估以及划拨与监控办学经费等;州政府拥有相应的自主权,自主决定本州的教育体制,州(县)政府承担具体的教育行政管理工作,如建立学校、任命校长、裁并学校等,但相关决策最终仍需报经教育部批准。

捷克高校享有高度自治权,具体包括内部组织结构的设计、建立自治性学术机构、制定内部管理规章制度、招生、设计和实施学位项目、教学与科研管理、人事管理、对外合作以及资产和财务管理等。大学校长是高等教育院校的最高负责人,由大学学术委员会提议,捷克总统任命。学术委员会、科学委员会及学科委员会都是参与高校自治的重要机构。学术委员会在学校年度预算、发展规划、学科院系新建与分合及学校管理等方面都有着举足轻重的作用。相较公立高校,私立高等院校的内部组织管理就更为自主。

另外,在捷克的高等教育系统中,学生扮演着重要角色。在高校层面,捷克高等教育法案规定学校学术委员会的学生代表比例须占当选人数的三分之一到二分之一,因此学生有可能影响到其所在学校的发展与重要决策。而在国家层面,有高等教育理事会下属的学生理事会。学生理事会支持、监督学生的科研和创造性活动,参与高等教育立法、国家高等教育发展战略文件的准备及研究工作。学生理事会代表还参与高等教育代表委员会的工作,参与教育财政预算的讨论。

三、规模及分类

2022年,捷克共有61所高等教育机构,其中26所公立高校、2所国立高校、33所私立高校,其中2所国立高校是隶属于国防部的捷克国防大学和隶属于内政部的捷克警察学院。近10年来,捷克高等教育机构在校生人数整体呈现下降趋势,与捷克人口总量下降趋势基本一致

（2011—2021年，捷克20~29岁人口数量减少了24.6%）。2022年大学在校生总数32.84万人，较2012年下降了22.98%；其中公私立大学的学生数量占绝大多数，国立高校学生占总数的1%（见表2-2）；外国留学生5.2万人，占总人数的17.14%。16所捷克高校跻身2023年QS世界大学排名，其中位列捷克第一，也是历史最古老的，是位于首都布拉格的查理大学，创办于1348年，现有17个院系。创办于1707年的捷克技术大学，在中欧同类大学中也拥有最悠久的历史。

表2-2 2012—2021年捷克高等教育机构在校生人数

万人

年份	2012	2013	2014	2015	2016	2017	2018	2019	2020	2021
高职院校	2.93	2.90	2.83	2.70	2.48	2.20	1.84	1.80	1.85	2.01
公私立大学	39.20	38.09	36.78	34.68	32.64	31.11	29.87	28.86	29.90	30.41
国立大学	0.51	0.48	0.43	0.42	0.39	0.42	0.40	0.40	0.40	0.42

* 数据来源：捷克统计局

四、招生机制

捷克高等教育机构的招生标准由各校自行决定，学生入学采取申请制，只要完成高中阶段毕业考试的学生，均可根据自己的意愿申请学校。普通高中的毕业考试包括2门，一门为捷克语、另一门为外语或数学二选一，由捷克教青体部统一组织开展。毕业考试一般在5月举行。

捷克高校根据学校自身的专业特色自行组织入学考试，一般包括笔试和面试两部分。笔试采用选择题、论述题或二者相结合的形式，每个学校会在官网上公布笔试的题目范围和样题，以及相应专业的文献目录，供考生提前准备。顺利通过笔试的申请者将获得面试机会，面试小组成员由2~3个学院的教师组成，会针对学生对专业的学习兴趣、对相关问题的研究能力和思辨能力进行提问。入学考试采取打分制，各高校一般会在考试前根据学院的招生人数制定最低录取分数线。但考试分数并不是决定录取的唯一指标，某些情况下申请者会被要求提供个人简历、自荐信和成绩单，作为判断是否录取的补充材料。

五、人才培养模式

（一）学制和学分

捷克高校实行学士、硕士、博士三级学位制度，采取欧洲学分转换与累计系统（ECTS）。学士学位旨在为从事某种职业和继续攻读硕士学位的学生提供资格，为期3~4年；硕士学位为学生提供更高层次的专业理论教育及应用指导，以便进入高层次就业或继续深造，修业年限为1~3年；博士学位主要是培养学生从事科研等创新能力，修业年限3~4年，需取得硕士学位后才可进修博士学位。某些特定专业还设有长硕士学位项目，学制一般4~6年，毕业时学校只授予硕士学位，不授予学士学位，比如法学5年制、医学6年制或兽医学6年制长硕士项目（见表2-3）。本硕博三个阶段课程的结业都需通过国家考试并完成论文答辩。达到毕业要求的学生可获得学位证书及文凭补充说明书，文凭补充说明书由双语签发。

表2-3 捷克高等教育等级和学分要求

修业时长/年	等级和学分要求	
8~9	第三周期 博士学位	
7		
6	第二周期 硕士学位 90~120学分	长周期 硕士学位 270~360学分
5		
4		
3	第一周期 学士学位 180~240学分	
2		
1		
	中等教育阶段 毕业考试	

（二）学期和评分体系

捷克高校的学期设置与我国高校类似。一学年包括冬季学期和春季学期两个学期，冬季学期自 9 月中旬至 12 月中旬，春季学期自 2 月中旬至 5 月中旬。一学期包括 14 个教学周及考试周。7 月和 8 月是暑假。

捷克高校采用 ECTS 评分体系，根据结课形式的不同分为三种评分方式。以帕拉茨基大学为例，以考试为结束的课程采用 A~F 打分体系，"F""X"或"*"代表考试不及格，无法获得学分（见表 2-4）。考试一般在每学期期末的考试周举行，包括口试和笔试两种形式。学校一般为学生提供三次考试机会，如果第一次考试未通过，还可进行第二次和第三次补考。补考通过的课程成绩以"FD"形式出现在成绩单上，即第一次考试成绩为"F"不及格，第二次补考成绩为"D"一般。以研讨会或学分为结束的课程，则以"通过"或"未通过"为评分形式。

表 2-4　评分体系（考试）

等级	程度
A	优秀（excellent）
B	良好（very good）
C	好（good）
D	一般（satisfactory）
E	及格（sufficients）
F/X	不及格（failed）

六、学生毕业情况

捷克高校的毕业生人数近年来逐年下降，与捷克人口总量及在校生人数下降趋势一致（见表 2-5）。2021 年，捷克高校毕业生总人数 6.05 万人，较 2012 年下降了 35.7%。其中 59.4% 为女性毕业生；本科毕业生占比 52.6%，硕士毕业生占比 44.0%，博士毕业生占比 3.4%。

表 2-5　2012—2021 年捷克高校毕业生人数

万人

2012	2013	2014	2015	2016	2017	2018	2019	2020	2021
9.41	9.17	8.83	8.20	7.74	7.21	6.86	6.42	6.30	6.05

* 数据来源：捷克统计局

在捷克，高校最热门的专业是商学和法学（19.8%），其次是工程（15.5%）、教育学（11.7%）、新闻学（11.4%）和公共卫生（11.0%）（见表 2-6）。每年约有 7 000 名硕士生和 1 万名博士生获得工学或理学领域的毕业文凭。

表 2-6　2021 年捷克高校毕业生人数（按专业划分）

专业领域	毕业人数/万人
贸易、行政和法律	1.2
技术、制造和建造	0.94
教育学	0.71
社会科学、新闻和信息科学	0.69
公共卫生、护理学	0.67
艺术与人文	0.54
信息通信技术	0.38
理学、数学和统计学	0.37
服务	0.34
农业、林业、渔业和兽医	0.22

* 数据来源：捷克统计局

七、教育经费

公立学校资金由国家通过教青体部预算拨款（少数学校例外），拨款的金额依据学校的教育教学运行成本，按照学生数和学校开设的专业、课程进行拨款，教青体部每年调整拨款比例。市政府为学前教育学校和义务教育学校提供资金。2019年捷克在教育上的公共支出占当年国内生产总值（GDP）的4.3%，其中在高等教育领域的支出占1.2%，略低于经济合作组织国家的平均支出水平（教育总支出4.9%、高等教育支出1.5%）。

过去捷克高校的经费基本上是政府拨款，1998年《高等教育法》规定，公立高校可以从以下渠道获得教育经费：国家预算中对教育经费的拨款；与学习有关的收费；利用校产创收获取的经费；从国家预算、国家基金和市政预算中获取的其他名目的经费；通过开展辅助活动获取的经费；通过接受捐赠和遗产获取的经费。国家对高校的拨款主要是通过"发展计划"等专项拨款完成，大量的专项拨款都专注于教师的教学、科学研究及创新活动等，专款专用，不能擅自调拨和使用，否则将被剥夺经费的使用权。私立高等教育机构也可以根据高等教育法案的规定寻求资金支持，教青体部会根据机构的性质给予一定的经济补贴。另一种方式是通过国际合作项目方式进行投入，如欧盟项目特慕普斯（TEMPUS）计划、苏格拉底（Socrates）计划、来昂多·达·芬奇（Leonardo Da Vinci）项目等。2019年，捷克公共经费对高等教育的投入占总投入的83.4%，私人资金占16.6%。

捷克高等院校原则上提供免费教育，以下三项与学习有关的项目可以收费：高考手续费；超出规定的标准学制时间一年后的学费；对外国留学生用非捷克语学习课程的费用。对于用非捷克语学习的外国留学生，不同专业的学位项目学费标准不同，一般学费上限为6 000欧元/年，艺术或医学专业的学费在8 500~19 000欧元/年；但无论哪国学生，学习用捷克语教授的课程都是免交学费的。

八、质量保障体系

捷克高校十分重视高等教育质量管理。法律法规方面，捷克高等教育法律、法规日趋完善，《高等教育法》于1990年颁布，1998年和2001年先后修订；管理机构方面，捷克高等教育由国家教育青年体育部统一管理，1998年成立捷克认证委员会（The Accreditation Commission of the Czech Republic），下设22个工作组，专门负责高等教育机构的质量监控与综合评价，严把学习项目和教师职称等评审。从2001年5月开始，捷克认证委员会成为欧洲高等教育质量保障联盟（ENQA）的会员。捷克是中东欧高等教育质量保障机构联盟（CEEN）的创始人之一。捷克认证委员会还是世界高等教育质量保障机构联盟（INQAAHE）的成员。

捷克高等教育质量保证体系包括自我评估、外部评估和国家认定。《高等教育法》规定所有高等院校都必须定期对教学质量进行校内评估，并提供详细的评估工作报告，将结果公之于众。国家认证委员会负责对涉及高等教育、科研、发展、艺术以及其他创造性活动的所有方面进行评估。任何一个高等教育教学计划都必须通过认定。只有认证委员会的专家意见是赞成时，教青体部才对高等教育教学计划授予认定证书。认证委员会的认定事项还包括建立、撤销公立高校的院系，建立私立高等教育机构，教授与副教授的聘任等。

另外，捷克很多高等教育院校一直参与国际高等教育评估，如捷克技术大学和帕拉茨基大学邀请欧洲大学校长和副校长常设会议（CRE）对学校教学质量进行评估；布尔诺兽医与药科大学邀请欧洲兽医研究学会开展评估；布拉格农业大学邀请荷兰瓦格宁根农业大学对其开展评估；由外国医学教育和质量鉴定全国委员会（NCFMEA）对捷克所有医学院进行质量鉴定等。

第四节　高等教育国际化

捷克一直非常重视高等教育国际化，为适应欧洲一体化进程，参与"欧洲高等教育区"建设，捷克采取了一系列高等教育国际化改革，而且通过20年来的改革,得到了较快的发展。

一、国际化历程

(一)社会主义时期(1948—1989年)

1948年捷克进入社会主义发展时期后,大学数量增加,高等教育进入大众化阶段。这一时期的高等教育国际化主要是在东欧社会主义国家范围内展开。一方面捷克派遣年轻学者到苏联学习,将苏联高等教育模式直接照搬应用。另一方面苏联为捷克斯洛伐克新设的一批大学派遣了专家团,直接奠定苏联式的大学管理模式。在学术交流方面,捷克斯洛伐克与以苏联为主导的东欧社会主义国家开展多样化合作,主要表现为吸收外国研究员加盟科学院、在各国轮流举办国际学术研讨会等形式。学生交流层面主要表现为短期学习和长期留学,包括在东欧各国大学间的课程内交换留学,特别是选修技术和农业类专业课程的学生都有机会去合作院校接受短期教育;而学习电子、机械、医学等专业的学生则有机会赴苏联或东欧国家进行长期留学。外国留学生主要来自保加利亚等东欧国家。

(二)转轨期(1989—1999年)

1989年,捷克实行政治和经济体制转轨后,高等教育也转向欧洲化和资本主义化的新方向。这一时期捷克高等教育转型参照的是德国、荷兰的专科大学,澳大利亚的大学运营方式以及美国的学位构造。通过向欧洲各国派遣教员,捷克将欧洲高等教育的各要素移入本国高等教育中。这一时期开展国际交流的主体,由社会主义时期的技术、农业大学,转变为具有国际知名度的综合大学,比如历史悠久的查理大学。整个20世纪90年代,查理大学重新担起国际交流重任,与45个国家173所高校建立了合作关系,其中欧洲高校占了半数以上。此时期外国留学生的构成也发生了变化。当时欧洲大学间的交换留学项目"伊拉斯谟"(Erasmus)计划已经成为学生流动的核心,捷克积极加入该项目的同时开始从首都向地方各大学引入欧洲学分转换与累计系统，但初期成功引入的仅限于查理大学等知名学府，导致了外国留学生分布不均衡，主要集中在首都查理大学，到地方综合大学留学的人数不多。另外，此时期的专业和课程主要以捷克语授课，因此外国留学生主要还是来自斯拉夫语言国家。

（三）博洛尼亚进程时期（1999—2010年）

为了配合"博洛尼亚进程"，捷克高校进行了一系列改革：统一学制和修学年限，实行世界高等教育体系中普遍采用的"学士学位—硕士学位—博士学位"三级学位体系；所有高校都实施了与欧盟其他高校接轨的 ECTS 计划，能够更好地吸引国际学生。2000 年，捷克批准了关于学位互认的《里斯本宣言》并积极实施，《里斯本宣言》的原则内容成为《高等教育法》的部分内容。高等教育机构是认定学生所学阶段、认定在国外获得的学位证书的权威认可机构。如果没有获得认定，学生可向捷克教育青年和体育部提出上诉。对于国际有双边协议的学生学位的自动认定，教青体部是唯一权威机构，高等教育机构不能对此类学位认定。

另外，捷克和大部分欧盟国家一样实施了欧洲通行补充文凭和联合文凭，并在《高等教育法》中规定文凭补充说明书必须应学生个人的要求签发给他们。2004 年，来自高等学校、教青体部等部门的专家起草了文件，旨在帮助捷克高等学校达到《柏林公报》的要求，规定从 2005 年起，每个学生都应该获得用双语签发的文凭补充说明书，作为在捷克和国际上的学术和就业的"透明"凭证。文凭补充说明书由高校连同文凭一起签发。对于文凭补充说明书的语言，通常为学生就学所在国语言和英语。当然，学生还可以选择自己的母语作为其中一种语言，这样可以减少回国后文凭认证的麻烦。如果是联合文凭，同文凭一起签发的文凭补充说明书应该清楚地描述该联合文凭的所有组成部分，也应清楚地指明获得联合文凭的各组成部分所在的高校和教学计划名称。捷克在学士、硕士、博士三个层次都有联合教学计划，联合学位的教学计划都是在各参与高校之间的安排与协议的基础上建立的，完成该类教学计划的学生可以获得参与学校颁发的联合文凭。

对高等教育的经费投入机制进行改革是捷克实施"博洛尼亚进程"的重要措施。一方面，捷克打破600多年的"大学＝公立"的传统，对高等教育实行市场化改革，设立有学士学位授予权的私立大学。依据1998年《高等教育法》，私立大学开设3年制学士课程，属于非大学型高等教育机构。私立大学自1999年开始创立，虽然学生数量少、规模小，然而其顺应形势灵活应变的优点不容小觑。这一时期的私立大学已经全面引入了ECTS学分制度，其颁发的毕业证书得到欧洲全境的认可。与公立大学不同，为了给外国留学生提供更便利的入学途径，私立大学增设个性化专业，制定特别教学大纲，并将课程设置与职业规划挂钩，展现出吸引外国留学生的独特魅力。

另一方面，捷克增加了高等教育经费投入的灵活性。捷克《高等教育法》明文规定，高等教育经费投入机制的基本设想是为了使高等教育机构在国家认定的优先发展领域中保持创新。一般说来，国家教育经费投入总量取决于公立高等教育机构学生数量，在教育、科研、开发或其他创造性活动中取得的成果和捷克教青部的长期战略等项目类型的经费需求情况。其中一大部分是通过"发展计划"对高等教育进行投入，这一部分包括学生数量增长和科学研究等；另一部分是通过国际合作项目方式进行投入，如欧盟的伊拉斯谟项目（Erasmus）、苏格拉底计划（Socrates）。对于这种项目，捷克会配合欧盟进行经费配套投入。

（四）全球化进程时期（2010年至今）

"博洛尼亚进程"实施20年来，欧盟高等教育一体化进程加速，捷克高等教育国际化的舞台不断扩大。从欧盟整体动向看，继"伊拉斯谟"计划之后，又提出"伊拉斯谟世界"（Erasmus Mundus）和"伊拉斯谟＋"（Erasmus+）计划，推动欧洲同世界各地的相互交流，以更好地提高欧洲高等教育质量，加强欧洲高等教育在世界上的中心地位。

在此背景下，自 2010 年 8 月起，捷克教青体部颁布了一系列高等教育领域的发展规划，包括《高等教育机构战略规划 2011—2015》《高等教育机构战略规划 2016—2020》及《高等教育机构战略规划 2021+》。开放性（Openness）始终是捷克高等教育发展的主要目标之一，而国际化更是高等教育机构的特质之一。2016 年 7 月发布的《战略规划 2016—2020》明确提出"国际化"是高等教育发展的第三大优先目标，高校的国际化指的不单单是长短期出国的师生数量，学校国际化特质体现在国际教师和国际学生的充分融入，体现在频繁的国际学术和科研交流，体现在与国际接轨的各类学习项目。2020 年 12 月，作为《战略规划 2021+》的附件，捷克教青体部还单独发布了《高等教育国际化战略 2021+》，提出捷克高等教育系统未来 10 年在国际化方面的量化指标，比如 20% 以上的本科生和硕士生在学期间须完成 14 天以上的海外学习或实习，80% 以上的全日制博士生在学期间须完成 30 天以上的海外学习或实习；国际学生占比达 20% 等。该战略还提出了六个方向的实施路径，包括培养师生的国际素养（包括语言能力和国际化的能力）；提升全英语授课学位项目和联合学位项目的数量和质量；简化外国教育认证程序；营造国际师生友好的环境（包括语言环境、服务水平等）；通过加大资金支持、提升国际化在质量评估和认证的指标显示度，为高校国际化提供全方位的支持；提高捷克国家认证局（National Accreditation Bureau）的国际化水平。

除制定明确的、连续性的战略规划，指导捷克高校的国际化发展外，捷克教青体部还专门成立了捷克国际教育与研究机构（Czech National Agency for International Education and Research，DZS），负责搭建捷克学校和师生对外合作、外国师生赴捷访问学习的桥梁。该机构负责维护 20 余个欧洲教育项目和网络，包括欧盟资助的"伊拉斯谟 +"项目和"欧洲团结军"项目（European Solidarity Corps）等。此外，该机构还负责运营"学在捷克"网站（Study in Czechia），为外国留学生提供关于捷克教育体制、高等教育体系、英文授课学位项目等实用英文信息，为捷克招收国际学生营造良好友善的国际化信息环境。捷克国际教育与研究机构在比利时还设有联络办公室（CZELO），帮助捷克的学校在布鲁塞尔组织会议或会谈、开展国际交流合作等。

2018年，捷克进一步改革高等教育投入机制，将对高校的拨款分为两部分，一部分为定额拨款，一部分为绩效拨款，绩效标准依据各校的专业领域的不同而变化。绩效评估的指标包括：高校在研发领域的表现（34%）；国际交流项目和国际学生（14.5%）；国际交流项目和出国学生（14.5%）；毕业生就业率（16%）；付费外语教学项目和就读学生、大学自身收入、教授和副教授比例等其他（20%）。在这种投入机制下，高校每年获得的经费数额是动态变化的，每所高校必须靠前一年的业绩，尤其是学生与教师发展和教育科研业绩去争取下一年的绩效经费。所以，所有高校都能够优先保证教学与科研经费的投入，不断追求国际交流的深度和广度。

二、国际化内容

学生与教职员工的流动是捷克高校国际化的重要内容，为此，捷克也做了很大的努力，通过加大投入等措施，大大提高了师生流动数量。

捷克对于本国师生"走出去"的资助主要是面向公立高等教育机构。资助与国际学术项目、双边或多边政府合作协议有关，也与高校间直接的双边或多边合作协议有关。捷克教青体部有合作奖学金项目，由相关国家共同出资，如捷克教青体部与德国学术中心（DAAD）合作开展的互换奖学金项目、与中国国家留学基金委合作开展的中捷互换奖学金项目。欧盟对师生国际流动也给予了大力支持，通过"伊拉斯谟+"项目资助捷克师生赴国外开展3~12个月的学习或实习。有研究表明，2014—2020年，全球约有200万名学生受益于"伊拉斯谟+"项目。2020年，捷克具有海外交流经历的学生占毕业生总数的8%，略低于经合组织国家平均水平（10%），其中硕士生的国际流动率最高达11%；具有3个月以上海外经历的学生数占国际流动学生总数的79%，其中82%的学生获得欧盟项目资助

（见表2-7）。《高等教育机构战略规划2021-》中明确提出了学生海外学习的指标：20%以上的本科生和硕士生在学期间须完成14天以上的海外学习或实习，80%以上的全日制博士生在学期间须完成30天以上的海外学习或实习。

表2-7　2020年捷克高校学生国际流动比例（学分流动）

项目	学生国际流动的比例/%				3个月以上国外经历		
	总数	本科	硕士	博士	占学生流动总人数比例/%	获得欧盟资助的比例/%	硕博学生比例/%
捷克	8	5	11	10	79	82	62
经合组织国家均值	10	9	9	—	—	69	37

* 注：学分流动 Credit Mobility，指的是在就读学校的教学体系内暂时性出国学习，主要是为了获得学分而不是攻读学位。

数据来源：经济合作与发展组织（OECD）

对于外国留学生，捷克根据学习项目的不同类型给予不同程度的奖学金支持，既有政府奖学金也有高校给予的奖学金。比如对于学位项目，主要有捷克政府奖学金、欧盟"伊拉斯谟+"项目、大学奖学金及区域性国际组织或非营利机构设立的奖学金。捷克政府奖学金基于国家对外发展计划，支持波黑、埃塞俄比亚、柬埔寨等特定发展中国家的学生用捷克语或英语学习特定专业，奖学金资助项目列表会根据国家对外合作计划的变化而做年度更新。"伊拉斯谟+"项目主要资助外国学生开展12~24个月的联合硕士学位项目。查理大学、捷克技术大学、布尔诺工业大学等高校还会给博士研究生或表现优异的国际学生提供奖学金。在这些措施的带动下，在捷克高校学习的外国留学生数从2011年的37 688人增加至2021年的52 109人，10年来涨幅达38.3%，外国留学生占捷克当年在校学生总数的比例也由9.5%上升至17.14%（见表2-8）。《高等教育机构战略规划2021+》中明确提出了国际学生比例达20%的目标。

表 2-8　2021—2022 学年捷克学生数量及外国留学生比例（按学校类型划分）

学校类型	捷克学生数量 / 人	外国留学生数量 / 人	外国留学生比例 /%
大学	251 964	52 109	17.14
高等职业学校	19 363	721	3.59
音乐（或戏剧）专科学校	3 631	210	5.47
中学	436 192	10 053	2.25
小学	934 028	30 543	3.17
幼儿园	348 387	12 103	3.36

* 数据来源：捷克统计局

2021 年，捷克大学中的外国留学生达 5.2 万人，占高校学生总人数的 17.14%，其中 51.3% 为本科生、23.4% 为硕士研究生、10.7% 为博士研究生。捷克外国留学生生源国前五名依次是斯洛伐克、俄罗斯、乌克兰、哈萨克斯坦和印度。来自中国的留学生 648 人，占外国留学生总数的 1.2%（见表 2-9）。疫情前，每年约有 1.5 万名外国留学生赴捷克参加交换生或短期交流项目。

表 2-9　2021 年捷克外国留学生数量（按国别和学习层次划分）

国别	数量 / 人	学习层次 / %			
		本科生	长硕士	硕士生	博士
外国留学生总数	52 109	51.3	14.9	23.4	10.7
斯洛伐克	20 914	50.4	16.2	24.5	9.4
俄罗斯	8 116	72.6	3.1	19.6	4.9
乌克兰	4 419	70.2	5.1	19.5	5.3
哈萨克斯坦	2 578	82.5	1.6	14.2	1.9
印度	1 469	15.1	22.5	37.3	25.1
白俄罗斯	1 033	71.4	6.7	17.4	4.6

续表

国别	数量/人	学习层次/%			
		本科生	长硕士	硕士生	博士
德国	918	13.6	45.5	14.6	26.4
意大利	666	35.3	23.1	15.6	26.0
中国	648	46.6	1.5	32.9	19.4
伊朗	531	10.7	49.2	10.2	30.1

* 数据来源：捷克统计局

第五节　中捷高等教育交流与合作

中捷两国的教育交往始于20世纪50年代中期。1957年，我国与当时的捷克斯洛伐克共和国签订文化合作协定，其中含有教育交流条款。从那时起，中捷双方就开始互派留学生和学者，50年代末60年代初我国在捷克学习的留学生达200余人。

改革开放以来，中捷两国在教育领域中开展了更加广泛的交流与合作。1996年5月，捷克教青体部副部长翁德拉契克来华签署两国1996—1999年教育交流协议。2000年5月，捷克教青体部长泽曼访华，双方签署两国教育部2000—2003年教育交流协议。2003年9月，中国教育部袁贵仁副部长率团访捷，双方签署两国教育部2004—2007年教育交流协议。根据协议，中捷两国每年互换15名奖学金留学人员。2007年，捷克第一所孔子学院在帕拉茨基大学正式成立，中国15所大学首次在捷举办中国教育展。2008年、2012年、2015年，双方续签了两国教育部教育交流协议。

2016年3月，国家主席习近平访问捷克，两国发表《中捷关于建立战略伙伴关系的联合声明》，助推两国高等教育合作进入历史发展的

"快车道"。2016年10月，中国教育部部长陈宝生与捷克教育青年体育部部长卡特日娜·瓦拉霍娃在北京签署了《中捷高等教育学历学位互认协议》，捷克成为第46个与中国签署学历学位互认的国家，极大便利了两国各领域的交流与合作。2018年11月，捷克首都布拉格首家孔子学院布拉格金融管理大学孔子学院揭牌。据统计，捷克有3所大学开设汉学专业，中国有9所院校开设捷克语本科专业，另有8所院校开设捷克研究中心或语言选修课程。2019年4月，在中国—中东欧国家高校联合会成立的基础上，《中国—中东欧国家合作杜布罗夫尼克纲要》发布，捷克明确提出欢迎中方启动"中国—中东欧国家高校联合教育项目"，加快两国高等教育合作。

一、学术交流

近年来，中捷高等院校之间的交流与合作日趋活跃，主要形式有：互派专家教授短期讲学、合作研究；互派学生到对方学校学习进修；交换学术信息及图书资料等。国内许多重点高校如北京大学、清华大学、浙江大学、武汉大学、四川大学、北京理工大学、北京航空航天大学、西南交通大学等都与捷克有关高校签署了校际交流协议，互派师生，联合开展科研合作（见表2-10）。

表2-10 捷克大学与中国大学开展的交流合作

捷克高校	2023年QS排名（国内/国际）	合作的中国高校
查理大学	1/288	与中国人民大学、华东师范大学等签署合作备忘录
布拉格化工大学	2/358	加入西安交通大学倡议成立的丝绸之路大学联盟
捷克技术大学	3/378	与浙江大学、北京理工大学、北京航空航天大学、同济大学、大连理工大学、华北电力大学等高校开展学生交换项目
马萨里克大学	4/551~560	与上海财经大学等开展交换生项目

续表

捷克高校	2023 年 QS 排名（国内/国际）	合作的中国高校
帕拉茨基大学	5/651~700	与北京外国语大学、西南大学、上海体育学院、贵州大学开展合作交流；与陕西师范大学中国西部边疆研究院合作开展欧盟教育部项目；与乐山师范学院成立"特殊教育合作基地""残障支持中心"
布尔诺工业大学	6/701~750	与广西艺术学院等签署合作备忘录

* 资料来源：各高校官方网站

二、学生流动

根据联合国教科文组织统计研究所（UNESCO UIS）和《来华留学生简明统计》的数据，2019 年捷克在华留学生 581 人（含学历和非学历生），2020 年受疫情影响，捷克在华留学生人数下降至 262 人；根据捷克统计局数据，2021 年在捷克攻读学位的中国留学生达 648 人，在留学生人数排名中位列第九（见表 2-11）。

表 2-11　2015—2021 年中捷学生双向流动数据

人

年份	2015	2016	2017	2018	2019	2020	2021
捷克学生来华留学	503	715	598	611	581	262	—
中国大陆学生留学捷克	207	251	414	572	801	—	648

三、语言教学

捷克开设汉学专业的高校有查理大学、帕拉茨基大学、马萨里克大学。前两所学校的汉学专业历史比较悠久，均有本科、硕士两个层次。查理大学、布杰约维采商业技术学院于 2016 年成立了中国研究中心，旨在开展对华政治、经济、文化等研究。此外，布拉格经济大学、捷克技术大学等高校也将汉语专业作为选修课列入了教学计划。为了支持捷克的汉语教学，近年来，中国教育部、中外语言交流合作中心（原国家汉办）、社科院以及驻捷使馆多次向捷克有关院校赠送了中文图书资料和教学设备。

捷克共开设了 2 所孔子学院和 3 所孔子课堂，分别为帕拉茨基大学孔子学院、布拉格金融管理大学孔子学院、布拉格中华国际学校孔子课堂、奥斯特拉发技术大学孔子课堂、布杰约维采商业技术学院孔子课堂。2003 年，在捷克设立了"汉语水平考试"（HSK）考点。每年报名参加考试的人员在 100 名左右。

2007 年 9 月，由北京外国语大学和捷克帕拉茨基大学合作举办的捷克首家孔子学院成立。帕拉茨基大学 1946 年开设中文专业课程，是捷克最早开设此类课程的高校；北京外国语大学于 20 世纪 50 年代起向中国学生教授捷克语。2014 年 11 月，帕拉茨基大学孔子学院布拉格分院正式成立，成为首都及周边地区汉语教学中心与中国文化交流中心。

2007 年 12 月，布拉格中华国际学校孔子课堂成立，每年约招收 100 名学生在校学习。布拉格中华国际学校（Chinese International School of Prague）始建于 1995 年，是经捷克政府批准成立的具有从事教育和语言教学资质的独立法人教育机构，是捷克第一所以汉语作为授课语言的全日制中文国际学校。

2018 年 3 月，由河北地质大学与奥斯特拉发技术大学共建的奥斯特拉发技术大学孔子课堂揭牌，成为捷克第三大城市、第二大都市圈——奥斯特拉发地区开展汉语推广的又一重要平台。

2018 年 11 月，首都布拉格地区第一所孔子学院——布拉格金融管理大学孔子学院揭牌，该孔子学院由中国计量大学与布拉格金融管理大学共建，在双方共建的"一带一路"标准化教育与研究大学联盟、中东欧研究院和浙江—捷克人文交流中心的基础上，积极建设孔子学院，为布拉格的学生和社区民众提供优质的中文语言教学服务和中国文化体验。

2022年10月，上海对外经贸大学与捷克布杰约维采商业技术学院合作共建的布杰约维采商业技术学院孔子课堂揭牌，在全球疫情的影响下历经艰辛完成筹备工作，为捷克南波希米亚州及周边地区民众学习中文、了解中国提供重要平台。

第六节　代表性大学

一、查理大学

位于首都布拉格的查理大学（Charles University，捷克文 Univerzita Karlova，UK）是中欧最古老的学府，由神圣罗马帝国皇帝查理四世创建于1348年，在其近700年历史中诞生了4位诺贝尔奖自然科学奖得主，著名天文学家约翰内斯·开普勒、著名物理学家恩斯特·马赫、无线电之父尼古拉·特斯拉、文学巨匠弗兰兹·卡夫卡及米兰·昆德拉、奥匈帝国皇帝卡尔一世、捷克斯洛伐克国父托马斯·马萨里克都是该校的杰出校友。2023年QS世界大学排名位列第288位，捷克高校中排名第1位。

查理大学是一所综合性研究型公立大学，设有17个学院，包括3个神学院、5个医学院、6个人文社会科学类学院和3个理学类学院。其中，神学、文学、法学和医学是该校创始之初就已开设的四个专业，也是该校的传统优势专业。2022年，查理大学在校生总数49 449人，约占捷克高校在校生总数的六分之一，其中本科生占37%、研究生占63%；国际学生10 236人，占该校在校生总数的五分之一，其中本科生占23%、研究生占77%。教师总数4 971人，其中国际教师620人，占比12.5%。该校开设了300个学位项目、覆盖600余个专业，其中包括60余个外语授课学位项目（主要是英语）。

查理大学是捷克实力最强的科研机构之一，其研究项目和科学成果约占捷克全国的三分之一，学校学术和研究人员占教职工总数的半数以上。该校在科研项目上的年均投入约为 32 亿克朗（约合 1.2 亿欧元）。查理大学建立了完备的科研项目资助体系，用以支持从学生创新、基础研究、青年创新研究（一般具备海外经历）、青年潜力研究到杰出学者等不同层面不同层次的科研项目。

查理大学非常重视国际合作，与全世界 200 多所高校建立了校际合作关系，开展师生互访与交流、联合科研、学术研讨和暑期学校。查理大学还鼓励博士研究生开展联合培养（Cotutelle），由本校和合作院校两位导师共同指导论文，毕业时可获得两校的学位。

二、布拉格化工大学

布拉格化工大学（The University of Chemistry and Technology, Prague, UCT Prague）是捷克化学领域首屈一指的学习研究中心，也是该国专注于化学、化学工程、生物化学、材料化学和食品化学等领域教育和研究的规模最大的机构。布拉格化工大学成立于 1952 年，但其历史可以追溯到 1807 年，当时布拉格理工学院（Prague Polytechnic）开设了第一门化学课程。1920 年对理工学院进行重组，将化学系转变为化学技术学院，作为当时捷克技术大学的 7 个学院之一。化学史上的许多关键人物都与该校有关，其中最著名的包括诺贝尔化学奖获得者弗拉基米尔·普洛洛格（Vladimir Prelog）、隐形眼镜的发明者奥托·维希特尔（Otto Wichterle）。2023 年 QS 世界大学排名位列第 358 位，捷克高校中排名第 2 位。

布拉格化工大学是一所公立研究型大学，是欧洲大学协会（The European University Association）、欧洲国家工程协会联合会（The European Federation of National Engineering Associations）和国际工程教育学学会（International Society for Engineering Pedagogy）的成员。该校设有 4 个学院：化学技术学院、环境技术学院、食品与生化技术学院、化学工程学院。2022 年，布拉格化工大学在校生总数 4 061 人，其中本科生占 49%、研究生占 51%；国际学生 938 人，占该校在校生总数的

23%，其中本科生占 45%、研究生占 55%。教师总数 862 人，其中国际教师 131 人，占比 15.2%。

布拉格化工大学的教育和研究几乎涵盖了化学化工领域的所有分支专业，包括食品化工、生物化学、精炼提纯、水处理、能源与生物科学技术、环境保护、材料科学，等等。该校非常重视基础研究和应用研究，鼓励学校教师和教研人员与产业界建立紧密合作，将科学知识进行技术转化，应用于工业研发与创新。布拉格化工大学的教师和科研人员积极参与欧盟和国际合作，在欧盟"地平线 2020"等资助下，推动包括食品安全、高性能纳米机器人、废水资源再利用等领域的新研究项目与合作。

布拉格化工大学与全球 100 多所大学和机构开展合作。学校鼓励师生国际流动，开展短期访学和长期联合培养等，与法国勃艮第—弗朗什孔泰大学、法国洛林大学、意大利英苏布里亚大学等大学开设了 6 个硕士双学位项目，与比利时鲁汶大学、斯洛伐克技术大学开设了 8 个博士双学位项目。

三、捷克技术大学

捷克技术大学（Czech Technical University in Prague，CTU），位于首都布拉格，是中欧地区最古老的理工大学，由哈布斯堡王朝的神圣罗马帝国皇帝约瑟夫一世于 1707 年创建，在前沿科学和工程领域有着悠久的历史。捷克技术大学在众多伟大科学家的传承下拥有高质量的工科教学水平，包括著名物理学家克里斯琴·多普勒（Christian Doppler）、著名化学家弗拉迪米尔·普雷洛格（Vladimir Prelog）等。2023 年 QS 世界大学排名位列第 378 位，捷克高校中排名第 3 位。

捷克技术大学是一所公立研究型大学，设有 8 个学院：土木工程学院、机械工程学院、电子工程学院、核物理工程学院、建筑学院、交通科学院、生物工程学院、信息技术学院。该校开设了 350 个学位项目，其中 100 个项目为外语授课专业。2022 年，捷克技术大学在校生总数

15 295 人，其中本科生占 67%、研究生占 33%；国际学生 3 006 人，占该校在校生总数的 19.6%，其中本科生占 66%、研究生占 34%。教师总数 2 670 人，其中国际教师 331 人，占比 12.4%。

捷克技术大学与很多跨国企业有着密切的合作，包括丰田、通用电气、西门子、ABB、霍尼韦尔、博世、斯柯达等。捷克技术大学与来自欧洲以外 16 个国家和地区的高校签署双边合作协议，为捷克学生开拓多元海外学习机会。在中国，捷克技术大学与浙江大学、北京理工大学、北京航空航天大学、同济大学、大连理工大学、华北电力大学等高校有学生交换项目。

四、马萨里克大学

马萨里克大学（Masaryk University, MU）成立于 1919 年，公立大学，位于捷克第二大城市布尔诺，校名为纪念捷克斯洛伐克国父马萨里克，是捷克规模第二大的大学。2023 年 QS 世界大学排名位列 551~560 区间，捷克高校中排名第 4 位。

该校以学科交叉为特色，拥有 10 个学院和 400 个专业，包括医学院、法学院、理学院、艺术学院、教育学院、制药学院、经济与管理学院、信息学院、社会研究学院和体育学院。其中医学院、法学院、理学院、艺术学院是马萨里克大学建校之初即设立的学院。2022 年，马萨里克大学在校生总数 29 768 人，其中本科生占 47%、研究生占 53%；国际学生 7 316 人，占该校在校生总数的 24.6%，其中本科生占 40%、研究生占 60%。教师总数 1 945 人，其中国际教师 290 人，占比 14.9%。每年毕业生人数达 7 000 人。

马萨里克大学非常重视科研，在捷克以最先进的设备、最前沿的技术和国际合作为特色。耗时 6 年，马萨里克大学位于斯洛伐克的博胡尼斯校区（Bohunice Campus）即将建成。马萨里克大学投资了近 50 亿克朗（约合 1.89 亿欧元）建设新校区，未来将成为配备最先进实验设备的医学和生物学研究中心。国际合作方面，该校与来自近 80 个国家和地区的高校建立了院级和校级合作关系，其中来自中国的合作院校包括清华大学（法学院）、上海交通大学、南京大学、重庆大学（体育系）、上海外国语大学、苏州大学（法学院）、曲阜师范大学等。

五、帕拉茨基大学

帕拉茨基大学（Palacký University Olomouc，PUO）成立于1573年，公立大学，位于捷克东部的奥洛穆茨，是捷克第二古老的大学。该校原名为奥洛穆茨大学，1946年为纪念19世纪摩拉维亚历史学家和政治家法兰西斯柯·帕拉茨基（František Palacký），该校改为现名。2023年QS世界大学排名位列651~700区间，捷克高校中排名第5位。

帕拉茨基大学开设了8个学院和250余种本硕博学位课程，包括神学院、医学与牙医学院、文学院、理学院、教育学院、体育学院、法学院、健康科学院。该校实验医学、纳米科技、光学、运动人类学及实验物理学为前沿领域专业，同时特殊教育、物理治疗及心理学负有盛名。2022年，该校在校生总数19 474人，其中本科生占54%、研究生占46%；国际学生2 316人，占该校在校生总数的11.9%，其中本科生占32%、研究生占68%。教师总数1 828人，其中国际教师293人，占比16%。

帕拉茨基大学重视国际合作，与全世界88个国家和地区的360余所院校建立了合作关系。2007年9月27日，由北京外国语大学与帕拉茨基大学合作共建的帕拉茨基大学孔子学院成立，是捷克第一所孔子学院。2014年11月，帕拉茨基大学孔子学院在首都布拉格设立了布拉格分院。

六、布尔诺工业大学

布尔诺工业大学（Brno University of Technology，BUT）始建于1899年，公立理工类大学，位于捷克第二大城市布尔诺。该校紧邻捷克科技园（the Czech Technology Park），园区内坐拥IBM、红帽（Red

Hat)、沃达丰(Vodafone)和斑马科技(Zebra Technologies)等知名企业，为该校学生的实习就业提供了极大便利。2023年QS世界大学排名位列701~750区间，捷克高校中排名第6位。

该校设有8个学院：土木工程学院、机械工程学院、电气工程与通信学院、建筑学院、化学学院、商学院、美术学院和信息技术学院。2022年，该校在校生总数18 327人，其中本科生占66%、研究生占34%；国际学生4 562人，占该校在校生总数的24.9%，其中本科生占68%、研究生32%。教师总数1454人，其中国际教师113人，占7.8%。

2021年，布尔诺工业大学科研经费总额达15亿克朗（约合5 672万欧元）。该校非常重视国际化，鼓励师生与世界各地的大学、研究机构和公司保持合作，积极参加伊拉斯谟、特慕普斯、达芬奇等欧盟项目。该校与全球140余所高校建立了双边合作关系，其中中国的合作高校主要有北京理工大学、西安交通大学、东南大学、北京科技大学、重庆邮电大学和海南大学。

参考文献

[1] 中华人民共和国外交部. 捷克国家概况（2022年10月更新）[EB/OL].[2023-03-02]. https://www.mfa.gov.cn/web/gjhdq_676201/gj_676203/oz_678770/1206_679282/1206x0_679284/.

[2] 中华人民共和国商务部. 对外投资合作国别（地区）指南 捷克（2021年版）[EB/OL].[2023-03-02]. http://www.mofcom.gov.cn/dl/gbdqzn/upload/jieke.pdf.

[3] 何健. 捷克斯洛伐克的高等教育[J]. 江苏高教, 1987（5）: 62-63.

[4] Embassy of the Czech Republic in Washington, D.C.Education System in the Czech Republic [EB/OL].[2023-03-02]. https://www.mzv.cz/washington/en/culture_events/education/education_system_in_the_czech_republic/index.html.

[5] Charles University Website. History of Charles University［EB/OL］.［2023-03-05］. https://cuni.cz/UKEN-106.html.

[6] 刘黎明. 夸美纽斯的人学思想及其教育学意蕴［J］. 武汉科技大学学报（社会科学版），2021，23（4）：463-468.

[7] 丛林. 捷克斯洛伐克的教育［J］. 国际论坛，1987，（1）：38-44+18.

[8] 韩卫. 从西波希米亚大学的发展看捷克高等教育变革［J］. 教学研究，2010，33（3）：15-17+22.

[9] 杨永忠，蔡力. "博洛尼亚过程"中的捷克高等教育研究［J］. 华南农业大学学报（社会科学版），2007，6（4）：138-144.

[10] 宇文彩，刘立园. 博洛尼亚进程中捷克高等教育学位制度改革［J］. 石家庄学院学报，2015，17（5）：123-126.

[11] Ministry of Education Youth and Sports. Strategic Plan for Higher Education Institutions 2011-2015［EB/OL］.［2023-03-05］. https://www.msmt.cz/areas-of-work/tertiary-education/the-strategic-plan-for-higher-education-institutions-2011.

[12] Ministry of Education Youth and Sports, Strategic Plan for Higher Education Institutions 2016-2020［EB/OL］.［2023-03-05］. https://www.msmt.cz/areas-of-work/tertiary-education/strategic-plan-for-higher-education-institutions-2016-2020.

[13] Ministry of Education Youth and Sports, Strategic Plan of the Ministry for Higher Education for the Period from 2021［EB/OL］.［2023-03-06］. https://www.msmt.cz/areas-of-work/tertiary-education/strategic-plan-of-the-ministry-for-higher-education-for-the.

[14] Czech National Agency for International Education and Research. The Education System of the Czech Republic［EB/OL］.［2023-03-06］. https://www.studyin.cz/soubory/clanky/0021_publications/StudyIN-EduSystem-2017.pdf.

[15] 汪明. 捷克的教育发展状况及其若干改革趋向［J］. 外国教育研究，

2004,（4）：27-31.

[16] Czech Statistical Office. Schools and School Facilities – school year 2021/2022［EB/OL］.［2023-03-07］. https://www.czso.cz/documents/10180/164606752/23004222a3.pdf/7165d4f9-2663-41df-a4a3-913139295db6?version=1.5.

[17] 武忠远，张振康，孙刚成. 捷克公立大学管理机制及其启示［J］. 延安大学学报（社会科学版），2010，32（5）：119-121.

[18] 梁孟姣，钱星. 捷克高等教育发展现状及启示［J］. 赤峰学院学报（自然科学版），2016，32（1）：204-205.

[19] 杨永忠，蔡力. "博洛尼亚进程"中的捷克高等教育研究［J］. 华南农业大学学报（社会科学版），2007（4）：138-144.

[20] Czech National Agency for International Education and Research. Czech Higher Education［EB/OL］.［2023-03-07］. https://www.studyin.cz/soubory/clanky/0021_publications/StudyIn-publikace-Czech-Higher-education-2022-pro-WEB-final.pdf.

[21] Czech Statistical Office. The Number of Children, pupils and students involved in formal education［EB/OL］.［2023-03-07］. https://www.czso.cz/csu/czso/education_lide.

[22] Entrance Exams in the Czech Republic［EB/OL］.［2023-03-07］. https://www.czechuniversities.com/article/entrance-exams-in-the-czech-republic.

[23] Masaryk University ECTS Grading System［EB/OL］.［2023-03-07］. https://czs.muni.cz//images/files/incoming/practicalities/grading_system_at_MU.pdf.

[24] Czech Statistical Office. Students and Graduates of Universities in the Czech Republic – 2001-2021［EB/OL］.［2023-03-07］. https://www.czso.cz/csu/czso/education.

[25] OECD Education at a Glance 2022. Figure C2.1. Total Expenditure on Educational Institutions as a Share of GDP（2019）［EB/OL］.［2023-

03-07］. https://www.oecd-ilibrary.org/docserver/3197152b-en.pdf?expires=1675482575&id=id&accname=guest&checksum=D4470D361816B07ECD1E885B338CC987.

［26］OECD Education at a Glance 2022. Figure C3.1. Distribution of public and private expenditure on tertiary educational institutions（2019）［EB/OL］.［2023-03-07］. https://www.oecd-ilibrary.org/docserver/3197152b-en.pdf?expires=1675482575&id=id&accname=guest&checksum=D4470D361816B07ECD1E885B338CC987.

［27］陈金西. 捷克教育体系考察与探讨［J］. 厦门科技，2005，（1）：47-50.

［28］李尚卫，杨文淑. 捷克当前高等教育改革及启示［J］. 宜宾学院学报，2017，17（2）：43-49.

［29］王君. 捷克高等教育国际化历程及特色研究［J］. 江苏外语教学研究，2018，（4）：67-70.

［30］孙刚成，张振康，武忠远. 捷克高等教育国际化变革及启示［J］. 学术论坛，2011，34（10）：208-212.

［31］Ministry of Education Youth and Sports. The Internationalization of Higher Education Strategy for the Period from 2021［EB/OL］.［2023-03-08］. https://www.msmt.cz/uploads/odbor_30/DH/SZ/internationalisation_strategy_2021_.pdf.

［32］Czech National Agency for International Education and Research. About DZS［EB/OL］.［2023-03-07］. https://www.dzs.cz/en/about-dzs.

［33］OECD Education Policy Perspectives No.11: Education Policy Outlook in the Czech Republic［EB/OL］.［2023-03-07］. https://www.oecd-ilibrary.org/docserver/6363ab1d-en.pdf?expires=1675067676&id=id&accname=guest&checksum=A475C6013D4604164EC955F30CF3F2D9.

［34］OECD Education at a Glance 2022. Indicator B6. What is the Profile of Internationally Mobile Students［EB/OL］.［2023-03-07］. https://www.oecd-ilibrary.org/docserver/3197152b-en.pdf?expires=1675482

575&id=id&accname=guest&checksum=D4470D361816B07ECD1E885B338CC987.

[35] Study in Czechia. Scholarships[EB/OL].[2023-03-08]. https://www.studyin.cz/plan-your-studies/scholarships/.

[36] Czech Statistical Office. Foreigners in the Czech Republic - 2011[EB/OL].[2023-03-07]. https://www.czso.cz/documents/10180/20556713/141411_t4-07.pdf/7259e564-3d0d-4749-bf57-449a0b0673b7?version=1.0.

[37] Czech Statistical Office. Number of Foreigners[EB/OL].[2023-03-07]. https://www.czso.cz/csu/cizinci/1-ciz_vzdelavani.

[38] 中华人民共和国驻捷克共和国大使馆.中捷教育交流与合作概况（2018年12月更新）[EB/OL].[2023-03-07]. http://cz.china-embassy.gov.cn/chn/jylx/jygx/.

[39] 外交部.中国同捷克的关系（2022年10月更新）[EB/OL].[2023-03-07]. https://www.fmprc.gov.cn/web/gjhdq_676201/gj_676203/oz_678770/1206_679282/sbgx_679286/.

[40] 王韵晨,赵婕,徐军伟."一带一路"教育行动下中国-中东欧高等教育合作的演进与展望——以捷克为例[J].扬州大学学报（高教研究版）,2021,25(4):52-60.

[41] UIS.Stat. Government Expenditure on Education as a Percentage of GDP[EB/OL].[2023-03-07]. http://data.uis.unesco.org/.

[42] 布拉格中华国际学校.学校简介[EB/OL].[2023-03-07]. https://www.cinskaskola.cz/%e9%97%9c%e6%96%bc%e6%88%91%e5%80%91/.

[43] QS Ranking[EB/OL].[2023-03-09]. https://www.qschina.cn/university-rankings/world-university-rankings/2023.

[44] Charles University. Research Funding[EB/OL].[2023-03-09]. https://cuni.cz/UKEN-65.html.

[45] University of Chemistry and Technology Prague. Research Profile[EB/OL].[2023-03-09]. https://www.vscht.cz/research/research-profile.

第三章 塞尔维亚

第一节 国家概况

塞尔维亚共和国（The Republic of Serbia, Republika Srbija），首都为贝尔格莱德。位于巴尔干半岛中北部，东北与罗马尼亚、东部与保加利亚、东南与北马其顿、南部与阿尔巴尼亚、西南与黑山、西部与波黑、西北与克罗地亚、北部与匈牙利相连。国土面积为8.85万平方千米，人口为687万人（不含科索沃地区，2021年）。共有30个州，下辖198个区。官方语言为塞尔维亚语，英语较普及，会讲英语的人数约占40%。此外，会讲德语和俄语的人也比较多。主要宗教为东正教，少部分人信奉罗马天主教或伊斯兰教。塞尔维亚货币名称为第纳尔，货币代码为DINAR。2023年2月，第纳尔与人民币的汇率为1∶0.063，与美元的汇率约为1∶0.0091。

9世纪，塞尔维亚人建立了早期公国。12世纪，塞尔维亚建立了第一个王国，史称"奈马尼亚"王朝。14世纪中叶至19世纪中叶，塞尔维亚长期受奥斯曼土耳其帝国的入侵和统治。后在1804年和1815年两次革命中获得了高度自治。1878年，塞尔维亚在俄国的协助下获得完全的独立。1882年，建立了卡拉乔尔杰维奇王朝，为塞尔维亚第二个王国，其国土仅包括今塞尔维亚的中部。第一次世界大战期间，受奥匈帝国入侵和统治。1918年，塞尔维亚卡拉乔尔杰维奇王朝与克罗地亚及斯洛文尼亚建立了"塞尔维亚、克罗地亚和斯洛文尼亚王国"；1928年，改称"南斯拉夫王国"，史称"第一南斯拉夫"。第二次世界大战期间，德国法西斯入侵南斯拉夫，铁托率领南斯拉夫人民奋勇抗战。1945年，建立了包括塞尔维亚在内的"南斯拉夫联邦人民共和国"；1963年，改称"南斯拉夫社会主义联邦共和国"，史称"第二南斯拉夫"。20世纪90年代初，东欧剧变后，前南联邦解体，塞尔维亚与黑山于1992年组成了"南斯拉夫联盟共和国"，被称为"第三南斯拉夫"。2003年2月，南联盟重组并改名为"塞尔维亚和黑山共和国"。2006年6月，塞尔维亚和黑山共和国分离，"塞尔维亚共和国"成立，并宣布继承塞尔维亚和黑山共和国国际法主体地位。

近年来，塞尔维亚积极实行经济改革、推进私有化、改善投资环境，经济实现增长。2021年国内生产总值为533.2亿欧元，人均国内生产总值为7697欧元，国内生产总值增长率为7.4%，通货膨胀率为4.0%，失业率为11%。

2021年中塞双边贸易额32.4亿美元、同比增长52.5%。2022年1至8月双边贸易额25.2亿美元、同比增长26.3%，其中中方出口额15.5亿美元，进口额9.7亿美元。

塞尔维亚矿藏有煤、铁、锌、铜等，森林覆盖率31.12%，水力资源丰富。主要工业部门有冶金、汽车制造、纺织、仪器加工等。服务业主要包括旅馆、餐厅、咖啡馆和酒吧等。2021年，共有旅馆1 116家。旅游业发展良好，2021年共接待外国游客87万人次，主要来自波黑、俄罗斯、德国、北马其顿、黑山等，接待国内游客172万人次。主要旅游区有浴场、滑雪场和国家公园等。

2021年塞尔维亚主要出口产品为：汽车、电器和机械产品，铜矿石，轮胎，谷物、蔬菜和水果。主要进口产品为：石油及其制成品、天然气、药物、电器及电子产品等。前五大出口国是：德国、意大利、波黑、罗马尼亚和匈牙利，前五大进口国是：德国、中国、意大利、俄罗斯和土耳其。

塞尔维亚实行 8 年制义务教育。全国受过高等教育的人口约占总人口的 13.9%。大学收费较低，全国主要大学有贝尔格莱德大学、诺维萨德大学、尼什大学、克拉古耶瓦茨大学和普里什蒂纳大学。2019—2020 学年各级在校学生情况如下：小学生 51.8 万人、中学生 25 万人、大学生 24.9 万人。各类教师共计约 10 万人。

中国和塞尔维亚友好关系历久弥新。塞尔维亚视中国为其对外关系的四大支柱之一，历届政府均视中国的崛起为其本国、本地区及世界发展的重要机遇。1955 年，中国同前南斯拉夫建立外交关系。南斯拉夫解体后，中国驻前南斯拉夫大使馆先后更名为中国驻塞尔维亚和黑山大使馆（2003 年）、中国驻塞尔维亚共和国大使馆（2006 年）。2009 年，中塞宣布建立战略伙伴关系。2013 年，中塞两国元首共同签署《中华人民共和国和塞尔维亚共和国关于深化战略伙伴关系的联合声明》。2016 年，中塞两国元首共同签署《中华人民共和国和塞尔维亚共和国关于建立全面战略伙伴关系的联合声明》。

2020 年 2 月，塞尔维亚第一副总理兼外长达契奇访华，王岐山副主席同其会见，王毅国务委员兼外长同其会谈。习近平主席就塞尔维亚发生新冠疫情致电塞总统武契奇表示慰问。4 月，习近平主席应约同塞总统武契奇通电话。10 月，中共中央政治局委员、中央外事工作委员会办公室主任杨洁篪访塞。同月，塞总理布尔纳比奇在第十三届浦江创新论坛开幕式上发表视频致辞。11 月，塞总统武契奇在第三届中国国际进口博览会开幕式上发表视频致辞。

2021 年 2 月，塞总统武契奇出席中国—中东欧国家领导人峰会。5 月，塞外长塞拉科维奇访华，王毅国务委员兼外长同其举行会谈。6 月，习近平主席同塞总统武契奇通电话。同月，全国人大常委会委员长栗战书以视频方式同塞国民议会议长达契奇举行会谈。7 月，塞总统、前进党主席武契奇出席中国共产党与世界政党领导人峰会。同月，塞总理布尔纳比奇在 2021 年生态文明贵阳国际论坛开幕式上发表视频致辞。9 月，塞总统武契奇以视频方式出席 2021 中关村论坛开幕式并致辞。10 月，王毅国务委员兼外长访塞。

2022年2月，塞总统武契奇来华出席北京2022年冬奥会开幕式，习近平主席同其举行双边会见。4月，王毅国务委员兼外长同塞外长塞拉科维奇通电话。9月，武契奇总统在产业链供应链韧性与稳定国际论坛上发表视频致辞。同月，武契奇总统在纽约同正在出席第77届联大的王毅国务委员兼外长会见。

第二节 高等教育发展历程

塞尔维亚高等教育发展受政治、经济和社会变革的影响，南斯拉夫时期、独立重建时期、加入"博洛尼亚进程"和欧盟的欧洲化历程，都对塞尔维亚的高等教育格局产生了重大影响。受历史背景和地缘政治影响，其高等教育历程主要可以分为三个阶段，分别是起步时期、发展改革时期和加速发展时期。

一、起步时期（19世纪初至1918年）

塞尔维亚的高等教育始于19世纪初的"高等院校"。1808年，多斯特杰·奥布拉多维奇（Dositej Obradović）作为塞尔维亚在启蒙运动中的主要人物，创办了一所学院，即是贝尔格莱德大学的起源。1938年以后，又成立了哲学院、法学院等学院。1863年9月，根据当时出台的《高等院校创办法》(the Law on the Advanced School Founding)，这些学院变成了高等院校。

直到1905年，第一所真正意义上的大学——贝尔格莱德大学才创建。同年，彼得一世国王签署法令，颁布了《大学法》(the Act on Universities)。这部法律授予了大学自治权，允许教师自由地传授知识，允许学生自由地选择课程。这部法律受到了柏林大学建校原则的影响，也给贝尔格莱德大学带来了短暂的繁荣。

二、发展改革时期（1918—1992年）

两次世界大战的烽火间断了南斯拉夫高等教育的发展。1945年，南斯拉夫联邦人民共和国成立时，仅有3所大学，在校生万余人。

成立初期，贫困、战争的破坏和生源不足，使高等教育步履维艰。联邦政府为恢复高等教育采取了特殊措施，将大学分校扩建为新学校。贝尔格莱德大学可以说是塞尔维亚、黑山、波斯尼亚和黑塞哥维那以及北马其顿几乎所有大学的母校。

1956年，南斯拉夫政府颁发了《大学法》，开始整顿高等教育，其宗旨在于统一高等教育制度和提高教学质量。依据该法，全国各类高校统一了文、理、工、医科的学制，严格了升学考试制度并详细规定了教学制度和师资聘任标准。

19世纪60年代，南斯拉夫加快了高等教育管理分权和高校自治的步伐。为此联邦政府将高等教育的领导权下放给各共和国，仅保留对全国高等教育宏观管理的职能。自治原则的实施使高等教育及其机构的管理朝着更加独立自主的方向发展。

这段时期是南斯拉夫高等教育的巨大变革时期，也是新教育制度的确立时期。50年代末工农生产的迅速发展，促使改变不适应的人才培养制度，加快人才培养的速度。1960年，联邦政府颁布了《学院和大学基本法》，规定了高等教育新制度。新制度的核心在于更多更快地培养人才。要求高校明确培养目标，并缩短学制，各类专业院校（除医科外）学制一律4年，直接为生产部门输送专门人才；建立三级教育体系，创办专科教育，并使之与本科教育、研究生教育衔接；拓宽生源渠道，改革招生制度，取消传统的考生资格制度，实行考试制，凡通过入学考试者均可进入高校学习，不受学历限制。《基本法》实施后的1960—1972年，高等学校学生人数猛增，学校由90余所增至122所，学生规模由10万人增至19万人。南斯拉夫教育界因此称之为"大学生爆炸"时期。

过度的办学热潮及过快的发展速度掩盖了一些学校教学设备不足、

专业设置不合理和生源水平低下的问题。19世纪70年代以来，高等教育质量明显下降，大学生按期毕业率不足20%。有些学科设置重复且招生人数过多，导致大量毕业生就业困难。因此，加强对高等教育的宏观指导和管理，优化学校布局、专业设置和提高教学质量，成为高等教育工作的重心。

19世纪80年代以来，南斯拉夫高等教育由于过度分权造成了人才培养的盲目性和无计划性，由此引发了毕业生供需失调等问题。为保证高等教育能够适应社会、经济发展的需要，自1986年起南斯拉夫各共和国相继颁发了有关高等教育的新法律，要求适度加强对高等教育的控制权与领导权，即加强大学共同体对所属院校的领导权，限制各院校在教学方面的权限。新法律的颁布也促进了南斯拉夫高等教育的进一步发展。

三、快速发展时期（1992年至今）

随着前南斯拉夫解体，塞尔维亚的高等教育面临着新一轮的改革。1991—2000年，塞尔维亚被孤立在世界之外，各种政治和经济禁令增多，本国的高等教育机构和学生也面临一样的困境。由于国家财政对于各项学费、考试费用等支持无力，公立大学面临很大的财政压力。由于财政紧张，高等教育机构的基础设施建设也受到影响，教学设备设施都难以维持，学生们的学业也难以顺利完成。1998年在米洛舍维奇执政期间，通过了一部新的《高等教育法》，这部法律废除了大学的自治权。米洛舍维奇政府倒台后，新的法律立即取代原法律生效，教育机构又重获学术自由。

2001年2月，随着南斯拉夫解体、政权更迭，塞尔维亚教育与体育部着手开始对高等教育改革，并明确了高等教育改革目的：依照"博洛尼亚进程"建立现代高等教育体系。其具体目标主要包含：第一，降低辍学率（当时的高校本科毕业率非常低，约为25%）和提高学习效率；第二，与欧洲高等教育体系接轨，引进教师与教学质量监管机制；第三，按照国家需要与市场需求制定相应教学计划，推动多学科、跨学科发展，提供新技术就业机会；第四，提倡应用科学学习理念，根据劳动力市场要求培养具有技能竞争力的人才；第五，鼓励学生在受教育过程中发挥主动性。塞尔维亚高等教育改革措施体现在国家发展目标上，主要有为国家的民主发展做贡献、支持经济复苏的转型进程以及促进欧洲一体化价值的理念。

2003年，塞尔维亚加入"博洛尼亚进程"。然而由于一直没有新的法律规定出台，高等教育机构根本无法贯彻执行博洛尼亚规定。直到2005年5月，在挪威西南部港卑尔根市举行的欧洲高等教育区教育部长会议上正式加入"博洛尼亚进程"。同年9月，《高等教育法》出台并开始实施，修改了与"博洛尼亚进程"相矛盾的法律、法规。《高等教育法》提供了执行"博洛尼亚进程"和里斯本协议的法律基础。

塞尔维亚依照"博洛尼亚进程"的要求，进行机构改革、建立。由议会选出高等教育理事会（The National Council for Higher Education），高等教育理事会选举成立资格认证与质量评估委员会（The Commission for Accreditation and Quality Assurance），并起草了《国家资格证书框架》。国家高等教育理事会是制定教育战略、通过教育规章制度的最高机构。塞尔维亚成立了"研究型大学会"和"职业型大学会"，"两会"代表所有公、私立教学机构。教育、青年与体育部是政府的教育行政机构，与高等教育理事会以及"两会"相互协调与合作。

2005年，塞尔维亚教育部提出了《2005—2010年教育战略》，并强调为了适应全球化，教育应快速有效地适应变革，高等教育到2010年全面加入"博洛尼亚进程"。在提高教育质量、资助教育系统的改革方面发挥了重要作用。

2009年4月塞尔维亚政府委托教育部、青年与体育部在贝尔格莱德市的萨瓦中心举办了世界大学校长峰会，会议主题为"高等教育的现行趋向"，此次会议又将"博洛尼亚进程——经验与挑战"列为议题。时任部长扎尔科·奥布拉多维奇在峰会开幕式上指出，塞尔维亚教育界的首要任务是执行"博洛尼亚进程"，主要目标是提高教育质量与效率，跟进世界与欧盟的发展标准。塞尔维亚将教育看作是一种战略资源，使其成为促进塞尔维亚工业与现代化发展的基础。

第三节 高等教育概况

当前塞尔维亚的高等教育体系是基于欧洲的教育模式建立的，但在教学内容和教学方式方面仍然深受苏联的影响。由于欧洲一体化进程的加快和教育全球一体化的影响，塞尔维亚也在教育层面采取了一系列改革措施。2003年起，塞尔维亚加入"博洛尼亚进程"，并以此为契机进一步深化本国已经启动的高等教育改革。

在塞尔维亚，教育、科学和技术发展部（The Ministry of Education, Science and Technological Development）负责制定和实施教育政策。国家教育委员会（The National Education Council）和职业、成人教育理事会（The Council for Vocational and Adult Education）支持和促进教育发展。这些机构负责监管和协调教育和培训，以及所有相关方的利益和需求。国家高等教育委员会负责确保发展和提高高等教育质量。资格认证与质量评估委员会（The Commission for Accreditation and Quality Assurance）负责确保高等教育质量，帮助维护和提高质量以及确定教育系统是否符合国际公认标准。

塞尔维亚教育体系分为五个阶段：早期儿童看护阶段包括托儿所和幼儿园；学前准备阶段教育为初等教育做好准备；初等教育为8年制免费义务教育，学生必须有学前准备教育证书才可接受初等教育；中等教育分为普通高中教育（4年）和职业教育（2~4年），其中职业教育学校类型包括技术学校、语言学校、艺术学校、医护学校等；普通高中毕业生可申请进入高等院校学习，而职业中学毕业生可选择进入高等专科学院学习。

一、分类及规模

塞尔维亚的高等院校分为四种，即大学（Universities）、学术学习学院（Colleges of Academic Studies）、职业学习学院（College of Applied Studies）和职业学习研究所（Academies of Applied Studies）。

大学可提供本硕博三类的学术和职业教育，学术学习学院只提供本科和硕士学术教育，职业学习学院提供专科、本科和硕士的职业教育，职业学习研究所提供各类职业教育。

塞尔维亚大学分为公立大学和私立大学。大学的建立和运营均要受到教育、科学和技术部，资格认证与质量评估委员会和高等教育理事会等机构的监管。塞尔维亚公立大学的优势在于有着更深厚的传统、更丰富的经验和更稳定的质量，同时，在硬件设施上也更为完善。相对公立大学来说，私立大学的优势则是较为灵活。在制订教学计划时，私立大学不像公立大学那样受到学校传统的束缚。私立大学可以以社会需求和市场需求作为出发点来制定培养方案、教学大纲，并且在执行过程中可以灵活调整。私立大学可以在每个学期根据学生的总体反馈和评价来对教学活动和教学方式进行调整。近年来，私立大学一直致力于培养学生的创新能力和就业能力，帮助学生更好地应对严峻的社会挑战。私立大学的学生和公立大学的学生一样，同样有机会到海外继续其学业。

目前，塞尔维亚公立大学有 8 所、私立大学有 11 所。其中贝尔格莱德大学和诺维萨德大学 2 所公立大学实力最强。

塞尔维亚高等教育总规模在 24 万人以上，其中大学学生人数占 84% 左右，其他学院人数占比约 16%。2021—2022 学年，在大学学生中，选择公立大学学习的人数占比 85.1%（见表 3-1）。

表 3-1　2017—2022 年塞尔维亚高等教育学生规模

人

学年	总数	大学			学院		
		总数	公立	私立	总数	公立	私立
2017—2018	256 172	214 681	186 460	28 221	41 491	37 268	4 223
2018—2019	249 771	210 484	181 310	29 174	39 287	34 567	4 720

续表

学年	总数	大学			学院		
		总数	公立	私立	总数	公立	私立
2019—2020	241 968	204 627	175 995	28 632	37 341	32 724	4 617
2020—2021	242 550	204 663	175 629	29 034	37 887	32 425	5 462
2021—2022	243 952	205 280	174 836	30 444	38 672	32 533	6 139

数据来源：塞尔维亚统计局

二、招生机制

塞尔维亚的高等教育机构实行申请制。对于进入高中学习的学生来说，只有完成4年的高中学习，并且取得毕业证书才可以继续申请本科学习。大多数学校会在每年的7月初组织入学考试，如果没有招满，会在9月初再组织一场考试。最终会根据学生中学阶段的成绩和入学考试的成绩按比例加权之后进行择优录取。其中，中学阶段成绩占最终参考成绩的40%，入学考试成绩占最终参考成绩的60%。

硕士学习的录取条件由各个学校自行决定。学生若要申请2年制硕士学习，本科修满至少180学分，若要申请1年制硕士学习，本科需要修满240学分。除了需要取得本科学位，学生还需要通过申请学校的入学考试。但有些学校也不安排考试，而是根据学生本科阶段的成绩、工作经验或者相关学术活动来作为录取条件。

博士学习的录取条件也由各个学校自行决定。学生需要取得硕士学位，修满至少300学分，并流利掌握一门外语。学校主要根据硕士阶段学习的成绩、专业技能和学术成果来决定最终录取结果。

国际学生申请大学需要提供毕业证、学位证和成绩单的认证证明。以入读贝尔格莱德大学语言系研究生为例，除上述材料外还需塞语自荐信；法律系则要求非法学本科学生参加入学考试，合格后可申请入学。一般本科申请时间为6—9月，9月底入学；研究生9月申请，10月入学，具体内容可参照各院系招生说明。

塞尔维亚的大学以塞语授课专业为主，有部分英语授课专业，目前已知的英语授课专业多数需要提供英语能力证明以及相关专业能力证明。以法律系为例，非法学专业学生需要参加四门法律专业课的入学考试，英语能力则需要学院老师的测试。

三、人才培养模式

（一）学制与学分

塞尔维亚高等教育实行三级学位制，分别为学士学位、硕士学位和博士学位。本科生阶段的教育分为学术本科教育和职业本科教育。学术本科教育需要 3~4 年，修满 180~240 学分，职业本科教育需要 3 年，修满 180 学分。硕士研究生教育分为四种：学术型硕士需要 1~2 年，修满 60~120 学分；职业型硕士对于本科修满 180 学分的学生来说需要 2 年，修满至少 120 学分；学术型专业硕士需要 1 年，修满 60 学分，但学生本科要修满 300 学分；职业型专业硕士也需要 1 年，修满 60 学分。学生可在学术型硕士和学术型专业硕士之间转换。学术本科教育修满学分后，可升为学术型硕士或学术型专业硕士。职业本科教育修满学分后，可直接升为职业型硕士或者职业型专业硕士。博士研究生教育至少需要 3 年，修满 180 学分。口腔学、兽医学等医学专业，一般需要 6 年，需要修满 360 学分。药学一般需要修满 300 学分。

从学制来看，塞尔维亚的高校实行两种学制，一种是本科 4 年和硕士 1 年，即 "4+1" 模式，另外一种是本科 3 年和硕士 2 年，即 "3+2" 模式，其中以 "4+1" 模式居多。

（二）评分体系

塞尔维亚采用的评分体系是从 5（不合格）到 10（优秀）进行等级划分，学生考试满分是 100 分（见表 3-2）。

表 3-2　塞尔维亚高等教育评分等级划分

等级	程度	分数
10	优秀（excellent）	91~100 分
9	特别好（exceptionally good）	81~90 分
8	非常好（very good）	71~80 分
7	良好（good）	61~70 分
6	及格（sufficient）	51~60 分
5	不及格（fail）	0~50 分

（三）质量保障

高等教育的质量保障通过《高等教育法》进行监管，国家高等教育理事会是负责高等教育质量保障的主要机构，该机构由议会选取的 21 个成员组成。资格认证与质量评估委员会是其重要组成机构，并由来自不同学术领域的 15 位专家组成。理事会和评估委员会负责评估高等教育的发展是否与欧洲和世界标准相适应，制定高等教育政策，制定高等教育机构录取政策，监管教育机构的法律文件和标准，负责制定内部评估标准、外部质量保证标准和程序以及高等教育机构和专业的等级资格认证标准。

四、学生毕业和就业情况

和欧洲其他国家不同，塞尔维亚的就业服务历史还非常短暂，第一个就业发展中心成立于 2010 年。就业发展中心会为在校生和校友提供就业信息，组织就业指导、培训等相关活动。很多就业发展中心也会提供线上和线下个性化的指导和咨询。2012 年，随着各高校纷纷建立就业发展中心，塞尔维亚大学就业中心联合委员会（The Association of Career Centres of Serbian Universities）成立。

为了促进青年发展，青年和体育部（The Ministry of Youth and Sports）成立了青年基金会（The Fund for Young Talents），基金会建立了青年就业指导咨询中心（The Centre for the Career Guidance and Counselling of Young Talents），联合就业单位，为青年提供就业信息、实习或就业机会。

从2013年开始，欧洲的就业率在持续提升，但是塞尔维亚的大学毕业生的就业能力仍然落后于所有欧盟国家。顶尖人才培养也相对滞后，每百万人年度完成博士学位研究的人数仅在65~75人，远低于欧盟的平均水平。

五、经费

塞尔维亚经济增长较为缓慢，对于高等教育的投入，特别是教育基础设施建设、学术研究项目经费等方面较为匮乏。

全球经济网站公布的数据显示，2007—2019年塞尔维亚教育经费占国内生产总值比重的平均值为4.01%。其中2018年最低，为3.85%；2009年最高，为4.48%（见图3-1）。

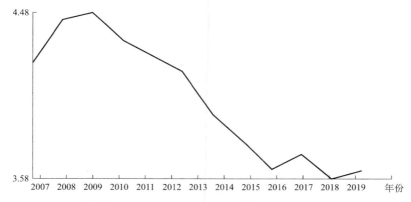

图3-1 塞尔维亚2007—2019年教育经费支出占国内生产总值比重

2013—2020年，塞尔维亚公共教育经费支出占政府公共支出比重的平均值为9.45%，其中2019年最低，为8.6%，2009年最高，为10.48%（见图3-2）。

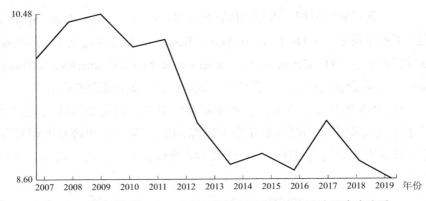

图 3-2　塞尔维亚 2007—2019 年教育经费支出占政府总支出比重

公立大学直接接受政府财政预算拨款，政府每年根据高校的实际支出、下学年预计入学人数以及教师数量和结构进行拨款。此外，公立大学也会通过学费、国内外合作项目经费、捐款等方式获得资金支持。公立大学自费学生每年的学费在 285~2 280 欧元不等，建筑学和牙医学的费用最高。2021—2022 学年，公立大学中公费学生和自费学生的比例分别为 49% 和 51%。

私立大学收入完全独立于政府，其主要来源仍是学费，也拥有独立的财政自主权。私立大学的学生一般都要支付比公立大学高的学费。私立大学学生每年的学费在 1 000~4 500 欧元不等。

第四节　高等教育国际化

一、国际化历程

塞尔维亚高等教育国际化历程主要受到三方面因素影响，分别是欧洲高等教育一体化、全球化进程中的"去中心化"和中国提出的"一带一路"倡议。这三个因素都对塞尔维亚高等教育国际化战略的制定和发展产生了影响，使之形成自己独特的风格。

（一）历史背景

1. 欧洲高等教育一体化的影响

1991年12月，欧洲各国签订的《马斯特里赫特条约》（*Treaty of Maastricht*）标志着欧洲政治联盟的诞生，成为20世纪90年代后欧洲高等教育一体化向前推进的新的历史条件。针对高等教育领域的国际合作，欧盟于1999年启动"博洛尼亚进程"，推动欧洲高等教育一体化发展，同时促成了"伊拉斯谟"（ERASMUS）、"坦普斯"（TEMPUS）等计划的实施。在欧洲高等教育一体化进程的推动下，塞尔维亚于2003年正式加入博洛尼亚进程，2004年签署了《里斯本互认公约》（*Lisbon Recognition Convention*）。

在塞尔维亚国内，由贝尔格莱德大学、诺维萨德大学、尼什大学等高校组成了塞尔维亚大学国际化政策促进委员会，主要目的就是提升塞尔维亚高等教育在欧洲的影响力。

2. 全球化进程中"去中心化"的影响

在全球化进程"中心"与"边缘"的关系中，塞尔维亚长期处在世界的"边缘"地带，依附于发达国家发展。东欧剧变、南斯拉夫解体等历史事件对塞尔维亚的政治、经济、社会造成的巨大冲击，使其长期处于世界弱势国家的行列。21世纪以来，全球化进程越发强调平等与合作，呈现出"去中心化"的趋势。国与国之间不再强调"零和博弈"，而开始注重合作共赢。近年来，塞尔维亚在全球化进程的"去中心化"的时代背景下，开始谋求"去边缘化"。

在高等教育国际化领域，塞尔维亚的高等教育机构正在有意识地进行"去边缘化"。如诺维萨德大学的高等教育国际化策略指出，通过科学交流和教育互动实现国际化的方式，可能会导致本国采纳他国成就评价标准，受到他国评价影响；在这种情况下，诺维萨德大学有必要明确战略方向，平衡融入时代潮流与维护本国学术价值之间的关系。诺维萨德大学国际化的主要策略之一就是创造条件使诺维萨德大学的优秀科研工作者有足够多的机会在国际上展示他们的成就。这一策略正是塞尔维亚高等教育国际化战略的一个缩影，展现出塞尔维亚力图在世界高等教育舞台上拥有更大影响力的愿景。全球化进程中的"去中心化"趋势为塞尔维亚高等教育国际化战略的制定和实施提供了良好契机。

3. 中国"一带一路"倡议的影响

2013年中国提出"一带一路"倡议以来，塞尔维亚积极响应，希望能获得"一带一路"倡议带来的大量投资以服务自身发展。有赖于地理特色和历史缘由，塞尔维亚在"一带一路"倡议向西开放的过程中扮演着重要角色。

在强调知识经济的当代，与"一带一路"倡议中经济领域合作并肩而行的是教育领域的合作，尤其是高等教育领域的合作。塞尔维亚长期重视高等教育领域的国际交流与合作，2017年6月，塞尔维亚诺维萨德大学正式加入"丝绸之路商学院联盟"（ASR）；同年9月，在塞尔维亚诺维萨德举行了中国—中东欧国家第五次教育政策对话以及高等教育机构联盟第四次会议。如何在"一带一路"倡议的背景下提高本国高等教育国际化水平，成为塞尔维亚高等教育国际化战略的关键议题。

（二）相关政策

为了促进塞尔维亚高等教育国际化，2016年12月，塞尔维亚大学国际化政策促进委员会（SIPUS, Strengthening of Internationalisation Policies at Universities in Serbia）制定了《塞尔维亚共和国高等教育国际化战略2017—2025（草案）》（*Higher Education Internationalisation Strategy in The Republic of Serbia 2017—2025 Draft*，以下简称《国际化战略》）并付诸实施。

2018年，塞尔维亚颁布了新的高等教育法，该法的目标之一就是提高本国的高等教育国际化水平。依据该法，高等教育机构在国际化策略的制定上享有高度的自治权，有权决定是否接受项目和国际合作。为有效参与欧洲高等教育一体化进程，该法提出成立跨部门、跨组织工作小组。新的高等教育法在组织机构、人员安排、资格认证、质量保障等方面均作出了具体规定，为塞尔维亚高等教育国际化战略组织架构的建立和政策举措的推行提供法律保障。

在政策举措方面,塞尔维亚从认证标准、资金支持、民间参与等方面构建高等教育国际化的保障体系。如将高等教育机构的认证标准与国际标准相统一;制定高等教育机构国际化程度的指标体系并将其纳入投资评估之中;邀请高等教育机构代表一同参与国家双边协议的制定;建立数据系统,收集现有各类高等教育国际合作协议并加强对这些合作的监管。2016年,塞尔维亚建立了公立高等教育机构所有教学人员的信息档案,要求高等教育机构能说明其额外财政收入的来源,提高财务数据的透明度,以保证高等教育国际化战略实施过程中的公平公正。2017年,塞尔维亚建立了高等教育整体战略实施的监测机制,现在正由负责坦普斯基金和伊拉斯谟世界计划的机构及相关教职人员收集实施成效等方面的信息。

塞尔维亚的教育政策也明确支持高等教育国际合作,《塞尔维亚教育发展行动计划2020》明确指出:"加快构建国际合作网络,增加学生和教师的国际流动,力争到2020年,至少有20%的学生在学习期间获得国际交流经验,争取外国留学生数量占本国高等教育学生数量的10%以上。"

《塞尔维亚教育发展战略2030》中也明确了两个国际化目标,即增加塞尔维亚出国交流和来塞尔维亚交流的学生、教师和科研人员数量。

中国与塞尔维亚签署的《"一带一路"合作谅解备忘录》也将教育国际合作列为其中的主要内容。

(三)组织架构

在组织架构方面,塞尔维亚依据高等教育法,成立由教育与科学和技术发展部、外交部、内政部、财政部、国家高等教育委员会、认证和质量保障委员会和坦普斯基金会(Foundation Tempus)等代表组成的常设工作机构,如全国高等教育理事会、国家认证和质量保障机构和联合监督委员会等。其中,坦普斯基金会负责代表塞尔维亚参与"伊拉斯谟+计划",它还负责执行塞尔维亚中欧大学研究交流计划(Central

European Ex-change Program for University Studies，CEEPUS）。以上组织架构的建立和运行，加强了塞尔维亚在高等教育国际化领域的组织协调能力，保证了塞尔维亚高等教育国际化政策举措的顺利实施。塞尔维亚不但形成了从国家部委至高校和社会组织的纵向组织体系，还组建了以多边协定小组为代表的灵活高效的工作团队，对塞尔维亚高等教育国际化工作给予持续关注和决策建议。

在高校层面，塞尔维亚几乎所有大学都设立了国际关系和项目管理办公室，它们向外籍师生提供一切必要的信息，并推动教师与教师、学生与学生、教师与学生间的交流和互动。

除此之外，塞尔维亚公共政策秘书处也为塞尔维亚高等教育国际化战略的制定和执行提供支持。

二、国际化内容

（一）学生国际流动

虽然高校学生国际流动会在一定程度上导致人才外流，但带来的国际化水平提高有助于增强高校的国际竞争力。塞尔维亚也在不断加强国内学生国际流动和吸引国外学生来塞交流的力度。

一方面，为促进国内高等教育机构学生的国际流动，塞尔维亚建立专门机构支持本国学生参与国际项目。政府规定，对参与国际交流项目的贫困学生进行资助，学生每月可获得 200 欧元资助；而参加专业学习国际项目的贫困学生每月还可获得 100 欧元的资助。据统计，在塞尔维亚高等教育领域，自 2017 年至 2020 年，在国外学习或职业培训超过 3 个月或获得 15 个以上欧洲学分转换系统学分的项目数量从 632 个上升至 841 个；在伊拉斯谟计划中参与的项目数量由 142 个上升至 440 个。

另一方面，力图提高塞尔维亚在欧洲高等教育领域的知名度，吸引国外学生来塞交流学习。塞尔维亚将国际化的要求落实在高等教育教学与科研过程中，为国际学生开发学习支持系统，如：为所有想学习塞尔维亚语的外国学生开发了塞尔维亚语在线学习课程等；为吸引国外学生来塞尔维亚求学，塞尔维亚为学生提供临时居留许可并设计较低难度的学习项目；要求大学建设专门的英文网站，确保能在国际上公开展示学习项目。塞尔维亚大学国际化政策促进委员会还提出，希望高校能为国际学生提供针对性强的高质量咨询；将外国留学生纳入正常的班级并帮助他们融入新环境；为希望探索塞尔维亚文化的学生提供项目支持。2020年，在新冠疫情影响下，在塞尔维亚求学的外国留学生仍有11 419人，其中超过半数来自波黑。2016—2019年，由塞尔维亚与乌克兰合作创办的乌克兰和塞尔维亚高等教育学生流动能力建设计划（Students' Mobility Capacity Building in Higher Education in Ukraine and Serbia，MILE-TUS）得到伊拉斯谟计划的资助，促进了多国博士研究生和硕士研究生的国际流动。

促进国内学生国际流动和吸引国外学生来塞交流是塞尔维亚促进学生国际流动的两个"车轮"。塞尔维亚促进高校学生国际流动的最终目标是提高高等教育各个层次、各种类型学生的流动性，提升塞尔维亚高等教育在欧洲的地位。

2017—2021年，通过"伊拉斯谟+"计划来塞尔维亚外国留学生数量于2019年达到最高值，为1 283人。2020年受疫情影响，人数下降75%，2021年有所回升。通过"伊拉斯谟+"计划出国留学的学生人数也是同样情况，于2019年达到峰值1 786人。从表3-3可以看出，塞尔维亚通过"伊拉斯谟+"计划出国留学人数始终高于来塞留学人数。

表3-3 2017—2021年"伊拉斯谟+"计划来塞留学人数

人

年份	2017	2018	2019	2020	2021
来塞留学人数	756	1 223	1 283	319	799
出国留学人数	1 324	1 772	1 786	327	1 064

（二）教师国际化水平提升

塞尔维亚将提高高等教育机构教职人员的国际化水平视作推进本国高等教育国际化战略的关键因素。为提高教职人员国际化水平，在设定选聘标准、加强在职人员培训和促进国际流动三个方面进行探索。首先在"源头"上设定标准，设定教职人员入职的国际化"门槛"。其次，塞尔维亚有针对性地对在职的教职人员进行培训，提高教职人员使用外语的能力、跨国交流的能力乃至跨文化理解的能力。最后，塞尔维亚在政策制定、数据监测等方面为高等教育教职人员的国际流动提供了支持。

选聘标准方面，塞尔维亚通过修订高等教育机构教职人员职位的公开招聘细则，将国际化指标纳入选聘标准之中。如在塞尔维亚教育与科学和技术发展部官方网站上发布的尼什大学和诺维萨德大学教育顾问招聘启事中，要求应聘者在欧洲学分转换系统（European Credit Transfer System，ECTS）中修完240个学分且在国际学术界取得过成果。为了提升高等教育机构教职人员国际化水平，塞尔维亚还特别重视在本国高校长期工作的外籍教师引聘工作。为了增加外籍教师数量，塞尔维亚将提供更多资金，由教育与科学和技术发展部协同大学共同制定外籍教师选聘的具体方案。

在职人员培训方面，自2016年起塞尔维亚开始对高等教育机构在职教师的培训进行改革，以提高教职员工的外语水平。塞尔维亚确定了高等教育教师的外语能力最低标准，然后针对教学及行政人员制定提高外语能力的特别培训方案。如贝尔格莱德大学把提高教职人员的国际合作能力列为培训目标之一。随着对教职人员外语能力和国际合作能力的重视，塞尔维亚大学的国际学习项目数量迅速增加。2020年，诺维萨德大学已能提供89个英文授课的国际学习项目。

为了促进高等教育机构教职人员的国际流动，政府采取了一系列措施：如要求高等教育机构专门制订教职人员流动计划；与国外高校签订高等教育交流的机构间协议；将教职人员的流动数据纳入高等教育年度报告。《国际化战略》中提出，可通过项目数量、财政预算、国际交流的人数和参与机构的数量等数据监测高等教育教职人员的流动。

2017—2021年，通过"伊拉斯谟+"计划来塞尔维亚交流教师数量于2019年达到最高值，为1 164人，塞尔维亚出国交流的教师人数也是同样情况，于2019年达到峰值，为2 622人。从表3-4可以看出，塞尔维亚通过"伊拉斯谟+计划"出国交流教师人数始终高于来塞交流人数。

表3-4 2017—2021年"伊拉斯谟+"计划来塞交流教师统计

人

年份	2017	2018	2019	2020	2021
来塞交流人数	1 593	1 135	1 164	511	1 084
出国交流人数	2 161	2 221	2 622	819	2 397

（三）国际合作项目

高等教育机构间通过项目进行交流与合作是提升高等教育国际化的重要途径。塞尔维亚通过增加国际合作项目的数量和提高国际合作项目的质量，来提升本国高等教育项目的国际化水平。具体而言，主要通过促进国内项目国际化、确定项目实施的优先领域和提高联合项目国际化水平三个举措来提升本国高等教育项目的国际化水平。

为了促进国内项目国际化，塞尔维亚大力支持外语教学，促进外语类课程（主要是英语）的开发，为项目的国际化提供语言条件。塞尔维亚认证和质量保障委员会的数据显示，2016年，塞尔维亚仅有20个学习项目完全以英语授课，226个项目以塞尔维亚语和其他语言混合授课，约300个项目可提供英语课程。而现在仅诺维萨德大学一所高校就有89个以英文为主授课的学习项目。此外，塞尔维亚还根据欧洲各国的经验，改进本国高等教育项目的认证标准，并推动联合研究机制改革和新标准制定。2017年，为提高博士课程质量和国际化水平，塞尔维亚建立和运行"博士学校",鼓励外国留学生进入"博士学校"学习。这种"博士学校"通常设立在公立大学的内部,塞尔维亚第一所对学生采用联合培养方式的"数学博士学校"设在贝尔格莱德大学。

塞尔维亚确定了若干高等教育国际化的优先发展领域,以期提高学生的国外就业能力和国际交流能力。通过分析国内外联合培养项目的可行性和适切性,在一些具有吸引力的领域中优先实施合作项目。据统计,2017年塞尔维亚在信息技术发展战略的框架内,仅公立大学就增加了32个新的学习方案;2018年,塞尔维亚本、硕、博三个阶段都已有被国际认证的双语教学项目。诺维萨德大学在其国际化策略中提出优先事项之一就是与世界一流大学开展合作,与"在科学、教育和知识转让领域拥有可喜成果"的大学建立战略伙伴关系。

为提高联合项目国际化水平,塞尔维亚与全球高等教育机构建立了长期伙伴关系,制定并实施了联合培养项目和联合研究项目。塞尔维亚把联合项目的数量和质量纳入高等教育机构的评估及排名之中,以提高社会各界对联合项目的重视。2018年,塞尔维亚成立了高等教育融资法案起草工作组,改革的主要方向就是引入基于相关业绩的资金筹集模式。塞尔维亚还根据高校参与伊拉斯谟计划等联合项目的情况,制定了一套高等教育国际化指标和排名办法。塞尔维亚已搭建了数据库,以支持其对本国高等教育机构进行比国际排名更为细化的排名。

以上举措不仅提升了塞尔维亚高等教育项目的国际化水平,也为贝尔格莱德大学、诺维萨德大学、克拉古耶瓦茨大学和尼什大学的世界大学排名不断提升作出了贡献。

(四)推动国外同胞参与高等教育国际化

推动国外同胞参与高等教育国际化是塞尔维亚《国际化战略》的一个重要组成部分。长期以来,塞尔维亚一直面临着优秀专业人才流失的问题。自欧盟提出"人才循环计划"(Brain Circulation)以来,塞尔维亚更加认识到国外同胞在促进本国高等教育国际化提升工作中发挥的巨大潜力和作用。推动国外同胞参与高等教育国际化主要包括建立信息网络、搭建合作桥梁以及邀请参与决策三个方面。

为建立高等教育领域国外同胞信息网络，塞尔维亚大学国际化政策促进委员会建议：绘制国外塞尔维亚侨民受教育潜力图，建立国外高校塞尔维亚裔教职人员数据库；及时更新塞尔维亚门户网站上的信息，让外交官积极参与宣传塞尔维亚教育信息，增加国外同胞主动联系祖国、返回本国或与本国合作的可能性。同时，塞尔维亚还通过不断改善基础设施和整体环境，吸引有才华的塞尔维亚裔研究人员回本国工作，实现"人才回流"。

在联系塞尔维亚裔学者的同时，塞尔维亚相关部门主动为雇用机构和本国高校搭建合作桥梁，方便本国高校与雇用塞尔维亚裔学者的大学、研究所和公司进行联络、互访并建立合作关系。在此背景下，塞尔维亚于2017年制定了联合研究项目的章程、形式、机制和程序，在若干领域建立高等教育的"英才中心"。"英才中心"通过日常活动，包括主题信息日、会谈和工作坊，为研究人员提供支持，也为新项目的开发做准备。

塞尔维亚支持有良好教育背景的塞尔维亚裔学者参与学生联合培养或联合研究方案的设计，并向其提供资助或其他形式的支持。联合方案包括高校国际课程的设计和实施、联合研究项目的设计与实施等。塞尔维亚重视发挥国外高学历塞尔维亚裔学者的作用，现已开启第四轮年轻学者的邀请，特别是对学术型博士生的邀请。

长远来看，塞尔维亚推动国外同胞参与高等教育国际化，主要是为了增强他们对本国高等教育的信心，提高他们对塞尔维亚裔学者和塞尔维亚高等教育质量的认可度，从而提升本国高等教育国际影响力和国际化水平。

第五节　中塞高等教育交流与合作

中国与塞尔维亚友好关系源远流长，塞尔维亚是中东欧地区第一个同中国建立战略合作伙伴关系的国家。建设"一带一路"倡议得到了塞尔维亚的积极响应和支持，塞尔维亚成为中东欧地区积极支持"一带一路"倡议的国家之一。2014年，在贝尔格莱德举行的第三次中国—中东欧国家领导人会晤期间，双方领导人表示要继续深化人文交流和地方合作。在两国教育、科学技术、创新、人文交流中，高等教育发挥了重要作用。

一、合作办学

2016年6月17日，在第三次中国—中东欧国家地方领导人唐山会议上，河北经贸大学中东欧国际商务研修学院正式揭牌成立。学院以"服务国家战略，立足区域发展，面向中外企业，彰显经贸特色"为宗旨，着重在三个层面开展工作：一是以中国商务部援外培训为重点，拓宽培训广度，形成立体化、品牌化的专业培训体系；二是充分发挥专兼职专家作用，打造新型专业智库，力求产出高水平、咨询应用类研究成果；三是依托学校国际教育学院，扩大中东欧国家来华留学生招生规模，探索形成特定区域地区化、国际化应用型人才培养新模式。截至2022年，学院先后承办商务部塞尔维亚河钢集团塞方员工国际产能合作培训班14期，为塞尔维亚技术人员、管理人员以及大学教师提供相关培训。

为了进一步促进与塞尔维亚交流与合作，2018年6月1日，在河北省副省长徐建培，塞尔维亚教育、科学和技术发展部部长姆拉登·沙尔切维奇共同见证下，塞尔维亚研究中心在河北经贸大学揭牌成立，这是我国第一家专门从事塞尔维亚国别研究的非实体性学术研究机构。作为国内首家专门从事塞尔维亚研究的智库机构，塞尔维亚研究中心致力于对塞尔维亚的文化、教育、政治和经济以及中塞两国关系进行研究，以推动中塞友好关系深入发展和促进河北省与塞尔维亚的经济文化交流为宗旨，将援外培训与国别研究相结合，通过编辑周报、半月刊、季刊、年度发展报告等方式，持续开展国别研究，探索出一条以培训促科研，以科研促培训的发展路径，并于2021年成功入选教育部高校国别与区域研究中心（备案）。

2018年10月10日，中塞高等教育研讨会及留学中国高等教育展在塞尔维亚诺维萨德举行，旨在全面介绍中国大学情况，促进中塞高校学生的双向流动。来自北京大学、山东大学、西北工业大学、上海大学、华中师范大学等35所高校的代表参加了主题报告会、座谈会、留学中国说明会等一系列活动。此次研讨会是进一步深化中塞高校间务实合作的重要突破和契机。中国驻塞尔维亚大使馆教育组负责人袁纪纲致辞表示，中塞双方应积极推进教育政策对话的常态化、机制化，在两国教育政策协调对接的基础上共同制定合作方案，实施合作计划，利用好互补优势，继续扩大学生、学者交流规模，让青年成为中国与塞尔维亚等中东欧国家关系的友好使者和合作先锋。

2022年5月19日，由中国教育国际交流协会主办，西安交通大学与贝尔格莱德大学联合承办的"塞尔维亚月主题活动暨中塞高等教育合作研讨会"在线举办。会议见证了中塞教育合作图册和短片《钢铁友谊 合作共赢》的正式发布以及西安交通大学与贝尔格莱德大学合作协议的签署。与会嘉宾围绕中塞人才培养合作、工学学科发展与产学研合作、教育及人文交流的路径等话题展开交流讨论。此次活动是中国—中东欧高校联合会系列活动之一，也是西安交大发起成立的中国—中东欧国家高校联合会工学学科建设共同体的首场交流活动。会议向海内外开放中英文直播，超过1.4万人次通过线上直播平台参与会议。

二、学生流动

学生流动是中国与塞尔维亚高等教育交流的重要方面，但总体来看，两国留学生流动水平偏低。我国出国留学生中选择塞尔维亚留学的学生人数较少，根据联合国教科文组织统计研究所数据中心公布的数据，2016—2021年，每年我国出国留学到塞尔维亚的人数均在25人以下。根据教育部国际合作与交流司发布的《来华留学生简明统计》发布的数据，塞尔维亚学生来中国留学人数在2015—2020年逐年增加，并在2019年达到最高为455人（见表3-5）。

表3-5 2015—2021年中国和塞尔维亚双向留学人数

人

年份	2015	2016	2017	2018	2019	2020	2021
中国大陆学生留学塞尔维亚	10	16	13	21	17	18	23
塞尔维亚学生来华留学	202	264	446	394	455	259	—

三、汉语教育

（一）发展历程

目前，塞尔维亚汉语教育可以按照时间划分为两个阶段，即初期探索阶段和全面发展阶段。

1. 初期探索阶段

塞尔维亚中文教育起步于高等教育阶段，贝尔格莱德是这一时期汉语教学开始最早也是发展最好的地区。贝尔格莱德大学依靠重要的地理位置优势，发展成为塞尔维亚最古老、规模最大的学校。1974年，贝尔格莱德大学语言学院汉语教研室成立，开设汉语公共课，这是塞尔维亚开设汉语课的最早记录。1985年，我国对外汉语界著名学者刘珣先生在该学院任教期间成立了汉语专业。1994年开始招收现代汉语和现代文学方向的硕士研究生。1995年，汉语开始从大学走向中学，贝尔格莱德高级语言中学开始开设汉语专业班。

2. 全面发展时期

从2009年开始，塞尔维亚的汉语教学进入了全面发展时期。中文教学由集中于首都贝尔格莱德大学的"精英型、专门化"教学向基础国民教育发展。2009年，塞尔维亚的第一所孔院——贝尔格莱德孔子学院建成，这也是巴尔干地区的第一所孔院。同年，中国与塞尔维亚签署了《中国教育部与塞尔维亚教育部2009—2013年教育合作计划》，此后塞尔维亚大力推进中小学中文教学。2010年，塞尔维亚最古老著名的卡尔洛夫奇语言中学成功开设汉语课，教学规模开始扩大，汉语教学开始从高等教育向基础教育和中等教育下移。2011年，在双方教育部门推动及原国家汉办支持下，塞教育部规划出台"塞尔维亚中小学开设汉语教学的试点方案"，全国开始大规模兴起"汉语热"。

2012年3月，中国驻塞大使张万学代表中国与塞教科部签署《"塞尔维亚共和国中小学开设汉语课试点"合作备忘录》。该项目的参与者主要是中小学，由塞尔维亚教科部统一下发文件，各中小学根据自身的教育发展需求提出申请，通过资格审查的学校由中方派遣汉语教师、塞尔维亚教科部给予一定的资金支持开展汉语语言教学与文化传播。此项目选取了8个区的31所小学作为首批试点，主要在小学2年级和4年级进行中文教学，共有95个班的2 387名学生参与到此项目中。塞尔维亚教科部在2012年对此项目进行了评估，评估结果合格，此项目得以继续推广。

2012年9月，梅加特伦德大学（Megatrend University，简称梅大）与中国驻塞大使馆教育处合作的中国中心成立，并于2013年5月开始面向塞尔维亚全社会免费开设中文课并招收学生。除中文教学外，梅大还积极配合塞尔维亚两所孔院开展中华文化活动、举办"汉语桥"等活动，为塞尔维亚的中文推广提供了有力支持。

2014年9月塞尔维亚正式成立了第二所孔子学院，由塞尔维亚排名第二的公立大学诺维萨德大学与浙江农业大学合作创建，也是全球第一所以传播茶文化为特色的孔子学院。

（二）规模

目前，中文已纳入塞尔维亚国民教育体系，截至2018年3月，在基础教育中，已有66所中小学开设中文课。这些中小学里除了专门的语言学校外，更多非语言学校也积极申请开设中文课，如塞尔维亚第八中学，该校是塞尔维亚规模最大的中学之一，也是塞尔维亚所有非语言中学里第一所开设中文班的学校。在一系列中塞合作政策的助推下，中文在塞尔维亚中小学的开课率大大提高。塞尔维亚中小学中文教育主要以兴趣班为主,主要集中在首都贝尔格莱德市,且小学开课率明显高于中学。

在高等教育中,仅有贝尔格莱德大学和梅加特伦德大学开设了中文课,高等教育阶段中文课开课率低,为2%,但开设中文课的2所大学分别为当地公立大学和私立大学排名第一的学校,有较高声望,中文教学各具特色。

(三)师资

塞尔维亚中小学中文教师志愿者师资虽然逐年增加,但本土师资仍极度缺乏。在2012年以前,塞尔维亚开设中文课的中学仅有贝尔格莱德语言高中和卡洛瓦茨语言中学,中文老师均为本土教师。自2012年塞尔维亚教科部与原国家汉办签署"塞尔维亚中小学开设汉语课试点"合作计划以来,中文正式进入塞尔维亚中小学课堂。首批14位中文教师志愿者被分配到塞尔维亚全国8个区,负责31所中小学的中文教学。此后赴塞开展中文教学的志愿者教师人数逐年增加,2018年有30位汉语教师志愿者赴塞。截至2020年,已经有210余位汉语教师分赴塞尔维亚的10个地区的中小学开展汉语教学工作。

(四)孔子学院

目前塞尔维亚共有2所孔子学院和2个孔子课堂,分别是贝尔格莱德大学孔子学院、诺维萨德孔子学院、贝尔格莱德高级中学孔子课堂和卡尔洛夫奇高中孔子课堂。

1.贝尔格莱德大学孔子学院

2006年贝尔格莱德大学和中国传媒大学合作成立了塞尔维亚第一所孔子学院,并在同年正式运行。2010年7月,中国传媒大学接待了孔子学院组织的贝尔格莱德中小学校长暑期访华考察团。考察团参观了学校的汉语课堂、动画学院及新媒体研究院,还参加了在人大附中举办的国际中学校长论坛并参观了人大附中校园。

2016 年 6 月 17 日，国家主席习近平访问塞尔维亚期间，塞尔维亚以最高礼遇和最大热情迎接了习主席的历史性访问。欢迎晚宴上，贝尔格莱德孔子学院学员应总统府邀请，与塞著名艺术团体一同奉上文艺表演。曾经在中国传媒大学学习汉语的孔子学院奖学金生、现孔子学院教师吴桑妲，代表孔子学院用汉语向习主席一行致以问候并高歌一曲。

贝大孔院积极开展中文培训和中国文化类课程，剪纸、太极等中国文化课深受各年龄层学员喜爱，此外，贝大孔院还设立了面向社会的塞中友好协会，许多政府要员、著名艺术家、运动员等都是协会的会员。贝大孔院成为当地人民学习中文的主要机构。贝大孔院于 2017 年 10 月在贝尔格莱德语言高级中学开设了首家孔子课堂。

2022 年 12 月，贝尔格莱德大学孔子学院更换中方合作院校，与山东大学举行合作共建线上签约仪式。两校以签约为合作交流的新起点，充分发挥两校人文学科特别是国际中文教育的优势，合作培养更多通晓汉语、具有全球胜任力的优秀人才，并以孔子学院为平台，不断拓展两校更多领域的合作与交流，为深化中塞传统友谊、推动构建人类命运共同体做出积极贡献。

2. 诺维萨德大学孔子学院

2014 年 5 月，塞尔维亚诺维萨德大学孔子学院在诺维萨德大学举行揭牌仪式。该孔院由浙江农林大学和诺维萨德大学合作办学，是继贝尔格莱德大学孔子学院后，第二所共建孔子学院。

诺维萨德大学孔子学院的成立为中塞两国人民人文交流架起了一座新桥梁。创办孔子学院，可进一步加深两校交流与合作，促进中塞高等教育交流合作。2019 年 5 月，塞尔维亚举办 2019 年度"汉语桥"大学生中文比赛。2019 年 7 月，浙江大学教育学院在塞尔维亚诺维塞德大学进行暑期交流营。交流营师生一行赴诺维萨德孔子学院参观访问。

2017 年 6 月，"'一带一路'中国与塞尔维亚合作展望国际论坛"由中国社会科学院马克思主义研究院和塞尔维亚诺维萨德大学孔子学院、中塞文化交流协会联合主办，两国学者以"加强中塞间国际合作"为主题进行研讨，该研讨会旨在进一步促进两国友好合作和人民间的友谊，在"一带一路"倡议背景下推动中塞合作取得新的成果。

贝尔格莱德大学和诺维萨德大学是塞尔维亚两所历史悠久和力量较强的公立学校，自孔子学院成立以来，一直积极举办中国文化活动及讲座、开设中文课及中国传统文化课，成为塞尔维亚中文教学的核心力量。在后疫情时代，两所孔院积极举办线上汉语桥比赛，为塞尔维亚中文教育可持续发展做出了积极贡献。

第六节 代表性大学

一、贝尔格莱德大学

贝尔格莱德大学（University of Belgrade, UB）创建于1808年9月13日，是塞尔维亚成立的第一所公立高等教育机构，也是巴尔干半岛地区最大的大学之一。贝尔格莱德大学是一所研究型大学，目前设有四个学部，即人文社科部，包括经济学院、法学院、东正教神学院、师范学院、国防学院、政治学院、哲学院和语言学院；医学部，包括医学院、口腔学院、兽医学院、特殊医疗与康复学院、运动体育学院和药学院；自然科学部，包括生物学院、地理学院、数学院、物理化学院、物理学院和化学院；技术学部，包括建筑学院、土木工程学院、电气工程学院、机械学院、农学院、矿业与地质学院、运输学院、波尔技术学院、冶金技术学院、管理学院、森林学院。截至目前，贝尔格莱德大学设有31所学院、11个研究所、13个中心、99个本科专业、182个硕士专业和94个博士专业，其中有71个英文和法语授课专业。

在2023年QS世界大学排名中，贝尔格莱德大学位居1 001~1 200位。在2022年QS世界大学学科排名中，其石油工程学科表现突出，位居101~150位。在2022年软科世界大学学术排名中，贝尔格莱德大学位居401~500位，食品科学与技术学科排名51~75位，物理学、仪器科学与技术、兽医学、公共卫生、牙科与口腔科学排名均位201~300位。

20世纪60年代初，贝尔格莱德大学就有约50 000名在校大学生（包括研究生），截至2007年，有346 741名本科生毕业、22 704名硕士研究生毕业、13 214名博士研究生毕业。目前在校学生约10万名，教师4 000余名。

目前，学校已与全球180个高等院校和机构签署了200余份合作协议，其中包括北京大学、北京理工大学、同济大学、北京外国语大学、首都师范大学、北京第二外国语学院在内的14所中国高校。

二、诺维萨德大学

诺维萨德大学（University of Novi Sad），成立于1960年，位于伏伊伏丁那自治省诺维萨德市。诺维萨德大学共有14个学院，其中哲学院、农学院、法学院、轻工学院、科技学院、自然科学与数学学院、运动体育学院七个学院位于校园内，而医学院与艺术学院在校园外。经济学院、土木工程学院、匈牙利语师范学院（培养小学老师）位于苏博蒂察市（Subotica），技术学院位于兹雷尼亚宁市（Zrenjanin），师范学院位于松博尔市（Sombor）。此外，大学设有两个中心：多种边缘学科研究中心（ACIMSI）、信息技术中心（CIT-UNS），以及两个研究院：低地林学与自然环境研究院、食品加工研究院。

目前在校大学生40 000余名、研究生2 000余名，教职工约4 000名左右。在校本科生中近70%享受公费教育，其余近30%是自费生。

在2023年QS世界大学排名中，诺维萨德大学位居1 201~1 400位。在2022年QS世界大学学科排名中，其农业与林业学科表现突出，位居251~300位。在2022年软科世界大学学术排名中，诺维萨德大学位居901~1 000位，食品科学与技术和酒店与旅游管理两门学科上榜，位居201~300位。

三、尼什大学

尼什大学（University of Nis）成立于 1965 年，是塞尔维亚第三大公立高校，位于塞尔维亚的第三大城市尼什。在校生 24 000 人左右。学校设有 14 个学院，包括土木工程和建筑学院、经济学院、电子工程学院、电气工程学院、医学院、教育学院、法学院、数学科学学院、技术学院、艺术学院、职业安全学院、运动与体育学院、哲学院和农学院。在 2022 年软科世界大学学术排名中，数学学科位居 401~500 位。

四、克拉古耶瓦茨大学

克拉古耶瓦茨大学（University of Kragujevac）成立于 1976 年，是塞尔维亚第四大公立大学，位于塞尔维亚的第四大城市克拉古耶瓦茨。学生人数 20 000 人左右。学校设有 12 个学院，包括农学院、经济学院、工程、机械和土木工程学院、医学院、教育学院（亚戈迪娜）、教育学院（乌日策）、法学、理学院、技术科学学院、哲学与艺术学院和酒店管理与旅游学院。

在 2023 年 QS 世界大学排名中，克拉古耶瓦茨位居 1 201~1 400 位。在 2022 年软科世界大学学术排名中，其临床医学学科位居 201~300 位。

参考文献

［1］中华人民共和国外交部.塞尔维亚国家概况（2022 年 9 月更新）［EB/OL］.［2023-02-19］.https://www.mfa.gov.cn/web/gjhdq_676201/gj_676203/oz_678770/1206_679642/1206x0_679644/.

［2］对外投资合作国别（地区）指南 塞尔维亚（2021 年版）［EB/OL］.［2023-02-19］.http://www.mofcom.gov.cn/dl/gbdqzn/upload/saierweiya.pdf.

［3］中华人民共和国外交部.中国同塞尔维亚的关系（2022 年 9 月更新）

［EB/OL］.［2023-02-19］.https://www.mfa.gov.cn/web/gjhdq_676201/gj_676203/oz_678770/1206_679642/sbgx_679646/.

［4］塞尔维亚共和国教育体制及院校简介［EB/OL］.［2022-02-26］.http://serbia.lxgz.org.cn/serbia/lxfw/lxxz/2013040810334595753/index.html.

［5］刘启娴.南斯拉夫普通教育的几次改革［J］.外国教育动态，1988（2）：6-10.

［6］European Union. Overview of the Higher Education System［EB/OL］.［2020-03-16］.https://eacea.ec.europa.eu/sites/eacea – site/files/country-fiche_serbia_2017.pdf.

［7］吴雪萍，陈浊.塞尔维亚高等教育国际化战略及其启示［J］.现代教育管理，2022（6）：110-119.

［8］Ministry of Education, Science and Technological Development of the Republic of Serbia. Strategy for education development in Serbia 2020［EB/OL］.［2020-03-03］.https://erasmusplus.rs/wp-content/uploads/2015/03/Strategy-for-Education-Development-in-Serbia-2020.pdf.

［9］我校塞尔维亚研究中心揭牌成立［EB/OL］.［2023-02-26］.https://www.hueb.edu.cn/info/1053/4126.htm.

［10］塞尔维亚研究中心［EB/OL］.［2023-02-26］. https://ies.hueb.edu.cn/info/1058/1499.htm.

［11］我校塞尔维亚研究中心获批教育部高校国别与区域研究备案中心［EB/OL］.［2023-02-26］.https://www.hueb.edu.cn/info/1053/8797.htm.

［12］塞尔维亚举行中塞高等教育研讨会及教育展［EB/OL］.［2023-02-26］. http://www.xinhuanet.com/world/2018-10/11/c_1123544908.htm.

［13］塞尔维亚月主题活动暨中塞高等教育合作研讨会在线举办［EB/OL］.［2023-02-26］.http://news.xjtu.edu.cn/info/1005/182773.htm.

［14］易树.塞尔维亚汉语文化教学现状研究［D］.重庆：重庆大学，2015.

［15］李思敏.塞尔维亚汉语语言教学与文化传播研究［D］.天津：天津大学，2020.DOI:10.27356/d.cnki.gtjdu.2020.002258.

［16］雷歌.塞尔维亚中文教育发展特点与对策研究［J］.云南师范大学学报（对外汉语教学与研究版），2022，20（2）：57-65.DOI:10.16802/j.cnki.ynsddw.2022.02.004.

［17］中国传媒大学.塞尔维亚贝尔格莱德孔子学院简介［EB/OL］.［2023-03-02］.https://international.cuc.edu.cn/2020/0421/c3122a169666/page.htm.

［18］"一带一路"中国与塞尔维亚合作展望国际论坛在贝尔格莱德举行［EB/OL］.［2023-02-26］.https://news.cri.cn/20170607/6296e5b1-36cd-7506-f583-864b3e4ade5f.html.

［19］University of Belgrade.http://www.bg.ac.rs/.

［20］山东大学与贝尔格莱德大学举行合建孔子学院"云签约"仪式［EB/OL］.［2023-02-26］.https://www.view.sdu.edu.cn/info/1003/173930.htm.

［21］University of Novi Sad.https://www.uns.ac.rs.

［22］University of Nis.https://www.ni.ac.rs.

［23］University of Kragujevac.https://www.kg.ac.rs.

第四章 匈牙利

第一节 国家概况

匈牙利（Hungary），位于欧洲内陆，东邻罗马尼亚、乌克兰，南接斯洛文尼亚、克罗地亚、塞尔维亚，西靠奥地利，北连斯洛伐克，边界线全长 2 246 公里，国土面积 93 023 平方公里。首都是布达佩斯（Budapest），其他主要城市有德布勒森（Debrecen）、塞格德（Szeged）、米什科尔茨（Miskolc）、佩奇（Pecs）、久尔（Gyor）等。德布勒森曾两次成为国家的临时首都，也是发展最快的城市之一。截至2022年1月，匈牙利人口968.9万。主要民族为匈牙利（马扎尔）族，约占90%。少数民族有斯洛伐克、罗马尼亚、克罗地亚、塞尔维亚、斯洛文尼亚、德意志等族。官方语言为匈牙利语。居民主要信奉天主教（66.2%）和基督教（17.9%）。匈牙利的法定货币为福林，货币代码 HUF。2022年2月，人民币与匈牙利福林的汇率约为 1∶51.82；美元与福林的汇率约为 1∶360.44。

896年，马扎尔人从乌拉尔山西麓和伏尔加河湾一带移居多瑙河盆地。1000年，伊什特万一世建立匈牙利王国。1526年，奥斯曼帝国入侵，王国解体。1541年，匈牙利一分为三，分别由奥斯曼帝国、奥地利哈布斯堡王朝和埃尔代伊大公国统治。1699年起，全境由奥地利哈布斯堡王朝统治。1848年，匈牙利革命被奥地利镇压。1867年奥地利帝国为防止匈牙利再次独立改组为奥匈帝国。第一次世界大战后恢复独立，1919年3月，建立匈牙利苏维埃共和国。1920年，由霍尔蒂·米克洛什担任匈牙利王国摄政。1949年8月，宣布成立匈牙利人民共和国。1956年10月爆发匈牙利十月事件。1989年10月23日国名改为匈牙利共和国。1999年，加入北大西洋公约组织，2004年，加入欧洲联盟。2012年1月，匈牙利共和国通过新宪法，更国名为匈牙利。

匈牙利属中等发达国家，是经合组织（OECD）成员国。其经济目标是建立以私有制为基础的市场经济。目前，经济转轨顺利，私有化基本完成，市场经济体制已经确立。私营经济的产值约占国内生产总值的86%。2021年国内生产总值为1 541亿欧元，人均国内生产总值为1.37万欧元。

匈牙利奉行独立的、以民族利益为基础的对外政策，维护东西方平衡的外交关系。主要外交目标和任务是：保障国民安全，服务国内经济发展和改善民生；高效应对全球化挑战；加强中欧地区合作，积极参与欧洲一体化建设；加强匈族人团结。在国际金融危机影响的情况下，致力于成为亚欧贸易桥梁，提出"向东开放"战略。将美国、欧盟、俄罗斯、中国及周边邻国列为五大优先外交方向，重点推进与上述国家的务实合作。目前，匈牙利已同170多个国家建立了外交关系。

1949年10月4日，匈牙利宣布承认中华人民共和国，10月6日，两国建立外交关系。建交后，两国友好关系全面发展，领导人互访等各种形式的往来密切，各领域合作不断加强，两国人民的友谊进一步加深，双方在国际事务中相互支持，密切配合。在中国抗美援朝、恢复联合国合法席位等问题上，匈积极支持中国立场。

截至2021年年底，中国在匈直接投资4.1亿美元，对匈各类投资存量32.5亿美元，投资领域涵盖化工、金融、通信设备、新能源、物流等行业。烟台万华集团收购的匈牙利宝思德化工公司项目，是中国在中东欧地区最大投资项目。华为公司在匈牙利设立了欧洲供应中心和欧洲物流中心，建立了覆盖欧洲、独联体、中亚、北非等地区的物流网络。

中国技术进出口集团有限公司在匈考波什堡市投资兴建 100MW 光伏电站项目,这是中东欧地区最大光伏电站之一。深圳比亚迪、四川波鸿集团和上海延锋汽车内饰公司等汽车产业企业均在匈投资设厂。中国在匈设有中国匈牙利宝思德经贸合作区和中欧商贸物流合作园区两个国家级境外经贸合作区。截至 2021 年年底,匈对华累计投资 4 亿美元,投资领域涵盖污水处理、水禽养殖、环保建材生产等。

中匈两国在文化、科技与教育领域合作密切。1990 年 11 月,匈文教部副国务秘书费盖戴率匈政府文化代表团访华。1991 年 1 月,中国国家体委代表团应匈国家体育局邀请访匈,并签署 1991 年两国体育交流议定书。同年 9 月,文化部部长助理高运甲在布达佩斯同匈文教部国务秘书比斯戴尔斯基签署了两国政府 1991—1992 年科学、教育和文化计划。1993 年 5 月,签署了两国文化部 1993—1994 年文化合作计划。2004 年 9 月,布达佩斯匈中双语小学正式开学。2006 年 12 月,第一所孔子学院在罗兰大学设立。2012 年 10 月,匈第二所孔子学院在塞格德大学设立。2013 年 6 月,中匈互设文化中心协定在匈签署。

2016 年 10 月,中匈签署《2016—2018 年教育合作执行协议》和《关于匈中双语学校的合作备忘录》。2020 年 2 月,中匈签署《中华人民共和国教育部与匈牙利外交与对外经济部关于匈牙利政府奖学金项目 2020—2022 年教育合作谅解备忘录》。2020 年 6 月,中国文化中心在匈成功注册。8 月,两国签署《匈牙利人力资源部与中华人民共和国文化和旅游部 2020—2024 年文化合作计划》。《中国抗疫志》《舌尖上的中国 2》及中匈合作抗疫专题片《友谊的见证》在匈播出。

第二节 高等教育发展历程

匈牙利高等教育有着悠久的历史。受社会诸多因素影响,匈牙利高等教育以法律为基础经历了三次较为重大的变革。其发展大致可以分为四个阶段:早期发展阶段(1367 年至 20 世纪中期)、集权管理阶段(20

世纪中期至 20 世纪末）、欧盟转型阶段（20 世纪末至 2010 年）和改革创新阶段（2011 年至今）。

一、早期发展阶段（1367 年至 20 世纪中期）

早在 1367 年，佩奇出现了匈牙利历史上第一所大学，虽然由于政治原因只存在了 10 年，但其设立的法学和医学专业为匈牙利高等教育中的专业发展奠定了基础。在此后长达 5 个多世纪的时间里，匈牙利高等教育学校数量不断增加，著名的罗兰大学和布达佩斯技术与经济大学也在这一时期建立，专业范围也由最初的法学和医学专业逐渐扩展到艺术、农业、商业以及工程等多个方面，这也使得学生的数量大幅增加，教育覆盖面不断扩大。同时，受社会环境的影响，宗教院校并入高等教育体系中，开设了神学和哲学课程。在这一外在环境的影响下，这一时期匈牙利高等教育院校中法学和神学专业的学生人数占绝对优势，医学和工程学人数占两成。匈牙利高等教育体系在此初步形成，成为 18 世纪后期匈牙利现代大学框架雏形建立和发展的重要基础。

二、集权管理阶段（20 世纪中期至 20 世纪末）

20 世纪中期，受两次世界大战的影响，匈牙利的经济、文化和社会政治体制发生剧变，高度集中的中央集权政府不断加强对高等教育的控制，匈牙利高等教育在这一时期经历了巨大转折。

1949 年，匈牙利政府对高等教育进行改革，从零推动高等教育事业发展、提高国民素质和文化水平的角度出发，大规模引入农民和工人阶层的学生进入高等院校接受教育，开设夜校课程，提高女性入学率，扩大高等教育的覆盖面。但是绝对的中央集权使得高校课程逐渐成为思想意识的宣传工具，也导致部分具有较高学术水平的教授因得不到政府信任而被迫离职。另外，虽然高等教育的覆盖面扩大，但是学生的选拔是按家庭背景实行严格的比例分配，这使得高等教育的人才培养质量下降。也正因为如此，改革不仅没有推动高等教育的发展，反而起到了阻碍作用。

20世纪50年代以后，匈牙利继续把效仿苏联计划经济的发展模式推行在高等教育上，根据国家政治经济发展需要重新调整大学专业设置，对大学的拨款也根据国家发展计划有序进行。为确保有效的社会人才输送，高校以教学为主，而科研工作则由专门的科学院负责。高校的教学活动必须严格遵守官方认可的意识形态以及中央设置的标准，实行统一的课程、教学设备和方法，严令禁止学校工作人员做任何教育实验或在教学活动中采取任何的创新措施。国家包办的高等教育虽然可以按照国家经济发展需要有计划地培养人才，但高校教学与科研严重分离，各部门之间疏于联系，教育投资不足，使其发展的局限性越来越大。同时，国家的高度干预使得高校缺乏发展的积极性，很难凸显办学特色。此后，匈牙利政府又曾多次进行高校改革的尝试，但都因基本结构问题的牵制而难以奏效。

1989年，政治变革废除了国家垄断主义，带来了匈牙利社会政治经济和文化环境的巨大变迁，高等教育也随之被赋予了重大责任和使命。由于此前的政治体制导致的高校设置和结构不合理、高校教研分离、学校无教育自主权等现象，匈牙利高等教育不得不进行全面改革，20世纪90年代以后，匈牙利再一次开展了高等教育改革，并将改革的重点放在了高等教育立法和监督工作上。

1990年，匈牙利教育部组织各高校代表成立高校立法委员会，并向社会各界征求《高等教育法》草案意见。1993年7月，匈牙利议会批准通过其历史上第一部《高等教育法》，该法案确定了匈牙利高等教育的基本框架，给高等教育未来的发展提供了保障。《高等教育法》规定，匈牙利高校由至少提供3年学士课程的学院和至少提供4年制学士学位的大学组成，两种高等院校都有教学和科研活动的自主权；在高校合作方面，鼓励单科高校在教学和科研方面开展合作，合作院校形成的联合体不仅享受国家税务方面的优惠，还具备议会确立的法人资格，这种融合发展为多学科大学奠定了基础；在高校管理权上，《高等教育法》不仅明确规定了高校参与学校管理的职责,还清晰界定了高校和国家间的关系,为高校自主发展创造了有利条件;同时,《高等教育法》还规定成立国家高校鉴定委员会,负责对各高校的教学和科研水平进行评估,确保对高校的管理和规划。除此之外,该法案也对高校经费有所规定,即经费以各类教学、科研以及学生基金等多种形式发放给各高校,且设立部分以竞争为前提的基金拨款,激发高校开展教学和科研活动的积极性,同时高校也可以通过其他合法形式获取办学经费。

为推动高等教育发展和进一步明确管理机制,在匈牙利高等教育法法案正式实施的同年9月,匈牙利认证委员会(Hungarian Accreditation Committee, HAC)成为认证匈牙利高等教育机构的权威部门。1996年后,HAC的地位逐渐提高,职能也逐步增加,从单一的博士专业审批,逐渐发展成为包括监督高等教育领域的教育活动、开展高等教育质量评估以及构建高等教育质量保障体系等在内的权威认证与评估部。HAC地位的确立对匈牙利高等教育的发展、教育质量的保障、院校合作以及国际交流具有里程碑式的意义。

三、欧盟转型阶段(20世纪末至2010年)

2000年前后,加入欧盟是匈牙利的基本国策之一。为实现这一目标,匈牙利努力将社会生活的方方面面与欧盟标准接轨,为此,匈牙利政府在政治经济以及文化等多方面进行改革。高等教育作为社会文化的重要组成部分,在推动国家科技和提升国际竞争力等方面占据重要地位,是匈牙利政府改革的重点内容。

20世纪末,匈牙利教育部开始启动"高等教育改革工程"。此次改革以优化高等教育资源配置,扩大教育规模,提高科研能力,建立多学科综合性大学,使高校体制符合欧盟要求为宗旨。在世界银行贷款资助下,匈牙利开始合并建立多学科综合性大学,截至2001年1月,匈牙利高校由原先的55所整合为25所。高校合并在整合教育资源、扩大教育规模的同时也提高了办学层次和科研水平，提升了匈牙利高校的国际竞争力。

1999年，匈牙利参与推动欧洲高等教育一体化改革的"博洛尼亚进程"，加入欧洲学分转换体系，旨在促进师生和学术人员交流，提高高等教育质量，实现欧洲范围内的高等教育合作。这次改革，促使匈牙利高等院校突破了传统发展模式，在不断提高高等教育教学和科研质量的同时，更加关注区域合作和学术交流。此后，匈牙利高校不断加强与欧洲国家以及高等教育机构的合作，积极参与旨在推进欧洲高等教育一体化的《布拉格公告》（2001）、《柏林公告》（2003）以及《伯根宣言》（2005）的执行和实施，致力于提高高等教育的质量和吸引力，继续推进高等教育改革。

2004年，匈牙利正式加入欧盟。为了扩大教育开放和高等教育在欧洲的竞争力，促进高等教育机构组织变革和职能转换，作为欧盟新晋成员国的匈牙利于2005年年底出台了新的《高等教育法》。新的《高等教育法》除了对匈牙利高等教育机构的运作机制、师生权利和义务等基本方面进行了重申之外，对学位制度、高校管理、财政以及质量评估系统等多方面也进行了补充，以此推动匈牙利高等教育与欧盟接轨。

为了更好地迎合欧洲学分转换系统，自1999年加入"博洛尼亚进程"以来，匈牙利便进行高等教育学位改革，但进程十分缓慢。随着2005年《高等教育法》的通过，2006年9月，三级学位制度正式实施，与此相对的高等教育课程也步入正轨。

四、改革创新阶段（2011年至今）

随着国际交往的日益频繁，匈牙利在欧盟组织中也愈发活跃，国际交流与合作逐渐成为匈牙利国家发展的重要保障。但是，国家间交往的日益深入使相互间的依赖也进一步加重，给匈牙利发展带来了一定的阻碍。2008年，经济危机席卷全球，加之匈牙利此前连年的人口负增长和就业市场不景气等不利因素的存在，使其成为此次危机受影响最严重的欧洲国家之一。2010年，匈牙利国债GDP比重高达82%，严重制约其政治经济等诸多方面的发展，其高等教育也一度进入低迷阶段。为在新一轮国际竞争中谋求出路，匈牙利不得不重新审视现状，努力寻找高等教育发展新的突破口。

2011年3月，匈牙利政府出台赛尔·卡尔曼计划。该计划指出，由于免费培养的人才外流和免收学费导致的学生滞留，高校不仅导致了国家公共财产的浪费，还造成了教育体制产出与国家人才市场需求的巨大差距。因此，该计划提倡在教育领域进行一系列改革，以减少国家财政支出。

赛尔·卡尔曼计划的提出，为政府削减教育经费和改革学费制度指引了方向。2012年1月1日生效的《高等教育法》，把高等教育财政改革作为首要任务，其中最大的改变体现在学费制度方面。新《高等教育法》规定，从2012年9月1日起，匈牙利公立大专院校以奖学金制度取代免收学费制度，大学生可以全额奖学金、半额奖学金和自费三种形式参加高等教育培训，自费、半自费学生可以申请政府助学贷款。这标志着匈牙利自1945年以来的高等教育免费时代在法律层面正式结束。

在国家教育资助方面，《高等教育法》改变以往由各高校规定自费生和公费生名额的做法，而是规定政府根据国民经济状况以及劳动力市场的需求决定各院校不同专业的国家资助学生名额。2012年，80%以上的学生需要通过自费或半自费的方式上大学。为了阻止匈牙利人才外流趋势进一步蔓延，从2013年6月1日起，享受奖学金的学生在毕业后的20年内，在国内工作服务时间不得短于其在校学习的时间。

经济危机之后，匈牙利把教育发展作为国家发展的重要基石，在教育政策上着重凸显教育服务于国家利益、致力于民族振兴这一理念。

在2010年前后的新一轮高等教育改革中，匈牙利政府强调，高等教育的发展在于质量的提高而非数量的增加，同时教育培养的人才要适应国家经济发展，并与劳动力市场需求相适应。

随着新兴技术的崛起,以自然科技为代表的理工科和教育、医疗、农业等基础民生学科逐渐取代传统人文社会学科,在国家经济发展中占据了主导地位。为了迅速摆脱经济危机对国家经济的影响,匈牙利在高等教育改革中也相应地减少了国家对经济、法律以及人文等学科的财政支持,转而进一步加大在信息技术、理工、医学、师范以及农学等专业的教育经费投入。与此同时,在匈牙利不断削减政府对高等教育资助名额的前提下,技术、理工以及医、师、农等专业占据政府奖学金资助名额的70%左右。

第三节　高等教育概况

匈牙利的高等教育水平在整个欧洲都处于较领先的地位,尤其是它的医学、农业学、动植物学、建筑学、文学及理工类等学科更是享誉全球。尤其值得关注的是,匈牙利曾诞生过14位诺贝尔奖得主,被誉为发明家的摇篮。

一、分类及规模

匈牙利的高等教育机构主要分为大学和学院两类。其中,大学所设学科学术性较强,教学内容、学术水平要求较高,侧重培养学术研究型人才;学院所设学科实践性、应用性较强,教学过程中更侧重对学生实践技能的培养,主要培养应用型人才。大多数大学和学院由国家创办,即国立院校;其余由教会、私立机构和基金会机构创办,即非国立院校。目前,匈牙利获得该国教育部认可的各类高等教育机构共65所,其中国立院校28所、私立院校11所、教会院校26所(数据来源:www.studyinhungary.hu)。中国教育部承认的匈牙利高等教育机构共42所。匈牙利历年高等教育机构数量及各学历层次的学生规模如表4-1所示。

表 4-1 匈牙利高等教育机构数量、教师和学生人数

(人)

学年	高等教育机构数	教师数	高等职业教育人数 总数	高等职业教育人数 全日制人数	本科生人数 总数	本科生人数 全日制人数	硕士生人数 总数	硕士生人数 全日制人数	本硕连读人数 总数	本硕连读人数 全日制人数	专业硕士人数 总数	专业硕士人数 全日制人数	博士生人数 总数	博士生人数 全日制人数	总数	全日制人数
2017—2018	64	23 110	12 236	8 614	170 320	129 200	34 854	21 549	41 834	36 335	16 430	247	7 676	6 333	283 350	202 278
2018—2019	64	22 519	11 182	7 929	168 799	127 100	34 043	20 669	42 922	37 509	16 950	509	7 565	66 414	281 461	200 130
2019—2020	64	23 383	11 197	7 804	172 104	128 738	33 081	19 933	43 519	38 126	15 795	792	9 414	8 232	285 110	203 625
2020—2021	62	23 511	11 834	8 035	169 699	127 597	34 933	20 932	44 536	38 708	16 344	438	10 147	9 001	287 493	204 711
2021—2022	63	24 903	11 956	7 477	171 446	129 493	37 526	21 717	44 955	38 884	17 164	268	10 519	9 423	293 566	207 262

匈牙利国家的教育机构由匈牙利教育部管辖。教育部在高等教育方面为政府提供决策，监督各高等教育机构的合法性并控制预算，审批新的大学和学院的成立规划，并取消不符合教育部资格的高校；每年向政府提交优先获得国家资助计划的大学生人数，并参与制订《匈牙利发展计划》中的《人力资源发展计划》；在联合国教科文组织的监督下，与国外相关机构签署相互承认高等教育学位的文件，协助政府制定理论、技术和创新政策等。

匈牙利于 2005 年加入了"博洛尼亚进程"，与欧盟的高等教育体系逐渐接轨，学生获得的课程学分可以在欧洲学分转换系统（European Credit Transfer System，ECTS）框架下进行学分转换。匈牙利高等教育实行三周期学历结构，即学士—硕士—博士三级学位制度。其中，学生经过 6~8 学期的学习可以获得学士学位；获得学士学位后，继续学习 2~4 学期的学习可以获得硕士学位。匈牙利在部分专业领域实行本硕连读学制，学生经过 10~12 学期的学习将直接获得硕士学位。获得硕士学位后，可申请博士项目。

二、招生机制

（一）本科招生

在匈牙利，每一位公民都拥有接受高等教育的权利，学生可以完全自费学习，也可以获得奖学金的资助。可以脱产学习，也可以在职学习。通过中学的毕业考试是进入大学的基本条件，政府会划定中学毕业考试的标准。除此之外，没有其他进入大学的途径。高等教育院校根据申请者的成绩，依据国家的分数划分标准，决定学生进入高等职业培训、本科课程或是培养周期较长的课程学习。

政府确保有特殊情况的学生拥有平等的入学机会。对于停薪休假照顾孩子的父母，国家会给予他们育儿奖金、儿童看护支持和产科急救。对于残障人士和少数民族，国家在录取程序上出台了毕业考试加分的政策。

匈牙利高中毕业考试每年举行两次，5—6月一次，10—11月一次。5—6月考试期间的申请截止日期为2月15日，10—11月考试期间的申请截止日期为9月5日。毕业考试的科目包括：匈牙利语言与文学（笔试＋口试）、数学、历史、英语，还有一门自选科目。

匈牙利高等院校本科录取积分体系满分为500分，有以下两种计算方式：

方式一：学期末成绩（满分200分）+毕业考试成绩（满分200分）+额外加分（满分100分）

方式二：毕业考试成绩（满分200分）×2+额外加分（满分100分）

学期末成绩是指高中阶段最近两个年级要求的5门课程期末成绩之和×2（满分100分）+毕业考试中4门必修课和1门选修课的平均成绩（满分100分）。毕业考试成绩是指2次毕业考试平均值之和，毕业考试分为中级和高级两个级别，不同高校不同专业会对级别有要求。如学生获得国家级以上比赛奖项或为残障人士、少数民族等，有额外加分项（满分100分）。部分高校体育类、艺术类、媒体类专业会组织额外实务考试，满分为200分。

在了解高等教育院校情况后，政府会发布每所高等教育院校每年各专业的录取人数以及最低分数线，招收人数和最低分数线每年都重新计算。录取系统会根据不同课程类型的录取人数对全国的申请者进行排名（见表4-2）。被录取的申请者中的最低分则为该专业的最低分数线（见表4-3）。

表4-2　2010—2021年匈牙利高等教育申请人数与录取人数

人

年份	申请人数	录取人数	录取率/%
2010	100 777	65 503	65
2011	101 835	66 810	65.6
2012	84 075	61 350	73
2013	75 392	56 927	75.5

续表

年份	申请人数	录取人数	录取率/%
2014	79 765	54 688	68.6
2015	79 255	53 069	67
2016	79 284	52 913	66.7
2017	74 806	51 487	68.8
2018	75 434	52 356	69.4
2019	79 138	55 076	69.6
2020	68 904	50 726	73.6
2021	71 668	53 076	74.1

表 4-3　匈牙利 2020 年部分高等院校各专业录取分数线

专业名称	2020 年录取分数线	2019 年录取分数线
法律（罗兰大学）	472	440
法律（彼得天主教大学）	458	460
心理学（罗兰大学）	444	447
传播与媒体（罗兰大学）	437	441
国际研究（考文纽斯大学）	433	456
机械工程（技术与经济大学）	433	440
国际经贸（英文授课）（考文纽斯大学）	430	448
医学（森梅威斯大学）	425	442
传播与媒体（考文纽斯大学）	425	440

（二）硕士研究生招生

硕士研究生的录取程序、管理机构和注册过程与学士课程相同，但二者在入学要求上完全不同。只有获得学士学位的人才有资格攻读硕士课程，各高等教育院校对申请者有不同的附加要求。表现突出者、弱势群体、残障人士和婴幼儿的父母可以获得附加分，附加分规则和入学要求由高等教育院校自行规定。各高校从对本科学习成果的考查到组织笔试或者面试，都设有不同的录取标准。

在录取过程中，高等教育院校还需要考察申请人本科所学专业背景是否与所申请的硕士专业课程要求相符。如不相符，学校需要强制要求其在硕士课程开始前或学习过程中完成相应课程的学习。

硕士研究生每年的招生数量由教育部依据高等教育院校的需求和规模决定，当年的劳动力市场趋势也是重要的参考因素。申请者可以同时填报多个志愿，并将这些志愿按照优先程度排列。在符合高等教育院校要求的前提下，排位靠前的志愿优先录取。

（三）博士研究生招生

博士生的选拔主要依据学校的要求，申请者需要首先获得硕士学位，学校通常会组织面试。政府对博士生的招生数量没有限制，但对获得奖学金的博士生数量有限制。由各所高等教育院校的博士委员会主席组成的国家博士委员会决定国家自主名额的分配。

三、人才培养模式

（一）学制与学分

匈牙利高等院校采用欧洲学分转换体系以确保课程学分、学习成绩、教师教学和评估过程与整个欧洲教育体系相适应，其学分体系与欧洲学分转换体系相兼容，学生所获得的学分可以被其他欧洲国家机构承认。

匈牙利《高等教育法》规定学位授予条件，期末考试形式、考试内容、成绩计算方式可以由各院校自行决定，并最终依据其学位授予细则颁发学位证书。通常获得学士学位需获得 180~240 学分，硕士学位需获得 60~120 学分，部分长学制的本硕连读项目需获得 300~360 学分，博士学位需获得 240 学分。

学分的计算基于学生的学习时长，通常 1 个 ECTS 学分相当于 25 个学时，其中包含 5 学时上课时间，12 学时课外作业与社会实践，7 学时老师指导以及 1 学时考试。匈牙利采用 5 分制成绩记载体系，2 分及以上为及格，1 分为不及格（见表 4-4）。

表 4-4　匈牙利成绩与 ECTS 成绩对应表

匈牙利高等院校成绩体系	对应 ECTS 成绩体系
5（优秀）	A,B（优秀）
4（良好）	C（良好）
3（中等）	D（中等）
2（及格）	E（及格）
1（不及格）	FX,F（不及格）

匈牙利共有 13 个学科可被授予硕士学位（附 ECTS 学分）：农学（120）、人文（120）、社会科学（120）、信息技术（120）、法律与管理（120）、军事与国防（90~120）、经济（120）、工程（90~120）、医药与健康（90~120）、教育（90）、体育（120）、科学（120）、艺术（120）。标准的硕士培养方案学制为两年，需要修满 120 ECTS 学分，但是也有一些学科学制为 3 学期（1 年半）或 2 学期（1 年），需要修满 90 或 60 ECTS 学分。

另外一些学制为 5~6 年的长学制课程项目，申请程序与本科项目相同，学生经过 10~12 个学期的连续学习以后学生可以获得硕士学位。相关学科包括：医药学（12 学期，360 ECTS 学分）、牙医学（10 学期，300 ECTS 学分）、配药学（10 字期，30 0ECTS 学分）等医药和健康护理领域学科；兽医学（11 学期，300+30 ECTS 学分）、林业学（10 学期,ECTS 学分）等农业领域学科；以及建筑学（10 学期,300 ECTS 学分）、法学（10 学期，300 ECTS 学分）、艺术类学科（如电影研究、戏剧研究、舞台导演、表演、绘画、雕塑、图形，媒体等）和一些教会的神学研究专业。

博士学位的学习分为两阶段，第一阶段为学习与研究（4学期），第二阶段为研究与论文（4学期）。在前4个学期的学习结束后，学生需要通过考试来结束前一阶段的学习，并开始下一阶段的学习，考试会对"学习与研究"的学习成果进行评估。学生也可以自学第一阶段课程并参加考试。学生通过考试后，成为博士候选人，必须在3年内提交毕业论文。如果未能在3年内提交毕业论文，则取消其候选人资格。博士学位由高等院校的博士委员会授予。

（二）质量保障

高等教育认证是高等教育质量保障的一项重要举措。匈牙利的高等教育认证以8年为一个周期，第一轮认证已于2000年结束，第二轮认证于2004年开始。短短20余年，匈牙利的高等教育认证体制的完善极大地推动了该国高等教育的发展。

匈牙利认证委员会（Hungarian Accreditation Committee, HAC）一开始是为审批博士专业而于20世纪90年代初设立的。1993年9月匈牙利高等教育法正式实施后，HAC才取得认证高等教育机构的合法地位。HAC在中东欧地区类似机构中成立的时间最早，其功能起初定位于"不断控制和评价高等教育在训练和科学研究中的质量"，经过1996年直到2000年的修改，被确立为"高等教育质量的认证和评价"。2005年，匈牙利在其高等教育法中明确规定："HAC是匈牙利独立且唯一的专家组织，负责评价高等教育教学、科学研究和艺术活动的质量，并且检查、督促高等教育机构战略规划的进展。"

院校认证是匈牙利高等教育质量保证的重要机制之一，也是HAC的重要任务。高等教育机构可不经教育部直接向HAC提出认证申请。匈牙利的院校认证步骤，首先是院校自我评估并撰写自我评估报告，然后是作为院校认证执行机构的HAC安排同行专家进行实地考察并形成考察报告，最后由HAC综合以上内容进行认证决策，形成最后的认证结果。

HAC在致力于建立符合国情的质量评价体系之外，也积极拓宽视野，与欧洲其他国家的高等教育质量评估机构合作，改善其认证评估体系。HAC积极加入一些国际高等教育质量保障组织机构，并成为欧洲高等教育质量联合会（ENQA）、国际高等教育质量保障机构网络（INQAAHE）等组织的会员。同时匈牙利以欧洲高等教育质量联合会制定的欧洲标准和指导方针（European Standards and Guidelines）为依据修订其院校认证和评估标准，如今匈牙利的院校认证和评估标准已基本同欧洲标准相一致。

（三）学生毕业和就业情况

匈牙利教育部下设的高等教育研究办公室建有毕业生追踪系统（Graduate Career Tracking System，GCTS），每年对毕业生和在职学生进行问卷调查研究并发布相关报告。毕业生追踪系统数据库与国家税务机关、国家健康保险基金、学生贷款中心等部门数据库对接，进而对劳动力市场情况、毕业学生深造、收入情况等进行分析研究，并服务于政府决策、政策制定等。

根据高等教育研究办公室发布的2020年研究报告显示，在2017—2018学年本科毕业生中，大部分学生选择本科毕业后直接就业，计算机科学、工程学、公共行政管理专业毕业生就业后薪资明显高于其他专业（见表4-5、表4-6）。

表4-5 2017—2018学年本科毕业生深造和就业情况

专业名称	毕业生人数/人	平均毕业学期数	毕业后深造率/%	工作后平均月收入/Ft	在匈工作率/%
农学	1 679	7.74	44.55	286 486	90.77
艺术教育	315	6.61	32.06	212 831	84.76
艺术学	616	6.33	39.29	295 217	82.49
文学	2 543	6.86	55.84	284 161	83.09
计算机科学	1 885	8.84	27.69	487 775	94.39
经济学	4 726	7.72	30.62	356 766	92.87

续表

专业名称	毕业生人数/人	平均毕业学期数	毕业后深造率/%	工作后平均月收入/Ft	在匈工作率/%
工程学	5 006	9.00	48.48	429 052	93.41
健康学	1 374	8.6	19.29	286 572	95.27
法学	218	6.22	48.17	252 702	91.28
自然科学	1 094	7.57	64.17	290 312	78.70
公共行政	695	6.48	46.33	460 128	94.53
社会科学	1 714	6.67	43.70	287 439	87.69
运动学	635	6.97	34.17	255 564	94.17
教师	1 679	7.33	19.42	226 077	95.59

表4-6 2017—2018学年硕士毕业生深造和就业情况

专业名称	毕业生人数/人	平均毕业学期数	毕业后深造率/%	工作后平均月收入单位/Ft	在匈工作率/%
农学	472	4.3	19.49	348 659	91.95
艺术学	295	4.33	20.00	301 040	93.22
文学	1 112	4.32	21.31	308 381	90.74
计算机科学	453	4.52	14.57	647 380	94.70
经济学	1 558	4.46	7.77	464 924	90.63
工程学	1 697	4.17	18.15	509 354	94.81
健康学	45	4.18	15.56	331 043	95.56
法学	39	4.41	12.82	358 020	97.44
自然科学	797	4.31	37.89	372 653	83.81
公共行政	117	3.79	24.69	502 859	93.16
社会科学	597	4.65	12.56	402 562	89.61
运动学	36	4.45	25.00	248 945	94.44
教师	934	4.77	12.42	280 451	96.47

四、经费

根据联合国教科文组织（UNESCO）公布的数据显示，1991—2018年匈牙利教育经费占国内生产总值（GDP）比重的平均值为 4.97%，2012 年最低为 4.14%，1992 年最高为 6.08%（见图 4-1）。

1996 年至 2018 年，匈牙利教育经费占政府总花费的平均值为 9.86%，其中 2013 年最少，占比 8.37%；2003 年最多，占比 11.83%（见图 4-2）。

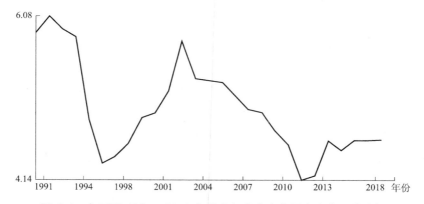

图 4-1　匈牙利 1991—2018 年教育经费支出占国内生产总值比例

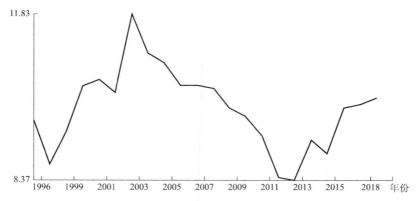

图 4-2　匈牙利 1996—2018 年教育经费支出政府总支出比例

https://www.theglobaleconomy.com/Hungary/Education_spending_percent_of_government_spending/

第四节 高等教育国际化

匈牙利高等教育改革以国际大背景为依托，顺应国家发展在国际社会中的需要，不断调整自身教育政策。就匈牙利高等教育培养体制的发展历程来看，无论是20世纪50年代的效仿苏联模式，还是21世纪前后为融入欧盟高等教育体系实行的三级学位制度，都是为了便于双方教学、科研的交流合作。这些措施不仅促进了匈牙利高等教育的发展和国际地位的提高，也在很大程度上推动了高等教育国际一体化的发展。

从匈牙利现行的高等教育培养体制来看，自加入欧盟以来，匈牙利大力推行本科、硕士、博士三级学位体制，执行与欧洲学分转换系统兼容的学分制，这是其学制系统与国际接轨的重要基础，不仅促进了匈牙利同其他欧洲国家教育体系的融合和学生交流，也为建构欧洲高等教育一体化做出准备。同时，匈牙利积极参与"博洛尼亚进程"和"伊拉斯谟计划"等欧盟项目，努力推动高等教育国际化进程，以此培养适合整个欧洲乃至世界的高等教育新型人才。

一、国际化历程

自2004年加入欧盟以来，匈牙利逐渐融入欧洲一体化进程，在政治、经济还是文化教育方面都有了长足的进步。但是，在高等教育政策的扶持上，匈牙利还远远跟不上"博洛尼亚进程"的脚步，尤其是学分转换、学位结构、评价体系的设置上均有待改革。为了实现"博洛尼亚进程"软着陆，匈牙利结合自身的实际情况，做了一些有益的探索。

政府在政策和资金上给予大力扶持，使"博洛尼亚进程"能够顺利实施。同时，匈牙利设立了"博洛尼亚进程"工作办公室，制定"博洛尼亚进程"应对行动计划。该办公室对"博洛尼亚进程"进行相关研究，为匈牙利高等教育机构提供有关信息资源，全面协调政府部门、高等学校、研究机构、企业与社会组织之间的合作与交流工作。

二、国际化内容

（一）学生的国际流动

根据由匈牙利政府成立的匈牙利政府奖学金管理委员会（Tempus Public Foundation，TPF）的统计显示，在 2006 至 2016 年间，在匈牙利学习的国际学生人数占比由 3.9% 增长到 9.6%（见表 4-7）。比例增长的原因一方面是选择留学匈牙利的国际学生人数在增加，另一方面是匈牙利本土高校学生人数在减少。

表 4-7　匈牙利高校本土学生与国际学生数量及占比

人数	本土学生人数 / 人			国际学生人数 / 人			国际学生占比 / %		
年份	2006	2011	2016	2006	2011	2016	2006	2011	2016
本科学位	91 365	226 841	174 158	2 858	8 335	10 261	3.1	3.7	5.9
本科课程	113 438	8 107	51	6 392	636	1	5.6	7.8	2.0
高职	10 842	21 115	13 317	164	288	166	1.5	1.4	1.2
学院本科	163 323	8 632	5	3 803	367		2.3	4.3	0
硕士学位	110	39 039	36 620	29	1 946	4 105	26.4	5.0	11.2
本硕连读	7 583	33 766	39 873	1 619	9 202	11 140	21.4	27.3	27.9
专业硕士	21 903	15 070	15 636	472	317	447	2.2	2.1	2.9
博士	7 784	7 254	7 358	719	805	1 351	9.2	11.1	18.4
总数	416 348	359 824	287 018	16 056	21 896	27 471	3.9	6.1	9.6

根据联合国教科文组织统计研究所数据中心（UNESCO UIS）公布的最新数据显示，2020 年匈牙利学生出国留学的人数为 13 706 人，赴

匈留学的学生数量为 33 142 人。2020 年排在匈牙利学生留学目的国前 10 名的国家分别为：英国、德国、奥地利、丹麦、斯洛伐克、美国、罗马尼亚、法国、瑞士和意大利（见表 4-8）。赴匈牙利留学的学生生源国主要有：德国、中国、罗马尼亚、塞尔维亚、伊朗、斯洛伐克、乌克兰、土耳其（见表 4-9）。

表 4-8　2020 年匈牙利学生留学目的国和赴匈留学生生源国前 10 名

赴匈留学生生源国		留学目的国	
国别	人数 / 人	国别	人数 / 人
德国	3 449	英国	2 522
中国	2 776	德国	2 408
罗马尼亚	2 593	奥地利	2 138
塞尔维亚	2 209	丹麦	1 207
伊朗	2 024	斯洛伐克	735
斯洛伐克	1 765	美国	658
乌克兰	1 207	罗马尼亚	628
土耳其	1 086	法国	320
约旦	981	瑞士	263
尼日利亚	896	意大利	173

表 4-9　2013—2020 年匈牙利出国留学生人数与赴匈留学生人数

人

年份	出国留学人数	在匈留学生人数
2013	8 842	17 277
2014	9 566	20 041
2015	10 642	21 730
2016	11 634	23 038

续表

年份	出国留学人数	在匈留学生人数
2017	12 398	25 346
2018	12 869	28 667
2019	12 971	31 293
2020	13 706	33 142

（二）国际合作办学及海外分校

匈牙利众多高等院校与美国、英国、法国、荷兰等国际知名学校建有合作交往，学生毕业后能获得上述国家及匈牙利两国颁发的双学历、双文凭证书，并获得前往上述国家继续学习深造的机会。如匈牙利私立高等学校布达佩斯国际商学院（International Business School—Budapest），因其是英国牛津布鲁克斯大学（Oxford Brooke University UK）的分校，吸引了包括欧盟国家在内的众多学生来学习。学生们通过一年的大学学习，可以选择去牛津布鲁克斯大学学习和交换。排名第二的经济类院校是距离首都布达佩斯100千米的公立索诺科大学，该校是法国ESSCA艾斯卡国际管理机构的战略合作伙伴。法国艾斯卡国际学院在法国排名前10位，与瑞士工商管理学院和匈牙利中欧大学商学院齐名。外国学生在索诺科大学系统地学习法语或英语并接受考试培训，通过法国国家语言等级考试后可以直接进入法国艾斯卡国际学院学习。

目前共有14所国外高校在匈牙利建立分校，分别是中欧大学（纽约）、巴黎国际新媒体艺术学院、昂热高等商业科学学校、哈根远程大学、复旦大学、黑龙江中医药大学、哥廷根大学、摩诃朱拉隆功大学、麦克丹尼尔学院、巴黎国际时装艺术学院、马斯特里赫特管理学院、白金汉大学、特尔古穆列什医药大学、巴黎第二大学。

(三)伊拉斯谟计划(ERASMUS)

伊拉斯谟计划是欧盟委员会于1987年启动的有关高等教育国际化方面的项目。该计划通过开展长短期的人员往来、学分互认、科研合作与校企合作等活动,推动成员国家内部的高等教育机构与企业间开展交流。高校师生流动项目是该计划的核心发展内容,包括欧盟内高校间项目和与其他洲别合作国家高校间项目两种。

匈牙利于1997年正式成为ERASMUS计划成员,目前有49家高校参与到ERASMUS计划中。根据ERASMUS计划年度报告,2018年匈牙利共有4 374名学生、3 305名教师前往欧盟或合作国家交换学习或教学,6 817名欧盟其他国家或合作国家学生、2 326名教师赴匈学习或教学(见表4-10)。其中欧盟间项目中,学生主要留学目的地国为德国(750人)、西班牙(515人)、意大利(397人),教师主要留学目的国为罗马尼亚(576人)、西班牙(260人)、意大利(235人)。

表4-10 2018年ERASMUS计划中匈牙利高校学生和教师流动情况

人

项目	向外流动人数						向内流动人数					
	欧盟间项目			合作国家项目			欧盟间项目			合作国家项目		
	学习	培训	合计	学习	培训	合计	学习	培训	合计	学习	培训	合计
学生流动	2 874	1 454	4 328	46	—	46	4 736	1 824	6 560	252	5	272
教师流动	1 414	1 647	3 060	167	78	245	1 130	946	2 076	144	106	250

三、留学政策

(一)匈牙利政府互换奖学金项目

匈牙利政府互换奖学金(Stipendium Hungaricum Scholarship Programme),简称SH奖学金,是由匈牙利政府资助的奖学金项目,设立于2013年,旨在支持匈牙利高等教育国际化发展，加强国际学术和研究社区的合作，促进匈牙利高等教育在世界各地提升声誉和竞争力。目前，匈牙利已与五大洲超过 90 个国家和地区签署教育双边合作协议，28 所匈牙利高校每年接收超过 5 000 名国外 SH 奖学金生，覆盖高等教育各个学历层次（见表 4-11）。中国留学生是 2015—2017 年获得 SH 奖学金人数最多的国家（见表 4-12）。奖学金包含学费、生活费（本科、硕士生每月 110 欧元，博士生第一阶段每月 350 欧元，博士第二阶段每月 450 欧元）、住宿费或租房补助和保险费。

表 4-11 匈牙利政府奖学金获得者学历层次分布

人

学历层次	学期		
	2015—2016 年秋季	2015—2016 年春季	2016—2017 年秋季
本科项目（BA, BSc）	463	471	1 062
硕士项目（MA, MSc）	429	488	1 162
本硕连读项目	209	200	289
博士项目（PhD/DLA）	168	179	427
研究专修课程项目	1	1	2
总计	1 270	1 339	2 942

表 4-12 匈牙利政府奖学金获得者主要生源国

人

国家	学期		
	2015—2016 年秋季学期	2015—2016 年春季学期	2016—2017 年秋季学期
中国	187	187	294
约旦	179	177	245
阿塞拜疆	39	38	202
突尼斯	85	97	160

续表

国家	学期		
	2015—2016 年秋季学期	2015—2016 年春季学期	2016—2017 年秋季学期
蒙古	58	59	158
越南	77	85	157
印度	60	67	144
阿尔及利亚	66	83	120
土耳其	48	51	108
尼日利亚	57	68	97
厄瓜多尔	41	46	93
伊朗	49	56	91
哈萨克斯坦	51	51	88
格鲁吉亚	34	35	75
日本	57	55	72
俄罗斯			71

据匈牙利政府奖学金管理委员会（Tempus Public Foundation，TPF）发布的数据，2022—2023 学年，超过 52 000 名外国留学生申请 SH 奖学金，与 2020—2021 学年相比增加 45%，其中亚洲学生 28 893 人、非洲学生 20 609 人、中南美学生 1 484 人、欧洲学生 1 124 人、大洋洲学生 7 人。申请者选择的专业领域前五名分别是计算机与信息科学、工程学、经济学、医学与健康学、自然科学。

（二）中欧交换奖学金项目

中欧交换奖学金项目（Central European Exchange Programme for University Studies），简称 CEEPUS 奖学金，主要支持中东欧高校学生在合作院校间学习深造以及教师在合作院校执教，旨在加强中东欧教育的交流。该项学金项目由 TPF 负责实施。奖学金期限分为 1 学期（3~5个月）、1~2 个月、3~6 天三种。成员国家和地区包括：阿尔巴尼亚、奥地利、保加利亚、波黑、克罗地亚、捷克、匈牙利、马其顿、摩尔多瓦、黑山、波兰、罗马尼亚、塞尔维亚、斯洛文尼亚、斯洛伐克、科索沃。

（三）双边国别奖学金项目

双边国别奖学金（Bilateral State Scholarships）是基于匈牙利政府与其他国家签订的科研、教育等合作协议而设立，目前已涉及 68 个国家。申请者可以由派出国提名或直接以个人名义申请。

（四）基督教青年奖学金项目

基督教青年奖学金项目（Scholarship Programme for Christian Young People），简称 SCYP 奖学金，是由匈牙利政府资助的奖学金项目，设立于 2017 年，旨在资助生活在世界危机地区或受威胁国家的基督教青年赴匈留学深造，本科、硕士、博士生均可申请。2021—2022 学年，该奖学金资助的国别包括：埃及、黎巴嫩、伊拉克、以色列、叙利亚、巴勒斯坦、巴基斯坦、肯尼亚、埃塞俄比亚、亚美尼亚和尼日利亚。该奖学金包含学费、生活费、住宿费、保险费和往返机票。

第五节 中匈高等教育交流与合作

1949 年中华人民共和国成立后，中匈两国建立外交关系。建交后，两国友好关系全面发展，领导人互访等各种形式的往来密切，各领域合作不断加强。两国自 20 世纪就开始制定了一系列教育合作工作计划，最早可追溯至 1991 年中匈签署的两国政府 1991—1992年科学、教育和文化计划。2009 年以来，匈牙利积极奉行"向东开放"政策，在各种场合给予中国有力支持，逐渐成为"一带一路"倡议在欧洲最坚定的支持国，也是欧洲第一个同中国签署共建"一带一路"合作协议的国家（2015年）。目前，中匈两国关系逐步成为中国—中东欧合作以及中欧合作关系中的新典范，在高等教育交流与合作方面也取得了丰硕成果。

一、合作办学

查询中国教育部教育涉外监管信息网得知，截至2023年1月31日，中匈间高等教育中外合作办学机构和项目共8项，其中专科5项、本科3项，涉及通信工程、数据科学与大数据技术、金融数学、软件技术、机械制造与自动化、会计学等专业。

2004年，匈牙利中医药学会与黑龙江中医药大学共同创立了"黑龙江中医药大学匈牙利分校"，2009年，该分校被正式纳入赛梅尔维斯大学。2010年起，黑龙江中医药大学与赛梅尔维斯大学正式开展中医药合作办学，联合培养中医药人才，力求在医疗、科研合作方面取得新突破。2017年，黑龙江省教育厅代表中国政府与匈牙利政府在匈外交与对外经济部签署了《中华人民共和国黑龙江省教育厅与匈牙利人力资源部关于支持黑龙江中医药大学在匈牙利办学的协议》，促进两国大学间的交流合作，特别是在中医药领域的合作。

2018年10月5日，复旦大学首个海外教学点——复旦大学经济学院匈牙利布达佩斯教学点正式启用，同时该教学点的首个合作项目"复旦—考文纽斯硕士双学位项目"也正式开启。该项目于2019年2月招收首届学生，采用全英文授课方式，共开设27门课程，由复旦大学经济学院、匈牙利国家银行和考文纽斯大学商学院联合三方师资力量合作授课。毕业学生将被授予复旦大学金融硕士学位证书和布达佩斯考文纽斯大学MBA学位证书。

二、学生流动

匈牙利高等教育一流的教育水平、低廉的留学费用、高度认可的学历认证、广阔的发展与就业前景等优势，已经在留学市场中展现出强大的竞争力，成为近年来中国国内热门的留学目的地国家。中国已成为留学匈牙利的第二大生源国。在"一带一路"倡议提出后，两国从政府到高等教育机构都更积极地开展了科研、人才培养、学生交流方面的合作。匈方于2013年宣布，每年向中方提供200个政府奖学金名额。2017年起，中国为匈提供100个政府奖学金名额。2015—2020年两国学生双向流动情况见表4-13。

表 4-13 2015—2020 年中匈学生双向流动数据

人

年份	2015	2016	2017	2018	2019	2020
中国大陆学生留学匈牙利	613	1 239	1 574	2 075	2 377	2 776
匈牙利学生来华留学	458	540	496	587	734	326

三、国际汉语教育

（一）双语学校

2004年，中匈两国政府合作创办布达佩斯匈中双语学校。2016年，中匈双方签署《关于匈中双语学校的合作备忘录》，2018年签署《关于共同促进匈中双语学校发展的合作协议》，并通过颁发"中国大使奖学金"、向学校捐赠教学设备等方式助力匈中双语学校的进一步发展。匈中双语学校作为中东欧地区唯一一所同时使用当地语言和汉语教学的全日制公立学校，在匈政府支持下现已扩建至高中部，确保了在匈中文教学的连贯性，为高等教育的交流与合作奠定语言基础，推动文化、教育领域合作取得更大发展。

匈中双语学校隶属于匈牙利公共教育体系，建校之初有4个年级87名学生。2016年11月，匈中双语学校增设高中部。2022年，已发展到12个年级20个班，共530名学生。学校开设了匈牙利语、中文、数学、英语、自然、物理、化学、计算机、音乐、体育、美术等课程，匈语授课时间占65%，汉语授课时间占35%。中匈双语学校已经由最初的为华人孩子提供学习中文的平台转变为匈牙利学生学习专业汉语的学校。

2023年2月，中国国家主席习近平复信匈牙利匈中双语学校学生，鼓励匈牙利青少年更多了解中国，做传承发展中匈友好事业的使者。习近平强调，中匈都有着悠久的历史和灿烂的文化，两国人民传统友好，人文交流日益密切。欢迎匈牙利学生高中毕业后到中国读大学，也希望越来越多的匈牙利青少年喜欢上中文、学习中文，有机会到中国走一走、看一看，更多地了解当今中国和中国的历史文化，努力做传承发展中匈友好事业的使者。

随着汉语教学的蓬勃发展，汉语作为一门外语在匈牙利教育体系中的重要性也越来越显著。2010年，汉语在匈牙利中学作为第二外语教学的地位已确立。同年，汉语成为匈牙利8门高考外语科目之一。

（二）孔子学院

截止到2023年2月，匈牙利已建立5所孔子学院与2个孔子课堂，分别是罗兰大学孔子学院、赛格德大学孔子学院、米什科尔茨大学孔子学院、佩奇大学中医孔子学院、德布勒森大学孔子学院、中匈双语学校和凯奇凯梅特市的博亚伊中学。

罗兰大学孔子学院于2006年12月成立，由北京外国语大学与匈牙利罗兰大学共同建设，是匈牙利第一所孔子学院，目前已成为面向中东欧16国培训本土汉语教师的区域中心，曾多次获得全球"先进孔子学院"称号。2015年12月6日被评为首批全球"示范孔子学院"。该孔子学院在匈牙利全国27所大、中、小学开设汉语课程，进行汉语教学与推广，为匈牙利政府机构、各大公司、中国驻匈牙利公司员工提供一对一量身定制的汉语课程。

匈牙利赛格德大学孔子学院于2012年10月10日揭牌成立，适逢中国与匈牙利建交63周年之际。该孔子学院由匈牙利赛格德大学与原中国国家汉办和上海外国语大学合作设立。作为中国在匈牙利开设的第二所孔子学院，赛格德孔子学院积极推动上海外国语大学与赛格德大学共建上海外国语大学匈牙利语专业，通过赛格德大学法学院的对华学术交流和学生培养的"欧洲之门"项目加强两校乃至中匈两国人文交流。该孔子学院还为中国地方政府和高校与匈牙利的交流合作牵线搭桥，接待了吉林省政府考察团、中国人民大学学术代表团、浙江农林大学代表团、上海大学艺术教育考察团、西北大学考察团、清华大学硕士项目宣讲团等国内高校团体，为其在匈牙利的学术交流活动提供了便利。

2013年8月23日，北京化工大学与米什科尔茨大学在布达佩斯国会大厦签署关于合作建设米什科尔茨大学孔子学院（简称"米大孔院"）的执行协议。8月24日，孔子学院揭牌仪式及落成庆典在米什科尔茨大学行政楼大厅举行，并于当天召开第一届理事会。米大孔子学院发挥自身学科和与企业紧密关系的优势，为万华集团在匈生产基地博苏化学的匈籍员工提供汉语培训，打造企业文化，消除跨文化交流障碍；搭建中匈大学和中国驻匈企业间的合作交流平台，与博苏化学开展合作办学、举办员工培训和开办学生实习基地等长短期合作项目。

2015年3月27日，由匈牙利佩奇大学与中国华北理工大学（原名河北联合大学）联合建立的佩奇大学中医孔子学院在匈牙利佩奇市成立，是中东欧地区第一所以中医为特色的孔子学院。该孔子学院注重中医特色建设，与匈牙利国家针灸医学会、东方国药集团、匈牙利中医学会等密切合作，充分发挥中医优势，举办"一带一路"中医针灸国际会议、欧洲整合替代医学大会、中匈医学论坛等高端国际学术会议。该孔子学院还举办匈牙利医师中医知识和技能培训，推广普及传统中医药知识，开展社区义诊服务，在匈牙利民众中广泛推广普及中医养生方法。

德布勒森大学孔子学院于2019年11月15日在匈牙利第二大城市德布勒森正式揭牌。这是在匈牙利成立的第五所孔子学院，由天津外国语大学与德布勒森大学合作共建。德布勒森大学孔子学院先后开设汉语语言课、书法课、汉字课、中国文化讲座、太极拳和看电影学汉语等深受学生们喜爱的课程，为德布勒森地区及周边的汉语学习者提供优质的教学资源，成为匈牙利民众了解中国语言文化的一个重要窗口。2022年6月，德布勒森大学孔子学院正式获批成为汉语水平考试（HSK）考点单位，将承办汉语水平考试（HSK）、汉语水平口语考试（HSKK）、商务汉语考试（BCT）和中小学汉语考试（YCT）等类别汉语测试的纸笔考试及网络考试。

匈牙利汉语教学事业的迅速发展带动了汉语教学和文化推广相关领域的发展。罗兰大学孔子学院编写了第一套匈牙利本土汉语教材《匈牙利汉语课本》（共4册）；编纂了含80 000多词条的大型汉匈和匈汉词典，该套词典将配有网络版和APP。值得一提的是，在2017年的中国与中东欧"16+1"峰会上，匈牙利欧尔班总理将《汉匈词典》作为国礼赠送给李克强总理。2016年10月，罗兰大学成立了海外第一个专门从事"一带一路"研究的机构——罗兰大学"一带一路"研究中心，并与中国出版集团合作成立"国际编辑部"，翻译中国优秀作品；江苏凤凰传媒集团在"一带一路"研究中心设立"中文书架"，每年定期输送中文书籍。

第六节　代表性大学

一、塞格德大学

塞格德大学（University of Szeged）是一所拥有400多年历史的匈牙利国立研究型大学。它位于匈牙利第三大城市塞格德，在南部大平原的琼格拉德州。塞格德大学是匈牙利的顶尖学府之一，也是中欧首屈一指的高等教育机构。大学注册学生人数超22 000人，包括来自130个国家的超过5 000名的国际学生。在2020年QS世界大学排名中，塞格德大学位居匈牙利第一名，是世界500所顶尖大学之一。

塞格德大学下设农学院、法律和政治学学院、人文与社会科学学院、医学院、牙科学院、艺术学院、经济与工商管理学院、药学院、工程学院、科学与信息学院、健康科学和社会研究学院、教育学院 12 个二级学院。

1937 年，生理学家圣捷尔吉·阿尔伯特因"与生物燃烧过程有关的发现，特别是关于维生素 C 和延胡索酸的催化作用"获得诺贝尔生理学或医学奖，是塞格德大学史上唯一一位获得过诺贝尔奖的校友。

在该校国际流动性计划中，最受欧盟欢迎的是"伊拉斯谟+"计划，在此框架内，塞格德大学与来自 30 个不同国家的 510 所大学签订了 1 030 份国际合作协议，开展科研合作与交换生计划。

二、德布勒森大学

德布勒森大学（University of Debrecen）坐落于匈牙利第二大城市德布勒森市，该市为匈牙利东部经济、文化和教育中心，也是中欧及东欧最具活力的地区之一。学校是世界排名前 500 的高等学府，是匈牙利现存历史最悠久的高等教育机构，也是匈牙利学生人数最多的公立大学，现有约 30 000 名学生就读，国际学生超 6 200 人。2021 年 QS 世界大学排名德布勒森大学位列世界 521~530 名，匈牙利全国排名第二。

德布勒森大学的办学历史可以追溯到 1538 年。1912 年，该校被确立为匈牙利最高的综合性学府，是中欧历史上第一所大学医学院，颁发的医学文凭和学历受到世界卫生组织的认可，在世界医学学术领域极具声望。

德布勒森大学设有 13 个院系，分别为：农业与食品科学与环境管理学院，人文学院，牙科学院，经济与工商管理学院，医学院，信息学院，法学院，音乐学院，药学院，科学技术学院，公共卫生学院，工程学院，儿童及特殊教育学院。

三、厄特沃什·罗兰大学

厄特沃什·罗兰大学（Eötvös Loránd University，ELTE）即布达佩斯大学，位于匈牙利首都布达佩斯，于 1635 年由红衣主教帕茨玛尼·彼得（Pazmany Peter）建立，以物理学家厄特沃什·罗兰命名，是匈牙利最高学府。罗兰大学在校生约 30 000 人，教师及研究员 1 800 名，留学生 2 000 多人。罗兰大学是科英布拉集团、欧洲首都大学联盟、欧洲大学基金会、欧洲大学协会成员。罗兰大学培养出了 5 名诺贝尔奖得主、2 位沃尔夫奖得主、1 位阿贝尔奖得主以及众多世界著名科学家。现任匈牙利政府总理、国家总统和国会主席均毕业于罗兰大学。

罗兰大学开设有 8 个院系：文学院、教育和心理学学院、儿童和幼儿教师培训学院、信息学院、法学院、自然科学学院、社会科学学院、教育学院，还有著名的罗兰大学孔子学院，中欧的孔子学院中心就设在罗兰大学。

罗兰大学已经与 450 多所高校签订了双边合作协议，保障学生在大学学习期间获得高质量的教学和研究，组织学生去往世界各国外交换交流。通过丰富的交换项目，学生可以结识其他国际学生并获得多样的国际化背景。罗兰大学还与北京外国语大学合作建立了罗兰大学北京中心。

四、佩奇大学

匈牙利佩奇大学（University of Pécs）位于匈牙利的美丽小镇佩奇，治安良好，环境优美。学校始建于 1367 年，是匈牙利的第一所大学，也是欧洲最古老的大学之一。该校在匈牙利的高等教育体系中扮演着不可或缺的重要角色。该校在 2021 年 QS 世界大学排名中位列 651~700 名。

2022 年，匈牙利佩奇大学在校学生 20 000 余人，教职员工近 2 000 人。学校设有 10 个院系，包括成人教育及人力资源发展系、商业与经济系、健康科学系、人文系、法律系、医学院、音乐及视觉艺术系、科学系、教育系及工程系。最著名的专业是医学，法律，心理学和商务学。

佩奇大学是匈牙利第一个实行学分制的大学，学生可以直接对接欧洲高等教育系统。佩奇大学的学分在欧洲所有大学都被认可，因此成为吸引外国学生的主要原因。从佩奇大学毕业的学生得到欧盟国家的广泛认可。在匈牙利各个领域，佩奇大学是开展科学研究和教育活动最广泛的高等教育机构。

佩奇大学的重要战略目标之一是将佩奇大学建设成为一所国际化的大学，并持续为师生提供国际化的教育体验和视野。佩奇大学的英文授课项目和德文授课项目已分别有 35 年和 10 年的历史。2022 年，有超过 80 个国家 4 500 余名国际学生在校学习，与 39 个国家的 105 所大学建立有合作关系。其在中国的合作院校包括中国矿业大学、广东外语外贸大学、杭州师范大学、湖北工业大学、华北理工大学、电子科技大学、山东师范大学、山东中医药大学、上海应用技术大学等。

五、布达佩斯技术与经济大学

布达佩斯技术与经济大学（Budapest University of Technology and Economics，BME），欧洲著名的理工大学，该校有 200 多年建校历史。BME 除了是欧洲最古老的理工大学之外，同时也是全世界历史最悠久的理工大学之一，它的第一个校区建于 1892 年，坐落在美丽的多瑙河岸边，1987 年被联合国教科文组织认定为世界遗产。

布达佩斯技术与经济大学是中欧历史上非常具有历史意义和代表性的公立综合大学。布达佩斯技术与经济大学是欧洲大学联盟成员（European Universities Association）、国际大学联盟成员（International Universities Association）、欧洲高级工程教育和研究协会会员（Conference of European Schools for Advanced Engineering Education and Research）、欧洲工程教育社团成员 SEFI（European Society for Engineering Education）等。欧洲国家工程协会匈牙利国家委员会也设立在该校。大学内许多教授同时也在这些国际协会、联盟中担任重要职务。该校有着骄人的学术成就，很多毕业生和文凭获得者在世界舞台上创造着成功的业绩。自建校以来，有超过 50 万的毕业生，其中匈牙利 70% 的工程技术人员均毕业于该大学。2020 年 QS 世界大学排名中，该校位于 801—1 000 名，在匈牙利排名第 5。匈牙利历史上许多诺贝尔奖的获得者和享誉世界的发明都与该校有关。

学校下设8个学院、110多个系，涵盖建筑、化学工程、建筑工程、电子和信息工程、机械工程、自然科学、经济和社会科学及运输工程学等专业，并有1 100余名专业教授和讲师，400余名专业研究人员，及来自本国和50多个国家与地区的21 000余名学生，其中国际学生2 300余名。

参考文献

［1］中华人民共和国外交部. 匈牙利国家概况（2023年1月更新）［EB/OL］.［2023-02-01］. https://www.mfa.gov.cn/web/gjhdq_676201/gj_676203/oz_678770/1206_679858/1206x0_679860/

［2］吕芳，马燕超. 匈牙利高等教育的发展演变及其特色［J］. 哈尔滨学院学报，2018，39（2）：139-144.

［3］刘进，林松月."一带一路"沿线国家的高等教育现状与发展趋势研究（三十一）——以匈牙利为例［J］. 世界教育信息，2019（15）：53-57.

［4］凡保轩. 非通用语特色专业招生、培养与就业：欧洲语系篇［M］. 北京：中国传媒大学出版社，2015.

［5］车如山，李昕."博洛尼亚进程"与匈牙利高等教育改革［J］. 西北成人教育学院学报，2014（3）：69-73.

［6］周千里，欧阳华生. 匈牙利的高等教育对中国高校改革的启示［J］. 湖北经济学院学报（人文社会科学版），2012（9）：141-146.

［7］孙也刚. 匈牙利的高等教育和学位制度［J］. 学位与研究生教育，1999（2）：55-57.

［8］张德启. 匈牙利高等教育院校认证的特点与启示［J］. 复旦教育论坛，2009，7（4）：67-71.

［9］车如山，李昕. 匈牙利高等教育质量保障——认证委员会的视角［J］. 高教发展与评估，2015，31（1）：39-43.

［10］李昕. 匈牙利高等教育质量保障研究［D］. 兰州：兰州大学，2015.

［11］王帅臣，张亚娇，李惠子."一带一路"倡议下中国和匈牙利高等

教育合作交流的现状及潜力［J］.华北理工大学学报（社会科学版），2022，22（5）：146-152.

［12］Report of the panel of the external review of HAC［R］. Hungarian Accreditation Committee，2013.

［13］Education in Hungary［R］. National Institute of Public Education（OKI），2001.

［14］匈牙利留学工作网［EB/OL］.［2023-01-18］. http://hungary.lxgz.org.cn/hungary/index/index.html.

［15］Study in Hungary［EB/OL］.［2023-01-20］. http://www.studyinhungary.hu.

［16］National Higher Education Information Centre［EB/OL］.［2023-01-22］. https://www.felvi.hu.

［17］Educational Authority［EB/OL］.［2023-01-22］. https://www.oktatas.hu.

［18］Tempus Public Foundation［EB/OL］.［2023-01-25］. https://tka.hu/english.

［19］Graduate Career Tracking System［EB/OL］.［2023-01-25］. https://www.diplomantul.hu.

［20］Stipendium Hungarian［EB/OL］.［2023-02-03］. https://stipendiumhungaricum.hu.

［21］教育部涉外办学监管网［EB/OL］.［2023-02-03］. https://www.crs.jsj.edu.cn.

［22］Hungary Education［EB/OL］.［2023-02-01］. https://www.hungaryeducation.info/#Press

［23］European Association for Quality Assurance in Higher Education［EB/OL］.［2023-02-04］. https://www.enqa.eu/reviews-database/acronym/mab.

［24］European Commission［EB/OL］.［2023-02-03］. https://commission.europa.eu/index_en.

［25］University entrance scores revealed［EB/OL］.［2023-02-05］. https://dailynewshungary.com/university-entrance-scores-elte-welcomes-10000-students-in-2020.

［26］The UNESCO Institute for Statistics［EB/OL］.［2023-02-06］. http://data.uis.unesco.org.

［27］匈牙利罗达大学示范孔子学院［EB/OL］.［2023-02-07］. http://www.konfuciuszintezet.hu.

［28］《海外侨情观察》编委会. 海外侨情观察 2015—2016［M］. 广州：暨南大学出版社，2017.

［29］赛格德大学孔子学院［EB/OL］.［2023-02-08］. http://konfuciuszintezet.u-szeged.hu.

［30］米什科尔茨大学孔子学院［EB/OL］.［2023-02-10］. https://iecd.buct.edu.cn/2905/list.htm.

［31］王治江，谷双，王雪彤. 民心相通的桥梁"一带一路"背景下的匈牙利孔子学院［J］. 国别和区域研究，2018（2）：100-109.

［32］陈敏毅. 国际传播论文集第 12 辑［M］. 北京：中国国际广播出版社，2013.

［33］University of Szeged［EB/OL］.［2023-02-05］. https://u-szeged.hu/english.

［34］University of Debrecen［EB/OL］.［2023-02-05］. https://www.unideb.hu.

［35］Eötvös Loránd University［EB/OL］.［2023-02-05］. https://www.elte.hu/en.

［36］University of Pécs［EB/OL］.［2023-02-05］. https://international.pte.hu.

［37］Budapest University of Technology and Economics［EB/OL］.［2023-02-05］. https://www.bme.hu/?language=en.

第五章　波斯尼亚和黑塞哥维那

第一节　国家概况

波斯尼亚和黑塞哥维那（Bosnia and Herzegovina），简称"波黑"，首都萨拉热窝。波黑国土面积为5.12万平方千米，位于巴尔干半岛中西部。南、西、北三面与克罗地亚毗连，东与塞尔维亚、黑山为邻。波黑全国人口353万人（2016年），主要民族为：波什尼亚克族，约占总人口50.1%；塞尔维亚族，约占总人口30.8%；克罗地亚族，约占总人口15.4%。3个民族分别信奉伊斯兰教、东正教和天主教。官方语言为波斯尼亚语、塞尔维亚语和克罗地亚语。波黑货币为可兑换马克，或称波黑马克，货币代码为BAM。2023年1月，可兑换马克与人民币的汇率约为1∶3.73，与美元的汇率约为1∶0.55。

波黑由波黑联邦和塞族共和国2个实体和布尔奇科特区组成。波黑联邦下设10个州：乌纳—萨纳州、波萨维纳州、图兹拉州、泽尼察—多博伊州、波斯尼亚—波德里涅州、中波斯尼亚州、黑塞哥维那—内雷特瓦州、西黑塞哥维那州、萨拉热窝州、第十州。塞族共和国下设10个市（巴尼亚卢卡、东萨拉热窝、比耶利纳、多博伊、普里耶多尔、兹沃尔尼克、特雷比涅、格拉迪什卡、戴尔文塔、拉克塔希）和54个区。

1999年设立布尔奇科特区，直属国家。

1995年11月，波黑根据代顿协议制定宪法。该宪法规定：波黑正式名称为"波斯尼亚和黑塞哥维那"；波什尼亚克族、塞尔维亚族和克罗地亚族3个民族为主体民族；波黑由波黑联邦和塞族共和国2个实体组成；波黑设3人主席团，由3个主体民族代表各1人组成，主席团成员分别由2个实体直接选举产生。

6世纪末7世纪初，部分斯拉夫人南迁到巴尔干半岛，在波斯尼亚和黑塞哥维那等地定居。12世纪末，斯拉夫人建立独立的波斯尼亚公国。14世纪末，波斯尼亚进入鼎盛时期。1463年后成为奥斯曼土耳其属地，1908年被奥匈帝国占领。1914年6月28日，奥匈帝国皇储弗兰兹·裴迪南大公在萨拉热窝遭当地青年暗杀，引发第一次世界大战。1918年第一次世界大战结束后，南部斯拉夫民族成立了塞尔维亚人—克罗地亚人—斯洛文尼亚人王国，1929年改称南斯拉夫王国，波黑是其中的一部分，被划分为几个行政省。1945年，南斯拉夫各族人民取得反法西斯战争胜利，成立南斯拉夫联邦人民共和国（1963年改称南斯拉夫社会主义联邦共和国），波黑成为其中一个共和国。1992年3月，波黑就国家是否独立举行全民公决，波族和克族赞成独立，塞族抵制投票，波黑战争爆发。1992年5月22日，波黑加入联合国。1995年11月21日，在美国主持下，南联盟塞尔维亚共和国总统米洛舍维奇、克罗地亚共和国总统图季曼和波黑共和国总统伊泽特贝戈维奇签署代顿波黑和平协议，波黑战争结束。自1995年代顿协议签署以来，波黑民族关系日益缓和，政局基本稳定。

波黑战争给经济带来严重破坏，几近崩溃。近年来，在国际社会援助下，波黑经济恢复取得一定进展。2021年主要经济数据如下：国内生产总值233.6亿美元；人均国内生产总值6 769美元；国内生产总值增长率7.5%。波黑矿产资源丰富，主要有铁矿、褐煤、铝矾土、铅锌矿、石棉、岩盐、重晶石等，其中煤炭蕴藏量达55亿吨。图兹拉地区食用盐储量为欧洲之最。波黑拥有丰富的水资源，潜在的水力发电量达170亿千瓦。森林覆盖面积占波黑全境面积的53%，其中65%为落叶植物，

35%为针叶植物。金属加工业是波黑经济重要产业之一，产品以出口为主。2022年，金属加工产品出口值占外贸总值的39%。金属加工业的主要产品为钢铁、铅、锌及铜加工产品。波黑拥有发展多样化农业的自然条件，食品加工业传统悠久。波黑多山，农业用地占土地总面积的42.2%，共约239万公顷，其中100万公顷为集约化农业耕地。波黑有104万公顷天然草地和牧场，35万公顷土地专用于果园、葡萄园以及用于种植生产医药保健品的草药和香料香草等。波黑奶制品、水果、蔬菜等农产品具有出口欧盟资质。南部地区流行种植蜡菊等芳香植物。

2021年波黑外贸总额358.7亿马克、同比增长23.6%；其中出口142.7亿马克、同比增长35.6%；进口216亿马克、同比增长27.9%。出口主要商品类别是基础金属和制品、机电产品、木产品、矿产品等。主要进口商品类别是矿产品、机电产品、基础金属和制品、化工产品、食品等。主要贸易伙伴为：德国、意大利、克罗地亚、塞尔维亚、斯洛文尼亚等。2021年中国同波黑双边贸易额2.8亿美元、同比增长42.6%。2022年1至8月，双边贸易额2.1亿美元、同比增长16.6%，其中中方出口额1.2亿美元，进口额0.9亿美元。

波黑教育体制符合国际教育体制标准。2021—2022学年度，波黑共有32 200名儿童就读于427所学前教育机构；小学1 748所，学生264 802人，教师24 601人；中学313所，学生108 327人，教师12 763人；高校49所，大学生74 566人，其中全日制学生63 627人。2021年，波黑毕业的本科学生有12 324人。主要大学有萨拉热窝大学、巴尼亚卢卡大学、莫斯塔尔大学和图兹拉大学等。

中国与波黑长期保持友好往来。1992年5月22日，联合国大会通过决议，同意接纳波黑以独立国家身份加入联合国，中国投了赞成票。1995年4月3日，中国政府代表、中国驻克罗地亚特命全权大使谢锡勤同波黑政府代表、波黑驻克罗地亚特命全权大使卡西姆·特尔恩卡（Kasim TRNKA）在萨格勒布签署《中华人民共和国和波斯尼亚和黑塞哥维那共和国建交联合公报》。

2020年2月，波黑主席团塞族成员多迪克致函习近平主席，支持中国抗击新冠疫情。4月3日，习近平主席同波黑主席团轮值主席扎费罗维奇、王毅国务委员兼外长同波黑部长会议副主席兼外长图尔科维奇分别就中国同波黑建交25周年互致贺电。5月，王毅国务委员兼外长应约同波黑部长会议副主席兼外长图尔科维奇通电话。

2021年2月，波黑主席团轮值主席多迪克出席中国—中东欧国家领导人峰会。2022年2月，波黑部长会议主席特盖尔蒂亚来华出席北京2022年冬奥会开幕式，李克强总理同其举行双边会见。

第二节　高等教育发展历程

波黑高等教育受政治变革的影响，可分为四个时期，即奥匈帝国时期（1878—1918年）、南斯拉夫王国时期（1918—1945年）、南斯拉夫社会主义联邦共和国时期（1945—1992年）和南斯拉夫后时期（1992年至今）。

一、奥匈帝国时期（1878—1918年）

1878年《柏林条约》签署，波黑由奥匈帝国管治，1908年奥匈帝国正式吞并波黑，这也是波黑社会发展的一个转折点。波黑从一个伊斯兰教东方文化圈向以基督教为主的西方欧洲文化模式过渡和转变。这种转变对波黑人民带来了极大的冲击，也对奥匈帝国的君主制构成了巨大的挑战。因此，奥匈帝国对波黑的政治、经济和社会进行了一系列变革，其中首要任务之一是教育体系变革。

奥匈帝国执政期间，波斯尼亚和黑塞哥维那活跃着三所神学院：东正教神学院、天主教神学院和伊斯兰教法法官学校。萨拉热窝东正教神学院于1892年升级为高等学府。国家博物馆于1888年成立，今天仍然属于萨拉热窝大学的附属机构。

1882年，为了培养当地的教学师资队伍，政府开始建立师范教育，开设教师培训课程。1886年，在萨拉热窝成立了第一所师范学校。1911年，国家女子师范学校在萨拉热窝成立，1913年男子师范学校在莫斯塔尔成立。与此同时，在萨拉热窝和塞尔维亚也活跃着一批私立师范学校。

二、南斯拉夫王国时期（1918—1945年）

南斯拉夫王国是欧洲东南部的一个国家，覆盖了巴尔干半岛的大部分地区，于1918年12月1日至1945年11月29日存在。从1918年到1929年，该国的正式名称是塞尔维亚人—克罗地亚人—斯洛文尼亚人王国。

1929年10月3日，该国的正式名称被亚历山大一世国王改为南斯拉夫王国。该王国的领土范围包括了如今的塞尔维亚、波斯尼亚和黑塞哥维那、北马其顿和黑山，以及大部分克罗地亚和斯洛文尼亚的面积。

当时的教育体系基于统一不同民族和语言的意识形态以及中央集权君主制的思想。根据《民办学校法》规定，全国建立了数所4年制小学和民办学校（5~8年级），逐步推行8年制教育制度。尽管法律规定必须接受8年制的教育，但入学学生明显少于需要上学的学生。有些地区小学数量很少，特别是马其顿、波斯尼亚和黑塞哥维那等不发达地区，因此人口的文盲率较高。

萨拉热窝大学最早开设的农林学院，建于1940年，就是在这段时期开设的。随后在1944年开设了医学院。萨拉热窝大学也是波黑最古老的一所大学。

三、南斯拉夫社会主义联邦共和国时期（1945—1992年）

第二次世界大战期间，南斯拉夫王国被轴心国占领。1945年，11月29日，南斯拉夫联邦人民共和国宣布成立，由6个共和国和2个自治省组成（又称第二南斯拉夫）。1963年通过了新宪法，将国家更名为南斯拉夫社会主义联邦共和国。

在新成立的南斯拉夫社会主义联邦共和国，技术的进步和工业化的发展推动了数十万农村居民对更高教育水平的追求。政府实行了8年制免费义务教育，并计划在20世纪70年代初将所有儿童纳入义务教育体系。这为当地高等教育机构的开设创造了机会，特别是培训教师的师范类学校。

除了贝尔格莱德、萨格勒布和卢布尔雅那的大学以外，当时还在萨拉热窝、铁托格勒、斯科普里、诺维萨德、普里什蒂纳等地开设了新的大学。1982年，南斯拉夫有超过40万名学生在大学学习，其中近50%是女性。

萨拉热窝大学的教师培训学院和生物研究所在这个时期成立。在设立医学、法律、农业和林业学院以及随后设立技术学院之后，波斯尼亚和黑塞哥维那人民共和国议会于1949年通过了《大学法》，正式成立了萨拉热窝大学。哲学系和兽医学院于1950年成立。直到1975年，萨拉热窝大学是波黑唯一的大学，为1975年巴尼亚卢卡大学、1976年图兹拉大学和1977年莫斯塔尔大学的建立做出了重大贡献。

四、南斯拉夫后时期（1992年至今）

波斯尼亚和黑塞哥维那是南斯拉夫社会联邦共和国的6个共和国之一。南斯拉夫解体后，波黑战争爆发，直到1995年12月波黑战争结束，三个民族签署了代顿和平协议。波斯尼亚和黑塞哥维那获得独立，从此开始了国家发展的新时期。

1992年以后，波黑陆续又成立了新的公立和私立大学，共同构成了该国高等教育和科学发展的主要推动力。波斯尼亚和黑塞哥维那目前有8所公立大学和16所私立大学。

2003年起，波黑加入"博洛尼亚进程"，并一直按照"博洛尼亚进程"开展高等教育改革，包括建设质量保障机制、修改学历和补充认定文凭、促进师生交流、认可学生国际研究成果、优化教学资源、促进教育公平等等。2007年7月，波黑发布《波斯尼亚和黑塞哥维那高等教育框架法》。从此，波黑高等教育便在相关法律框架的监管下开展。

第三节　高等教育概况

1999年"博洛尼亚进程"提出，欧洲各国纷纷加入，各高校开始进行高等教育改革。波黑于2003年加入"博洛尼亚进程"，随后也根据《博洛尼亚宣言》推行一系列改革。2007年，波黑出台了《波斯尼亚和黑塞哥维那高等教育框架法》，对高等教育机构的组织和管理进行了规范。

在波黑，12个教育部门（塞族共和国1个、波黑联邦的10个州有10个、布尔奇科特区1个）拥有高等教育的管理权限。波黑联邦的教育和科学部有决策权，可以制定高等教育的标准和法规，并负责协调10个州教育部门之间的关系。

一、分类及规模

根据《波斯尼亚和黑塞哥维那高等教育框架法》，波黑高等教育机构包括两种类型：大学（Universities）和职业院校（School of Higher Education）。大学是提供学士、硕士和博士三个阶段学位的高等教育机构。大学需包括自然科学、技术科学、生物医学和医疗保健、生物技术科学、社会科学和人文科学中的三个领域，同时需开设至少五种不同的专业。

大学分为公立和私立大学。公立大学一共有8所院校，分别为萨拉热窝大学、巴尼亚卢卡大学、东萨拉热窝大学、图兹拉大学、莫斯塔尔大学、扎马别迪奇莫斯塔尔大学（Dzemal Bijedic University of Mostar)、比哈奇大学和泽尼察大学。由于南斯拉夫社会主义联邦共和国解体前存在的大学并没有继承和保留下来，现在波黑的大学并没有太长的历史，即大部分是在南斯拉夫解体后建立的，但也都是依托于波黑独立前存在的大学体系建立起来的。除此之外，波黑还有 18 所私立高等教育机构。虽然公立大学拥有更悠久的传统和更好的教学条件，但是私立大学的文凭在就业市场中也得到越来越多的认可。

受到移民、经济发展和低出生率的影响，波黑的学生人数越来越少。波黑大学在校生总规模不超过 10 万人，且在 2017—2022 年呈现逐年递减趋势（见表 5-1）。其中，本科生占比最高，均在 80% 以上，研究生占比平均在 15% 左右，博士生占比最低。公立高等教育机构学生约占 78%，私立高等教育机构学生约占 22%。

表 5-1 2017—2022 年波黑公立大学和私立大学在校生人数

人

学年	总人数	本科	硕士	博士	公立	私立
2017—2018	95 020	83 027	11 169	824	—	—
2018—2019	88 269	75 580	11 792	897	—	—
2019—2020	82 909	69 438	12 449	1 022	65 185	17 724
2020—2021	82 744	68 344	13 192	1 208	64 995	17 749
2021—2022	79 148	65 561	12 290	1 297	61 356	17 792

数据来源：波黑统计局

根据《波斯尼亚和黑塞哥维那高等教育框架法》，职业院校是经认证后可颁发第一阶段文凭和学位的高等教育机构，需在一个学科领域设立至少一个专业并依法满足其他要求。目前波黑的公立职业院校有 3 所，私立职业院校有 13 所。2017—2021 年，职业院校在校生规模和大学在校生规模相比较小，且总人数也在逐年递减，全日制学生规模始终高于非全日制学生规模（见表 5-2）。

表 5-2 2017—2021 年职业院校在学生统计

人

学年	总数	全日制学生	非全日制学生
2017—2018	6 448	3 834	2 614
2018—2019	5 776	3 830	1 936
2019—2020	5 443	3 010	2 433
2020—2021	5 070	2 953	2 117
2021—2022	4 880	2 586	2 294

数据来源：波黑统计局

二、招生机制

根据《波斯尼亚和黑塞哥维那高等教育框架法》，只有完成波黑4年制高中教育，才能接受高等教育。学生要参加入学考试，但波黑高等教育机构的招生标准和考试由各校自行决定，学生采取申请制。各高等机构将根据专业要求自行组织入学考试。

学生若要申请研究生项目，本科3年毕业的学生需达到180学分，本科4年毕业的学生需达到240学分。若申请博士项目，最低要求是具有本科和硕士毕业证书，至少修满300学分，本科和硕士的最低平均成绩为8.00。

三、人才培养

波黑高等教育有正规全日制、非全日制和远程教育三种方式。在波黑，三种官方语言波斯尼亚语、克罗地亚语和塞尔维亚语均作为母语开展教学。

（一）学制和学分

波黑的高等教育体系以《博洛尼亚宣言》的原则为基础。根据这一原则，高等教育采用"博洛尼亚进程"提出的欧洲学分转移和累积系统，也称为欧洲学分互认体系（European Credit Transfer and Accumulation System，ECTS），分为三个层级。第一阶段是本科，通常持续 3~4 年，需要获取 180~240 学分。完成本科学习后，学生将获得学士学位或者同等学力。医学科学类专业在第一阶段的学习需要 360 学分。第二阶段是硕士，通常持续 1~2 年，需要获得 60~120 学分。学生可以选择 3+2 或者 4+1 模式，但必须一共完成 5 年的学习后，才能获得硕士学位或者同等学力。第三阶段是博士，至少需要 3 年，并获得 180 学分。

（二）评分体系

学年通常从每年 10 月到次年 7 月底，共计 10 个月，分为两个学期。全日制学生一个学期需要修满 30 学分，一个学年修满 60 学分。

在波黑公立大学中，有两种评分体系。其中莫斯塔尔大学采用的评分体系是从 1（不合格）到 5（优秀）进行等级划分（见表 5-3）。

表 5-3　波黑高等教育评分等级划分

ECTS 等级	等级	程度
A	5	优秀（excellent）
B	4	非常好（very good）
C/D	3	良好（good）
E	2	及格（satisfactory）
F	1	不及格（failed）

另一种评分体系被其他 7 所公立大学所采用，是从 6（不合格）到 10（优秀）进行等级划分（见表 5-4）。

表 5-4 波黑高等教育评分等级划分

ECTS 等级	等级	程度
A	10	优秀（excellent）
B	9	非常好（very good）
C/D	8	良好（good）
E	7	及格（satisfactory）
F	6	不及格（failed）

（三）质量保障

2007 年，在欧盟（The European Commission）和欧洲委员会（The Council of Europe）联合项目"加强波黑高等教育"（Strengthening Higher Education in Bosnia and Herzegovina）框架下，《波黑高等教育资格认证框架体系》（*The Framework for Higher Education Qualification in Bosnia and Herzegovina*）制定并颁布。该框架体系的制定旨在推进波黑高等教育的改革，建立一个符合"博洛尼亚进程"提出的欧洲高等教育区（The European Higher Education Area, EHEA）原则的高等教育框架。该框架体系根据都柏林指标（Dublin Descriptors）的要求，同样规定波黑高等教育分三个阶段，但波黑的指标描述比都柏林指标更加详细具体。

2008 年，根据《波斯尼亚和黑塞哥维那高等教育框架法》，高等教育发展和质量保障机构（Agency for Development of Higher Education and Quality Assurance）作为一个独立的行政机构成立，总部设在巴尼亚卢卡。该机构通过合法、透明和公开的程序遴选国内外专家，对高等教育机构进行质量评估和认证。该机构为高教教育机构制定认证标准，并对教育机构的培养方案、学费等方面提出合理建议。通过认证的高校名单会在该机构官网上公布，并至少每年在"波黑政府公报"上公布一次，在三份发行量大的日报上公布两次。目前已有包括萨拉热窝大学、东萨拉热窝大学、巴尼亚卢卡大学等 40 所高等教育机构通过认证。

四、学生毕业情况

2017—2021 年,波黑高等教育毕业生总规模逐年下降,其中本科、硕士、博士各阶段毕业生均呈下降趋势(见表 5-5)。在本科学习阶段,毕业于大学的学生占比始终在 90% 以上,毕业于职业院校的学生占比在 6.7%~9.1%。2019—2021 年,公立机构毕业生占比平均在 73% 左右(见表 5-5)。

表 5-5　2017—2021 年高等教育机构毕业生情况统计

人

年份	总人数	本科	硕士	博士	公立大学	私立大学
2017	18 580	14 583	3 712	285	—	—
2018	18 352	14 220	3 939	193	—	—
2019	17 735	14 181	3 388	166	12 941	4 794
2020	16 597	13 291	3 158	148	11 910	4 687
2021	16 090	12 324	3 619	147	11 878	4 212

数据来源:波黑统计局

根据国家统计局公布的劳动力调查数据,2020 年波黑劳动力市场总人口为 130 万人,其中就业人数超过 110 万人,占比 84.1%,失业人口 22.1 万人,占比 15.9%。根据 2020 年全年对 42 892 个家庭进行的抽样调查数据,从就业人员的教育结构来看,67.5% 的人毕业于中等教育,20.7% 的人毕业于高等教育,完成小学或以下教育的占比 11.7%。

五、师资情况

近几年,波黑高等教育机构中任职的教师和助理教师总规模一直在下降，全职教师占比在 2019—2020 学年达到最高，为 59.9%，女性教师占比一直低于男性教师（见表 5-6）。

2021—2022 学年，波黑高等教育机构共有 9 782 名老师和助理教师，同比下降 0.7%，其中 46.4% 为女性，全职老师占比 48.3%。

表 5-6　2018—2022 年波黑高等教育师资情况

人

学年	总人数	女性	男性	全职	兼职
2017—2018	10 150	4 567	5 583	5 437	4 713
2018—2019	10 122	4 556	5 566	5 331	4 791
2019—2020	9 872	4 579	5 293	5 918	3 954
2020—2021	9 581	4 629	4 952	4 965	4 886
2021—2022	9 782	4 543	5 239	4 726	5 056

数据来源：波黑统计局

六、经费

波黑教育经费很大程度上依赖政府机构的公共资金资助。波黑宪法规定，义务教育是免费的。除公共教育资金资助外，还有少量的私人教育机构资助学生学费。由于波黑由两大实体组成，波黑的教育经费主要分为三部分：两个实体政府经费、各州经费以及布尔奇科特区经费。

学费的数额由各个教育机构依据相关规定设定。所有学生需要支付管理费用，最低为 95 波黑马克。在 8 所公立大学中，大约有 30% 的学生享受财政资助，学生的学费由教育部支付，其他 70% 的学生需要自己承担学费。本科阶段平均的学费为每年 660 波黑马克。硕士阶段每年的学费为 440~4 000 波黑马克。国际学生则需要支付更多的费用。在州层面，学生奖学金由政府提供。政府奖学金依据一系列标准，分为助学金和奖学金两类，每月 100~800 波黑马克。

第四节 高等教育国际化

一、教育国际化背景

(一)"博洛尼亚进程"

自20世纪80年代起,为应对全球化挑战,伴随政治、经济的一体化发展,欧盟开始推动欧洲高等教育一体化,以期大力提高欧洲教育体制和高等教育机构的知名度,增强对国际学生和学者的吸引力。

全球化背景下"知识欧洲"及增强欧洲高等教育国际竞争力等极具号召力的共同愿景,促使欧洲高等教育启动了一体化进程。1998年,英、法、德、意四国签署《索邦宣言》,主张建立欧洲高等教育区,促成欧洲高等教育理念、体制的一致化。1999年29个欧洲国家签署《博洛尼亚宣言》,提出要整合欧盟的高等教育资源,打通教育体制,实现高等教育一体化;其内容包括建立统一的学分转换体系,增加合作项目,促进人员跨境流动及开发国际化课程等。"博洛尼亚进程"拉开帷幕,伊拉斯谟(Erasmus)计划也应运而生。至2010年,"博洛尼亚进程"取得很大进展,其在学历学分互认、人员流动、毕业生就业能力提升方面着实取得了显著成效。随着欧洲高等教育区的建立,"博洛尼亚进程"进入新阶段。2014年,欧盟整合伊拉斯谟计划在内的七个教育计划,形成"伊拉斯谟+"计划,该计划聚焦对人员、知识与科技跨国流动的支持,持续提升欧盟高等教育质量及国际化水平。2015年,欧洲47个国家的教育部长共商欧洲高等教育改革,探讨"博洛尼亚进程"背景下给予师生更多跨境流动机会等事宜,发布了《埃里温博洛尼亚进程公报》。2018年,欧盟部长级会议在巴黎召开,发表了《巴黎公报》。从《索邦宣言》到《巴黎公报》,"博洛尼亚进程"走过20年历程,不仅推广了"三段式"学制及欧洲高等教育质量保障标准,还建立起欧洲国家资格框架,增强了高等教育的透明度和认可度。

从欧洲一体化到教育一体化，从制度建设到会议推进，从顶层设计到渐进调适，"博洛尼亚进程"为欧洲高等教育区建设贡献了极大力量。"博洛尼亚进程"既是自下而上的民间行为，也是一个由欧洲各国政府推动、多个利益组织和利益相关者共同参与的教育发展计划，是欧洲各民族国家政府间高等教育领域的合作议程，是欧洲共同体的一部分。它使欧洲高等教育体系更具可比性与兼容性，不仅提高了欧洲高等教育的国际化水平，增强了其影响力和竞争力，也对全球高等教育的国际化产生了深远影响。

（二）泰姆普斯计划

自 1996 年起，波黑参与欧盟"泰姆普斯计划"（Tempus Program）。该计划于 1990 年发起，主要面向东欧和中亚地区的经济体制和政治体制转型国家，旨在促进巴尔干地区国家以及东欧和中亚地区国家高等教育改革发展，以便这些转型国家的教育能够适应市场经济的需要。泰姆普斯计划的三个工作重点是：发展、调整教育计划，改革高等教育结构、机构和管理体制，开发能够使转型国家跟上先进技术发展的培训项目。

2008—2012 年，泰姆普斯计划实施第四阶段，波黑有 8 所高校参与该计划，项目达 122 个。同时，合作院校有 2 所，共计 4 个项目。泰姆普斯计划极大地加速了波黑教育的立法进程。2007 年，《波斯尼亚和黑塞哥维那高等教育框架法》出台。在该计划支持下，波黑建立了高等教育质量保障发展中心、信息中心、校长联合会等机构。

二、教育国际化历程

2003 年，波黑在柏林举行的欧洲高等教育区部长会议上签署了《博洛尼亚宣言》，其中还承诺改革高等教育，实现宣言和整个"博洛尼亚进程"确定的目标，其主要目标之一就是促进学生和学术人员的流动性。

2007年，波黑部长会议通过了关于《执行博洛尼亚进程的7项基本战略和准则的决定》（"波黑政府公报"，第13/08号）。决定通过的文件包括波黑高等教育资格框架、高等教育质量保证标准和文凭补充等相关内容。这7份文件有效推动了波黑进一步执行"博洛尼亚进程"，并全面实施高等教育改革，从而将波黑纳入欧洲高等教育区。

2016年，波黑部长会议通过了《关于通过2016—2026年期间波黑高等教育发展优先事项的决定》（"波黑政府公报"，第36/16号）。一方面是为了促进波黑高等教育的发展，另一方面是为了使其充分融入欧洲高等教育区。高等教育的优先发展事项是教育国际化。该决定建议增加预算，以促进波黑高等教育机构的国际化和流动性。

由于波黑由两个政治实体和一个特区构成，所以目前还没有统一全面的国际化战略文件，波黑联邦和塞族共和国分别制定了国际化相关目标和措施。

在波黑联邦，政府于2017年通过了关于设立波黑联邦学生和教师流动基金会的决定（"波黑联邦政府公报"第34/17号）。基金会的主要目标是支持实施国际学术和学生流动的交流计划，鼓励学生和教师的流动，发展和改善高等教育领域。《2012—2022年波黑联邦高等教育发展战略方向》文件规定，需为学生和教职员工的流动设立基金，2022年将是波黑联邦高等教育成为欧洲联合研究区和欧洲高等教育区正式成员的一年。

在塞族共和国，《2016—2021年塞族共和国教育发展战略》指出，高等教育国际化是一项特别战略目标，并确定了推动国际化的具体措施，包括提高学生和学术人员的流动性，到2020年出国学生比例达到10%、国际学生比例达到5%；改善与国外高等教育机构的国际合作；鼓励引入英语学习课程；鼓励与欧洲和世界高等教育机构形成跨学科研究等。

根据《波斯尼亚和黑塞哥维那高等教育框架法》，流动领域的权限属于波斯尼亚和黑塞哥维那民政部和高等教育领域信息和证件识别中心

（CIP）。民政部负责促进欧洲和世界高等教育领域学生和工作人员的流动，促进波黑高等教育机构与国内外高等教育机构之间的联系，而 CIP 的作用是协调高等教育领域的学术人员和学生的国际交流以及课程的国际化合作。

除民政部和 CIP 外，塞族共和国高等教育主管部门、波黑联邦各州、波黑布尔奇科区政府教育部和高等教育机构也是教育国际化的主体机构。联邦教育和科学部也负责协调和规划波黑联邦教育和科学领域的活动。

三、教育国际化内容

（一）学生的国际流动

学生流动是高等教育国际化的重要标志之一。波黑于 2014 年 6 月签署了《伊拉斯谟+协定》，波黑的学生流动主要是通过"伊拉斯谟+"计划实现的。此外，学生也会通过中欧大学研究交流计划（CEEPUS）网络以及其他一些项目实现国际交流。

根据联合国教科文组织数据库数据，2015—2020 年，波黑学生出国留学目的地国家除美国为传统留学目的地之外，其他主要为欧洲国家（见表 5-7）。与波黑历史和文化背景相似的塞尔维亚、克罗地亚和斯洛文尼亚均排在留学目的地国家的前 5 名。波黑出国留学前 10 名的国家总人数已经占每年出国留学人数的 93%~95%（见表 5-8）。

表 5-7　2015—2020 年波黑出国留学前 10 名国家人数统计

人

序号	国家	2015 年	2016 年	2017 年	2018 年	2019 年	2020 年
1	塞尔维亚	5 704	6 192	6 526	6 221	6 189	6 073
2	奥地利	2 355	2 770	3 059	3 139	2 904	2 831
3	克罗地亚	127	132	2 477	2 517	2 521	2 232

续表

序号	国家	2015年	2016年	2017年	2018年	2019年	2020年
4	德国	624	673	708	805	816	1 041
5	斯洛文尼亚	275	393	540	655	866	1 153
6	土耳其	401	427	477	475	430	385
7	意大利	358	319	341	311	92	116
8	美国	304	317	321	308	—	297
9	沙特阿拉伯	150	164	164	155	113	109
10	捷克	102	94	91	90	99	98
总数		10 400	11 481	14 704	14 676	14 030	14 335

数据来源：联合国教科文组织数据库

表 5-8　2015—2020 年波黑出国留学总数

人

年份	2015	2016	2017	2018	2019	2020
总数	11 077	12 209	15 436	15 402	15 079	15 113

数据来源：联合国教科文组织数据库

波黑的高等教育水平决定了波黑的国际学生规模有限。2015—2020年，波黑接收的国际学生人数在 5 000~8 000 人，且呈逐年递减的趋势（见表 5-9）。留学波黑的学生以欧洲和亚洲国家为主。

表 5-9　2015—2021 年各洲别留学到波黑的人数统计

人

年份	2015	2016	2017	2018	2019	2020	2021
欧洲	5 892	5 750	5 571	5 376	5 253	4 667	4 768
亚洲	2 117	1 958	1 606	1 614	1 001	705	634

续表

年份	2015	2016	2017	2018	2019	2020	2021
非洲	45	65	64	63	49	53	61
北美	20	21	15	19	19	14	13
大洋洲	4	4	3	2	2	—	1
其他	28	12	16	9	10	15	24
总数	97	102	98	93	80	82	99

数据来源：联合国教科文组织数据库

（二）高等教育能力建设项目

"伊拉斯谟+"高等教育能力建设行动项目（Erasmus+ Capacity Building in Higher Education action projects），简称 CBHE 项目，是在"伊拉斯谟+"计划下进行的，为期 2~3 年，包括高等教育机构的现代化和改革、开发新课程、提升管理能力、建立高等教育机构和企业之间的关系。波黑高等教育机构也积极参与到该项目当中，通过国际化合作促进高等教育改革和能力建设的提升（见表 5-10）。

表 5-10　2015—2020 年波黑参与 CBHE 项目统计

个

年份	2015	2016	2017	2018	2019	2020
申报项目	515	736	833	887	840	1 019
通过评选项目	138	147	149	147	163	164
波黑参与的申报项目	31	48	59	75	40	49
波黑参与的通过评选项目	8	9	5	8	8	8
波黑负责项目	0	2	1	0	1	3

数据来源：波黑高等教育"伊拉斯谟+"报告（2021 年 2 月）

第五节　中波高等教育交流与合作

中国与中东欧国家高校合作始于 2012 年，中国—中东欧国家"16+1 合作"机制应运而生。2013 年 6 月，首届中国—中东欧国家教育政策对话会在中国重庆举行，与会方达成了《重庆共识》，包括"16+1"合作成员国之间彼此共享教育领域的最新进展，促进学历学位互认，加强校际合作与交流，推动大学之间的合作伙伴关系建设，加强共同研究。除教育政策对话外，教育领域的另一个重要成果是"中国—中东欧国家高校联合会"（以下简称"联合会"）的成立，是《中国—中东欧国家合作布加勒斯特纲要》提出的一项教育合作举措。联合会于 2014 年正式启动，来自中东欧国家和中方纷纷签署《中国—中东欧国家高校联合会成立宣言》，加入联合会。联合会通过定期磋商机制致力于构建成员大学间共享信息与资源的平台，每年轮流在 17 国举行。截至 2023 年 1 月，已有 37 所中东欧高校和 272 所中方高校加入联合会。波黑的巴尼亚卢卡大学和东萨拉热窝大学于 2019 年 5 月加入。

一、合作交流

2002 年 6 月，《中华人民共和国政府与波斯尼亚和黑塞哥维那部长会议文化合作协定》在北京签署，中国和波黑在教育领域的合作主要是根据该协定进行。协定对双方在教育领域的合作提出具体方向，如互派教师、学者和专家进行访问、考察、教学和培训；互派大学本科生、进修生和研究生到对方国家学习以及支持两国大学和教育机构开展直接合作等。

2017 年 9 月，由北京联合大学旅游学院发起建立的"16+1"旅游院校联盟，在黑山第二届中国—中东欧国家"16+1"市长论坛期间隆重成立。北京联合大学与波黑巴尼亚卡卢大学、黑山下戈里察大学、马其顿圣奥赫里德克利蒙特大学共同签署了联盟宣言。"16+1"旅游院校联盟本着"相互尊重、平等互利、合作共赢"的原则，旨在通过建立中国与中东欧国家院校之间的合作伙伴关系，深化多方在旅游及教育领域的交流与合作，包括成立旅游文化中心，举办旅游文化节，在旅游研究和培训、学生赛事和互访、国际学生学历教育、旅游目的地推介等领域开展项目合作。目前，"16+1"旅游院校联盟成员有波黑巴尼亚卡卢大学、黑山下戈里察大学、地中海大学、黑山大学、波兰哥白尼大学、塞尔维亚贝尔格莱德旅游学院和马其顿圣奥赫里德克利门特大学。

2019年11月，为了实现学科拓展，丰富研究方向，服务地方经济社会发展，为政府决策提供智库支持，更好地开展跨文化传播，西北师范大学外国语学院依据学校文件成立了"波黑研究中心"，隶属"国别与区域研究院"。该中心根据学校学科布局，整合校内力量，建设新型智库，开展波黑地区、社会、历史、文化、教育等领域研究，为地方经济发展和文化安全献计献策，扩展学科建设、推动学科发展。

2022年9月，"中国—中东欧国家合作框架下中波合作的10年"研讨会在波黑国家电视台举行。研讨会由波黑—中国友好协会主席博里奇主持，中国驻波黑大使季平，多位波黑前驻外使节，波黑外贸商会和外国投资委员会代表，中国社会科学院、首都师范大学的学者代表，波黑萨拉热窝大学、巴尼亚卢卡大学、东萨拉热窝大学的学者代表以及在波中企商会、中资机构代表等20余人出席。中波两国在中国—中东欧国家合作框架下10年来取得了丰硕的合作成果。

二、学生流动

中国与波黑互不为对方的留学生主要目的地国。学生流动是两国高等教育交流的重要方面，但总体来看，两国留学生流动水平偏低。我国出国留学生中选择波黑留学的学生人数极其有限，根据联合国教科文组织统计研究所数据中心公布的数据，2016—2022年，我国出国留学到波黑的人数均为个位数。根据教育部国际合作与交流司发布的《来华留学生简明统计》发布的数据,波黑学生来中国留学人数在 2015—2019 年之间逐年增加,并在 2019 年达到最高,为 202 人(见表 5-11)。

表 5-11 2015—2021 年中国和波黑双向留学人数

人

年份	2015	2016	2017	2018	2019	2020	2021
中国大陆学生留学波黑	2	4	1	1	—	1	2
波黑学生来华留学	41	93	122	193	202	99	—

三、汉语教育

波黑的汉语教育起步比较晚,始于 2011 年。目前,波黑成立了两所孔子学院——萨拉热窝大学孔子学院和巴尼亚卢卡大学孔子学院。东萨拉热窝大学开设了汉学系,莫斯塔尔大学开设汉语选修课,福查高中和东萨拉热窝圣·萨瓦小学、多博伊圣萨瓦小学、沙马茨塞尔维亚小学三所小学开设中文兴趣班,并设立两个汉语水平考试(HSK)点。随着中国日益走近世界舞台中央,近年来"汉语热"在波黑也持续升温。

(一)萨拉热窝大学孔子学院

萨拉热窝大学孔子学院(简称萨大孔院)于 2015 年在中国与波黑建交 20 周年之际揭牌成立,西北师范大学为中方合作院校,这也是波黑的第一所孔子学院,位于首都萨拉热窝。在这所孔子学院,平均每年有 60 名学员学习汉语。2018 年,萨大孔院为中学生组织了"汉语桥"比赛,并有多名学员访问了中国。该孔院全年免费开设书法和功夫班。

萨拉热窝大学已把汉语纳入大学选修课程体系,依托哲学院开设汉语选修课。2016 年 6 月 25 日,萨大孔院在波黑布尔奇科特区青少年活动中心设立了波黑第一个汉语教学点。随后,又在一些高中和社区活动中心等建立了 9 个汉语教学点。

萨大孔院在积极做好汉语教学的同时,扩大交流,强化服务,讲好中国故事。积极联系萨拉热窝州文化体育部、"萨拉热窝之冬"艺术组委会、波中友好协会、萨拉热窝国家大剧院、萨拉热窝大学和当地华人民间机构如东欧—中国影视传媒和文化交流协会、波黑中国和平统一促进会，主动携手四川成都旅游文化有限公司、宁波市旅游局等开展"中国日"、"孔院日"、"中国电影周"、"中国并不遥远"摄影展、"国际文化日"、"萨拉热窝大学国际奖学金开放日"、"中国商业文化与巴尔干地区发展"沙龙、"三八节"茶话会、"月圆中秋，品味中国"中华饮食和中医养生讲座、"第一次世界大战结束百年研讨会"以及太极艺术月等活动，利用中国传统文化和节日，举办波黑民众喜欢的文化体验活动，形成了届次化、规模化、品牌化的特色活动。

萨大孔院中外方院长曾应邀参与波黑政府、波黑"一带一路"发展改革中心和波黑"一带一路"智库中心等举办的"波黑改革论坛"和"一带一路"倡议五周年研讨会。萨大孔院还通过组织多批次波黑大中学生夏令营和中国中学生冬令营、萨拉热窝大学校长访华团组等多种形式促进两国文化交流。先后接待中国国际交流协会、中国人民对外友好协会、中科院世界所、香港"未来之星'一带一路'沿线国家大学生交流团"、香港大学企业游学团、甘肃省 2016 年敦煌文博会推介团、孔子学院总部督导评估组、北京 2020 年冬奥会和冬残奥会推介团和四川省科技厅、重庆市科技厅、宁波市商贸委、中建中巴总公司等交流团组来访。萨大孔院坚持汉语教学和讲好中国故事，已成为萨拉热窝和波黑民众了解中国文化、促进中波共同发展和"一带一路"波黑建设的窗口和平台。

（二）巴尼亚卢卡大学孔子学院

巴尼亚卢卡大学孔子学院（简称巴大孔院）于 2017 年 11 月成立，天津职业技术师范大学为中方合作院校。这是波黑的第二所孔子学院，也被列入第六次中国—中东欧国家领导人会晤成果清单。2017 年 12 月，国务院副总理刘延东在第 12 届孔子学院大会上为巴尼亚卢卡大学孔子学院授牌。2018 年 1 月 21 日，巴尼亚卢卡大学孔子学院举行启动仪式，时任波黑塞族共和国总统米罗拉德·多迪克、总理伊利卡·茨维亚诺维奇、天津市副市长赵海山、中国驻波黑大使陈波等出席仪式并为孔子学院揭牌。塞族共和国各位部长、巴尼亚卢卡市长及各界人士、当地中资企业等300余人参加了仪式。

巴大孔院开办以来，一直致力于开设幼儿园汉语启蒙教学课程、中学汉语课程、大学成人课程、企业培训课程等，积极为巴尼亚卢卡各界人士开展各类中国汉语及文化教学培训项目及中国文化传播活动项目。2019年3月，巴大孔院设立汉语水平考试（HSK）点。在巴尼亚卢卡大学多次举办中国文化、中医、中国音乐以及中国建筑等讲座活动，开展文化交流工作。

2022年11月7日，中国驻波黑大使季平访问波黑巴尼亚卢卡大学，并为当年成立的巴大汉学系首届新生主讲"开学第一课"。巴大副校长凯西奇、哲学院院长巴比奇、孔子学院中外方院长和汉学系全体师生等出席。

巴尼亚卢卡大学是波黑第二所开设汉语学历教育的高校。近年来，巴大同中国高校在教育文化领域合作日趋紧密，为促进中波人文交流、增进双方理解发挥了重要作用。

（三）东萨拉热窝大学汉学系

2011年9月，原中国国家汉办和东萨拉热窝大学签订了开设汉语专业的合作协议，东萨拉热窝大学成为波黑首个开设汉语专业的高校，也是当时唯一开设汉语专业的高校。2016年该专业开始招收硕士生。东萨拉热窝大学哲学院在英语语言文学系下成立了汉语教研室，起初开设汉语课程作为学习英语学生的选修课，所占课时比例很小。2011年9月正式建立汉学系，招收本科生。自建系以来，260名学生进入汉学系读本科，102名学生已毕业；6名学生攻读硕士学位，1名学生已毕业。原中国汉办先后共派遣公派教师7名，波黑本土汉语教师3名。汉学系举办了7届"汉语桥"世界大学生中文比赛波黑赛区选拔赛和4届"汉语桥"世界中学生中文比赛波黑赛区选拔赛。

2015年东萨拉热窝大学汉学系申请开设硕士点，2016年10月汉学系招考第一届硕士研究生，设立了汉语塞语翻译、汉语语言学、汉语文学三个研究方向，录取了 6 名研究生，全部是本校优秀毕业生。研究生需要修满 120ECTS 学分即可毕业，将被授予哲学硕士学位。

2015—2017 年，东萨拉热窝大学汉学系中外教师带领优秀大学生在业余时间给非汉学系大学生、中小学生、社会人士自发开设汉语课堂教学班，另外还开设书法、太极拳、乒乓球等班，共 144 人参加，这为波黑的中小学开设汉语课奠定了基础。

2015 年，东萨拉热窝大学汉学系组织了 2 名中学生参加了第八届"汉语桥"世界中学生中文比赛观摩团。2016 年 8 月 29 日，第九届"汉语桥"世界中学生中文比赛波黑赛区选拔赛由东萨拉热窝大学汉学系承办，这是波黑境内首次举办中学生"汉语桥"比赛，2 名中学生参加第九届"汉语桥"世界中学生中文比赛活动，2 名中学生参加观摩团。自 2016 年起承办了第 9~12 届"汉语桥"世界中学生中文比赛波黑赛区选拔赛，学生均来自汉语课堂。

2016 年 9 月 12 日，东萨拉热窝大学设立汉语水平考试（HSK）点，这是波黑第一个 HSK 考点。时任中国驻波黑大使馆李彧杰政务参赞和东萨拉窝大学哲学院院长德拉格·马斯特拉维奇为考点揭牌，自从 2016 年 11 月举办第一次 HSK 考试至今，共有 100 余人参加，过关率 94%。这对提高波黑汉语教学水平起到了积极推动作用，为在波黑更广泛地推广汉语奠定了良好基础。2018 年 4 月，东萨拉热窝大学成立中国研究中心，任命专门负责与中国合作事务的副校长担任中心负责人。2018 年 12 月 1 日，举行波黑首届中文教学学术研讨会，近 20 名来自波黑和中国的专家、学者和教师就波黑中文教学现状、机遇与挑战等议题进行了学术交流。

作为波黑首个建立汉学系的高校，东萨大汉学系的历史同波黑汉语教育的历史紧密相连。汉学系自成立以来，培养出众多优秀的本科毕业生，自主培养汉语语言学硕士研究生并设立中国文化研究中心，同北京理工大学、苏州大学、东北林业大学等多所中国高校开展友好交往，实现教学与科研并行发展。迄今已有 100 余名汉学系学生通过中国政府奖学金和校际交流等项目来中国留学。汉学系已连续多年成为东萨大最热门专业之一，毕业生就业率达到95%，大多在使馆、企业等从事汉语相关工作。

除开展日常教学外，东萨大汉学系还辐射周边市、区，在塞族共和国中小学汉语教学试点开设之初，派志愿者赴东新萨拉热窝圣萨瓦小学开展汉语教学工作。目前，汉语已列入塞族共和国中小学法定第二外语清单，多所中小学正式开设汉语兴趣班。东萨大汉学系和巴尼亚卢卡大学孔子学院也保持着良好互动，积极开展汉语教学交流研讨活动，协力推动汉语教学发展。2021年在东萨大哲学院汉学系成立10周年庆祝大会上，我国驻波黑大使季平以视频方式致辞。

2022年9月7日，驻波黑大使季平访问东萨拉热窝大学，会见了校长库利奇，并向东萨大捐赠汉语教材和书籍。季平大使祝贺东萨大建校30周年，表示东萨大作为首个开设汉学系和中国研究中心的波黑高校，多年来积极开展对华合作，为中波人文交流作出重要贡献。东萨大是中国—中东欧国家高校联合会成员，同十所中国高校有合作关系，今后可在双、多边机制框架下同中国和中东欧地区高校继续广泛开展合作。库利奇等感谢中国驻波黑使馆长期以来对东萨大的支持，表示对华合作是东萨大发展战略中的最优先方向，东萨大愿继续在中国—中东欧国家合作框架下，深化同中国高校的合作，推动双学位等项目早日落地。东萨大汉学系成立11年以来，科研教学成果丰硕，是东萨大的骄傲。东萨大愿以汉学系为依托，探索扩大办学覆盖面，为两国人文交流作出更大贡献。

第六节　代表性大学

一、萨拉热窝大学

萨拉热窝大学（University of Sarajevo），简称萨大，是波黑第一所公立大学，也是波黑历史最悠久的大学。1940年，开设了农林学院，随后于 1944 年开设了医学院。第二次世界大战结束后，法学院、高等师范学院和生物研究所也相继成立。1949 年，工程学院成立。波斯尼亚和黑塞哥维那人民共和国议会于 1949 年通过了《大学法》，正式成立了萨拉热窝大学。哲学系和兽医学院于 1950 年成立。

萨大有 25 个学院和 5 个研究所。学科领域包括社会科学、人文科学、医学、技术、数学、生物技术与艺术六个方面。萨大的附属机构还包括波黑国家和大学图书馆，加齐·哈兹维贝图书馆、国家博物馆以及其他单位。

2013 年，根据《波黑高等教育框架法》和《萨拉热窝州高等教育法》，萨拉热窝大学参议院通过了新章程，使萨大从一个由松散的学院组成的机构转变为以欧洲传统方式组织成立的大学。

萨大有 236 个本科专业，185 个硕士专业和 93 个博士专业，其中 2 个本科专业、7 个硕士专业采用英文授课。据学校官网的统计数据，2016 年，萨大在校生人数为 30 442 人，全职教师总数为 1 306 人。

在 2023 年 QS 世界大学排名中，萨大位居 1 201~1 400 位。在 2022 年 QS 新兴欧洲及中亚地区大学（EECA）排名中，萨大位居第 162 位。

萨大目前已签署了 110 项国际合作协议，与 103 所欧洲大学合作开展了 135 个 TEMPUS 项目，与 19 所欧盟国家大学开展了 55 个 ERASMUS MUNDUS 项目。

2015 年，萨拉热窝大学孔子学院在中国与波黑建交 20 周年之际揭牌成立，西北师范大学为中方合作院校，这也是波黑的第一所孔子学院，位于首都萨拉热窝。

二、巴尼亚卢卡大学

巴尼亚卢卡大学（University of Bania Luka），简称巴大，成立于 1975 年，是波黑第二大大学，也是塞族共和国领先的高等教育机构。最初，巴大由电气工程、技术、机械工程、法律和经济学 5 个学院和 3 个初级学院组成。1978 年，医学院成立，从 1992 年开始，相继成立了农林学院、哲学学院、建筑与土木工程学院、自然科学与数学学院、艺术学院、体育和运动学院。2009年成立了哲学学院、政治科学学院和矿业学院。2017年成立了安全科学学院。目前,巴尼亚卢卡大学有17个学院和1个研究所。

巴大有66个本科专业、64个硕士专业和13个博士专业。大部分专业采用的是本硕博"4+1+3"培养模式,其他小部分专业采用本硕博"3+2+3"培养模式。巴大有两个校区,在校生15 000人左右。

巴大已与93所国内外高校签署了合作协议,其中与兰州理工大学、华东政法大学、江苏大学和天津职业技术师范大学4所中国高校开展了国际合作。2016年11月,天津职业技术师范大学率团访问巴大,并签署校际合作协议。2018年,由巴大和天津职业技术师范大学共建的波黑第二所孔子学院在巴尼亚卢卡成立。2019年5月,巴大代表团访问华东政法大学,并签署了师生交流项目协议。巴大与2019年5月加入了中国—中东欧国家高校联合会。

三、东萨拉热窝大学

东萨拉热窝大学(University of East Sarajevo),简称东萨大,成立于1992年9月,由塞族共和国国民议会讨论决定成立,是一所公立综合性大学。由于1992年波黑战争爆发,塞尔维亚籍数百名教职员工以及数千名学生被迫离开萨拉热窝大学,于是塞族共和国决定成立东萨拉热窝大学,作为萨拉热窝大学的延续。学校在塞族共和国东部主要城市建立了学院和研究院,在当地开展了一系列教学、科研、文化艺术等活动,这些学院和研究院也成了东萨拉热窝大学的基础和支柱。

东萨拉热窝大学继承了波斯尼亚和黑塞哥维那最早的高等教育机构之一的传统——萨拉热窝神学院,该学院成立于1882年,除神学科目外,还研究世俗科目。

东萨拉热窝大学由17个学院组成,并分布在10个城市,在校生13 000人左右。有56个本科专业、47个硕士专业,8个博士专业。学校大部分课程使用塞尔维亚语，也有一些如英语语言文学、汉语言等哲学系的专业使用英文授课。

东萨拉热窝大学对学校实验室和信息化设备进行现代化建设投入了大量资源，特别是加强对学校 7 个研究中心的建设，推动科学技术的发展和实际应用转化。

学校重视国际化工作，在 2018 年制定了《国际化战略 2018—2023》，大学国际化战略也是学校在《2015—2020 年发展战略》中确立的总体战略方向。该国际化战略的形成是基于学校在 2016—2017 学年年初对主要管理人员和学生进行的一次国际化调查，这也是学校第一次在全校内部进行的国际化各方面的调研。参与调查问卷的包括 895 名本科和硕士高年级全日制学生，大学和各学院的主要管理者 22 人和秘书 15 人。学校对问卷结果进行了 PEST 分析，从政治、经济、社会人口和技术四个方面对学校国际化发展所面临的机会与挑战进行了评估，同时也从学生角度和管理角度两个方面对学校的国际化工作进行了 SWOT 分析，最终形成了五个国际化战略目标和五项基本原则。

东萨拉热窝大学一直积极参与国际化项目和计划，如 IPA 计划，"伊拉斯谟+"（包括前 Tempus 计划）和"地平线 2020"计划，促进了学术交流与发展，也为教师和学生提供了大量交流的机会。东萨拉热窝大学是欧洲大学协会（EUA）、多瑙河校长会议（Danube Rectors' Conference）、阿尔卑斯—亚德里亚校长会议（Alpe-Adria Rectors' Conference）以及波斯尼亚和黑塞哥维那和塞族共和国校长会议（The Rectors' Conferences of Bosnia and Herzegovina and Republic of Srpska）的成员。

该校一直致力于发展与波黑和国外其他大学以及高等教育相关国际组织的合作，通过 CEEPUS 计划、"伊拉斯谟+"计划、塞族共和国教育和文化部的国家项目以及相关组织单位与国外相关高等教育机构的双边合作，为本校学生和教师提供了大量交流的机会。学校目前已与全球高等教育机构签署了 55 个一般合作协议，与相关大学、企业和研究所等签署了 119 个特别合作协议。迄今为止，东萨拉热窝大学已与中国大学签署了超过 13 项双边协议，也是波黑高校中与中国合作最为紧密的高校之一。

2011年，东萨大成立了汉学系，作为首个开设汉学系和中国研究中心的波黑高校，多年来积极开展对华合作，为中波人文交流做出重要贡献。

四、图兹拉大学

图兹拉大学（University of Tuzla）成立于1975年，位于波黑图兹拉市。图兹拉的第一所高等教育机构成立于1958年，当时应波黑矿山开采的需求，成立了高等采矿技术学校。1959年，技术学院成立。1960年，高等采矿技术学校变为矿业学院。同年，高等师范学校成立，并于1970年成为教育学院。1976年，电气工程学院、医学院和布尔奇科经济学院成立，从此，学校走上了多学科领域发展的道路。目前，图兹拉大学设有13个学院。

五、莫斯塔尔大学

莫斯塔尔大学（University of Mostar），位于莫斯塔尔市。莫斯塔尔高等教育的根源与方济会神学院的建立有关，该学院于1895年成立，这也是莫斯塔尔第一所大学水平的高校。1950年，高等师范学校在莫斯塔尔成立。从1959年开始，高等技术学校、高等农业学校、法学院、经济学院相继成立。从1977年到1992年，高等学校和学院在莫斯塔尔的Džemal Bijedić大学内运作，官方语言是克罗地亚语和塞尔维亚语。1992年，学校更名为莫斯塔尔大学，并把克罗地亚语设为官方语言。学校目前设有11个学院，140个专业，在校生12 000人左右，教师约1 000人。

目前学校与全球72所高校和机构签署了合作协议，其中包括中国的西北师范大学。

参考文献

[1] 中华人民共和国外交部. 波斯尼亚和黑塞哥维那国家概况（2022年9月更新）[EB/OL].[2023-01-22].https://www.mfa.gov.cn/web/gjhdq_676201/gj_676203/oz_678770/1206_678988/1206x0_678990/.

[2] 中华人民共和国外交部.中国同波斯尼亚和黑塞哥维那的关系（2022年9月更新）[EB/OL].[2023-01-22].https://www.mfa.gov.cn/web/gjhdq_676201/gj_676203/oz_678770/1206_678988/sbgx_678992/.

[3] Development of Education in BiH in the First Years of the Austrian Occupation[EB/OL].[2023-02-12].http://intelektualno.com/razvoj-obrazovanja-u-bih-u-prvim-godinama-austro-ugarske-okupacije/.

[4] Education in the Kingdom of Yugoslavia[EB/OL].[2023-02-12].https://euroclio.eu/wp-content/uploads/educational_resources/2014%20Once%20Upon%20a%20Time...We%20Lived%20Together/Croatian/7.%20Pismeni%20ili%20poslusni.pdf.

[5] Destination of the Education System in Yugoslavia[EB/OL].[2023-02-12].http://www.turistickiklub.com/sadrzaj/obrazovni-sistem-jugoslavije.

[6] University of Sarajevo.About the University[EB/OL].[2023-02-13].https://www.unsa.ba/en/about-university/organization/history-university.

[7] Cultural Policy in Yugoslavia(UNESCO-1989)[EB/OL].[2023-02-13].https://www.academia.edu/6219764/Kulturna_politika_u_Jugoslaviji_UNESCO_1989_.

[8] Centre for Information and Recognition of Qualifications in Higher Education.Information on Higher Education in Bosnia and Herzegovina[EB/OL].[2023-02-11].http://cip.gov.ba/en/he-system-eng.

［9］The Framework for Higher Education Qualification in Bosnia and Herzegovina［EB/OL］.［2023-02-11］.http://www.hea.gov.ba/Dokumenti/bolonja_bih/?id=434.

［10］Agency for Development of Higher Education and Quality Assurance［EB/OL］.［2023-02-11］.http://www.hea.gov.ba/.

［11］The University Entry in Bosnia and Herzegovina［EB/OL］.［2023-02-11］.https://www.eduinfo.ba/upis-na-fakultete-u-bosni.

［12］Diploma Supplement Model for Bosnia and Herzegovina［EB/OL］.［2023-02-11］.www.hea.gov.ba/Dokumenti/bolonja_bih/?id=440.

［13］Enic-Naric.Bosnia and Herzegovina［EB/OL］.［2023-02-11］.https://www.enic-naric.net/page-Bosnia-and-Herzegovina.

［14］中国教育科学研究院.欧洲国家资格框架：演变、特点与启示（2016年第9期）［EB/OL］.［2023-02-11］.http://www.nies.edu.cn/jyyj/jyyj_tbtj/201610/t20161010_323131.html.

［15］Agency for Statistics of Bosnia and Herzegovina.Education Statistics-Higher Education in the School Year 2017/2018［EB/OL］.［2023-02-11］.https://bhas.gov.ba/data/Publikacije/Saopstenja/2018/EDU_05_2017_Y2_0_BS.pdf.

［16］Agency for Statistics of Bosnia and Herzegovina.Education Statistics-Higher Education in the School Year 2018/2019［EB/OL］.［2023-02-11］.https://bhas.gov.ba/data/Publikacije/Saopstenja/2019/EDU_05_2018_Y2_0_BS.pdf.

［17］Agency for Statistics of Bosnia and Herzegovina.Education Statistics-Higher Education in the School Year 2019/2020［EB/OL］.［2023-02-11］.https://bhas.gov.ba/data/Publikacije/Saopstenja/2020/EDU_05_2019_Y2_1_BS.pdf.

［18］Agency for Statistics of Bosnia and Herzegovina.Education Statistics-Higher Education in the School Year 2020/2021［EB/OL］.［2023-02-11］.https://bhas.gov.ba/data/Publikacije/Saopstenja/2021/

EDU_05_2020_Y2_2_BS.pdf.

［19］Agency for Statistics of Bosnia and Herzegovina.Education Statistics-Higher Education in the School Year 2021/2022［EB/OL］.［2023-02-11］.https://bhas.gov.ba/data/Publikacije/Saopstenja/2022/EDU_05_2021_Y2_2_BS.pdf.

［20］Statistics Agency: In BiH more than 1.1 million employees and 221.000 unemployed［EB/OL］.［2023-02-11］.https://www.balkannews.ba/bih/agencija-za-statistiku-u-bih-vie-od-11-milion-zaposlenih-i-221000-h353.html.

［21］National Erasmus+ Office in Bosnia and Herzegovina［EB/OL］.［2023-02-13］.https://erasmusbih.com/en.

［22］马佳妮,周作宇."一带一路"倡议下中国与中东欧教育合作：挑战与机遇［J］.中国高教研究,2019,316（12）：65-71.

［23］刘进,闫晓敏,哈梦颖,等."一带一路"呼唤怎样的高等教育［J］.重庆高教研究,2018,6（4）：58-68.

［24］刘进,闫晓敏,李兰香,等."一带一路"沿线国家的高等教育现状与发展趋势（二）——基于对波斯尼亚和黑塞哥维那、越南、斯里兰卡高等教育工作者的访谈［J］.世界教育信息,2018,31（6）：24-28.

［25］北京联合大学.由我校旅游学院发起的"16+1"旅游院校联盟在东欧成立［EB/OL］.［2023-01-22］.https://news.buu.edu.cn/art/2017/9/27/art_13583_475318.html.

［26］西北师范大学.西北师范大学国别与区域研究院波黑研究中心成立［EB/OL］.［2023-01-22］.https://wyxy.nwnu.edu.cn/2019/1122/c662a133098/page.htm.

［27］中华人民共和国外交部."中国—中东欧国家合作框架下中波合作的十年"研讨会在波黑举办［EB/OL］.［2023-01-22］.https://www.mfa.gov.cn/web/wjdt_674879/zwbd_674895/202210/t20221001_10776173.shtml.

[28] 刘筱，崔延强."一带一路"沿线中东欧国家留学生教育现状及中国的对接战略[J].高等教育研究，2020，41（10）：101-109.

[29] 毛兴嘉."一带一路"倡议下我国与西巴尔干地区教育合作探析[J].西部学刊，2020，124（19）：117-120.

[30] 高伟，吴应辉.中东欧高校中文教育发展比较及推进策略[J].云南师范大学学报（对外汉语教学与研究版），2022，20（2）：43-49.

[31] 付晨晨.区域国别视域下中东欧五国孔子学院中文教育发展比较研究[D].大连：辽宁师范大学，2022.

[32] 崔秀仲，喇维新，邬雅丽."一带一路"下波黑汉语传播研究[J].湖北成人教育学院学报，2020，26（4）：82-87.

[33] Confucius Institute at University of Banja Luka[EB/OL].（2022-10-01）[2023-02-13].https://www.ki.unibl.org.

[34] 驻波黑大使季平为巴尼亚卢卡大学汉学系首届新生主讲"开学第一课"[EB/OL].[2023-01-22].http://ba.china-embassy.gov.cn/sgxx/sghd/202211/t20221109_10837534.htm.

[35] 驻波黑大使季平在东萨拉热窝大学汉学系成立10周年庆祝大会上的致辞[EB/OL].[2023-01-[22].http://ba.china-embassy.gov.cn/sgxx/sghd/202106/t20210630_9046564.htm.

[36] 驻波黑大使季平访问东萨拉热窝大学[EB/OL].[2023-01-22].http://ba.china-embassy.gov.cn/sgxx/sghd/202209/t20220909_10764184.htm.

[37] University of Banja Luka. About the University[EB/OL].[2023-01-22].https://unibl.org/en/university/about-the-university.

[38] 中国侨网.巴尼亚卢卡大学孔子学院揭牌 系波黑第二所孔子学院[EB/OL].[2023-01-22].https://www.chinaqw.com/hwjy/2018/01-22/176138.shtml.

[39] 中华人民共和国驻波斯尼亚和黑塞哥维那大使馆.波黑巴尼亚卢卡大学孔子学院举行启动仪式[EB/OL].[2023-01-22].http://

ba.china-embassy.gov.cn/sgxx/sghd/201801/t20180124_2419480.htm.

［40］华东政法大学．波黑巴尼亚卢卡大学代表访问我校［EB/OL］．［2023-01-22］.https://xxgk.ecupl.edu.cn/2019/0919/c1350a140845/page.htm.

［41］天津职业技术师范大学．我校与波黑巴尼亚卢卡大学签署合作协议［EB/OL］．［2023-01-22］.https://gjjlc.tute.edu.cn/info/1039/1314.htm.

［42］University of Sarajevo［EB/OL］．［2023-01-22］.https://www.unsa.ba/en.

［43］University of Bania Luka［EB/OL］．［2023-01-22］.https://unibl.org/en/.

［44］University of East Sarajevo［EB/OL］．［2023-01-22］.www.unssa.rs.ba.

［45］University of Tuzla［EB/OL］．［2023-01-22］.https://www.sum.ba/.

［46］University of Mostar［EB/OL］．［2023-01-22］.https://www.sum.ba/en.

第六章 立陶宛

第一节 国家概况

立陶宛，全称立陶宛共和国（The Republic of Lithuania），位于波罗的海东岸，北接拉脱维亚，东连白俄罗斯，南邻波兰，西濒波罗的海和俄罗斯加里宁格勒州，首都为维尔纽斯。2022年10月，立陶宛总人口279.5万，其中立陶宛族占84.2%，波兰族占6.6%，俄罗斯族占5.8%。此外还有白俄罗斯、乌克兰、犹太等民族。官方语言为立陶宛语，多数居民懂俄语。立陶宛现使用的货币为欧元。

1009年史书《奎德林堡编年史》首次提及立陶宛。1240年，立陶宛大公国成立。1385年后，立陶宛与波兰三次联合。1795年后逐步被沙俄吞并。1918年2月，立陶宛宣布独立并建立资产阶级共和国。1939年8月，立陶宛被划入苏联势力范围。1941年苏德战争爆发后，立陶宛被德国占领。1944年苏联军队进入立陶宛，立陶宛苏维埃社会主义共和国成立并加入苏联。1990年3月11日，立陶宛通过恢复独立宣言，宣布脱离苏联独立。1991年9月6日，苏联国务委员会承认立陶宛独立。2004年3月29日，立陶宛加入北约，5月1日成为欧盟成员国。

立陶宛的支柱产业为工业，主要由矿业及采石业、加工制造业以及能源工业三大部门组成。工业门类比较齐全，以食品、木材加工、纺织、化工等为主，机械制造、化工、石油化工、电子工业、金属加工工业等发展迅速。首都维尔纽斯是全国工业中心，全市工业产值占立陶宛工业总产值的三分之二以上。农业以水平较高的畜牧业为主，占农产品产值的 90% 以上。农作物有亚麻、马铃薯、甜菜和各种蔬菜，谷物产量很低。

立陶宛采取 10 年基础教育制度，即初等小学（1~4 年级）、基础中学（5~10 年级）。基础中学毕业后，学生可选择进入高中（2 年）、职业学校（3~4 年）、音乐学院（6 年）或职业教育中心。高中毕业后可进入高校进行为期 4~5 年的本科学习。此外，立陶宛还设立强化高中（通常为私立中学）（4 年）、特殊教育学校（为残疾儿童而设）和青年学校等。截至 2022 年 10 月，立陶宛共有大学 19 所，主要高等院校有：维尔纽斯大学、维尔纽斯师范大学、盖迪米纳斯理工大学、考纳斯维陶塔斯大学、考纳斯理工大学、考纳斯医学院和立陶宛军事学院等。

中国同立陶宛建交后，两国关系总体发展顺利，两国领导人保持交往。2015 年，两国签署了高等教育文凭互认协议。2021 年 11 月，立陶宛批准台湾当局设立所谓"驻立陶宛台湾代表处"，中方宣布与立陶宛双边外交关系降为代办级。

第二节　高等教育发展历程

立陶宛有着悠久的高等教育传统，可追溯到 16 世纪。随着时间推移，该国的高等教育已经从一所旗舰大学的精英体系转变为各类大学和非大学类型高等教育机构的大众体系。本国的政治、经济和社会变化，包括苏联对该国的占领、独立重建、加入博洛尼亚进程和欧盟的欧洲化进程，都对立陶宛的高等教育格局产生了重大影响。受历史背景和地缘政治影响，其高等教育历程主要可以分为三个阶段，分别是起步时期、苏联控制时期和独立时期。

一、起步时期（1569—1940 年）

立陶宛有着悠久的精英高等教育传统。16 世纪，来自西欧的宗教改革和宗教冲突导致宗教倡导者建立了新的学校。其中，耶稣会发挥了主导作用，他们于 1569 年在维尔纽斯建立了一所五级学院。1579 年，波兰国王巴特里和立陶宛大公将这所学校特许为一所大学，即维尔纽斯大学。维尔纽斯大学是欧洲最古老的大学之一。它是立陶宛的第一个高等教育机构，也是立陶宛重要的学术和文化活动中心，在 17 世纪中叶之前，它是整个中东欧最重要的、被广泛认可的教育中心。

在 17 世纪末和 18 世纪初，立陶宛遭到了俄国和瑞典入侵，这两次入侵导致了大学重要性和影响力下降。直到 18 世纪的最后几年，该国才试图重新建立教育机构。动荡的历史政治发展，以及该国农业部门长期占据的主导地位，深刻地影响了立陶宛的高等教育发展。1831—1919年，在俄国沙皇的统治下，维尔纽斯大学关闭了近一个世纪，立陶宛语也被禁止使用。立陶宛在近一个世纪中没有任何高等教育机构。1918 年，立陶宛重新获得独立后，新政府重新开始建立教育体系，该国普通教育、职业教育和高等教育的建立与发展进入了重要时期。新建的专业培训机构促进了本国语言、文化和经济发展。在此期间，立陶宛政府在其临时首都考纳斯开设了一所大学。1922 年 2 月 16 日，该大学正式开学，并被命名为立陶宛大学（之后又分别改名为维陶塔斯—马格纳斯大学和考纳斯大学），以纪念立陶宛独立 4 周年。立陶宛大学发展迅速，其师资来源于世界各地的立陶宛科学家。大学在短时间内完成了几项重要任务：创建科学的立陶宛语术语；出版立陶宛语教科书；以及与国际组织建立关系。直到 1940 年，立陶宛大学是立陶宛最大的高等教育机构，吸引了大量立陶宛科学家，为国家的文化和社会进步做出贡献。

到 1940 年，即立陶宛被苏联吞并时，立陶宛已经拥有 9 所高等教育机构：维尔纽斯大学、维尔纽斯艺术学校、维陶塔斯马格纳斯大学（考纳斯大学）、农业学院、考纳斯音乐学院、商业学院、国家教育学院、兽医学院和考纳斯艺术学院。

二、苏联控制时期（1940—1941年和1944—1990年）

1940年6月，立陶宛被苏联占领。尽管苏联对立陶宛的第一个控制期仅持续了1年（1940—1941年），但正是在这一时期，立陶宛高等教育系统开始根据苏联标准进行正式重组。许多学者被解除职务，抵抗者则被逮捕并送往西伯利亚。随着立陶宛科学院的成立，大学的教学与研究活动被分离至不同的机构。

1941—1943年，立陶宛被德国占领。1944年，苏联再次占领立陶宛，此后的立陶宛的教育系统被纳入了由莫斯科指导的高度集中的苏维埃系统。技术培训取代人文科学成了教育重心，涉及宗教、爱国主义和民主的教育课程都被取消。考纳斯大学的神学系和哲学系被关闭，大量教学和管理人员被替换或解雇；课程受到调整，增设马克思—列宁讲座，加强俄语教学，以适应社会主义制度的需要。"二战"结束后，维陶塔斯马格纳斯大学被关闭，但其医学和技术学院作为独立学院保留了下来。"二战"前存在的许多其他高等教育机构也重新开放，并成立了一些新学院，以满足苏联的工农业建设需求。

20世纪50年代中期，立陶宛的高等教育系统按照苏联模式进行重组，其主要城市的教育机构负责为苏联的工业化经济培养教师、工程师和医生。为快速实现工业化，苏联在高等教育模式的基础上实施洪堡模式（Humboldtian Model），即贯彻专才教育理念，重视职业教育和技能教育。在此模式下，作为教学和研究中心的大学被重新定义为专业培训中心，学术自由和自主权被取消，课程由苏联政府安排。这一时期的立陶宛高等教育的主要目标是开展理工科教育，培养"社会主义人员"。原有的以基督教价值观教育立陶宛公民的传统被根除。

20世纪60年代，立陶宛加速工业化进程，引发了高等教育机构的地域扩张。到1989年苏联时代结束，立陶宛的高等教育体系由1所大学（维尔纽斯大学，由莫斯科中央资助，培养学术和政党精英）、1所音乐学院、5所研究所、4所学院和1所高等党校组成。

苏联控制时期，立陶宛高等教育的自主性明显下降，呈现出思想灌输、专业培训和招生配额制度相结合的特点，以此满足苏联特定的工业发展和人力需求。但因教育免费，高等教育也从精英主义走向了平民化。到1990年，立陶宛的高等教育毛入学率上升至33.25%。

三、独立时期（1990年至今）

1990年，立陶宛宣布脱离苏联独立。但在独立之前，立陶宛已经开始独立于苏联行事。1980年，立陶宛的民主运动开始削弱苏联政府机构的体制基础，这为新的高等教育体系奠定了基础。1989—1990年，立陶宛的高等教育迈出了转型的第一步。在美国、加拿大的立陶宛侨民的支持下，维陶塔斯马格纳斯大学重新成立。该大学被设为一所文科大学，采用美式学位制度，提供英语课程。其他的高等教育机构也陆续重新制定了大学章程。

立陶宛高等教育部门重组的第一个也是最重要的政治步骤是改革高等教育的法律基础。最早颁布的法律包括《立陶宛共和国关于批准维尔纽斯大学地位的法律》（1990年）、《教育框架法》和《高等教育与科学法》（1991年）。这几部法律为高等教育机构的均衡分布和横向细化创造了先决条件。1992年颁布的《研究与高等教育法》（Law on Research and Higher Education）提升了立陶宛高等教育的自主权和学术自由，并促进学术研究和高等教育的融合。2000年通过的《高等教育法》以这些原则为基础，建立了大学—学院高等教育的二元体系。这部法律不仅确定了立陶宛的高等教育制度、学位授予原则、高等教育机构的组织形式和管理机构，还规定了教学人员、研究人员和学生的权利与责任，高等教育机构建立、重组和清算的法律依据，高等教育机构的招生、管理、质量保障与评估制度，以及融资原则。2000年前后，立陶宛第一批私立学院正式获得国家承认。这些学院的建立满足了立陶宛学生对新学位课程（特别是在管理和法律研究领域)的巨大需求。2000 年后，立陶宛的私立高等教育机构开始蓬勃发展。

2004 年，立陶宛加入欧盟，开始实施欧洲的学分转换和学位互认机制，这极大促进了该国高等教育与欧洲其他国家的交流与合作。2000 年前，各院校资金依赖国家预算拨款，但随着欧盟的资助计划以及学费收入的增加，各院校的资金来源呈多样化。2009 年，立陶宛颁布了《高等教育与研究法》(*Law on Higher Education and Research*)，进一步扩大了高等教育机构的自主权，基于机构办学业绩的资助机制和新的学生资助体系显著加剧了高校对研究资金和学生的竞争。2010 年，立陶宛政府实施了一项计划，旨在提高本国高等教育的质量和竞争力。该计划包括加强科研、提高教学质量和招收国际学生等措施。2020 年，立陶宛的高等教育机构开始采取在线教学等措施，高等教育进一步迎来了数字化和国际化发展。

自 1990 年以来，立陶宛的高等教育经历了深刻转型。该国的高等教育系统在横向、纵向分化以及组织间的合作方面发生了重大变化，主要体现为高等教育机构的数量和类型的增长，二元高等教育系统的建立，受高等教育人数比例的大幅增长，研究机构逐渐回流高等院校，高等教育机构和院系重组合并。这种高等教育转型是多种因素和措施相互作用的结果，包括不断迭代的教育法律法规，促进高等教育体系欧洲化的有关政策（例如加入博洛尼亚进程和欧盟），该国高等教育机构之间的竞争加剧，高等教育资助模式的变化，国内人口结构的变化以及加入欧洲高等教育市场后带来的学术流动，国际捐助方（世界银行、北欧部长理事会、索罗斯基金会）的影响以及苏联解体后学术体系的转型等。

经过一系列变革，立陶宛的高等教育机构已成为该国最前沿的研究机构之一，为本国的经济社会发展做出重大贡献。截至 2018 年，立陶宛受过高等教育的青年人群就业率达到 93%，位居经合组织国家首位。

第三节 高等教育概况

立陶宛自 1990 年推行新的国家教育体系，经过一系列教育改革和完善，幼儿教育和高等教育的覆盖面大幅提升，中等教育实现普及，已经形成了包括学前教育、小学、中学、职业中学、高等教育和成人教育等较为完备的教育体制。立陶宛政府的教育管理机构为立陶宛教育、科学与体育部。

一、分类及规模

立陶宛有较为完善的高等教育体制，高等教育机构有两种类型：大学（Universities）和学院（Colleges）。大学主要提供学术教育，包括三种等级的学位课程，即学士学位（Bachelor Degree）、硕士学位（Master Degree）和博士学位（PHD Degree）课程。学院则专注于非学术性教育，只提供专业学士学位（Professional Bachelor's Degree）课程。高等教育机构可以分为两种类型：国立（State Schools）和非国立（Non-state Schools）。非国立高等教育机构依据立陶宛政府颁发的许可证运行。

根据立陶宛官方统计门户网站，截至 2021 年，该国共有 37 所高等教育机构，其中大学 18 所（含 12 所国立和 6 所非国立），学院 19 所（含 12 所国立和 7 所非国立）。相较于 2020 年，减少了 1 所非国立大学和 3 所非国立学院。

立陶宛高等教育的普及度较高，在欧洲地区位居前列。2012—2021 年，在 30~34 岁年龄段的人群中，受高等教育的人数持续增长，2021 年该比例已增至 60.3%。但同时，这 10 年期间，受全国总人口减少和人口流失的不利影响，立陶宛高校的入学人数呈持续下降趋势（见表 6-1），2021 年的就读人数较 2017 年减少 12.2%。

表 6-1　2017—2021 学年立陶宛高等教育机构就读人数

人

学年	2017—2018	2018—2019	2019—2020	2020—2021	2021—2022
大学	82 345	77 321	73 011	71 895	71 566
学院	35 433	33 938	32 931	32 452	31 807
合计	117 778	111 259	105 942	104 347	103 373

数据来源：立陶宛官方统计门户网站（https://osp.stat.gov.lt/lietuvos-svietimas-ir-kultura-2022/svietimas/aukstasis-mokslas）

二、招生机制

立陶宛自 1990 年起实行 10 年义务教育学制，即小学（Primary Education）4 年，初中（Lower Secondary Education）6 年。高中（Upper Secondary Education）为非义务性教育，学制 2 年。

立陶宛的高等教育机构实行申请制入学。对于立陶宛的高中生来说，只有通过高中毕业考试（Matriculation Examinations），类似中国的高考，并且取得高中毕业证书（立陶宛语：Brandos Atestatas，英语：Maturity Certificate）或者同等教育证书才可以继续申请高等教育。高中毕业证书是进入立陶宛高等教育机构的必要条件，它由立陶宛国家教育中心颁发，证明学生已经完成高中教育，并满足进入高等教育的要求。

对于计划申请高等教育机构的立陶宛学生来说，高中阶段的学习及考试至关重要。高中教育结束时，学生需要通过所有必修、选修科目的校级考试，并参加至少两次国家统一考试，才能获得高中毕业证书。该证书列出了学生高中阶段所学的所有课程、考试成绩，以及学生的个人信息。考试成绩可分为三部分：第一部分为高中课程成绩，包括高中阶段所修科目的科目难度级别、校级考试成绩和外语成绩。科目难度级别分为 A 级（拓展水平）和 B 级（普通水平），一般来说 A 级科目的授课时间多于 B 级。校级考试成绩按 1~10 分的标准评分（见表 6-2），外语成绩则是根据"欧洲语言共同参考框架"标准（Common European Framework of Reference for Languages，CEFR）分为 A1、A2、B1、B2 四个等级。学生必须在高中期间学习一定数量的必修课程和选修课程，并参加每门学科的校级考试。这些课程的考试成绩是学生获得高中毕业证书的依据之一。第二部分为国家统一考试成绩。该考试由立陶宛教育、科学与体育部组织，目的是评估学生在高中阶段的学习成果，同时为他们未来的学术和职业发展提供参考。考试科目包括文学、数学、外语、历史或地理等。国家统一考试成绩按百分制标准评分（见表 6-3），学生必须获得特定的分数来证明他们的学术水平。国家统一考试的成绩将与高中课程成绩共同纳入评价考虑，影响学生的总分数。第三部分为其他学科考试成绩。除了必修和选修课程以及国家统一考试之外，学生还可以参加其他学科的考试，如物理、化学、生物、艺术等。这些成绩不是获得成熟度证书的必要条件，但可以为学生提供额外的学术证明和优势。

立陶宛各高校的录取要求由高校自行评估制定，招生专业通常会设置竞争性学科名单、竞争性评分原则、最低入学分数等要求来筛选申请人。大多数高校还设置入学附加要求，如拥有国家考试证书，或需参加入学考试、能力测试和能力面试等。选择用立陶宛语授课的专业还需要通过立陶宛语语言能力测试。通常来说，计划继续申请高等教育的学生在高中阶段会学习更多科目，特别是 A 级科目，总学习时间也更长。大部分考生会参加 3~4 门考试，部分学生甚至可以考 5~6 门（一位考生最多可以考 6 门）。

表 6-2　立陶宛校级考试成绩等级表

分数 / 分	成绩
1~3	不及格
4~10	及格

表 6-3　立陶宛国家统一考试成绩等级表

分数/分	基于CEFR的外语成绩	成绩水平	结果
1~15	—	不及格	不及格
16~35	B1	通过	及格
36~85	B2	一般	及格
86~100	B2	优秀	及格

以申请立陶宛维尔纽斯大学为例，该大学的录取标准包含两部分内容——最低要求和附加分数。最低要求决定了申请人是否具备申请资格。维尔纽斯大学的申请最低要求为通过3门国家统一考试：数学、立陶宛语以及自选考试，且高中阶段所修科目成绩排名前五的科目（不同招生专业会设置不同的科目选择范围）平均分不低于7分。附加分数则由申请人所申请专业的指定科目考试成绩乘以各自系数后相加所得，其高低可以反映该申请人在同批申请群体中的排位次序。例如该校生物化学专业，根据维尔纽斯大学相关网站（见表6-4），该专业的附加分数应不低于5.4分，分别由下表中列出的4门科目成绩乘以对应系数后相加得出。

表 6-4　维尔纽斯大学生物化学专业附加分数系数表

科目	形式	系数
化学	考试	0.4
数学/生物/物理/信息技术	考试/年度A级成绩	0.4
其他不重叠的科目	考试/年度A级成绩	0.4
立陶宛语言和文学	考试	0.2

三、人才培养模式

（一）学制与学分

立陶宛的高等教育课程主要分为学位课程和非学位课程。其学位课程遵照"博洛尼亚进程"模式，按照周期培养。学士学位对应第一周期，通常为4年，符合欧洲资格架构（European Qualifications Framework，EQF）6级；硕士学位对应第二周期，通常为2年，对应EQF 7级；博士学位对应第三周期，通常为4~5年，对应EQF 8级。部分专业还开设联合项目，将第一周期与第二周期相结合，学生在毕业时可直接获得硕士学位，也可以选择读博深造。开设联合项目的学科领域包括医学、牙医学、兽医学、药学、法律、宗教研究、航空工程、海事工程和海事技术等。

立陶宛高等教育的学分依据欧洲学分转化系统（European Credit Transfer System，ECTS）进行评估，全日制学习的平均课程量为每学年60学分。第一周期里，专业学士学位毕业需要获得180~210学分，并需满足一定的额外条件如补修完必修课程或者获得相应的实践经验才可以攻读硕士研究生学位，而学术学士学位毕业需要获得210~240学分。学生必须持有相应研究领域的学士学位，才能进入该领域的硕士课程。第二周期里，学生毕业需要获得90~120学分，并提交原创研究或调查的硕士论文才可获得学位。同样，只有持有所选领域的硕士或同等学位才可申请博士课程。第三周期的学习主要进行独立研究，并需要提交论文。联合项目则需要在第一周期和第二周期获得300~360学分。此外，从2018年开始，短周期学习被引入立陶宛的高等教育体系，其目的是获得立陶宛资格框架的五级资格证书（International Standard Classification of Education 5）。

（二）质量保障

为更好地进行高等教育评估，保证高等教育质量，立陶宛于1995年成立高等教育质量评估中心（Centre for Quality Assessment in Higher Education，SKVC），负责本国教育质量外部评估。质量评估中心主要执行以下四类评估：对建立新的高等教育机构的申请进行评估（事前程序）；对高等教育机构执行例行审查（事后程序）；对高等教育机构的研究领域进行评估（事后程序，包括对研究领域方案的评估）以及对新开设的课程专业进行评估（事前程序）。

质量评估中心依据该国颁布的《高等教育和研究法》规定，在立陶宛教育、科学与体育部的授权下，每7年对本国的高等教育机构的活动进行一次外部评估，高等教育机构可以获得7年或3年的认证期。外部评估的主要目的是协助本国的高等教育机构提升办学质量，评估结果面向社会公开。外部评估或审查的主要环节包括自我评估、实地考察、评估/审查自评报告，后续活动以及对投诉的审查。所有外部评估和审查报告均通过质量评估中心的网站对外公开。此外，按照《高等教育和研究法》的相关规定，立陶宛的高等教育机构也可以选择其他被列入欧洲高等教育质量保障机构注册局（The European Quality Assurance Register for Higher Education，EQAR）的质量保证机构对其研究领域或研究项目进行评估，但研究领域的认证决定只由高等教育质量评估中心出具。

为了保障外部评估的公正性，高等教育质量评估中心专门组建了国际专家团队，成员均从该中心的电子信息系统中的专家目录中选择。专家目录是在听取多方建议基础上进行编制和更新的，这些建议主要来自公共信息和高等教育和研究机构、立陶宛研究委员会、立陶宛科学院、立陶宛学生会、高等教育机构的学生代表和欧洲学生会、专业和创意协会和组织、各部委和其他国家机构或机关、国家机构、工商企业或组织、对专家培训感兴趣的教育机构或其他机构。通常，执行外部评估的专家团队由来自高等教育和研究机构的专家、至少1名社会伙伴代表和1名学生组成。

此外，立陶宛的高等教育机构必须设立学术评估委员会，对本校的学术课程和研究进行监管和评估。同时，机构可以自愿成立质量保障机构，以确保机构内部的教学和研究质量得到有效的监管和改进。该国的高等教育机构还会执行国际性认证与评估，例如欧洲大学协会（European University Association，EUA）和国际学术事务协会（International Association for Educational Assessment，IAEA）等，以确保其教育质量获得国际认可和接受。

四、学生毕业情况

立陶宛人口是欧洲受教育程度最高的人群之一。在过去 10 年中,立陶宛受过高等教育或同等学力的人群占比呈现不断上升的总体趋势。截至 2020 年,在立陶宛 30~34 岁的年龄段人群中,59.6% 的人取得了高等教育学历或同等学力,远超欧盟 2020 年战略规划设定的 40% 目标,是欧盟国家中占比最高的国家之一。然而,立陶宛高等教育的入学人数自 2010 年起逐步减少,毕业人数也相应逐年下滑。

虽然立陶宛高等教育机构大多数专业的入学人数都在减少,就读信息与通信技术、医疗保健专业的人数却有所增加。截至 2020—2021 学年,就读信息与电信技术专业的学生人数较 2014—2015 学年增长了 2.5 倍,选择医疗健康专业的学生也增加了 16.6%。

2020 年,立陶宛高校共培养了 24 800 名毕业生。其中 7 500 名毕业生获得了专业学士学位,9 300 名毕业生获得了学术学士学位,6 500 名毕业生获得了硕士学位,306 名学生获得了博士学位;742 名毕业生在完成非学位课程后,获得了专业资格。其中,医疗健康相关专业的毕业生占 19.5%,工程、制造或建筑专业的毕业生占 17.9%,教育专业的毕业生占 6.1%。

五、学生就业情况

随着高等教育水平的不断提高,立陶宛的劳动力市场条件也不断改善。根据经合组织发布的 2019 年立陶宛教育概况,2018 年,在立陶宛 25~64 岁年龄段的人群中,本科学历的就业率为 90%,硕士学历的就业率为 92%,博士学历为 99%,平均就业率达到 91%。其中,商业、行政管理、法律以及健康和福利行业的就业率为 93%,教育行业的就业率为 91%,工程、制造和建筑行业的就业率为 90%。以上数据均高于欧盟 23 个国家的平均值。

此外，拥有高等教育学历的群体的就业形势显著优于未受过高等教育的群体。2018年，两类群体的就业率差额为16%。同时，高等教育群体通常可获得更高的收入。平均来说，25~64岁中拥有学士学位或同等学力人群的收入比拥有高中学历的高55%，而拥有硕士、博士或同等学力人群相较于高中学历人群，该收入差额甚至扩大至113%。

六、经费

近年来，立陶宛的教育经费整体呈缓慢上涨趋势，但教育经费的增长速度不及国内生产总值（Gross Domestic Product, GDP）的增长速度，因此教育支出占国内生产总值的比例正逐渐缩小。2019年，立陶宛政府教育支出为22.5亿欧元，比2009年的4.398亿欧元增长了五倍，但教育经费占GDP的比例由2009年的6.7%下滑至4.6%。

立陶宛的高等教育经费由政府拨款、私人资金、国际资金三部分组成，其中政府财政拨款是高校教育经费主要来源，占比达55%~60%（见图6-1）。在这三类高等教育经费类别中，立陶宛的大学机构均获得了八成以上的经费（见图6-1、图6-2、图6-3），远远超出学院机构所得。2011—2020年，立陶宛政府用于高等教育的财政拨款从2.9亿欧元增长至3.5亿欧元，但教育经费并非持续正增长，而是波动增长，其中2014—2017年出现较为明显的下滑，这与入学学生数量的减少以及教师工资水平偏低呈一定正相关。在立陶宛，60%的高校学生获得了公共奖学金、助学金和学生贷款等形式的财政支持。

经合组织在其发布的2019年教育概况中指出，立陶宛的高等教育支出水平整体偏低。2016年，立陶宛处于高等教育阶段的学生人均支出为7 700美元，远低于经合组织平均数据15 600美元。

图 6-1　2011—2020 年用于立陶宛高等教育的政府财政拨款 / 亿欧元

图 6-2　2011—2020 年用于立陶宛高等教育的私人资金 / 亿欧元

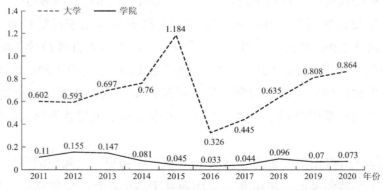

图 6-3　2011—2020 年用于立陶宛高等教育的国际资金 / 亿欧元

数据来源：立陶宛官方统计门户网站（https://osp.stat.gov.lt/en/lietuvos-svietimas-kultura-ir-sportas-2021/aukstasis-mokslas）

第四节 高等教育国际化

高等教育国际化是全球化的必然结果之一。在教育国际化的背景下，立陶宛自1990年起制定了一系列针对性的高等教育国际化政策和方针战略，对内实施高等教育改革，提升立陶宛高等教育在欧洲和全球高等教育体系中的竞争力；对外推动高等教育开放与合作，促进学生、教师和学术人员流动，支持高等教育机构建立伙伴关系，不断提升其高等教育国际化水平。

一、国际化历程

立陶宛重新获得独立后，该国的高等教育体系逐步恢复和发展，高等教育机构重新开放，吸引国际学生和教师，并推广国际合作项目。立陶宛的国际化进程主要分为两方面，一方面是支持国内高等教育的国际化发展，另一方面是加快本国高等教育体系对接国际特别是欧盟地区的高等教育体系。

1991年6月，立陶宛颁布的《教育法》规定，本国教育系统的实体机构有权参与国际教育、国际计划或与外国教育系统实体开展的其他合作。

1999年，立陶宛签署《博洛尼亚宣言》，承诺将高等教育与欧洲其他国家的高等教育联系起来，共同建设一个统一的欧洲高等教育空间。2004年，立陶宛加入欧盟，开始实施欧洲的学分转换和学位互认机制，极大促进了本国高等教育与欧洲高等教育体系的交流与融合。

为提升国内高等教育的国际化水平，增强其竞争力，立陶宛教育与科学部于2006年发布了《促进高等教育中的民族性的全球做法及其在立陶宛的应用指南》，其中提到"在立陶宛高等教育系统中发展国际层面——提高高等教育的质量和竞争力，从而为创建知识型社会做出贡献"。之后，《2008—2010年促进高等教育国际化计划》指出立陶宛高等教育国际化发展的主要目标是提高本国高等教育在欧洲和全球高等教育体系中的竞争力，促进立陶宛高等教育体系与欧洲高等教育发展的总体趋势相一致；促进学生和讲师的国家间交流人数增长，提升交流质量。促进高等教育机构之间的国际合作；为提高教师的能力创造条件；改善立陶宛高等教育的信息传播，提升立陶宛高等教育在欧洲和世界范围内的吸引力。2014年，立陶宛《2013—2016年高等教育国际化促进计划》获得批准。该方案的主要目标是确定高等教育国际化的发展方向，提高高等教育质量、高等教育机构竞争力，支持立陶宛留学产业的发展，支持高等教育与立陶宛移民和海外侨民融合。2015年，立陶宛政府通过《立陶宛高等教育国际化发展战略2020》，旨在提高立陶宛高等教育的国际竞争力和吸引力。该战略包括加强国际合作、扩大国际学生招生和提供多元化的学术课程等措施。

二、国际化内容

（一）管理国际化

在立陶宛，负责组织和协调学术人员流动的当局机构包括教育、科学部与体育部、教育交流支持基金会（Education Exchanges Support Foundation）（属于教育与科学部管辖）、立陶宛研究理事会以及高等教育与研究机构。教育交流支持基金会、立陶宛研究理事会等机构负责执行人员国际流动计划，并向有关国家机关（如教育、科学与体育部）、欧盟委员会或其他协调立陶宛与国外交流计划的机构提交人员流动项目实施年度报告和资金使用年度报告。

（二）国际化流动项目

立陶宛教育交流支持基金会于2007年成立，旨在促进立陶宛教育与国际教育之间的交流与合作。基金会负责统筹管理本国高等教育的国际化项目，支持立陶宛高校师生赴国外学习、教授、交流经验，并接待外国教育者来立陶宛学习或教学，并与世界各地的大学、研究机构和教育组织建立了广泛的合作关系。目前，基金会提供的高校人员流动项目主要包括三类："伊拉斯谟+"计划（Erasmus+）、国家奖学金项目（State Scholarships）以及北欧师生互换计划（Nordplus）。

"伊拉斯谟+"计划主要支持以下三类国际教育活动：以学习为目的的个人跨国流动，致力于促进创新与实践的教育机构合作，以及与第三国青年组织开展的合作。立陶宛国家奖学金计划则面向外国高等教育机构的师生和研究人员开放，资助他们在立陶宛高校进行学习、研究或参加暑期课程。北欧师生互换计划为该国高校师生提供了在北欧其他国家学习、教学和研究的机会。参与者可以选择参加北欧其他国家的课程、项目或研究，并且可以获得一定的经济支持，用于支付旅行和住宿等费用。

这些国际流动项目为立陶宛师生提供可长可短的学习或实习时间，时间跨度可从几周到1年。可选择的境外目的地国家也很多，包括欧盟、北欧以及第三世界国家。师生既可自行申请也可通过其本国高等教育机构申请。

（三）课程体系国际化

课程体系国际化是高校有效提升国际化水平的关键，它既能推动学生的双向流动，又能助力国际化人才培养体系的建设。受立陶宛参与博洛尼亚进程和执行其规定的相关要求，立陶宛高等教育机构逐步加强了国际化课程体系的建设。

一是在高等教育机构的课程体系中设置了大量的外语学习模块。立陶宛几乎所有大学都提供外语学习模块，以英语授课的学习课程就超过500个。这些课程通常由国际教授或双语教授授课，涵盖多个学科领域，如商科、计算机科学、工程、医学和社会科学等。这些英语授课课程旨在提高学生的英语语言能力和跨文化沟通能力，同时帮助他们更好地融入全球化的职业市场。

二是高校教育机构提供联合学习课程。立陶宛高等教育机构与其他国家的高等教育机构开发和提供联合学习课程，如联合学位或者双学位项目，为来自不同国家和文化背景的学生提供在相同的文化和学术环境中共同学习的机会，并吸收了不同国家和高等教育机构的经验。目前在立陶宛正式注册的联合学习项目有9个：国际商务、东欧研究、国际法、比较社会政策和福利、可持续区域卫生系统、波罗的海区域研究、房地产的可持续治理、房地产管理和物理疗法，由7个高等教育机构组织运行。

（四）高校生源国际化

自加入"博洛尼亚进程"之后，立陶宛高等教育的国际学生流动性稳步上升。一方面，赴立陶宛深造的国际学生人数在过去10年增长了近3倍，2020年达到6 100余名，另一方面，立陶宛高校的学生赴外交流人数从1998年的3 600余名增长至2020年的10 000余名（见表6-5）。整体而言，尽管立陶宛高校学生的外向流动人数依然多于内向流动，但过去10年中，这种差距正在逐步缩小。

据联合国教科文组织统计研究所数据中心公布的数据（数据更新至2020年），立陶宛学生的出国留学率为9.8%，其他国家学生赴立留学率为5.9%，呈现出"高输出、低输入"的留学赤字的趋势。近年来，排名前10的立陶宛学生留学目的国分别为：英国、丹麦、波兰、德国、俄罗斯、美国、法国、意大利、瑞典、拉脱维亚，可见其留学生目的国主要为欧洲发达国家，其中赴英留学的学生数量最多，且远超其他国家。在立陶宛学习的留学生主要来自欧洲、亚洲和非洲地区，其中1/5来自欧盟国家，排名前五位的国家分别为德国、瑞典、意大利、法国和芬兰。超过90%的留学生选择就读于立陶宛的大学，其余学生则在该国的学院就读。

表6-5 2011—2020年立陶宛出入境学生流动数据

人

流动方向	2011	2012	2013	2014	2015	2016	2017	2018	2019	2020
内向流动	1 605	1 792	2 452	3 038	3 538	4 113	4 613	5 326	5 992	6 161
外向流动	10 194	12 002	12 029	11 851	11 301	10 701	10 432	10 408	10 469	10 278

数据来源：经济合作与发展组织网站（https://www.oecd-ilibrary.org/education/international-student-mobility/indicator/english_4bcf6fc3-en）；联合国教科文组织网站（http://data.uis.unesco.org/index.aspx?queryid=3807#）

三、留学政策

近年来，立陶宛政府积极推行留学政策，扩大其高等教育机构的外语授课数量特别是英语授课课程数量，提供长短期奖学金支持，推行欧盟地区高校学分互认，不断增强对国外学生的吸引力。

（一）学习课程

根据立陶宛留学（Study in Lithuania）官方网站显示，2023年，立陶宛共有31所高等教育机构招收国际学生学习，学习层次覆盖本、硕、博三个级别，学习形式包括线下学习、线上学习以及线下线上相结合三种形式。这些大学和学院面向海外学生提供500多个学习课程，包括274个本科项目、194个硕士项目、25个博士项目，以及部分暑期学校、联合课程、非学位课程和预科课程，学科领域涵盖经济学、法学、教育学、文学、历史学、理学、工学、农学、医学等。授课语言分为英语和俄语两种，绝大多数课程采用英语教学。

（二）奖学金设置

1. 立陶宛国家奖学金计划

为了吸引更多的学生赴立陶宛深造，立陶宛政府设立国家奖学金项目，用于资助国外高校和研究机构的学生、讲师和研究人员在本国高等教育领域的学习和研究。

2017—2018学年，该计划提供三类奖学金：一是立陶宛语言和文化课程奖学金；二是立陶宛研究短期学习奖学金（1~2个学期）或其他所有专业短期（1~2个学期）学习奖学金；三是全日制硕士学位奖学金。

所有专业领域的国际学生都有资格申请立陶宛国家奖学金计划。获得立陶宛国家奖学金的学生将获得经济资助，用于支付学费、生活费和其他相关费用。此外，他们还有机会参加国际会议、研讨会和学术交流活动，与来自世界各地的学者进行交流和合作，拓展自己的学术视野和人际网络。

2. 校级奖学金

立陶宛大多数高等教育机构为满足特定要求的国外学生提供校级奖学金。例如维陶塔斯-马格纳斯大学向在该校学习全日制英语授课的学士和硕士学位课程的留学生提供奖学金，依据他们的家庭成员身份、来源国家相应减免25%、50%、75%、90%乃至100%的学费。考纳斯理工大学根据不同的学习课程，为成绩优异的国外学生提供全额或部分学费减免。所有通过该大学申请系统提交申请的学生都会自动成为奖学金候选人。

第五节　中立高等教育交流与合作

中国和立陶宛自建交以来，在高等教育领域开展了双向的交流与合作，涵盖人才培养、科研合作、学术交流和人文交流等领域。

一、两国教育合作政策

1992年，中立两国政府根据两国科学技术发展的需要，联合签署了《中华人民共和国政府和立陶宛共和国政府科学技术合作协定》，注重科学技术的合作对两国经济、文化、社会发展的重要促进作用。1993年，中立双方签订《中华人民共和国政府和立陶宛共和国政府文化合作协定》，促进两国友好往来关系，就互派教师、学者和专家访问考察，互相提供奖学金名额；就支持两国高等院校建立校际合作和互换教育代表团等合作达成一致意见。2011年5月，中立两国文化部根据1993年签订的文化合作协定签署《中华人民共和国文化部和立陶宛共和国文化部2012至2016年文化交流计划》，鼓励双方管理组织及文化机构等进行直接合作，调动两国艺术交流的积极性，发掘文化交流与合作的潜力，进一步促进双方相互了解和文化合作。2015年4月，中立双方正式签署《中华人民共和国教育部与立陶宛共和国教育与科学部关于相互承认高等教育文凭的协议》，立陶宛成为第 25 个与中国进行高等教育学历学位互认的"一带一路"国家之一，为今后两国高等院校和学生交流提供了良好机遇。2016 年，中国文化部时任副部长丁伟在访问立陶宛时与立方签署的《中华人民共和国文化部和立陶宛共和国文化部文化合作执行计划》（2017—2021），对下阶段两国的具体合作交流项目进行了规划。

二、中外合作办学

截至 2022 年 12 月，中立两国高校开办 1 项中外合作办学项目，为河南科技大学与立陶宛维尔纽斯格迪米纳斯技术大学合作举办的土木工程专业本科教育项目。该教育项目纳入国家普通高等教育招生计划，于 2021 年开始招生，学制 4 年，每期招生人数为 120 人，项目完成后颁发普通高等教育本科毕业证书和学士学位证书。

三、校际交流与合作

校际交流与合作是中立两国高等教育合作的重要组成部分。近年来，在"一带一路"倡议下和中国—中东欧"16+1"合作机制下，中立双方高校多次开展交流互访，建立了较为广泛的校际合作关系，并在多个高等教育领域展开了实质性合作，促进共同发展与进步。例如在联合办学方面，郑州轻工业大学与立陶宛维尔纽斯格迪米纳斯技术大学在计算器、信息、自动化、金融等学科领域开展了"2+2"项目和"4+2"项目。师生交流方面，北京师范大学、北京理工大学、华中科技大学、中国传媒大学等多所高校与立陶宛高校开展交换生、短期访问、人员培训等合作，部分项目还获得了"伊拉斯谟+"计划的支持。科研合作方面，南京航空航天大学与立陶宛维尔纽斯格迪米纳斯技术大学、维陶塔斯—马格纳斯大学签署了全球战略合作伙伴关系协议和国际合作联合实验室协议，三方依托学科创新基地开展了良好合作。在人文交流方面，两国高校在体育、艺术、文化展览、音乐等领域开展了丰富的交流活动。

四、人文交流

在"一带一路"框架下,中立两国在人文交流领域开展的交流合作卓有成效。2015年,华为公司与维尔纽斯大学、维尔纽斯科技大学、考纳斯科技大学签署"未来种子"项目的合作备忘录,2016年华为立陶宛公司正式启动首个项目,选送一批优秀的在校大学生去中国,了解中国文化,学习先进的信息和通信技术,不仅为当地培养更多技术人才,而且为中立两国青年人交流互鉴搭建了新的平台。2017年9月17日,"一带一路"上海之帆波罗的海经贸人文巡展在立陶宛考纳斯市举行,此次人文巡展有利于为中立双方搭建合作平台,助推两国文化友好关系的发展。

五、研究中心和孔子学院

研究中心和孔子学院的建立是两国教育交流与合作的重要成果之一。1993年,立陶宛成立了维尔纽斯大学东方研究中心,2000年开始授予汉语专业学士学位,该中心是立陶宛最大的亚洲研究机构。2013年,中国驻立陶宛时任大使刘增文出席维尔纽斯大学东方研究中心成立20周年纪念活动,积极评价了该中心在研究东方文化和语言教学中取得的丰硕成果。

立陶宛现有1所孔子学院,即维尔纽斯大学孔子学院。2010年11月26日,由辽宁大学和维尔纽斯大学合作设立的维尔纽斯大学孔子学院正式揭牌。2021年6月,该孔子学院的中方合作院校变更为华东师范大学。维尔纽斯大学孔子学院是立陶宛首家提供汉语教学和文化的教学机构,其主要任务是加强汉学研究,促进中立两国的科学研究、学术交流和传播中国文化。为满足当地学生和群众对中国文化和语言的需求,该孔子学院提供了形式多样的语言和文化课程,开设中国历史、中国文学史、综合汉语、汉语听说、中医药、中国书法和武术养生等课程。维尔纽斯大学孔子学院还与包括当地中、小学和文化机构开展密切合作，共同举办丰富的中国传统文化活动，邀请中国及欧洲其他国家的杰出学者开设公开讲座，让更多的立陶宛民众了解中国文化。

六、中国—立陶宛互换奖学金项目

根据《中华人民共和国政府和立陶宛共和国政府文化合作协定》，中国、立陶宛每年互换奖学金留学人员，前往对方国家学习或研修。互换人员类别包括本科插班生、联合培养硕士研究生、联合培养博士研究生、访问学者和短期研修生，前四类互换人员的留学期限为5~10个月，短期研修生的留学期限为1个月。该奖学金重点资助领域为立陶宛语言文化、波罗的海研究及立陶宛方的优势学科。

中国国家留学基金管理委员会负责受理项目申请，对申请材料进行审核，并统一向立方推荐，录取结果以立陶宛方通知为准。获得资助的人员在留学期间享受立陶宛政府提供的奖学金（学费全免，提供奖学金生活费）。国家留学基金提供资助期限内的奖学金补贴（100~250美元/月）及一次往返国际旅费。

第六节 代表性大学

一、维尔纽斯大学

维尔纽斯大学（Vilnius University）成立于1579年，位于立陶宛首都维尔纽斯，是立陶宛的最高学府、波罗的海三国最古老的大学，同时也是中东欧最古老和最著名的研究型大学之一。维尔纽斯大学是科英布拉集团、ARQUS联盟、国际大学协会、欧洲大学协会、波罗的海大学校长会议的网络成员。学校设置了15个教研单位，分别为语言学院、历史学院、商学院、经济和工商管理学院、物理学院、化学和地理科学院、数学和信息学院、医学院、传媒学院、哲学院、法学院、考纳斯学院、生命科学中心、国际关系和政治科学研究所和希奥利艾学院。

1579年,维尔纽斯大学在立陶宛大公的旨意下成立,它是当时东欧地区享有盛誉的最高学府。维尔纽斯大学起初设有哲学系和神学系。1641年,又增加了法学系,下设民法和教会法两个教研室。17世纪中叶,因天主教徒反改革运动以及瑞典和俄国军队对立陶宛的攻占,维尔纽斯大学曾一度衰落。到18世纪下半叶,启蒙主义和重农学派思想在立陶宛传播开来。维尔纽斯大学继而修改教学大纲,新增了天文学、矿物学、植物学、动物学课程,将物理学和哲学分开教学,并开始派遣留学生到国外深造。1832年,俄国在镇压了波兰—立陶宛起义后,沙皇尼古拉一世下令关闭了维尔纽斯大学,至此旧维尔纽斯大学时代结束。1919年,立陶宛共和国独立,大学重建后成为一所波兰语高等教育机构。1940年到1943年,维尔纽斯回归立陶宛,成为立陶宛首都,大学重命名为维尔纽斯大学。1944年到1955年,大学又改名为维尔纽斯国立大学。1955年至1990年,大学再次被改名为维尔纽斯卡普苏斯大学,直至1990年后改回维尔纽斯大学。

维尔纽斯大学吸引了立陶宛最优秀、最有才华的学生就读。在2023年QS世界大学排名中,维尔纽斯大学位列第400名,其教育学和物理学位列301~350名,化学工程和医学均位列351~400名,生物科学位列401~450名,商业管理位列501~550名。

维尔纽斯大学重视国际化办学水平的提升。该大学与全球45个国家的220多所高校签署了双边合作协议,加入了一系列的高校组织和联盟,并广泛参与欧盟"伊拉斯谟+"计划、北欧师生互换计划、"地平线2020"计划(HORIZON 2020)、欧洲科技合作计划(COST)等。根据"伊拉斯谟+"计划,该大学与430所欧洲大学签订了800多项协议,与合作国家大学签订了55项学术交流协议。维尔纽斯大学与中国多所高校在学生交换、师资互派、合作科研等领域开展了良好的合作,合作院校包括南京航空航天大学、北京外国语大学、暨南大学、贵州大学、深圳大学、北京第二外国语学院、河北外国语大学、浙江工商大学、长安大学、亳州学院。此外，维尔纽斯大学与辽宁大学合作设立了立陶宛唯一的一所孔子学院维尔纽斯大学孔子学院，目前，该孔子学院的中方合作院校已变更为华东师范大学。

二、维尔纽斯格迪米纳斯技术大学

维尔纽斯格迪米纳斯技术大学（Vilnius Gediminas Technical University, Vilnius TECH）成立于1956年，是位于首都维尔纽斯的一所公立大学。该大学是立陶宛最大的研究型大学之一，专注于技术和工程领域，并强调校企合作。

该大学由10个学院组成：安塔纳斯古斯塔提斯航空学院、建筑学院、工商管理学院、土木工程学院、创新工业学院、电气工程学院、环境工程学院、基础科学院、机械学院和运输工程学院，并设有13个研究所、3个研究中心、22个研究实验室。该大学开设本科、硕士、博士三个周期的专业课程，70%的专业课程属于工程、信息和技术领域，超过50%的专业课程为跨学科课程，30%的专业用英语授课（英语学习模块总数超过500个），为其国际学术交流活动搭建了坚实的平台。

在2023年QS世界大学排名中，维尔纽斯格迪米纳斯技术大学排名为701~750。其建筑学位列151~200名，土木和结构工程学位列201~220名，经济学和计量经济学位列251~300名，商业管理位列351~400名，机械、航空和制造工程位列401~450名。

维尔纽斯格迪米纳斯技术大学拥有广泛的国际交流合作网络，包括500多家商业合作伙伴以及60多个国家450多所合作的高等教育和研究机构。该大学通过"伊拉斯谟+"计划与欧洲3 050多个高校和机构建立合作，与31个国家的80多所高校签署了双边合作协议，并参与了25个国际联盟和组织。

近年来，维尔纽斯格迪米纳斯技术大学与我国南京航空航天大学、河南科技大学、河南理工大学、河南轻工业大学等高校在联合培养、交换生等领域开展了合作。河南科技大学与立陶宛维尔纽斯格迪米纳斯技术大学于 2021 年合作举办土木工程专业本科教育项目，学制 4 年，纳入国家普通高等教育招生计划，每期招生人数 120 人。

三、考纳斯理工大学

考纳斯理工大学成立于 1922 年，是立陶宛一所公立的理工大学，位于立陶宛中部的工业城市考纳斯。该大学的使命是提供国际水平的研究性学习，开发和转让知识和创新技术，以促进可持续发展和创新发展，并创造一个开放的创造性环境以激励人才和领导者。自 1992 年以来，该校毕业生超过 14.4 万名。

考纳斯理工大学下设 9 个学院，化学工程学院、经济与商学院、电气与电子工程学院、信息学院、数学与自然科学院、机械工程与设计学院、社会科学艺术与人文学院、土木工程与建筑学院和帕内夫工程与商学院。学校开设有 148 个本科专业，54 个硕士专业，19 个博士专业，其中 59 个专业采用英文授课。在 2023 年 QS 世界大学排名中，考纳斯理工大学位列 801~1 000 名，在立陶宛位列第 3。

考纳斯理工大学与 50 个国家的 350 多所大学建立合作关系，合作院校大多来自欧盟国家。该大学主要通过签署合作协议促进师生流动和学术交流，并借助"伊拉斯谟+"计划推进国际交流与合作。其在中国的合作院校包括北京大学、北京理工大学、香港城市大学、华东理工大学、湖北大学、上海理工大学、上海大学、深圳大学、浙江师范大学、浙江科技学院等。

四、维陶塔斯—马格纳斯大学

维陶塔斯—马格纳斯大学（Vytautas Magnus University，VDU）是立陶宛的一所公立大学，位于第二大城市考纳斯。该大学是一所侧重人文社科、注重本科博雅教育的文理学院，以立陶宛语和英语为教学和行政语言。创办之初，该大学被称为"立陶宛大学"。1930 年更为现名，以纪念以 15 世纪领导立陶宛历史上最大的领土扩张而闻名的民族英雄维陶塔斯大帝（Vytautas Didysis）去世 500 周年。

维陶塔斯—马格纳斯大学下设 15 个学术部门，分别为音乐学院、天主教神学院、外语学院、创新研究所、经济与管理学院、自然科学院、信息学院、文学院、人文学院、政治科学与外交学院、社会科学学院、法学院、农业科学院、教育学院和植物园。2023 年 QS 世界大学排名中，考纳斯理工大学位列 801~1 000 名，在立陶宛位列第四。

维陶塔斯—马格纳斯大学与全球许多大学和科学家开展科研合作、师生交流和人才培养等项目，并与外国合作院校设立 2 个双学位项目和 2 个联合学位计划。学校提供 25 个英语学位课程，包括 9 个学士学位和 16 个硕士学位，开设 500 多门英语课程。每年，大学接待 500 多名国外新生入学，派出约 250 名该校学生和 150 名员工参与伊拉斯谟＋交流计划。

维陶塔斯—马格纳斯大学与中国 16 所高校建立了校际合作关系，包括北京师范大学、南京航空航天大学、湖南大学、北京外国语大学、暨南大学、河北外国语大学等。其中，河北外国语学院与立陶宛维陶塔斯—马格纳斯大学开展外语语言学本科双学位及专升本项目。学生前两年在河北外国语大学学习课程与国外课程对接，英语成绩达到维陶塔斯—马格纳斯大学入学要求后，可到该校继续学习，达到学士学位授予条件者颁发该校学士学位证书。

五、米科拉斯—罗梅里斯大学

米科拉斯—罗梅里斯大学（Mykolas Romeris University，MRU）成立于 1991 年，位于立陶宛首都维尔纽斯，是一所公立大学。该校名字来源于立陶宛宪法学宗师米科拉斯—罗梅里斯教授。作为立陶宛最大的社会科学专业大学，米科拉斯—罗梅里斯大学在法律、公共安全和公共管理研究领域的实力最为突出。

米科拉斯—罗梅里斯大学下设 4 个学院，法学院、公共安全学院（位于考纳斯）、人类和社会研究学院和公共管理和商业学院，约 7 500 名学生和审计人员就读。该大学设有 21 个英语授课项目，包括 10 个本科项目和 17 个研究生项目。社会科学研究课程在学校的研究课程中居于主导地位。2023 年 QS 世界大学排名中，米科拉斯—罗梅里斯大学排名为 1 001~1 200 名。

米科拉斯—罗梅里斯大学的合作院校多数来自亚洲韩国、日本、中国和印度等国。2013 年，该校成立亚洲中心（Asian Center），旨在推进与中国、印度、印度尼西亚、日本、韩国和其他亚洲国家合作。其在中国的合作院校有北京师范大学、华中科技大学、北京外国语大学、广东外国语大学，合作领域涉及科研合作、国际会议、交换生项目等。

参考文献

［1］中华人民共和国外交部. 立陶宛国家概况（2022 年 10 月更新）［EB/OL］. https://www.mfa.gov.cn/web/gjhdq_676201/gj_676203/oz_678770/1206_679354/1206x0_679356/.

［2］Jūratė A. Šakalys. Higher Education in Lithuania: An Historical Analysis［J］. Lithuanian Quarterly Journal of Arts and Sciences，1985，31（4）.

［3］Liudvika Leišyte. Lithuanian Higher Education: Between Path Dependence and Change［EB/OL］.［2018-04-25］. https://link.springer.com/chapter/10.1007/978-3-319-52980-6_11.

［4］Law on Higher Education and Research Republic of Lithuania［EB/OL］.［2023-02-13］. https://e-seimas.lrs.lt/portal/legalAct/lt/TAD/TAIS.3667172.

［5］Ministry of Education, Science and Sport［EB/OL］.［2023-02-13］. https://smsm.lrv.lt/en/.

［6］Lithuania: Brandos Atestatas（Maturity Certificate）［EB/OL］.［2023-

02-14]. https://qips.ucas.com/qip/lithuania-brandos-atestatas-maturity-certificate.

[7] Centre for Quality Assessment in Higher Education[EB/OL].[2023-02-12]. https://www.skvc.lt/default/en/quality-assurance/about-quality-assurance.

[8] Official Statistics Portal[EB/OL].[2023-02-14]. https://osp.stat.gov.lt/lietuvos-svietimas-kultura-ir-sportas-2021/aukstasis-mokslas.

[9] Education at a Glance 2019. OECD iLibrary[EB/OL].[2023-02-12]. https://www.oecd-ilibrary.org/education/education-at-a-glance-2019_f8d7880d-en.

[10] Tatiana Bulajeva. Internationalisation Policy Challenges to Lithuanian Higher Education Competition vs. Cooperation[J]. Acta Paedagogica Vilnensia,2013,30:104-113.

[11] Higher education in Lithuania[EB/OL].[2022-10-17]. https://eurydice.eacea.ec.europa.eu/national-education-systems/lithuania/higher-education.

[12] Education Exchanges Support Foundation[EB/OL].[2023-02-14]. https://www.smpf.lt/en/.

[13] Study in Lithuania[EB/OL].[2023-02-15]. https://studyin.lt.

[14] Vytautas Magnus University[EB/OL].[2023-02-17]. Scholarships. https://www.vdu.lt/en/studies/scholarships/.

[15] 中华人民共和国国务院新闻办公室.中国立陶宛两国文化部签署文化交流计划[EB/OL].[2023-02-14]. http://www.scio.gov.cn/hzjl/zxbd/wz/Document/909788/909788.htm.

[16] 刘进,林松月."一带一路"沿线国家的高等教育现状与发展趋势研究(十五)——以立陶宛为例[J].世界教育信息,2018,31(20):30-34.

[17] 维尔纽斯大学孔子学院[EB/OL].[2023-02-17]. https://www.konfucijus.vu.lt/cn/.

［18］教育部中外合作办学监管工作信息平台.河南科技大学与立陶宛维尔纽斯格迪米纳斯技术大学合作举办土木工程专业本科教育项目［EB/OL］.［2023-02-17］.https://www.crs.jsj.edu.cn/aproval/detail/2905.
［19］立陶宛互换奖学金项目介绍［EB/OL］.［2023-02-17］.https://international.xpu.edu.cn/LTW.pdf.

第七章 斯洛伐克

第一节 国家概况

斯洛伐克，全称斯洛伐克共和国（The Slovak Republic），是欧洲中部的内陆国，首都为布拉迪斯拉发。东邻乌克兰，南接匈牙利，西连捷克、奥地利，北毗波兰，国土面积4.9万平方千米。全国分为8个州，下设140个市、2 890个村镇。2022年10月，全国总人口546万人。主要民族为斯洛伐克族，约占81.2%，匈牙利族约占8.4%，罗姆族（吉卜赛人）约占2%，其余为捷克族、卢塞尼亚族、乌克兰族、德意志族、波兰族、俄罗斯族等。官方语言为斯洛伐克语。居民大多（约62%）信奉罗马天主教。斯洛伐克使用的货币为欧元。

5—6世纪，西斯拉夫人在此定居。830年后成为大摩拉维亚帝国的一部分。906年帝国灭亡后，沦于匈牙利人统治之下，后为奥匈帝国的一部分。1918年奥匈帝国解体，10月28日成立独立的捷克斯洛伐克共和国。1939年3月，被纳粹德国占领，后建立傀儡的斯洛伐克国。1945年5月9日，捷克斯洛伐克在苏军帮助下获得解放。1948年2月，捷克斯洛伐克共产党执政。1960年改国名为捷克斯洛伐克社会主义共和国。1989年11月，捷克斯洛伐克政权更迭，改行多党议会民主和多元化政治体制。1990年3月，改国名为捷克斯洛伐克联邦共和国，同年 4 月，再次更改国名为捷克和斯洛伐克联邦共和国。1992 年 12 月 31 日，捷克和斯洛伐克联邦共和国解体。自 1993 年 1 月 1 日起，斯洛伐克共和国成为独立主权国家。2004 年 3 月 29 日加入北约，2004 年 5 月 1 日加入欧盟。2007 年 12 月 21 日成为申根公约会员国。2009 年 1 月起加入欧元区。

斯洛伐克早年为农业区，基本无工业。捷克斯洛伐克共产党执政期间在斯洛伐克逐步建立了钢铁、石化、机械、食品加工及军事工业，缩小了同捷克在经济上的差距。1989 年剧变后，斯根据联邦政府提出的"休克疗法"开始进行经济改革，导致经济大衰退。1993 年 1 月斯洛伐克独立后，推行市场经济，加强宏观调控，调整产业结构。近年来，斯洛伐克政府不断加强法制建设，改善企业经营环境，大力吸引外资，逐渐形成以汽车、电子产业为支柱，出口为导向的外向型市场经济。2009 年受国际金融危机影响经济下滑，2010 年、2011 年实现恢复性增长，2012 年增速有所放缓。2013—2019 年，斯洛伐克经济稳步增长。2020 年，受新冠疫情影响，该国 GDP 为 921 亿欧元，同比下降 5.2%。

中国同原捷克斯洛伐克于 1949 年 10 月 6 日建交。1993 年 1 月 1 日，斯洛伐克共和国成为独立主权国家，中国即予以承认并与之建立大使级外交关系。双方商定，中国同捷斯联邦签署的条约和协定对斯继续有效，并继续沿用 1949 年 10 月 6 日为两国建交日期。近年来，两国关系发展顺利，各级别人员往来增多，合作领域不断扩大，双方签订了多个经贸、文化、教育层面的合作协议。两国于 1993 年起互派留学生。自 1994 年以来，两国教育部门多次签署双边教育合作计划。2007 年，斯洛伐克第一所孔子学院布拉迪斯拉发孔子学院成立。2016 年 9 月，班斯卡·比斯特里察市科瓦奇中学开设斯中双语实验班。2017 年 10 月，天津大学与斯洛伐克技术大学牵头成立中国—中欧国家科技创新大学联盟。2019 年 11 月，双方签署《中华人民共和国政府与斯洛伐克共和国政府关于相互承认高等教育学历学位的协议》。

第二节　高等教育发展历程

斯洛伐克的高等教育起源于中世纪晚期,至今已有600多年的历史。其高等教育在不同时期和地区经历了兴衰,直至1993年,斯洛伐克才建立了自己的现代高等教育系统。该国高等教育在发展历程中受政治和宗教动荡、外来文化、经济状况和社会需求因素影响,在各阶段都呈现不同的发展特点。按照历史发展时间,其发展历程可分为早期发展时期、捷克斯洛伐克时期和民主化时期三个阶段。

（一）早期发展时期（15世纪至1918年）

斯洛伐克的高等教育起源于15世纪,即中世纪晚期。在中世纪和文艺复兴时期,教会和宗教机构在欧洲社会中的地位十分重要,承担了许多教育和科学的任务,宗教教育也成为高等教育的重要组成部分。在斯洛伐克早期的高等教育中,宗教教育同样占据重要位置且比重较高。在当时的斯洛伐克,大学作为颇具影响力和威望的知识和文化中心之一,必须获得匈牙利国王（当时斯洛伐克是匈牙利的一部分）的皇家宪章才可运行,以便与任何其他学院区分。

1465年,斯洛伐克境内的第一所大学伊斯特罗波利塔纳大学（Akademia Istropolanta）在布拉迪斯拉发成立。它由天主教会的领袖教皇保罗二世应马蒂亚斯·科维努斯国王的要求建立,旨在提供天主教教育和人文学科的课程。该大学设有四个院系:神学院、法学院、医学院和哲学系。

1526年,斯洛伐克随匈牙利归奥地利君主管辖。在奥地利哈布斯堡王朝统治时期,即16—19世纪,斯洛伐克大部分地区仍然由天主教会掌控,因此宗教教育仍然占高等教育的主导地位。同时,斯洛伐克开始建立现代高等教育机构,很多大学最初是神学院,逐渐发展为综合性大学。1635年,特尔纳瓦大学（University of Trnava）由红衣主教彼得·帕茨玛尼（Peter Pázmámy）于1635年建立。大学位于现在斯洛伐克的特尔纳瓦州，并下设四个院系：神学系、法学系、艺术系和医学系。1657年，卡所大学（Universitas Cassoviensis）在科希策成立，它是欧洲最东部的一所大学，设有哲学和神学系，由耶稣会士管理，后来逐渐发展为涵盖哲学、法律、医学等学科的综合性大学。1763年，新的启蒙时代推动了班斯卡·拜斯特里卡矿业学院（Mining Academy in Banská Bystrica）的诞生，这是欧洲第一所以技术为导向的大学，因高质量的教育和科学研究而闻名于世。同年，哈布斯堡王朝女性统治者玛丽亚·特蕾莎（Maria Theresa）在塞内克（Senec）创立了经济学院（Collegium Oeconomicum），该学院旨在教育和培养未来领导人，教学科目主要包括经济学、会计、地理测量学、制图等。

第一次世界大战期间，斯洛伐克地区受到了严重的破坏和动荡。许多高等教育机构被迫关闭或受到严重影响，学生和教师也被动员参加战争，教育事业受到了严重破坏。直到第一次世界大战后，高等教育才在斯洛伐克重新兴起。

（二）捷克斯洛伐克时期（1918—1989年）

第一次世界大战后，奥匈帝国瓦解。1918年，斯洛伐克宣布成为捷克斯洛伐克共和国的一部分。捷克斯洛伐克在其存在的时间内，经历了政治、经济和社会变革，这对斯洛伐克高等教育的发展产生了深远的影响。

在捷克斯洛伐克成立的早期阶段，斯洛伐克与其他捷克斯洛伐克地区共享教育资源，斯洛伐克的学生可以在捷克斯洛伐克的大学和学院接受教育。这一时期，斯洛伐克的高等教育系统主要由1919年成立的考门斯基大学和1937年成立的斯洛伐克技术大学组成。高等教育机构的教学语言主要是斯洛伐克语和捷克语。但受制于历史和政治环境的不稳定性，高等教育仍然处于发展初期，高等教育资源较少，教育机构规模小。

"二战"结束后，捷克斯洛伐克共产党开始全面执政，高等教育逐步转向社会主义教育模式。在这一时期，斯洛伐克的高等教育重点发展科学和工程学科，以满足国家工业化和现代化的需求。高等教育管理机构逐渐集中化，教育资源也开始向重点学科倾斜。斯洛伐克还开始实行大规模的职业技术教育计划，以培养更多的技术工人和工程师。这个时期，斯洛伐克的高等教育普及率依然得到显著提升，政府为提高本国妇女的教育地位作出巨大努力。自20世纪60年代中期以来，斯洛伐克的女性占大学入学人数的40%。1970—1980年，完成高等教育课程的女性人数增加了93%（男性增加了48%）。

在这一时期，斯洛伐克先后成立了布拉迪斯拉发医学院、斯洛伐克技术大学、布拉迪斯拉发经济大学等高等教育机构。但高等教育呈现资源有限，专业设置相对单一，政治色彩浓厚，学生和教师缺乏学术自由和独立性等特点。

（三）民主化时期（1989年至今）

1989年"天鹅绒革命"后，捷克斯洛伐克开始向市场经济和民主政治转型，高等教育领域改革随之进行。1990年，捷克共和国与斯洛伐克共和国政府通过了《高等教育法》。该法律将高等教育系统发展的量化参数指标确定为各类所有制高等教育机构数量的增加；取消了国家对高等教育的集中管理；给予了高等教育机构开展教学和科学研究的自由等。

1993年，斯洛伐克成为独立国家。独立初期，其高等教育系统的发展呈现出矛盾性，既有向欧洲一体化进程靠拢的趋势，又因受到专制民族主义倾向的影响，高等教育发展目标在开放性（欧洲化、国际化）和封闭性（民族化）之间徘徊。在这之后的一段时间内，高等教育系统没有进行系统性变革，但是机构数量开始大幅增加，在布拉迪斯拉发、科希策、班斯卡—比斯特里察等城市成立了数十所高校。

1996年，教育部制定了《大学战略计划》（Strategic Plan for Universities），该计划可被视为本国高等教育系统的权力下放和区域化发展战略。根据该计划，在行政区域改革之后，高等教育机构必须在全国八个行政中心运作。1997年,《私立高等教育机构法》允许私立高等教育机构在斯洛伐克设立和运营。次年,政府宣布有必要对本国高等教育系统进行深入改革,教育发展被列为优先事项,政府将采取措施保障教育的长期发展。

1999年6月,斯洛伐克签署《博洛尼亚宣言》,正式加入欧洲高等教育区。次年,政府在《21世纪斯洛伐克高等教育发展概念》中制定了《博洛尼亚宣言》实施战略。2002年,政府在《计划宣言》中阐述了本国当时的高等教育现状,概述了教育改革的指导方针和机制,确认有必要使斯洛伐克的高等教育体系与博洛尼亚进程、欧洲一体化和国际化的发展目标相匹配。同年,斯洛伐克通过了新《高等教育法》。这部法律回答了一系列有关斯洛伐克高等教育法律体系与社会变革之间的问题,明确了高等教育机构的地位、资金与管理、学位层次和专业、认证、教师与学生的地位、社会支持等。该法律引入了财务多样化制度,即高等教育机构可通过多种渠道筹集资金,大大加强了其财政自主权。它还将高等教育系统类型划分为公立、州立和私立三种,并规定了外国高等教育机构在斯洛伐克境内的活动机制。

2004年,斯洛伐克加入了欧盟,进一步推动了国家高等教育系统的改革。之后,斯洛伐克引入了欧洲学分转换系统。自2005年9月起,该国的高等教育开始根据博洛尼亚进程实施3年制学士和2年制硕士的教育课程。2014年,斯洛伐克颁布《2020高等教育发展战略》,提出面向未来的高等教育发展目标和方向,包括扩大高等教育机会、提高教学质量和学术水平、促进国际合作和交流、推动创新和创业等。2020年颁发的《2030高等教育战略》中,再次谋划未来10年斯洛伐克高等教育发展的愿景和目标,包括加强数字化教育、推动创新和创业、加强国际合作和交流等。

民主化时期,斯洛伐克的高等教育的发展呈现出规范化、多元化、全面化和国际化的特点。在高等教育领域建立了较为完善的管理体系和机制,高等教育机构数量和类型更加丰富,实现了从单一的学科专业向多学科、综合性、跨学科方向发展,国际影响力和吸引力明显提升,为斯洛伐克高等教育的快速发展奠定了坚实的基础。

第三节　高等教育概况

斯洛伐克的教育体系分为四个层次：学前教育、基础教育、中等教育和高等教育。学前教育面向 2~6 岁的儿童。基础教育面向 6~15 岁的少年儿童，分为两个阶段，1~4 年级为第一阶段，5~9 年级为第二阶段。中等教育学校包括普通中学和职业中学两类。普通中学分为 4 年制和 8 年制两种类型，主要提供一般教育和学术准备课程；职业中学则提供与特定职业有关的实用技能课程。普通中学和职业中学的毕业生可以选择进入职业高中或是继续升入高等教育。斯洛伐克共和国教育科学研究体育部（Ministry of Education, Science, Research and Sport of the Slovak Republic）负责领导本国的高等教育事务，管理和监督高等教育机构，指导和促进高等教育发展，协调国家高等教育政策。

一、分类及规模

斯洛伐克的高等教育机构按照组织形式可分为三种类型：公立（Public）、州立（State）和私立（Private），按照机构的活动性质和活动范围又可分为大学（Universities）和职业高等院校（Professional Higher Education Institutions）两种类型。

（一）公立、州立和私立高等教育机构

1. 公立高等教育机构

公立高等教育机构是依据斯洛伐克《高等教育法》建立的独立机构，拥有自主权和自治权，由自治机构根据高等教育机构的内部规则进行管理。学术自治主体是学术参议院、校长、科学委员会、纪律委员会，上述主体决定了机构内部的组织架构、活动管理。

2. 州立高等教育机构

州立高等教育机构包括警察、军事和卫生学校三类，由斯洛伐克政府部门设立，并通过政府有关部委进行管理。具体来说，警察高校、军事高校和医学机构分别由内政部、国防部和卫生部建立和监督，这些部委还负责制定高校学习类型、财政管理、学生人数与雇员管理等。

3. 私立高等教育机构

私立高等教育机构由经过斯洛伐克政府批准并在该国注册的法人实体设立，最高管理和决策机构是其管理委员会。该类机构的管理委员会范围由私立高等教育机构的章程规定。大多数私立高等教育机构提供经济、商业、管理、公共行政、法律、国际关系、区域发展、医疗和社会工作等领域的课程学习。

除以上三种高等教育机构，斯洛伐克还设有外国高等教育机构。这类机构根据斯洛伐克教育科学研究体育部的授权，按照其本国的法律规定在斯洛伐克提供高等教育。其学生的权利和义务不受斯洛伐克《高等教育法》约束，而受该机构母国的立法约束。学生所获得的教育证书等同于与斯洛伐克共和国颁发的证书（高等教育文凭、国家考试证书、补充文凭）。

（二）大学与高等专业学校

1. 大学

大学是斯洛伐克最高的学术机构，通常由一系列学院和研究所组成，涵盖的学科领域广泛，如人文科学、社会科学、自然科学、技术科学、医学等。大学可授予学士、硕士和博士三种学位。

2. 职业高等院校

职业高等院校更注重为学生提供特定职业所需的实践技能和知识，入学要求可能更加严格，例如需要学生有一定的工作经验或通过特定的职业能力测试。其教育体系的课程通常持续两年。该类型院校只可授予学士学位。

（三）规模

截至 2023 年 1 月，斯洛伐克共有 20 所公立高等教育机构、3 所州立高等教育机构和 11 所私立大学或学院以及 6 所外国高等教育机构。其中公立高校包括 9 所传统高校、5 所技术大学、3 所艺术与音乐高等教育机构、1 所经济大学、1 所兽医学与药学大学以及 1 所农业大学。州立高等教育机构包括军事、警察和医疗学校。

二、招生机制

要想进入高等教育机构学习，斯洛伐克学生必须首先完成高中阶段的课程学习，通过高中毕业考试（斯洛伐克语：Maturitná Skúška）并获得高中文凭。根据斯洛伐克国家教育学院制定的《学校毕业考试目标要求目录》，高中毕业考试分为外部考试和内部考试。

外部考试是在全国范围内开展的标准化笔试，通常于每年 3 月举行。考试由斯洛伐克国家认证教育衡量研究所（National Institute for Certified Educational Measurements）组织，该研究所是斯洛伐克共和国教育科学研究体育部的直属机构。考试题型多为选择题和简短问答题。目前只有斯洛伐克语言和文学、外语、小语种（匈牙利语言和文学、乌克兰语言和文学）和数学科目设有外部考试。

内部考试由学校自行组织测评，它分为内部笔试和内部口试，考试范围涉及学生高中阶段所有学习科目。内部笔试为语言写作，作文题目由国家认证教育衡量研究所制定。学生根据题目要求用母语或外语进行写作，以展示其语言表达能力、逻辑思维和文化素养。作文水平可以反映学生的语言能力水平（以欧洲语言共同参考框架为参考标准）。内部口试科目包括学生中学阶段所学的所有科目。试题由学校与地区学校当局合作提供，考试形式包括口试、实践考试、任务演示、专业论文或项目答辩、竞赛作品、实验实施及答辩等。

学生所需参加的高中毕业考试科目取决于他们就读的中学类型，例如在普通学校，以斯洛伐克语为授课语言的学生必须参加斯洛伐克语言和文学考试，和外语考试（欧洲语言共同参考框架 B 级）；以小语种授课的学生必须参加小语种语言和文学、斯洛伐克语言和文学、外语考试（欧洲语言共同参考框架 B 级）和一门选修科目的毕业考试。在双语中学，学生必须参加斯洛伐克语言和文学、第二授课语言（欧洲语言共同框架 C1 级）、一门科学或社会科学选修课以及 1~4 门其他选修课的毕业考试。只有通过所有科目的高中毕业考试，学生才能获得高中文凭，取得进入高等教育机构学习的机会。

斯洛伐克高校实行申请制入学。学生需要向意向高校递交申请，每位学生可申请多个高等院校和院系的学习课程。申请截止日期由各高等教育机构自行规定，通常是 2 月底或 3 月。多数高等教育机构设置入学考试，通常安排在 6—9 月举行，其目的是评估申请者对所选大学学习课程的先决条件、语言技能等的总体情况。入学考试由各高校自行组织，一般为笔试。部分学校会安排面试。录取程序、录取人数和录取标准由各高等教育机构自行决定。高等教育机构在评估申请人是否能成为学校的学生时，通常也会考虑其高中毕业考试成绩。入学考试的结果通常在考试当天或第二天公布。

（一）人才培养模式

1. 学制与学分

斯洛伐克的高等教育学习分为三个阶段，第一阶段为学士学习；第二阶段为硕士学习，包括硕士（Master）、工程师（Engineer）和医学硕士（Doctor）学习三类；第三阶段为博士学习（PhD）。在医学等专业领域，第一阶段与第二阶段需连续完成。大学通常可以提供三个阶段的学习课程，并拥有相当比例的第二、三阶段课程。职业高等院校主要提供第一阶段的学习课程，这些课程旨在提升学生的实用技能和职业素养，以便他们能够迅速进入职场并获得工作经验。

斯洛伐克的高等教育体系实行学分制度，学生可以在各种课程中获得学分。高等教育机构通常按照欧洲学分转换系统（European Credit

Transfer System，ECTS）规定的方式进行学分计算，一个全日制学年一般包括 60 个学分，一个学期包括 30 个学分。

（1）学士阶段学习

学士阶段的学习课程侧重理论和实践知识，全日制学习时长为 3~4 学年，非全日制学习为 3~5 学年。学生主要通过参加课程、考试和写论文等方式来获取学分，完成这一阶段的学习至少需获得 180 学分。除了论文答辩外，学生通常还需要通过国家考试，才被认定为完成学业。完成学业的学生可获得学士学术学位（斯洛伐克语：Bakalár，Bc.），并有资格进入第二阶段的学习。

（2）硕士阶段学习

在第二阶段，学生可以获得以下三种学位：学术硕士学位（斯洛伐克语：Magisterské，Mgr.）、工程师学位（斯洛伐克语：Inžinierske，Ing.）和医学硕士学位（斯洛伐克语：Doktorandské）。

学术硕士学位是斯洛伐克硕士阶段最常见的学位，通常指的是文学硕士或理学硕士。工程师学位则授予在技术、农业和经济等学科领域完成工程师课程的毕业生。医学硕士是医学专业的第一学位，通常需要完成 5~6 年的医学学习课程和实践培训，具体分为一般医学硕士（Doctor of General medicine，MUDr.）、牙科医学硕士（Doctor of Dental medicine，MDDr.）和兽医医学硕士（Doctor of veterinary medicine，MVDr.）。

除医学硕士外，学士硕士学位和工程师学位的学习时长为 1~3 学年，学生需要修满 60~180 学分才可获得对应学位。完成硕士课程的毕业生必须通过严格的考试和论文答辩才可以进入博士阶段。

（3）博士阶段学习

博士阶段的学习由学习和研究两部分组成，学生需要深入学习相关领域的高级知识和技能，并在研究领域做出独创性贡献。全日制学习时长为 3~4 学年，非全日制学习最多为 5 学年，学生应至少获得 180 学分。博士学位通常分为两种：哲学博士（Doctor of Philosophy,PhD）和艺术学博士（Artis Doctor，ArtD）。

2. 质量保障

为监督和提升本国的高等教育质量,斯洛伐克根据2018年颁布的《质量保证法》(Quality Assurance Act)成立了斯洛伐克高等教育认证机构(Slovak Accreditation Agency for Higher Education,SAAHE)。本国的高等教育机构必须经过该机构认证才可授予正式学位证书。

斯洛伐克高等教育认证机构为独立的公共机构,依据《欧洲高等教育质量保证标准》(Standards and Guidelines for Quality Assurance in the European Higher Education Area,ESG),制定高等教育质量评估的政策和标准,制定和实施高等教育法律和规章制度,评估高等教育机构的教育和科研质量,并促进高等教育机构的发展和改进。

斯洛伐克高等教育机构的教育认证主要分为四个步骤:自我评估、现场评估、出具评估报告、出具评审决议。自我评估环节中,被评估的高等教育机构须向SAAHE提交一份自我评估报告,陈述有关该机构或项目的组织、目标、课程、教学方法、学术人员、学生支持服务、研究活动和质量保证程序的详细信息。之后SAAHE会安排一个专家小组对被评估的机构或项目进行现场评估,评估内容包括教学、研究、基础设施、学术人员和学生支持服务等。以上环节结束后,SAAHE根据自我评估报告和现场评估编写评估报告,提出改进建议和意见,并向被评估的机构或项目进行反馈,来获得机构的反馈意见。最终,SAAHE根据评估报告和被评估机构或项目的反馈做出认证决定。该决定可以是认证、有条件认证或不认证。认证有一定期限,机构或项目必须定期接受重新评估以保持其认证状态。

斯洛伐克的高等教育认证机构还与国际认证机构和组织合作,推动斯洛伐克高等教育机构的国际认证和国际化进程。该机构为欧洲高等教育质量保障机构注册局(European Quality Assurance Register for Higher Education,EQAR)成员,每五年对机构内部的运行系统和活动开展一次外部评估。

(二)学生毕业情况

根据斯洛伐克统计局公布的数据(见表7-1),2014—2021年期间,斯洛伐克的高等教育毕业人数持续减少，2021年的毕业人数相较于2014年下降了29.8%。毕业人数下降主要受两方面因素的影响。一方面，近年来斯洛伐克全国总人口呈现下降趋势，该国高等教育机构的入学人数不断减少；另一方面，斯洛伐克高等教育机构的毕业率偏低，2019年的男性本科毕业率为53%，女性为70%。但同时，国际学生的毕业人数在这八年间呈持续增长势头，2021年达到2 326名，比2014年增长了158%。

经合组织在其2021年发布的《提升斯洛伐克高等教育质量》报告中指出，得益于西欧的政治经济发展和本国公立大学数量的增长，在斯洛伐克25~34岁年龄段的群体中，受过高等教育的人口比例已经从2005年16.3%增长至2019年的39.5%，但这个数字仍低于经合组织国家的平均水平47%。2020年，该国毕业学生中，毕业人数最多的专业为工商管理和法学专业，占据总毕业人数的五分之一，后两位分别是医疗健康专业和教育行业，占比分别为16.8%及14.2%，这三个领域的毕业人数已经超过总毕业人数的一半。毕业人数最少的为农林兽医专业，毕业人数仅占2.3%，其次为信息和通信技术专业，毕业人数仅占总人数的4.4%。

表7-1 2014—2021年斯洛伐克高等教育机构学生毕业人数

人

年份	2014	2015	2016	2017	2018	2019	2020	2021
本国学生	39 953	38 271	35 529	32 878	31 297	29 134	28 312	28 552
国际学生	900	936	894	983	1 251	1 670	1 948	2 326
合计	40 853	39 207	36 423	33 861	32 548	30 804	30 260	30 878

数据来源：斯洛伐克统计局官方网站（https://datacube.statistics.sk）；欧盟统计局官方网站（https://ec.europa.eu/eurostat/）

（三）经费

斯洛伐克的公立高等教育机构，对于在正常学习期限内完成全日制高等教育的学生免收学费。该国公立、州立高等教育机构的主要资金来源是国家财政拨款，政府会定期拨款用于支付教师薪水、改善教学和研究设施、购买图书和其他教育资源等方面的费用。此外，公立和州立高等教育机构也有额外收入，包括学费和与学习有关的付款、创业活动、财产收入、提供继续教育等。

根据联合国教科文组织发布的数据（见表7-2），2011—2019年，斯洛伐克政府用于高等教育的财政拨款整体呈现增长趋势，2019年高等教育机构提供的经费总额约为45.18亿美元。但是这个数据依然低于欧盟平均水平。

表7-2 斯洛伐克政府2011—2019年高等教育财政拨款

亿美元

年份	2011	2012	2013	2014	2015	2016	2017	2018	2019
经费	38.96	36.52	40.26	42.77	40.71	35.09	37.62	41.96	45.18

数据来源：联合国教科文组织网站（http://data.uis.unesco.org/）。

第四节　高等教育国际化

斯洛伐克的高等教育国际化之路始于20世纪90年代初，通过向世界开放和拥抱国际化，斯洛伐克的高等教育机构实现了向学生提供更加多样化和国际化的高等教育，也为本国的经济增长和发展做出了贡献。

（一）国际化历程

20世纪90年代初，斯洛伐克的高等教育机构开始引进英语授课课程，以吸引国际学生。第一批英语授课课程主要涉及经济和商业领域。1999年，斯洛伐克正式加入"博洛尼亚进程"，推动本国高等教育机构的课程与欧洲标准接轨。2004年，斯洛伐克加入了"伊拉斯谟+"计划，该计划支持学生和员工在欧洲的流动。这使得斯洛伐克的学生和工作人员能够在国外学习和工作，也吸引了国际学生和工作人员到斯洛伐克的高等教育机构学习。在《2016—2021年高等教育机构教育、研究、发展、艺术和其他创造性活动的长期计划》中，斯洛伐克政府提出支持高等教育机构国际化的办学目标，开展国家奖学金计划，在国家层面资助"伊拉斯谟+"计划，促进更多的高校师生实现双向流动。斯洛伐克教育科学研究体育部在《斯洛伐克共和国政府2020—2024年计划宣言》中，明确了国家将大力开展国际化活动，支持提升斯洛伐克与其他国家之间的师生进行双向交流。2021年12月，斯洛伐克政府批准了《2030年高等教育国际化战略》。该战略为本国高等教育国际化的发展提供了一个中期构想，它侧重于在国际化背景下，丰富高等教育机构办学和高等教育现代化中的国际经验，对促进本国高等教育国际化具有指导性意义。

（二）国际化内容

1. 管理国际化

斯洛伐克教育科学研究体育部以及斯洛伐克学术信息机构（Slovak Academic Information Agency，SAIA）共同致力于推动斯洛伐克高等教育的国际化进程，促进斯洛伐克与其他国家和地区的教育合作和交流，提高斯洛伐克高等教育的国际竞争力和声誉。

斯洛伐克教育科学研究体育部的职责包括规划和实施国际化战略、促进与其他国家和地区的合作和交流、推动国际化项目的发展和评估、为学生和教师提供支持和资源等。

斯洛伐克学术信息机构于1990年成立，是一个非政府非营利性组织，负责推动斯洛伐克高等教育机构与国际教育机构之间的合作和交流。其主要职责包括提供信息和咨询服务、管理政府资助的国际学生交流计划、协调国际学术项目、提供语言培训等。

2. 课程体系国际化

斯洛伐克的课程体系国际化主要表现在教学语言多样化、课程设置国际化和教学师资国际化三方面。

在教学语言方面，斯洛伐克多数高等教育机构都可提供英语或其他外语授课的学习项目。项目层次覆盖本、硕、博三个阶段，授课专业涵盖工学、理学、文学、医学等专业领域。例如考门斯基大学提供23门本科和硕士英语授课专业、100多门博士英语授课专业（含全日制和非全日制）。布拉迪斯拉发表演艺术学院提供英语或德语授课的硕博专业，涵盖弦乐器和管乐器专业、键盘乐器专业、作曲和指挥专业等。

在课程设置方面，斯洛伐克的高等教育机构与其他国际机构合作，开设了一系列跨学科合作课程，涉及经济学、政治学、社会学等领域。一些高等教育机构还会提供涉及国际问题如全球化、环境保护、人权和社会公正等课程，旨在促进学生认识和理解全球问题及挑战。

在教学师资方面，斯洛伐克的高等教育机构不但积极招聘来自世界各地的优秀教师，为学生提供不同文化背景的视角和学术经验，帮助学生更好地适应全球化社会；还不定期组织师资培训，帮助教师了解国际教育趋势和最新的教学方法。

3. 教育合作国际化

（1）学术流动计划

该计划由斯洛伐克教育科学研究体育部提供资金，具体数额视该部门与斯洛伐克学术信息机构签订的协议而定。从2022年起，该计划由欧盟委员会的"下一代欧盟（Next Generation EU）"复苏计划共同资助。

（2）奥地利—斯洛伐克行动（Action Austria-Slovakia）

该计划于1992年启动，经费来源为斯洛伐克和奥地利政府的年度财政拨款。该计划旨在向联合项目及个人提供奖学金资助，以支持斯洛伐克与奥地利两国的高等教育机构开展合作。斯洛伐克学术信息机构为主管办公室，具体管理机构为10名成员组成的斯洛伐克—奥地利联合管理委员会。

（3）中欧大学研究交流计划（Central European Exchange Program for University Studies）

该计划始于1994年，侧重于高等教育机构的多边合作和欧洲学分转移体系。该计划支持高等教育合作网络和个人流动来促进学生、博士生和大学教师的流动。阿尔巴尼亚、奥地利、波斯尼亚和黑塞哥维那、保加利亚、克罗地亚、捷克共和国、匈牙利、斯洛伐克等15个国家加入了该计划。在斯洛伐克，中欧大学研究交流计划由斯洛伐克教育科学研究体育部资助。从2022年起，欧盟委员会"下一代欧盟"（Next Generation EU）复苏计划也开始资助该计划。

4. 生源国际化

根据联合国教科文组织统计研究所数据中心公布的数据（见表7-3），2012—2020年，斯洛伐克高等教育领域的学生流动总体呈现为"高输出、低输入"的留学赤字，但人员流动输出与输入之间的差额正在逐步缩减。自2012以来，斯洛伐克每年向境外流出的学生数基本都超过3万人，学生外向流动率已从2012年的14.9%增长至2020年的22.3%。同时，该国接收的外国留学生人数也呈现稳定的增长趋势，学生内向流动流动率自2012年的4.3%增长至2020年的10.3%。

表7-3 2012—2020年斯洛伐克高等教育流动数据

人

年份	2012	2013	2014	2015	2016	2017	2018	2019	2020
外向流动	32 992	33 207	32 057	31 514	31 966	32 454	31 448	22 118	30 901
内向流动	9 059	10 183	11 107	10 876	10 072	10 764	11 597	12 730	14 254
净流量	-23 933	-23 024	-20 950	-20 638	-21 894	-21 690	-19 851	-9 388	-16 647

数据来源：联合国教科文组织网站（http://data.uis.unesco.org/）

（三）留学政策

1. 留学项目

根据斯洛伐克留学官网网站显示，2023年，斯洛伐克31所高等教育机构共提供4 377个学习项目，涵盖安全科学、国防和军事；人文学科、农业和兽医科学；自然科学、数学、信息学；社会、经济和法律科学；技术科学、艺术、教育以及保健等九个主要学科领域。课程层次涵盖本、硕、博三级,课程类型分为全日制学习和非全日制学习。

申请斯洛伐克高等教育机构的国际学生,其入学要求一般与斯洛伐克本国学生相同。国际学生既可申请斯洛伐克语言授课的学习项目,也可申请其他语言授课项目。对于斯洛伐克语薄弱的外国留学生,布拉迪斯拉发考门斯基大学继续教育中心语言与预备研究所以及一些其他院校和私立语言学校会统一组织语言预科学习。非斯洛伐克语授课的专业学费由各高等教育机构单独确定,每学年学费自490~12 200欧元不等。

2. 奖学金政策

(1)国家奖学金计划(National Scholarship Programme)

国家奖学金计划是斯洛伐克实施"里斯本战略"(Lisbon Strategy)行动计划的一部分,受斯洛伐克教育科学研究体育部资助,并由斯洛伐克学术信息机构管理。该奖学金向国外大学和研究机构的师生、研究人员以及艺术家的学习、教学及研究提供支持,以促进相应的国际交流。国家奖学金计划免除获奖者在斯洛伐克学习或交流期间的学费,并提供生活费以及交通费补助。奖学金金额因不同级别和类型的学位而异。

(2)国家互换奖学金计划

斯洛伐克与中国、匈牙利、捷克、芬兰、以色列等30多个国家和机构签署了互换奖学金计划,吸引这些国家的学生或研究人员赴斯洛伐克进行学习或研修。根据协议,双方政府或机构每年向对方提供一定数量的奖学金,资助本国师生在对方国家攻读学位或进行学术研究。奖学金的类型取决于与每个国家的具体协议,一般包括学费、生活费和其他费用。

(3)专项奖学金计划

斯洛伐克在语言课程学习、暑期学校、项目合作等领域设置了专项奖学金,面向特定国家或机构的学生和研究人员开放申请。例如奥地利—斯洛伐克合作设立的斯洛伐克语言和文化暑期学校奖学金,用于支持奥地利学生赴斯洛伐克进行3周的语言学习。申请人应是在奥地利高校完成至少 2 学期学习的学生或在高校从事研究活动的学者。该奖学金将为参与人员免除旅费、学费、食宿费和课外活动费用。

第五节 中斯高等教育交流与合作

近年来，中国与斯洛伐克在高等教育领域的合作机制不断完善，"一带一路"倡议的提出和中国—中东欧合作机制的建立更是为两国合作注入了新动力。中国与斯洛伐克在高等教育领域开展了广泛且长期的双边合作，合作规模不断扩大，人员交流日益紧密，在人才培养、科研交流等方面取得长足发展，合作渠道、形式和范围逐步扩展。

一、两国高等教育合作政策

自 20 世纪 90 年代，中国与斯洛伐克的教育部门多次签署教育合作计划。1993 年起，两国开始互派留学生。1994—2007 年，两国连续四次签署国家教育部合作计划：1994 年 7 月，中国与斯洛伐克签署两国教育部 1994—1997 年教育合作计划；1998 年 5 月，双方签署两国教育部 1998—2001 年教育合作计划；2001 年 12 月，中斯签署两国教育部 2001—2004 年教育合作计划；2007 年 2 月，双方签署两国教育部 2007—2010 年教育合作计划。根据协议，双方每年互换 15 名奖学金留学人员和 1 名语言教师。2012 年，时任总理温家宝出席中国与中东欧国家领导人会晤和经贸论坛时对外宣布"未来 5 年向中东欧国家提供 5000 个奖学金名额"，2013—2014 学年至 2017—2018 学年，中国向中东欧 16 国增加 1 000 个单方奖学金名额，每学年 200 个，其中向斯洛伐克每学年约增加 15 个单方奖学金名额。2015 年 11 月，教育部时任副部长郝平会见了斯洛伐克教育科学研究体育部秘书长诺贝尔特·莫尔纳尔一行，会谈后，郝平与莫尔纳尔共同签署了《中华人民共和国教育部与斯洛伐克共和国教育、科研和体育部2016—2019年教育合作计划》。2019年11月，双方签署《中华人民共和国政府与斯洛伐克共和国政府关于相互承认高等教育学历学位的协议》。

二、校际交流与合作

中国与斯洛伐克的高等教育机构建立了广泛友好的校际合作关系，开展宽领域、多形式的国际教育交流与合作，通过校际互访、互派师生、学生联合培养、科研合作等项目促进两国的学术交流和师生流动，增进彼此了解和人文交流。例如在校际交流方面，斯洛伐克教育代表团、斯洛伐克国家科学院以及其他高等教育机构多次来访中国高校，就高等教育合作进行洽谈。在人才培养方面，中国地质大学与斯洛伐克考门斯基大学，华东师范大学与斯洛伐克技术大学分别开展交换生项目。宁波财经学院与斯洛伐克布拉提斯拉发经济与公共管理学院合作开设双学位项目，每年派遣近30名师生赴斯洛伐克学习交流。上海对外经贸大学与斯洛伐克考门斯基大学合作设立"中文师范补充硕士专业"，采用外方单独授予学位，双方联合培养的模式进行。在科研合作方面，西北工业大学与斯洛伐克国家科学院签署了《西北工业大学与斯洛伐克国家科学院人才培养和科学研究合作备忘录》，天津大学与斯洛伐克技术大学牵头成立了中国—中欧国家科技创新大学联盟。宁波财经学院与斯洛伐克布拉迪斯拉发经济与公共管理学院共同设立了海外教学与科研合作平台"中国教育与科研中心"。

三、孔子学院和孔子课堂

截至2022年年底，斯洛伐克与中国合作建立了3所孔子学院和1个孔子课堂。越来越多的斯洛伐克青年开始学习汉语文化，成长为中斯文化交流的友好使者。

1. 布拉迪斯拉发孔子学院

布拉迪斯拉发孔子学院成立于2007年5月17日，由天津大学与斯洛伐克技术大学合作共建。该孔子学院是斯洛伐克境内的第一所孔子学院，也是最先成为汉语水平考试（HSK）考点的中欧国家孔子学院，已成为该国最大的孔子学院和中斯文化交流的重要平台。布拉迪斯拉发孔子学院下设2个孔子课堂，总计13个教学点，主要进行汉语教学及中国文化传播，形成了集幼儿汉语、中小学汉语、大学汉语、经贸汉语、科技汉语、汉语水平考试辅导和中国文化为一体的系列课程体系，实现幼儿园、小学、中学、大学和社区的全覆盖。

该孔子学院致力于成为中国与中东欧各国高校交流的中心与平台。2016年9月，孔子学院与斯洛伐克班斯卡—比斯里察市的米古拉什—科瓦察中学合作设立了"中斯双语中学教育试验项目"，该中学成为斯洛伐克首家全部课程使用汉语+斯语讲授的双语中学，已招收学员近百人，教学效果良好，备受中斯两国教育部及社会各界关注。布拉迪斯拉发孔子学院还推动成立了中国与中欧国家科技创新大学联盟并成功举办高端论坛，加强了中国高校与中欧国家理工科类院校的合作与交流，为促进中斯人民之间的友谊做出了贡献。

2. 考门斯基大学孔子学院

考门斯基大学孔子学院于2015年10月正式揭牌，由上海对外经贸大学与斯洛伐克考门斯基大学合作设立，位于斯洛伐克首都布拉迪斯拉发，是斯洛伐克境内成立的第二所孔子学院。自成立以来，考门斯基大学孔子学院立足汉学与汉语教学学术研究，在斯洛伐克4个重要城市（布拉迪斯拉发、特伦钦、特尔拉瓦、兹沃伦）开设了12个汉语教学点，开设课程包括初级汉语、中级汉语、汉语口语、汉语写作和商务汉语等。同时，该孔子学院致力于通过多样的系列文化活动推广中华文化，组织过刘震云文学电影交流展映、文化体验日活动、民乐演奏会、中国画展、"汉语桥"世界大学生中文比赛捷克斯洛伐克赛区预选赛等各种文化活动，促进中斯两国教育和文化交流。

3. 斯洛伐克医科大学中医孔子课堂

斯洛伐克医科大学中医孔子课堂于2016年9月12日正式揭牌，由辽宁中医药大学与斯洛伐克医科大学共建，位于斯洛伐克中部城市班斯卡一比斯特里察。该孔子课堂正式运行以来，5年累计学员数量达到700余人。除了斯洛伐克医科大学的本部教学点外，中医孔子课堂还下设马拉霍夫小学、布雷兹诺国际交流中心、班斯卡第一私立高中、班斯卡艺术学院4个教学点。

斯洛伐克医科大学中医孔子课堂以中医教学为主，侧重于中医教育带动汉语教育。课堂设有小儿推拿、中医替代医学、推拿、针灸等课程，开展"中医＋汉语"教学活动。课堂在每周六上午开设面向全体市民的社会班汉语课，充分利用和发挥好文化交流平台的作用，合理配置资源，拓展办学空间，丰富教学层次，积极融入当地社区，实现互利共赢的良好局面。

4. 马杰伊贝尔大学商务孔子学院

马杰伊贝尔大学商务孔子学院由东北财经大学与马杰伊贝尔大学合作建立，于2019年9月17日正式揭牌，位于斯洛伐克中部班斯卡·比斯特里察州。

马杰伊贝尔大学商务孔子学院致力于本土商务人才培养、科学研究以及中斯经贸、文化交流活动，打造商务孔子学院品牌，培养精通汉语，熟悉中国文化、经济、法律，具有跨文化交际能力的复合型本土商务人才，为中斯两国教育、文化、经贸友好交流搭建平台。

第六节　代表性大学

一、考门斯基大学

考门斯基大学（Comenius University in Bratislava）创建于捷克斯洛伐克成立不久后的1919年，是斯洛伐克历史最悠久、规模最大的综合性大学，大部分学院位于首都布拉迪斯拉发。大学曾命名捷克斯洛伐克布拉迪斯拉发大学、斯洛伐克大学等，现名称是为了纪念17世纪捷克教师及哲学家约翰·阿摩司·考门斯基。

学校设立了13个学院：医学院，法学院，文学院，自然科学学院，教育学院，药学院，体育、运动学院，杰森纽斯医学院，数学、物理与信息学院，罗马天主教神学院，福音路德教会神学院，管理学院和社会与经济科学学院。在校生22 890名，其中国际学生2 994名。大学提供960多个覆盖本、硕、博三个层次的项目课程，大多数课程都提供英语和斯洛伐克语双语授课，并与欧盟国家的大学之间相互承认学分。

在2023年QS世界大学排名中，考门斯基大学位列第651~700名之间。其物理与天文学位列第401~450之间，药学位列第401~450之间，生物科学位列601~640名区间。

考门斯基大学一直致力于与国际高等教育机构进行双边及多边合作，提供更广泛的学术交流和合作机会。作为欧洲大学联盟成员院校之一，该校还提供"伊拉斯谟+"项目，为学生和教师提供了广泛的欧洲交流机会。

考门斯基大学与中国高校开展了友好合作。作为欧洲最早开设汉语专业的高等院校之一，该校与上海对外经贸大学合作共建考门斯基大学孔子学院，并在中文人才联合培养领域开展合作。考门斯基大学还与西南政法大学、贵州中医药大学等院校开展学生交流与学术访问等合作。

二、帕沃尔·约瑟夫·沙法里克大学

帕沃尔·约瑟夫·沙法里克大学（Pavol Jozef Šafárik University in Košice）成立于1959年，位于斯洛伐克东部城市科希策，是一所公立高校。大学采用斯洛伐克语和英语教学，共设有文学院、理学院、公共管理学院、法学院、医学院5个学院。在校生约7 500名。该大学提供的学位课程包括本科、硕士和博士课程，学科范围涵盖医学、法律、文学、哲学、历史、教育、自然科学、信息技术等。在2023年QS世界大学排名中，考门斯基大学位列第701~750名之间。

帕沃尔·约瑟夫·沙法里克大学主要面向欧洲高校开展国际交流合

作，合作项目包括"伊拉斯谟+"计划、国际实习、科研合作和文化交流等。

三、斯洛伐克技术大学

斯洛伐克技术大学（Slovak University of Technology in Bratislava）是斯洛伐克最古老、最具声望的工程技术类大学之一，位于首都布拉迪斯拉发市中心。学校成立于1937年，拥有超过20 000名学生和2 000多名教职员工。该大学提供多种工程、科学和技术领域的学士、硕士和博士学位课程。2012年，斯洛伐克技术学院获得欧洲转移学分制度证书。在2023年QS大学排行榜上，该校位列801~1 000名之间。

斯洛伐克技术大学由7个学院和1个研究所组成，包括土木工程学院、机械工程学院、电气工程和信息技术学院、化学与食品技术学院、建筑与设计学院、材料科学与技术学院、信息学和信息技术学院以及管理学研究所。

斯洛伐克技术大学与天津大学、山东科技大学、青岛理工大学、昆明理工大学等院校开展了稳定深入的校际合作和科研交流。特别是与天津大学合作建立了斯洛伐克第一所孔子学院——布拉迪斯拉发孔子学院，又依托孔子学院的平台牵头建立了"中国与中欧国家科技创新大学联盟"。"中国与中欧国家科技创新大学联盟"由天津大学牵头，联合卓越联盟其他8所院校，与斯洛伐克技术大学牵头的中欧国家10所科技创新大学共同成立。该联盟旨在加强中国工科顶尖院校与"一带一路"沿线国家的交流与合作，服务国家战略。

四、科希策技术大学

科希策技术大学（Technical University of Kosice）成立于1952年，是斯洛伐克第二大的技术大学，也是斯洛伐克最大的科技研究和教育中心之一。大学坐落于科希策市中心，共有3个校区，占地面积约为43公顷，来自世界40多个国家的学生在这里学习。在2023年QS大学排行榜上，该校位列 801~1 000 名之间。

科希策技术大学共有 9 个学院，分别为采矿、生态、过程控制和地球技术学院，材料、冶金和回收学院，机械工程学院，电气工程和信息学院，土木工程学院，经济学院，制造技术学院，文学院和航空学院。学校的研究领域包括电力工程、自动化和控制、计算机科学、材料科学和工程、机械工程、环境科学和工程等。

科希策技术大学提供本科和研究生教育学习项目，多数学习项目支持英语授课。该大学在国际上拥有丰富的研究项目和国际合作项目，与许多国际高校合作开展交换项目、联合研究、双学位项目等，为学生提供了更广阔的国际化视野和交流机会。科希策技术大学与中国科学技术大学、北京交通大学、中国石油大学（北京）、青岛理工大学等学校建立了校际合作关系或开展学术交流活动。此外，2019 年 11 月，该大学与云南大学和深圳天眼网络技术有限公司于共建了中欧人工智能联合研究中心，致力于在人工智能领域开展基础和应用研究。

参考文献

［1］中华人民共和国外交部. 斯洛伐克国家概况（2023 年 2 月更新）［EB/OL］.http://switzerlandemb.fmprc.gov.cn/web/gjhdq_676201/gj_676203/oz_678770/1206_679714/sbgx_679718/.

［2］Slovakia Higher Education［EB/OL］.［2023-03-05］. https://education.stateuniversity.com/pages/1359/Slovakia-HIGHER-EDUCATION.html.

［3］Slovakia Historical development［EB/OL］.［2023-03-05］. https://eurydice.eacea.ec.europa.eu/national-education-systems/slovakia/historical-development.

［4］Iryna Myhovych. Slovak System of Higher Education in Its Connection to Society's Transformations: Transition from Medieval Times to XXI Century European Integration［J］. Journal of Vasyl Stefanyk

Precarpathian National University, 2020, 7（1）.

［5］Higher Education in Slovakia［EB/OL］.［2022-12-21］. https://eurydice.eacea.ec.europa.eu/national-education-systems/slovakia/higher-education.

［6］Higher Education in Slovakia［EB/OL］.［2023-02-25］. https://www.studyinslovakia.saia.sk/en/main/study-in-slovakia/higher-education-in-slovakia/.

［7］Maturita［EB/OL］.［2023-03-18］. https://www2.nucem.sk/en/measurements/maturita.

［8］Law No.131 on Higher Education and on Changes and Supplements to Some Laws of the Slovak Republic［EB/OL］.［2023-03-17］. https://www.ilo.org/dyn/natlex/natlex4.detail?p_isn=83784.

［9］Slovak Accreditation Agency for Higher Education［EB/OL］.［2023-03-23］. https://saavs.sk/en/.

［10］刘进,林松月."一带一路"沿线国家的高等教育现状与发展趋势研究——以斯洛伐克为例（七）［J］.世界教育信息,2018（12）:55-58.

［11］Organisation for Economic Co-operation and Development. Improving Higher Education in the Slovak Republic［EB/OL］.［2023-03-18］. https://www.oecd-ilibrary.org/sites/259e23baen/index.html?itemId=/content/publication/259e23ba-en.

［12］Study in Slovakia［EB/OL］.［2023-03-19］. https://www.studyinslovakia.saia.sk/en/.

［13］PortalVs［EB/OL］.［2023-03-24］. https://www.portalvs.sk/en.

［14］中华人民共和国外交部［EB/OL］.［2023-02-17］. http://russiaembassy.fmprc.gov.cn/web/gjhdq_676201/gj_676203/oz_678770/1206_679714/sbgx_679718/.

［15］中华人民共和国教育部［EB/OL］.［2023-03-17］. http://www.moe.gov.cn/jyb_xwfb/gzdt_gzdt/moe_1485/201511/t20151127_221414.html.

第八章 罗马尼亚

第一节 国家概况

罗马尼亚（Romania），位于东南欧巴尔干半岛北部。北和东北分别同乌克兰和摩尔多瓦为邻，南接保加利亚，西南和西北分别同塞尔维亚和匈牙利接壤，东南临黑海。海岸线245千米，国土面积23.8万平方千米，温带大陆性气候。罗马尼亚设1个直辖市和41个省，下设市和乡，首都为布加勒斯特（Bucharest）。截至2022年9月，人口1 895万。罗马尼亚族占88.6%，匈牙利族占6.5%，罗姆族占3.2%，日耳曼族和乌克兰族各占0.2%，其余民族为俄罗斯、土耳其、鞑靼等。城市人口所占比例为56.4%，农村人口所占比例为43.6%。官方语言为罗马尼亚语，主要少数民族语言为匈牙利语。主要宗教有东正教（信仰人数占总人口数的86.5%）、罗马天主教（信仰人数占总人口数的4.6%）、新教（信仰人数占总人口数的3.2%）。罗马尼亚的法定货币是罗马尼亚列伊，货币代码RON。截至2023年2月，人民币与罗马尼亚列伊的汇率约为1∶0.66；美元与罗马尼亚列伊的汇率约为1∶4.5。

罗马尼亚人的祖先为达契亚人。约公元前1世纪，布雷比斯塔建立了第一个中央集权和独立的达契亚奴隶制国家。106年，达契亚国被罗马帝国征服后，达契亚人同罗马人共居融合，形成罗马尼亚民族。14

世纪先后建立瓦拉几亚、摩尔多瓦、特兰西瓦尼亚 3 个公国。16 世纪后成为奥斯曼帝国的附属国。1859 年，瓦拉几亚公国和摩尔多瓦公国合并，称罗马尼亚，仍隶属奥斯曼帝国。1877 年 5 月 9 日，罗马尼亚宣布独立。1881 年，改称罗马尼亚王国。1918 年 12 月 1 日，特兰西瓦尼亚公国同罗马尼亚王国合并。至此，罗马尼亚形成统一的民族国家。"二战"期间，安东尼斯库政权参加德、意、日法西斯同盟。1944 年 8 月 23 日，罗举行反法西斯武装起义。1945 年 3 月 6 日，罗成立联合政府。1947 年 12 月 30 日，成立罗马尼亚人民共和国。1965 年，改国名为罗马尼亚社会主义共和国。1989 年 12 月 22 日，齐奥塞斯库政权被推翻，罗马尼亚救国阵线委员会接管国家一切权力，改国名为罗马尼亚，定国庆日为 12 月 1 日。

1989 年罗马尼亚剧变后开始由计划经济向市场经济过渡。2000—2008 年经济持续增长。受国际金融危机影响，2009—2010 年经济负增长。2011 年起经济企稳回升。2020 年受新冠肺炎疫情影响经济下滑。2021 年罗马尼亚国内生产总值 2 383 亿欧元，人均国内生产总值 1.2 万欧元。

中国同罗马尼亚 1949 年 10 月 5 日建交。长期以来，两国保持友好合作关系。2004 年，两国建立全面友好合作伙伴关系。2013 年双方共同发表《中华人民共和国政府和罗马尼亚政府关于新形势下深化双边合作的联合声明》。2020 年 2 月，罗总统约翰尼斯、总理奥尔班、外长奥雷斯库分别致函习近平主席、李克强总理、王毅国务委员兼外长，支持中国抗击新冠疫情。4 月，王毅国务委员兼外长就疫情向罗外长奥雷斯库致慰问电。2021 年 2 月，罗方高级别代表出席中国—中东欧国家领导人峰会。

第二节　高等教育发展历程

1859 年，摩尔多瓦和瓦拉几亚两个公国合并为一个国家后，罗马尼亚于 1864 年颁布了《公共教育法》，这标志着罗马尼亚比较完整的教育体系的建立。总体而言，罗马尼亚的高等教育历程可分为三个阶段，即 20 世纪以前的艰难探索期、20—21 世纪间的重建转型期和 21 世纪后的快速发展期。

一、艰难探索期（20 世纪前）

在 20 世纪前，罗马尼亚高等教育一直以来都是为国家官僚机构的高层职位培养人才，因此，以国家为中心的高度集权化体制成为罗马尼亚高等教育的主要特征。苏联解体后，罗马尼亚的政治和经济发展缓慢，高等教育更是举步维艰。1983 年，罗马尼亚全国高校共计 44 所，学生 174 042 人。到 1989 年，高校学生人数降至 164 507 人。1989 年，罗马尼亚宪法提出，要充分保证大学自治，给予大学更多自主权，同时允许建立私立高校，高等教育开始探索新的发展方向。

二、重建转型期（20—21 世纪）

1993 年，罗马尼亚政府颁布了《高等教育机构鉴定和文凭认证法》(*Law of the Accreditation of Higher Education Institutions and Recognition of Diplomas*)。同时成立国家学术评估和鉴定委员会（National Council for Academic Evaluation and Accreditation, NCAEA），开始加强高等教育机构的合法规范性以及学历认证。1994 年，罗马尼亚教育部成立了半自主性质的国家高等教育拨款委员会（National Council on Higher Education Financing），依据高校改革战略、经费预算、课程实施状况进行拨款，以促进公立大学的财政拨款逐渐规范。1995 年，罗马尼亚颁布《教育法》，开始明确高等教育办学方针，明确罗马尼亚高等教育分为专科（短期大学教育）、本科（长期大学教育）、硕士和博士（大学后教育）三个层次。

在这一时期，罗马尼亚国家层面开始引入一系列基于绩效的激励机制。如引入了教育资助机制，提高了大学管理者的自主性；鼓励更多高等教育机构吸引私营部门投资，并引入学费制度。这一时期罗马尼亚已出现大学和工业之间的强制性合作，这也为后来的大学和外部伙伴之间更紧密的合作提供了参考。总体而言，罗马尼亚在20世纪90年代引进了非常明显的英美国家的市场化教育治理工具，但高等教育还严重缺乏世界一流的学术研究能力。

三、快速发展期（21世纪后）

自1999年，罗马尼亚加入"博洛尼亚进程"后，高等教育呈现较快发展的趋势。罗马尼亚教育部加强高等教育与欧洲接轨，推动欧洲高等教育一体化进程。通过增加学生流动性、减少大学专业数量、增加硕士和博士项目的参与度等措施，使本国与欧洲水准的各种教育项目全面对接。2006年，罗马尼亚总统委员会提交了名为《罗马尼亚教育和研究》的报告，出台了《国家教育协议》，制定了到2013年要完成的高等教育改革目标，包括对课程的改革，提升高等教育机构的管理水平，赋予大学充分的自治权，根据大学的使命、成就和学术排名对大学进行分类等。2007年，罗马尼亚加入欧盟，并推进欧洲高等教育质量保障标准，促进本国与欧洲高等教育的互认和流动。2011年，罗马尼亚颁布了新的《国家教育法》，提出了涉及整个罗马尼亚教育体制的重大改革，其中高等教育是改革的重心，包括进一步对高等教育的办学性质、学制结构体系、财政拨款政策进行规范。2016年，罗马尼亚教育部成立新的全国高等教育机构鉴定和文凭证书认证委员会，加强对高等教育当前实施状况的评价、监督和管理。

第三节　高等教育概况

一、分类及规模

根据教育法，罗马尼亚现行的教育体系从横向上包括公立教育和私立教育两个系统，纵向上包括大学前教育和高等教育两个阶段。其中，大学前教育分为学前教育、初等教育、高中教育、职业教育、中学后教育；高等教育分为专科、本科和研究生。截至2021年，罗马尼亚共有公立高校53所，包括7所军事类公立高校；私立高校34所。2016年，罗马尼亚全国识字率达98.8%。

在整个高等教育系统的成长和重组过程中，公立和私立大学的数量也在不断变化。私立机构的组建主要是私人个体或团体，其中很多都是公立大学的退休教授。公立高校数量由1989年的44所增加到2021年的53所。私立高等教育发展波动较大，1989年私立高校还不存在，1999年已达到64所，2002年达70所，后续罗马尼亚出台了高等教育机构鉴定和文凭认证法，并通过国家学术评估和鉴定委员会（National Council for Academic Evaluation and Accreditation）监督高校的质量和数量，到2021年私立高校变为34所。

私立高等教育机构一般规模较小。虽然在发展过程中，私立高等院校数量一度远超过公立院校，但在招生人数上，私立高校与公立高校相比一直相差甚远。2020年教育部统计数据显示公立高校学生人数为353 732人，私立高校学生人数为45 437人。

二、教育发展特点

罗马尼亚教育体制处于不断改革中，呈现出以下几个较为明显的特点。

第一，国家教育体制的管理高度集中，缺乏稳定性。一是罗马尼亚教育体制管理主要由国家教育和科学研究部（MNESR，以下简称罗教育部）进行。该部管理涉及教育的方方面面，从总体战略、国家政策到课程设置，从义务教育到职业教育，从学校网点设置到教职工配备，无所不包。虽然该部下属设有教育科学研究所（IES）、国家评估考试中心（NCAE）、国家技术职业教育和培训发展中心（NCVETD）以及罗马尼亚大学前教育质量保证机构（ARACIP），但是由于这些单位仍然受罗教育部领导，组织机构及预算安排需经过后者审批，所以基本上不具备独立性，其开展工作的效果也是大打折扣。

第二，管理机构人员流动过快，对教育政策的连贯性产生了较大的负面影响。1989年以来，罗马尼亚教育部已更换了20余任教育部部长，人员流动过快，缺乏行业经验丰富的管理人员，机构重组频繁，无法保证教育政策的连贯性。其下属的几家机构虽然人员相对稳定、相对专业性更强，但是由于经费不足、人员数量大幅下降，其参与研究和提出政策的能力逐步减弱。

第三，罗马尼亚教育在某些领域人才培养方面表现突出。在美国等发达国家的信息产业界，活跃着一大批罗马尼亚籍工作人员；罗马尼亚的杀毒软件、黑客世界闻名。同时，布加勒斯特医药大学的脑外科、泌尿外科，布加勒斯特大学的数学，克鲁日医药大学的胸外科，克鲁日农业和畜牧兽医大学的葡萄酒专业，布加勒斯特音乐大学钢琴、小提琴专业等均达到欧洲一流水平，在国内外享有良好声誉。此外，罗马尼亚有天赋的儿童比例是世界平均水平的两倍。罗马尼亚大学生在世界性的比赛中常有突出表现。2012年7月，罗马尼亚参加国际奥林匹克数学竞赛排名欧洲第1，在世界参赛的100个国家中排名第10。

第四，罗马尼亚教育发展有限，学生的背景对其发展的影响远远超过了学校教育的影响，教育对人才形成的影响甚微，许多学生受教育程度较低，无法在学校获得赖以生存的必备技能。罗马尼亚教育体制面临系统性挑战，主要包括教育经费长期缺乏、国家教育体系管理不够稳定以及对教育目标锁定在考试成绩，导致学校老师仅将精力倾注在极少数"尖子生"身上。

第五，罗马尼亚通过考试决定升学机会，导致学校主抓升学率，教育目标较为单一。以考试为目标的教学限制了学生学习多种课程的机会。老师的精力主要倾注在极少数"尖子生"身上，大多数学生失去老师的关注，甚至许多先天条件一般但想要努力上进的学生也没有机会取得进步。指导参加"奥数"等竞赛也成为对老师的考核内容之一。此外，以考试成绩为主要入学筛选手段导致大多数罗马尼亚学生无法接受高等教育。罗马尼亚25~34岁的成年人中，仅有四分之一的人完成了高等教育，该比例在欧盟国家中排名倒数第二。从近年的数据看，罗马尼亚大学就学率在短期内难有大幅提升，2009 年大学入学率为 71%，而到了 2014 年已下降至 50%。

三、教育政策

"博洛尼亚进程"（Bologna Process）是 29 个欧洲国家于 1999 年在意大利博洛尼亚提出的欧洲高等教育改革计划，该计划的目标是整合欧盟的高教资源，打通教育体制。"博洛尼亚进程"的发起者和参与国家希望到 2010 年，签约国中的任何一个国家的大学毕业生的毕业证书和成绩，都将获得其他签约国家的承认，大学毕业生可以毫无障碍地在其他欧洲国家申请学习硕士阶段的课程或者寻找就业机会，实现欧洲高教和科技一体化，建成欧洲高等教育区，为欧洲一体化进程做出贡献。《博洛尼亚宣言》标志着"博洛尼亚进程"的全面启动。罗马尼亚作为首批签署《博洛尼亚宣言》的国家之一，做出了积极的教育政策调整，主要措施如下。

第一，建立新的学位制度和国家资格框架。"博洛尼亚进程"通过规范欧洲高等教育结构体系，实施统一的三级学位制度，即学士、硕士、博士。因此，自 2005 年起，罗马尼亚无论是公立还是私立大学，都建立以学士、硕士和博士为基础的三级学位制度体系，它适用于所有类型的机构、学科和研究领域，改革后的学位制度与欧洲教育区资格框架相适应。2011 年，三级学位制度被正式写入当年的《罗马尼亚国家教育法》中，使新的学位制度有了法律保障。为了与三级学位制度相适应，罗马尼亚通过了欧洲高等教育区资格框架的自我认证，制定了与欧洲高等教育区资格框架相符合的国家资格框架（National Qualification Framework, NQF）。

第二，实施统一的学分转化和累计系统。"博洛尼亚进程"致力于建立统一的欧洲学分转化和累计系统（European Credit Transfer and Accumulation System, ECTS）以促进学生的流动。学生在国外学习获得的学分可以得到欧洲高等教育区国家的认可，也可以被本国院校承认并授予相应学位。罗马尼亚教育部于2005年颁布的第3617号文件规定，在罗马尼亚高等教育机构中实施统一的学分转化和累计系统。该文件规定了欧洲学分转化和累积的用法，以促进学生在罗马尼亚和欧洲高等教育内其他国家之间的流动。

第三，全面建立质量保障体系。罗马尼亚对高等教育系统的评估分为内外两个部分。外部评估由罗马尼亚高等教育质量保障局（Romanian Agency for Quality Assurance in Higher Education, ARACIS）和罗马尼亚教育部进行。任务是在机构和项目层面对罗马尼亚高等教育质量进行外部评估，包括对学术课程的认证、对高等教育机构实施教育过程的评估。内部评估则完全由教育机构进行，罗马尼亚正式实施有效的质量保障制度。

第四，促进人员与资源的流动。《博洛尼亚宣言》强调，要促进人员在欧洲内部及世界范围内的流动和合作，使欧洲高等教育在全球更具有吸引力。这种流动包括吸引欧洲以外的人员来欧洲国家和促进欧洲国家之间的短期人员流动。自加入"博洛尼亚进程"后，罗马尼亚主要通过签署各种合作方案和倡议来支持学术人员流动，比如欧盟方案、欧洲委员会教育工作人员长期培训方案、双（多）边倡议等。

四、学制与学分

在1989年12月政局变革前，罗马尼亚曾实行10年制义务教育，当时入学年龄为7岁。政治体制改变后，政府修改了教育法，实行8年制义务教育。从2003年起罗马尼亚重新实行10年制义务教育，包括小学4年、初中4年、高中2年，入学年龄为6岁。中学后教育是罗马尼亚教育体系中的一个特殊层次，不属于高等教育范畴，学制1~3年，实施比高中阶段更加专门化的职业技术教育，培养受过良好训练的职业人才。

高等教育体系中，专科教育学制为2~3年，招收高中毕业生。毕业时通过毕业考试，获得毕业文凭。毕业生可以直接就业，也可以经过考试转入大学教育的原专业或相近专业继续学习。本科教育学制为3~4年，因学科专业而不同，其中工科、法律和神学为 4 年制。本科学习可选择全日制、非全日制和远程教学。在全日制本科学习中，学生需每年完成至少 60 个学分。

研究生教育分为硕士和博士。硕士学制为 1~2 年，博士为 3 年，可根据学术委员会讨论以及导师意见延期 1~2 年。硕博教育均以全日制和非日制为主。在全日制硕士学习中，学生需每年完成至少 60 个学分。其中一个特例为欧盟层面监管领域的本科学习，这些本科课程均为全日制，学制 5~6 年可直接获得硕士学位同等文凭。

五、师资

1990—1995 年，私立高校主要依靠公立高校的教师资源，本校师资只占 5%~10%。1993 年通过高等教育机构鉴定和文凭认证法，要求所有院系至少要有 50% 的全职教师，至少 30% 的教师持有高级职称。1996 年鉴定程序启动后，私立高校拥有了本校教师群体。尽管如此，1998 年，私立高校中只有 3 000 名全职教师，而公立高校有 23 000 名。

公立高校和私立高校教师结构的主要区别在于，私立高校中初级助教的数量更多。实际上，私立高校中的教师主要由初级教师和被私立高校高薪所吸引的具有较高学术地位的群体组成。

罗马尼亚教师的薪水较低。罗马尼亚教师职业中期的平均工资仅占罗马尼亚人均 GDP 的不到 50%，是加入 2012 国际学生评估项目（PISA）国家中最低的。罗马尼亚教师需要花费 40 年时间才能领取到该行业最高薪酬，而经济合作与发展组织（Organization for Economic Co-operation and Development，OECD）国家的教师平均仅需 24 年即可达到行业最高薪酬水平。2017 年 1 月，罗马尼亚政府通过法令，教育行业从业者集体涨薪 15%，但是罗马尼亚教师工资水平仍然很低。为了生存，多数教师不得不身兼数职。即便如此，教师还无法按时领到工资。不合理的涨薪体系、较低的工资水平无法激励教师提高教学水平，难以吸引并留住优秀教师。

六、经费

无论从绝对值还是相对值而言，罗马尼亚国家层面对小学和中学的教育经费投入都是欧盟国家中最低的。以购买力平价计算，罗马尼亚对于每名小学生和初中生的教育经费分别为1 535欧元和1 897欧元，不及欧盟平均水平的三分之一。同时，罗马尼亚教育花费在GDP的占比方面也在欧盟排名最后，且自2008年以来呈现大幅下滑。此外，在义务教育阶段城乡受教育机会差距甚大。由于预算缩减，罗马尼亚关闭了许多乡村学校，边远地区和农村的儿童无学可上。城市中多数孩子可以接受小学至高中阶段的义务教育，但农村仅有24%的学生可以上高中，其中能上大学的学生只有2%~3%，80%的吉卜赛儿童处于失学状态，全国的辍学率逐年上升。

根据全球经济网站公布的数据，1996—2018年，罗马尼亚的教育经费支出占国内生产总值的平均数为3.4%，其中2000年最低，占比2.87%；2006年最高，占比4.31%（见图8-1）。

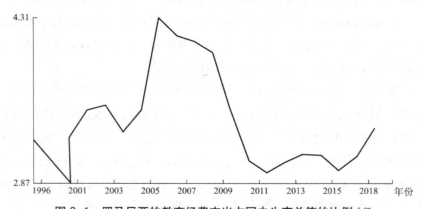

图8-1　罗马尼亚的教育经费支出占国内生产总值的比例/%

同样，在1996—2018年，罗马尼亚教育经费占政府总经费总支出的平均值为10.31%，其中2000年最低，占比8.19%；1996年最高，占比14.73%（见图8-2）。

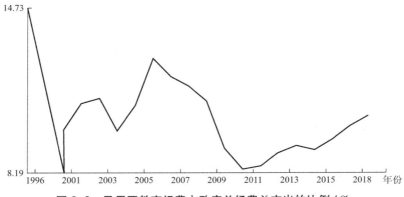

图 8-2　马尼亚教育经费占政府总经费总支出的比例 / %

受国际金融危机影响，罗马尼亚 2009 年和 2010 年经济连续负增长，2011 年经济逐步回升。因此，该国对教育的经费投入也从 2011 年后逐步加大。

第四节　高等教育国际化

为应对全球经济发展，尽快融入欧洲高等教育一体化进程，罗马尼亚制定了一系列高等教育国际化战略，不断提升罗马尼亚高等教育国际竞争力。

一、国际化战略

尽管欧洲一体化程度不断提高，然而罗马尼亚国际化发展速度明显落后于欧洲其他发达国家。罗马尼亚作为非英语发展中国家，高等教育存在着语言流通的局限性，再加上高校国际排名不理想，成为限制该国高等教育国际化发展的主要问题。

2015 年，罗马尼亚教育部从国家层面制定高等教育国际化战略目标，明确了高等教育国际化的具体方向。教育部出台了《罗马尼亚高等教育国际化战略：框架分析与建议》(*Framework for a National Strategy for Internationalization of Higher Education in Romania: Analysis and Recommendations*)，明确了罗马尼亚高等教育国际化战略目标如下。

①国际化作为罗马尼亚优质高等教育发展的主要动力，鼓励高等教育对外开放交流，提升教育科研水平；

②致力于培养适应全球化、国际化发展工作和生活的公民，促进社会经济发展；

③持续提高罗马尼亚高等教育的世界知名度、吸引力和国际地位；

与此同时，教育部动员高校制定国际化发展目标，积极开展对外交流。号召高校积极参加欧洲高等教育一体化进程，包括加入"伊拉斯谟+"计划，认可欧盟的学历文凭等。

二、国际化内容

罗马尼亚国际学生主要来源国为摩尔多瓦。根据2013年国际学生数量统计报告，国际学生排名前10的国家分别为摩尔多瓦、以色列、突尼斯、法国、希腊、德国、塞尔维亚、土耳其、摩洛哥和瑞典。为帮助更多国际学生有效适应在罗马尼亚的学习，罗马尼亚部分高校为国际学生开设了罗马尼亚语言课程。根据罗马尼亚教育部统计，2022年，为国际学生开设罗马尼亚语言课先修班的高校共计27所。同时，部分高校，如布加勒斯特理工大学的数学、工程、生物、社会科学等专业为国际学生开设英文授课课程。

三、留学政策

罗马尼亚吸引国际学生留学并鼓励本国学生出国留学的主要项目之一为"伊拉斯谟+"计划。该计划在高等教育、职业教育和培训、成人教育等领域提供各国流动机会。其中，高等教育的学生（短期、本、硕、博项目）和教职员工可以通过"伊拉斯谟+"计划申请跨国交流和学习。"伊拉斯谟

+"计划规定短期学习交流期限为 5~30 天,长期交流期限为 2~3 个月至 1 年。截至 2022 年,罗马尼亚已有 72 所高等教育机构参与了"伊拉斯谟+"计划。

2013—2014 学年,罗马尼亚大学约有 16 000 名国际学生,相比上一学年(5 100 名)大幅增加。但是,罗马尼亚高等教育的国际化发展仍处于起步阶段,缺乏全国性、系统性的规划和政策支持。相比于欧洲高校平均水平并不具有较强的竞争力。

2023 年 1 月 8 日,罗马尼亚教育部部长德卡(Ligia Deca)发布向硕士生、博士生、博士后和研究人员提供海外实习奖学金的决议草案。德卡认为"罗马尼亚教育强国"计划旨在鼓励高校联盟成员开展国际交流,加快罗马尼亚高等教育体制的国际化进程。为此,建议恢复 1998 年创立的研究生、博士后、研究人员海外实习奖学金。该奖学金最低自助额度为 1 000 欧元/月,政府还将承担奖学金获得者往返本国实习地之间的交通费用。实习结束后,奖学金获得者将返回罗马尼亚继续完成学业。罗马尼亚教育部希望通过这项措施培养相关领域的专家学者,如能源、生物经济、生态纳米技术、跨大西洋事务研究、国际关系、欧盟外交及欧洲治理等。开展这种与当前研究趋势相吻合的实习将提高罗马尼亚的研究质量和适用性。

第五节　中罗高等教育交流与合作

中国和罗马尼亚自 1949 年 10 月 5 日建交以来,一直保持着友好合作关系。罗马尼亚也是最早与中国签订关于共同推进"一带一路"倡议的谅解备忘录的国家之一。

一、教育交流合作

中罗两国教育合作主要涉及两国教育代表团教育互访、互派留学人员、教师交流等。1995 年 7 月,中国国家教育委员会和罗马尼亚教育部签订了关于高等教育学历和文凭互认的协议。应中华人民共和国国务院总理朱镕基的邀请，罗马尼亚总理阿德里安·讷斯塔塞于2002年6月25日至29日对中华人民共和国进行工作访问。访问期间，双方签署了《中华人民共和国教育部和罗马尼亚教育与研究部2002年至2004年教育合作协议》。2004年6月，胡锦涛主席对罗马尼亚进行了国事访问。期间，双方签署了《中华人民共和国与罗马尼亚关于建立全面友好合作关系的联合声明》以及《中华人民共和国政府和罗马尼亚政府文化合作计划》等文件。这对推进汉语教学在罗马尼亚的发展有着极大的推动作用。2005年5月，中国首都北京和罗马尼亚首都布加勒斯特建立友好城市关系，并签订了合作交流协议书，双方在商务、贸易、科技、文化、教育、体育、卫生等方面展开合作。2008年7月，中国驻罗马尼亚大使刘增文和罗马尼亚教育、研究和青年部部长克里斯蒂安在布加勒斯特签署两国新的教育合作协议。根据协议，中国和罗马尼亚两国教育部将本着进一步推动两国教育合作交流的愿望，在平等互利和讲求实效的基础上进行多形式的双边合作。新协议中还规定中罗双方互派教师到相关大学讲授各自的语言、文学等课程。因此，中国派遣了更多的汉语教师前往罗马尼亚教授汉语、传播中国文化。2009年10月，两国政府签署互设文化中心谅解备忘录。2010年11月11日，《中华人民共和国教育部和罗马尼亚教育、研究、青年和体育部2010年至2011年教育合作协议》在布加勒斯特签署。驻罗大使刘增文和罗马尼亚教育、研究、青年和体育部国务秘书安德烈·基拉伊分别在协议上签字。根据协议，中罗两国教育部将鼓励两国高等院校建立直接联系，交换学术出版物，交流教学和科研工作经验，共同举办研讨会和研究活动，进行项目合作以及建立孔子学院。同时，双方继续互派教师、留学生和进修生并派代表团组考察访问。基拉伊在签署协议后指出，教育领域的合作是罗中两国全面合作的一个重要组成部分，罗方对两国近年来的合作表示满意，希望今后能够进一步扩大双方在这一领域的合作范围。刘增文大使表示，希望两国在合作中积极拓展新领域、寻找新机遇，为今后签署新的合作协议增加新的内容。2013年11月25日，中华人民共和国政府和罗马尼亚政府发表了关于新形势下深化双边合作的联合声明。其中第十一条特别指出："双方一致认为，加强人文交流是增进相互理解和促进双边关系持续发展的重要方式之一。双方将加大投入，支持相关组织和机构开展直接合作，以加强和丰富两国文化、教育特别是高等教育、科研等领域关系。两国将在2014年这一重要年份举行一系列活动，包括推动专家学者在共同关心的领域开展交流，设立青年创新夏令营和智库联络网，举办电影节和艺术节等。"

"一带一路"倡议下，罗马尼亚一直积极参与相关会议保证政策沟通顺利进行。2016年，罗马尼亚等16国经贸部部长或代表相聚中国宁波，召开了第二次中国—中东欧国家经贸促进部长级会议。2017年11月8日，中国—中东欧能源博览会暨论坛在罗马尼亚首都布加勒斯特开幕，并顺利通过了《中国—中东欧能源合作联合研究部长声明》和《中国—中东欧能源合作白皮书》。2020年12月30日，中国教育部部长陈宝生与罗马尼亚驻华大使康斯坦丁内斯库在北京签署《中华人民共和国教育部与罗马尼亚教育和研究部关于相互承认高等教育学历学位的协议》。协议详细介绍了两国高等教育学历学位结构，明确了互派留学生的入学条件，提出了各自设立专家委员会确保协议落实和修订。本协议将于双方各自完成国内法律程序后互致书面通知的次月生效，生效当日终止1995年签署的《中华人民共和国国家教育委员会和罗马尼亚教育部关于相互承认高等教育学历、文凭和学位证书的协议》。本协议的签署将进一步推动中罗两国学生学者的流动和高等教育交流与合作。

二、合作办学

2018年4月10日上午，华东理工大学和罗马尼亚锡比乌卢西恩·布拉加大学（简称锡比乌大学）在上海正式签约，合作共建"华东理工大学锡比乌中欧国际商学院"（ECUST Sibiu Sino-European International Business School）。该国际商学院是华东理工大学在海外设立的首个中外合作办学机构，也是首个中国与罗马尼亚共建的商学院。罗马尼亚驻上海总领事馆总领事 Aurelian NEAGU 先生，锡比乌大学校长 Loan BONDREA 教授，华东理工大学校长曲景平教授、副校长吴柏钧教授以及上海市教委、市政府外事处相关领导出席签约仪式。签约仪式由吴柏钧主持进行。罗马尼亚锡比乌大学校长 Loan BONDREA 教授和华东理工大学校长曲景平教授作为院校代表现场签约，决定在锡比乌大学设立华东理工大学锡比乌中欧国际商学院。2018 年 10 月 22 日，在罗马尼亚锡比乌，中罗双方代表出席锡比乌中欧国际商学院揭牌仪式。学院的 MBA 项目将主要开设结合西方范式与中国政治、经济、社会特色的课程。中欧跨文化与商务交流研究生项目为罗马尼亚锡比乌卢奇安·布拉卡大学和华东理工大学合作项目。该项目旨在培养有跨文化商务沟通技能，能够促进中国与中东欧市场经贸发展的全球化高级人才。项目包括"商务交流""跨文化交流""中国商务环境""中国商法""中国历史和文化""电子商务和欧洲管理""中国金融市场""中国与世界经济"等 10 门课程，由两校教师分别讲授。该学院以罗马尼亚为枢纽，将华理 MBA 项目引入中东欧国家，服务中东欧国家中资企业并为当地培养现代商业人才，以商学教育资源输出、连接创新链和市场链的方式，发挥高校在"一带一路"倡议中的智力先导作用。

2019 年 4 月 17 日，罗马尼亚首家罗中高职教育国际合作机构中罗丝路工匠学院成立。中罗丝路工匠学院成立仪式在罗马尼亚胡内多阿拉市市政厅隆重举行。该学院由中国浙江纺织服装职业技术学院与罗马尼亚胡内多阿拉省国立杨库学校合作举办，是罗马尼亚首家罗中高职教育国际合作办学机构，也是中国高职院校在海外成立的第一家"丝路工匠学院"，为罗马尼亚及"一带一路"沿线国家和地区社会经济发展培养应用型技术技能人才。胡内多阿拉省杨库学校是罗马尼亚国立中等教育学校，目前在校普高和职高学生 1 350 名。为填补当地高等职业技术教育空白，中罗丝路工匠学院主要开展服装设计、工业机器人、美妆等专业高等职业技术教育。

三、学生流动

根据教育部的《来华留学生简明统计》，2015—2020 年，罗马尼亚学生来华留学人数持续保持在 500 人左右，包括学历生和非学历生。2020 年受疫情影响人数减半（见表 8-1）。

表 8-1　2015—2020 年罗马尼亚学生留学中国数据

人

年份	2015	2016	2017	2018	2019	2020
罗马尼亚学生来华留学	510	535	542	594	580	272

四、中文教育

（一）发展历程

1956 年，罗马尼亚布加勒斯特大学（University of Bucharest，简称布大）正式开办中文专业，将中文正式纳入其高等教育中，标志着中文教育正式进入罗马尼亚高等教育体系。2006 年，布大开始培养汉语语言文学专业的研究生，逐渐建立起较为完善的中文教育学科体系。布大的第一位汉语教师 Toni Radian 曾毕业于北京大学。布大的汉语专业致力于在汉语言教学的基础上，侧重文学和文化的教学。自 1956 年至今，该校已培养出上百名汉语人才，为中罗两国友好往来做出了重要贡献。

2006 年 12 月，罗马尼亚第一个孔子学院锡比乌卢奇安·布拉卡大学孔子学院（Confucius Institute at Lucian Blaga University of Sibiu）成立。从此，罗马尼亚中文教育迎来了飞速发展的阶段，随着其他孔子学院相继成立，中文教学点不断增加，高校增设更多中文专业，中文学习者的数量也逐年上升。2017 年，中文正式被纳入罗马尼亚基础教育体系，成为罗马尼亚各级教育的一部分。

（二）中小学中文教育

罗马尼亚最早在基础教育阶段开设中文课程的是 128 中学（Middle School No. 128），中文课是学校的第一外语课。直到 2017 年 2 月，罗马尼亚教育部颁布了《关于批准初中中文教学大纲的教育部长令》，正式把中文列入初中最新外语语言课程名单。同年12月，罗马尼亚教育部颁布了《关于批准高中中文教学的教育部长令》。同时与《欧洲语言参考框架》对应的《初高中中文教学大纲》（Chinese Language Curriculum–Grades Ⅴ–Ⅻ）开始实施。这标志着中文正式纳入罗马尼亚基础教育体系。从此，越来越多的中学开始开设中文必修课或学分课。高中阶段的学生也可以选择中文作为高考和会考的外语科目。

（三）高等院校中文教育

罗马尼亚高等教育院校中目前有6所高校开设了中文本科专业，其中只有布加勒斯特大学设立了中文硕士和博士学位点。其余还有部分高校开设了中文选修课或兴趣课程（见表8-2）。

表 8-2　罗马尼亚高校中文教育概况

教育类别	教育方式	大学名称
学历教育	专业课	布加勒斯特大学
		克鲁日巴比什—波雅依大学
		锡比乌卢奇安·布拉卡大学
		布拉索夫特兰瓦尼亚大学
		迪米特里耶·坎泰米尔基督教大学
		阿拉德瓦西里—戈尔迪什西部大学
非学历教育	选修课	布加勒斯特大学
		克鲁日巴比什—波雅依大学
		雅西医科大学
非学历教育	选修课	阿拉德奥雷尔·弗拉伊库大学
		巴克乌瓦西里·亚历山德里大学

罗马尼亚高校中文专业的主要师资来源由中国教育部中外语言交流

合作中心选派的中方专家、孔子学院的中文教师或志愿者和罗马尼亚本土中文教师组成。

(四)孔子学院

罗马尼亚目前共有4个孔子学院、13个孔子课堂以及分布在39个大中小城市的135个中文教学点(见表8-3)。

表8-3 罗马尼亚各孔子学院/孔子课堂及下设教学点

孔子学院	下设孔子课堂	下设教学点
锡比乌卢奇安·布拉卡大学孔子学院	德瓦艺术学校孔子课堂	德瓦、胡内多阿拉、阿尤德等18个城市设立50个教学点
	费迪南国王学校孔子课堂	
	奥克塔维安戈加国立高中孔子课堂	
克鲁日巴比什—波雅依大学孔子学院	埃玛纽尔乔什杜经济学校孔子课堂	特兰西瓦尼亚地区43个教学点
	乔治拉萨尔国立示范学校孔子课堂	
	安德雷·穆雷莎努国立学校孔子课堂	
	瓦西里·金诗西部大学孔子课堂	
	马拉穆列什孔子课堂	
布加勒斯特大学孔子学院	费迪南德一世国立高中孔子课堂	布加勒斯特各地区、克拉约瓦、雅西等城市设立31个教学点
	森诺博经济高中孔子课堂	
	欧亚学校孔子课堂	
	"埃列娜·库扎"国立中学孔子课堂	
特来西瓦尼亚大学孔子学院	无	阿尔巴尤莉娅和图尔恰等地区设立11个教学点
	康斯坦察奥维迪乌斯大学孔子课堂(独立孔子课堂)	无

1. 锡比乌卢奇安·布拉卡大学孔子学院

锡比乌卢奇安·布拉卡大学孔子学院(Confucius Institute at Lucian

Blaga University of Sibiu）是罗马尼亚首家孔子学院，创建于 2006 年，中方合作院校是北京语言大学。该孔子学院曾于 2014 年荣获"先进孔子学院"。目前已在康斯坦察、皮特什蒂、德瓦、白头山、丘克等城市开办了多个教学点，2017 年学员人数达到 4 000 余人次。

锡比乌卢奇安·布拉卡大学孔子学院主要从事中文系汉语专业课教学、中小学儿童汉语教学、面向社会各界人士的成人汉语教学、中国文化课程等。2010 年 10 月，卢奇安·布拉卡大学中文专业正式设立，这是世界范围内由孔子学院建立起来的第一个汉语专业，该专业的招生、教学、和管理工作主要由孔子学院负责；2011 年 3 月 19 日，以锡比乌孔子学院与卢奇安·布拉卡大学、奥维迪乌斯大学的沟通合作为基础，罗马尼亚第一所孔子课堂——奥维迪乌斯大学孔子课堂揭牌成立。随后，根据罗马尼亚的汉语学习者的需求，锡比乌孔子学院先后设立了德瓦艺术中学教学点、康斯坦察孔子课堂、锡比乌 GOGA 重点中学、锡比乌国王小学、锡比乌市图书馆和德瓦国家体操基地等教学点。锡比乌孔子学院自成立以来，一直注重与当地社区及各种文化机构、媒体建立友好合作关系，这也是建院以来逐渐形成的优势和特色。2022 年 11 月，锡比乌卢奇安·布拉卡大学孔子学院成立 15 周年庆祝大会以线上、线下结合的方式召开。罗马尼亚教育部和中国驻罗马尼亚大使馆致信祝贺，肯定了孔子学院在开展汉语教学，促进两国文化交流，民心相通中发挥的积极作用。

2. 克鲁日巴比什—波雅依大学孔子学院

克鲁日巴比什—波雅依大学孔子学院（Confucius Institute at Universitatea Babes-Bolyai of Cluj-Napoca）成立于 2009 年 3 月，中方合作院校是浙江科技学院。该孔子学院于 2009 年 10 月开始正式中文教学，注册会员 168 人。鲁日巴比什—波雅依大学孔子学院一直以"提升品牌、拓展空间、扩大影响"为目标，现下设 5 个孔子课堂，在罗马尼亚 11 个城市开设 176 个教学班级，注册学员人数达到 2 723 人，目前已完成了在特兰西瓦尼亚地区南部、东部、西部、北部和中部的布局，实现了克鲁日孔子学院在特兰西瓦尼亚地区的全覆盖。克鲁日孔子学院在积极开展汉语教学活动的同时，大力开展文化活动，推广中国文化，每年定期组织克鲁日讲故事节、春节文艺晚会、"孔子学院日"活动、中小学生秋季义卖活动、茶文化节活动、中国围棋比赛、汉字大赛、克鲁日城市周、多元文化周、阿拉德城市周、图片展览、太极日活动，等等。此外，每年定期组织暑期夏令营活动，截至2018年9月共组织了9次暑期夏令营，共253名学生赴浙江科技学院参加汉语学习和中国文化体验。此外，截至2018年9月共推荐了46名一学期孔子学院奖学金生、76名一学年奖学金生、5名汉语国际教育硕士奖学金生、4名中国政府奖学金生赴中国学习。

3. 布加勒斯特大学孔子学院

布加勒斯特大学孔子学院（Confucius Institute at University of Bucharest）成立于2013年11月22日，中方合作院校是中国政法大学。罗马尼亚总理维克托·蓬塔和中国驻罗大使霍玉珍共同为该孔子学院揭牌。罗马尼亚教育部部长、外交部官员、文化部官员、教育部国际司司长、教育部亚洲语言教育总督学、中国大使馆政务参赞、中国大使馆教育处官员、布大校长米尔恰·杜米特鲁、中国政法大学校长黄进等皆莅临庆贺并发表讲话。

布加勒斯特大学创立于1864年，是罗马尼亚最著名的高校之一，在欧洲综合大学中极负盛名。设有哲学、文学、法学、历史学、经济学、语言学、心理学、教育科学、政治社会学、生物化学、物理学、数学等22个学科。汉语系于1956年设立，目前有4名教授。翻译过《论语》《列子》《荀子》《庄子》等诸多国学名著。罗马尼亚近代历史上和现代的许多著名学者、专家，以及政治家都毕业于该大学。著名校友包括曾任布加勒斯特大学校长的罗马尼亚前总统埃米尔·康斯坦丁奈斯科（Emil Constantinescu, 1996—2000年在位）以及现任国家总理维克托·蓬塔（Victor Ponta）等。该孔子学院外方院长白罗米曾荣获2016年"全球孔子学院先进个人"、2017年"全球先进孔子学院"和2019年"中国政府友谊奖"。

4. 特来西瓦尼亚大学孔子学院

特来西瓦尼亚大学孔子学院（Confucius Institute of the University of

Transylvania）成立于2012年，揭牌仪式于同年3月26日在罗马尼亚中部重镇布拉索夫市中心的大学礼堂举行，中方合作院校是沈阳建筑大学。该孔子学院于2017年19日举办成立5周年庆祝活动，中国驻罗马尼亚大使徐飞洪、布拉索夫县议会主席阿德里安—伊万·韦斯泰亚、布拉索夫市市长乔治·斯克里普卡鲁及孔子学院师生100余人出席。徐飞洪大使对布拉索夫孔子学院成立5周年表示热烈祝贺，希望孔院越办越好，为中罗两国人文交流作出更大贡献。该孔子学院秉承孔子"和为贵"的思想，增进中外人民之间的相互了解和友谊，促进世界各国人民和谐相处。该院成立以来组织了各类文化活动近百场，学生数量累计2 400名。

第六节　代表性大学

一、巴比什—波雅依大学

巴比什—波雅依大学（Babes-Bolyai University）是罗马尼亚最古老的大学，其前身是1581年由斯特凡巴托里国王建立的耶稣会学院，已经有400多年历史。该校在罗马尼亚排名第一。但国际排名逐年下滑，2023年在QS世界大学排名中排1 001~1 200名，相比于2012年世界排名601下降600余位。

巴比什—波雅依大学也是罗马尼亚规模最大的大学，拥有41 961名学生，其中本科生占比75%、研究生25%；1 784名国际学生和1 951名教职工。学校在国际上拥有很高的知名度并且与世界上诸多享有盛誉的大学进行学术合作。学生拥有诸多交流交换机会。通过各种交流交换培养计划，学生可以便捷地前往德国莱比锡大学、慕尼黑大学、亚琛工业大学、海德堡大学，法国高等工程师学院、巴黎高等商学院、巴黎十二大学，瑞典斯德哥尔摩大学，挪威奥斯陆大学，匈牙利为努斯大学，意大利萨皮恩扎大学等合作院校进行交流交换，学习深造。

该校设有计算机科学、经济学、银行以及金融学、管理学、美国研究学、商务管理、商务旅游管理、公共健康服务与管理等专业。学校教学语言为英语、德语、法语、匈牙利语、罗马尼亚语。这也为诸多想要多元化发展的留学生提供了语言学习便利。

巴比什—波雅依大学已与欧洲184个国家、亚洲65个国家、非洲24个国家、北美38个国家、南美8个国家的高校展开国际合作，主要集中在学生和教师的交流。其中，该校与11个中国高校签署了校际合作协议，包括华北电力大学、南京理工大学、海南大学、江南大学、兰州交通大学、宁波大学等。巴比什—波雅依大学先后有温家宝总理、李克强总理来访参观，慰问探望留学生。

二、布加勒斯特大学

布加勒斯特大学（University of Bucharest，UB）是罗马尼亚的一所公立大学，位于首都布加勒斯特。该校成立于1864年，是罗马尼亚第二古老的现代大学，也是Universitaria Consortium（罗马尼亚大学集团）的5名成员之一。

布加勒斯特大学提供罗马尼亚语和英语的学习课程，被教育部列为高等研究和教育大学。在2012年QS世界大学排名601位，2023年排在1 001~1 200位。

布加勒斯特大学2022年共拥有在校生40 639人，其中本科生33 413人、硕士6 825人、博士401人。国际学生718人，教职工1 842人。大学设有哲学、文学、法学、历史学、经济学、语言学、心理学、教育科学、政治社会学、生物化学、物理学、数学等22个学科。在国际化方面，布加勒斯特大学已与世界上39个国家和地区的高校展开合作。

三、亚历山德鲁伊安库扎大学

亚历山德鲁伊安库扎大学（Alexandru Ioan Cuza University）建立于1860年。在校生24 287人，其中本科23 450人，硕士5 092人，博士878人。教职工752人。学校下设生物、化学、法律、经济、体育、哲学、物理、地理、计算机、数学等15个学院。2023年QS世界大学排名中，亚历山德鲁伊安库扎大学排名世界1 201~1 400名。

四、克拉约瓦大学

克拉约瓦大学（University of Craiova）成立于1947年4月，是罗马尼亚著名公立大学之一。2009年，克拉约瓦大学在由罗马尼亚高等教育质量保证局（ARACIS）主持的机构评估中，在罗马尼亚高等教育体系排名第一（至2012年共有56所公立高等教育机构和35所私立高等教育机构获得认证）。在过去20年里，克拉约瓦大学在所有国内和国际评估分类中都位列罗马尼亚十佳大学之列。

克拉约瓦大学是一所致力于国际合作的大学，积极融入欧洲学术界，共享其文化、道德、科学和教育价值，先后加入EUA（欧洲大学协会）、CER（欧洲校长会议）、IAU（国际大学协会）以及AEUA（阿拉伯和欧洲大学协会）等。目前拥有122个欧盟ERASMUS项目合作伙伴以及其他来自欧洲、亚洲、非洲、北美洲、南美洲的25个合作伙伴。

克拉约瓦大学与中国的中南大学、哈尔滨工程大学、山东科技大学共同创立中国—罗马尼亚应用数学研究中心，致力于促进中罗两国在数学领域的研究与合作，推动应用数学的前沿研究。研究中心创始人克拉约瓦大学的Vincentiu Radulescu教授曾在2019年、2020年、2021年连续获得"Clarivate全球高被引学者"称号，在国际权威及著名刊物上共发表论文420余篇，撰写专著10余本。研究中心成员包括来自克拉约瓦大学以及中南大学、湖南工商大学的专家学者。

克拉约瓦大学还是一所以学生为中心的大学，为学生提供现代化的宿舍、自助餐厅、先进的图书馆、体育和文化设施、奖学金、交通工具和个人成长援助等，已成为罗马尼亚和欧洲的跨国公司、中小企业、机构等的人才聚集地。同时还以实际行动支持学生创业，并鼓励学生参与志愿工作，将其作为提升个人简历的附加价值，为其成功之路打好坚实的基础。

克拉约瓦大学下设农学院、计算机和自动化学院、法学院、文学院、理学院等11个学院和应用现代语言系、应用数学系和教师培训系3个学术部门。校园内实行教育和科学组织结构自治、财政和行政自治、职能自治、教学和科学自治、司法自治，从而保证其足够的自主性。

参考文献

[1] 中华人民共和国外交部［EB/OL］［2023-01-28］. https://www.mfa.gov.cn/web/gjhdq_676201/gj_676203/oz_678770/1206_679426/1206x0_679428/.

[2] Scott P. Reflections on the reform of higher education in Central and Eastern Europe［J］. Higher Education in Europe, 2002（1-2）: 137-152.

[3] 李文兵. 90年代的罗马尼亚高等教育改革［J］. 比较教育研究，2002（10）: 50-55.

[4] 陈鹏磊. 罗马尼亚高等教育改革发展举措与特征［J］. 成都师范学院学报，2019，35（6）: 58-64.

[5] Ministry of Education. The organization and functioning of higher education in Romania［EB/OL］.［2023-01-28］. https://www.edu.ro/institutii-invatamant-superior.

[6] Study in Romania. Higher Education System in Romania［EB/OL］.［2023-01-30］. https://studyinromania.gov.ro/hes.

[7] 中华人民共和国商务部. 罗马尼亚教育业发展现状及发展国际教

育产业［EB/OL］.［2023-02-29］. http://ro.mofcom.gov.cn/article/jmdy/201712/20171202680906.shtml.

［8］李晶，曾今. 博洛尼亚进程中罗马尼亚高等教育改革回应［J］. 世界高等教育，2021，2（1）：89-99.

［9］Ministry of Education. Undergraduate Studies［EB/OL］.［2023-02-09］. https://www.edu.ro/studii-licenta.

［10］何雪莲. 罗马尼亚私立高等教育发展概况［J］. 现代大学教育，2005（6）：55-58.

［11］The Global Economy. Romania: Education spending, percent of GDP［EB/OL］.［2023-02-06］. https://www.theglobaleconomy.com/Romania/Education_spending/.

［12］The Global Economy. Romania: Education spending, percent of government spending［EB/OL］.［2023-02-06］. https://www.theglobaleconomy.com/Romania/Education_spending_percent_of_government_spending/.

［13］Ministry of Education. Ghid practice privind internationalizarea in vatamantului puperior romanesc［R］. Bucuresti, 2015.

［14］Ministry of Education. Study in Romania［EB/OL］.［2023-01-31］. https://www.edu.ro/studiaza-in-romania.

［15］Study in Romania. Higher Education System［EB/OL］.［2023-01-31］. https://studyinromania.gov.ro/erasmus.

［16］Erasmus+ Offices in Romanian universities.［EB/OL］.［2023-01-31］. https://www.erasmusplus.ro/bpe.

［17］Ministerul Educației a Lansat în Dezbatere Publică Proiectul de Hotărâre de Guvern Privind Acordarea Burselor în Străinătate Pentru Stagii de Studii Universitare de Masterat, de Doctorat, Postdoctorale și de Cercetare, a Anunțat Ministrul Ligia Deca［EB/OL］.［2023-02-09］. https://www.agerpres.ro/educatie-stiinta/2023/01/08/ministerul-educatiei-reia-bursele-in-strainatate-pentru-stagii-de-studiiuniversitare-postdoctorale-si-de-cercetare---1040026.

［18］中华人民共和国外交部．中华人民共和国和罗马尼亚新闻公报［EB/OL］．［2023-01-31］．https://www.mfa.gov.cn/web/gjhdq_676201/gj_676203/oz_678770/1206_679426/1207_679438/200206/t20020629_9343465.shtml.

［19］中华人民共和国驻罗马尼亚大使馆．中罗两国签署新的教育合作协议［EB/OL］．［2023-02-10］．http://ro.china-embassy.gov.cn/jyhz/zljyjl/201011/t20101112_2911743.htm.

［20］中华人民共和国外交部．中华人民共和国政府和罗马尼亚政府关于新形势下深化双边合作的联合声明［EB/OL］．［2023-01-31］https://www.mfa.gov.cn/web/gjhdq_676201/gj_676203/oz_678770/1206_679426/1207_679438/201311/t20131127_9343468.shtml.

［21］许潇琦．"一带一路"国家罗马尼亚的制度改革［J］．时代经贸，2018，No.432（7）：54-56.

［22］中华人民共和国驻罗马尼亚大使馆．中罗两国签署高等教育学历学位互认协议［EB/OL］．［2023-02-10］．http://ro.china-embassy.gov.cn/jyhz/zljyjl/202101/t20210108_2912009.htm.

［23］现代高等职业技术教育网．罗马尼亚首家罗中高职教育国际合作机构"中罗丝路工匠学院"成立［EB/OL］．［2023-02-07］．http://www.tech.net.cn/news/show-65365.html.

［24］Ministry of Education. Order of the Minister of National Education no. 3.393/28.02.2017 regarding the approval of school programs for secondary education［EB/OL］．［2023-02-02］．https://www.edu.ro/ordinul-ministrului-educa%C8%9Biei-na%C8%9Bionale-nr-339328022017-privind-aprobarea-programelor-%C8%99colare-pentru.

［25］曹瑞红，李立．罗马尼亚中文教育发展现状及优化路径［J］．世界教育信息，2022，35（3）：30-35.

［26］北京语言大学孔子学院工作处．罗马尼亚锡比乌"卢奇安·布拉

卡"大学孔子学院［EB/OL］.［2023-02-06］. http://ci.blcu.edu.cn/art/2018/4/18/art_6892_1089082.html.

［27］刘进，马丽娜."一带一路"沿线国家的高等教育现状与发展趋势研究（二十六）——以罗马尼亚为例［J］.世界教育信息，2019，32（8）:26-29.

第九章　拉脱维亚

第一节　国家概况

拉脱维亚共和国（The Republic of Latvia），简称拉脱维亚，位于波罗的海东岸，国土面积 64 573 平方千米，陆地面积 62 113 平方千米，全境地势低平，东部和西部为丘陵。北与爱沙尼亚，南与立陶宛，东与俄罗斯，东南与白俄罗斯接壤。全国人口 187.6 万（2022 年），拉脱维亚族占 62%，俄罗斯族占 25.4%，白俄罗斯族占 3.3%，乌克兰族占 2.2%，波兰族占 2.1%，此外还有犹太、爱沙尼亚等民族。官方语言为拉脱维亚语，通用俄语。主要信奉基督教路德教派和东正教。拉脱维亚分为里加、维泽梅、库尔泽梅、泽梅盖尔、拉特盖尔 5 个区和 1 个区级市（里加市）。5 个区下设 8 个市、110 个县。首都里加人口 63.24 万，是拉脱维亚全国的政治、经济、文化中心，是三个波罗的海国家（立陶宛、拉脱维亚、爱沙尼亚）中最大的城市，也是波罗的海地区重要的工业、商业、金融和交通中心。里加与苏州市、北京市已分别结为国际友好城市。目前在拉脱维亚的中国公民约 1 000 人，主要集中在里加市。

拉脱维亚国名意为"铠甲""金属制的服装"。10 世纪，拉脱维亚建立了早期的封建公国。12 世纪末至 1562 年，被日耳曼十字军侵占，后归属德利沃尼亚政权。1583—1710 年，先后被瑞典、波兰—立陶宛公国瓜分。1710—1795年，被沙皇俄国占领。1795—1918年，拉脱维亚东部和西部分别被俄罗斯和德国割据。1918年11月18日，拉脱维亚成为独立的共和国。1939年8月，苏联和德国签订秘密条约，拉脱维亚被划入苏联势力范围。1940年7月21日成立拉脱维亚苏维埃社会主义共和国，8月5日并入苏联。1941—1945年，被德国侵占。"二战"结束后，重新并入苏联。1990年5月4日，拉脱维亚最高苏维埃通过关于恢复拉脱维亚独立的宣言，并改国名为拉脱维亚共和国。1991年8月22日，拉最高苏维埃宣布拉脱维亚共和国恢复独立。同年9月6日，苏联国务委员会承认拉脱维亚独立。9月17日，拉脱维亚加入联合国。

恢复独立后，拉脱维亚将加入欧盟和北约作为外交优先方向。2004年4月2日，拉脱维亚正式加入北约；5月1日，正式加入欧盟。2014年1月1日，拉脱维亚正式启用欧元，成为欧元区第18个成员国，原货币拉特（Lats）正式被欧元取代。2016年5月，拉脱维亚获经合组织（OECD）批准加入该组织。在对外关系上，拉脱维亚全力深化与欧盟、美国的关系。截至2021年，拉脱维亚与190个国家建立了外交关系。

近年来，拉脱维亚政局稳定，社会治安状况良好，经济展现出较好的活力。2017年、2018年和2019年经济增长率分别为4.5%、4.8%和2.2%。2020年新冠肺炎疫情对拉脱维亚经济造成了一定的冲击，根据拉中央统计局数据，2020年拉脱维亚国内生产总值（GDP）同比下降3.6%。2022年，拉脱维亚经济逐步恢复，国内生产总值同比增长1.8%，人均国内生产总值达15 133欧元。

中国与拉脱维亚双边关系良好。1994年7月，中拉双方宣布关系正常化。拉脱维亚积极参加"一带一路"建设和中国—中东欧国家合作。中拉两国政府签署了《关于共同推进"一带一路"建设的谅解备忘录》。拉脱维亚成功举办了第五次中国—中东欧国家领导人会晤、中国—中东欧国家旅游合作高级别会议、中国—中东欧国家交通部长会议等重要会议。2016年5月，中国—中东欧物流合作联合会在拉脱维亚首都里加成立，秘书处设在拉脱维亚交通部。

第二节　高等教育发展历程

拉脱维亚高等教育发展历程与国家政治变革息息相关。1862 年，里加理工学院（Riga Polytechnic Institute）成立，这是当时沙皇俄国统治的拉脱维亚领土上建立的第一所高等教育机构，旨在为工业化发展培养技术性人才。1918 年拉脱维亚宣布独立，1919 年拉脱维亚大学（University of Latvia）创建，正式拉开了拉脱维亚高等教育发展的序幕。根据拉脱维亚苏维埃社会主义共和国和拉脱维亚共和国两个主要的政治体制，拉脱维亚高等教育发展历程大致经历了三个阶段：独立探索期、社会主义期、独立改革期。

一、独立探索期（1918—1940 年）

俄国十月革命胜利后，拉脱维亚人民积极展开争取独立的斗争。当时第一次世界大战仍在进行，拉脱维亚被德军占领。1918 年 11 月，德国战败。拉脱维亚立即成立人民议会。11 月 18 日，人民议会宣布拉脱维亚独立，这是拉脱维亚历史上首次建立主权国家，拉脱维亚高等教育也随之进入了独立探索阶段。1919 年成立的拉脱维亚大学即是此时期高等教育发展的最大成就。该校是拉脱维亚共和国第一所也是规模最大的高等教育机构，更是当时唯一一所全部课程用拉脱维亚语授课、用拉脱维亚语开展科研活动的高等教育机构。国家全力支持拉脱维亚大学的发展，比如 1937—1938 学年，拉脱维亚将全国预算的 14.7% 投入拉脱维亚大学。此时期还成立了陶格夫匹尔斯国家教师培训学院（Daugavpils State Teacher Training Institute）、杰尔加瓦农学院（Jelgava Agriculture Academy，前身为拉脱维亚大学农学院），但大学仍只有拉脱维亚大学一所。

二、社会主义时期（1940—1941年、1944—1990年）

1940年7月，拉脱维亚苏维埃社会主义共和国成立，8月并入苏联。1941—1945年，被德国侵占。"二战"结束后，重新并入苏联。此时期的拉脱维亚作为苏联的一部分，高等教育发展的主要特点是"俄罗斯化"。原高等教育体制逐步统一为苏联体制，高等教育机构由苏联教育部直管，实行与苏联高等教育相同的政策，比如禁止建立私立教育机构、教科书统一由苏联教育部组织编写、去除教学大纲中的"反动"专业和课程、清退具有"反动"思想的教师和学生等。拉脱维亚苏维埃社会主义共和国教育法律规定，高等教育机构的主要任务是培养为社会主义建设做贡献的具有某一领域专业知识的专家型技术人才（Specialists-practitioner）。

"俄罗斯化"特点还体现在教学语言的变化上。"二战"后，拉脱维亚因战争死亡和大规模驱逐出境导致拉脱维亚语使用人数急剧变少。大批苏维埃军队和工人进入拉脱维亚。虽然这些工人来自不同的苏维埃共和国，但他们的语言都是俄语。从此，拉脱维亚便开始了俄语化进程，俄语的使用量增加，成为联邦层面（国家安全、铁路等）的主要语言。拉脱维亚开始建立俄语学校，形成了教学语言为拉脱维亚语和俄语的两种学校。俄语学校规定的学生受教育时间是10年，但讲拉脱维亚语的孩子受教育的时间是11年，目的是让他们更好地掌握俄语。讲拉脱维亚语的孩子每周要上四节俄语课，但讲俄语的孩子每周或者每两周只上一节拉脱维亚语课。高等教育领域，有些学院的教学语言为拉脱维亚语，有些学院只使用俄语，同时使用两种语言教学的高等教育机构并不多见。由于实行苏联高等教育体制，拉脱维亚原教育体系中大量教师因政治问题被辞退，大批苏联教学人员被引入拉脱维亚。1952年，拉脱维亚大学内部交流已可用俄语进行。

这一时期高等教育得到了一定发展。1950年在拉脱维亚大学医学院基础上成立里加医学院（Riga Medical Institute），隶属于国家卫生部。1958 年又将拉脱维亚大学化学院、工学院和机电学院分离出来，成立里加理工学院（Riga Polytechnic Institute）。里加理工学院的历史可追溯到 1862 年沙皇俄国在拉脱维亚建立的第一所高等教育机构。1952 和 1954 年，陶格夫匹尔斯师范学院（Daugavpils Liepaja Pedagogical Institute）和利耶帕亚师范学院（Liepaja Pedagogical Institute）先后成立。高等教育机构总数从 1 所增加至 10 所，但大学仍只有拉脱维亚大学一所。社会主义时期，拉脱维亚大学在校生人数由 1950 年的 4 456 人增长至 1990 年的 12 077 人，40 年来接受高等教育的人口数量增长率达 171%，但仅是同时期西方国家高等教育人口数量的一半左右。

社会主义时期，拉脱维亚高等教育虽然取得了一定成就，但受苏联高度集中的国家制度和管理体制的影响，高校的自主性和开放性十分有限，高等教育的发展受到了政治因素的束缚，比如强调大学教育应遵循理论与实践相统一、应消除脑力劳动和体力劳动的矛盾、应向工人和农民开放；高校更重视自然科学类学科和意识形态教育，而不重视社会科学类学科或语言学（除俄语外）；将意识形态教育融入各类学科，尤其是人文类学科；神学课程被完全取消，由苏联史和俄语取代；学生除学习专业知识外，每年还必须参加集体农场的秋收活动等。

三、独立改革期（1990 年至今）

1990 年，拉脱维亚宣布恢复独立，改国名为拉脱维亚共和国；1991 年正式脱离苏联恢复独立，开始大力进行政治体制改革，摒弃苏联政治旧体制，同时在经济上迅速向市场经济转轨。

在教育上，拉脱维亚教育改革注重与国家政治改革和市场经济改革相配合，改革的主要理念是脱离苏联时期的意识形态的影响，主要放在教育行政的民主化和去集权化改革上。1991 年 6 月 19 日拉脱维亚出台了第一部教育法律——《拉脱维亚教育法》，允许私人办学，允许自治政府根据自身情况治理辖区内的教育机构；取消指令性的政策执行模式，将教育管理权下放；下放财政管理权，高等教育机构获得自主运营权；改革学位制度，由专科专业文凭（Specialist Diploma）过渡至学士和硕士两级学位。1995年11月，《拉脱维亚高等教育法》通过，规定高等教育机构拥有自治权，对自身教育质量负责，可自行合理使用办学经费和物质资源。高等教育法还规定，2013年9月1日起，高等教育机构40%的教学人员须具备博士学位，学院类型的高校博士教员比例为50%，大学类型的高校博士教员比例须达到65%；自2014年9月1日起，大学聘用的国外客座教授的人数须达到教学人员总数的5%，而受聘的国外教授须具有欧盟其他国家高校的工作经历（5年内）。《拉脱维亚高等教育法》为高等教育机构的自治、师资队伍学术水平和国际化水平的提高提供了法律基础。

  这一时期教育改革的另一项重要内容是语言教育政策的变革。1944—1990年，尽管拉脱维亚语是政府机构的官方语言，但在苏联大力实施俄语化的政策下，俄语已成为教育、学术和文化机构等主要部门的通用语言。到1989年，拉脱维亚81.6%的居民掌握俄语，其中68.3%为拉脱维亚族，且42.1%的居民将俄语视为母语，而俄罗斯族能熟练掌握拉脱维亚语的仅为22.3%。所以自1991年拉脱维亚恢复独立以来，首要任务就是巩固拉脱维亚语的官方语言地位，保护和发展拉脱维亚语。在此过程中拉脱维亚采取了一系列强硬措施，包括对教学语言的要求，比如1992年对《国家语言文字法》（1989年）进行了修订，规定公立大学从第三学年开始必须使用拉脱维亚语作为唯一教学语言。但由于大量人口掌握的仍是俄语，所以直到1999年，拉脱维亚高等教育机构仍实行的是俄语和拉脱维亚语双语制授课。1998年，《教育和通识教育法》颁布，规定自1999年开始，公立院校的高等教育的授课语言只能使用拉脱维亚语。拉脱维亚语也成为高等教育机构遴选和聘用教师的先决条件之一。

  自独立以来，拉脱维亚高等教育一直以加入欧洲高等教育区为改革目标。1991年的教育法恢复了高等教育机构的自治权，允许设立私立教育机构，同时启动了本硕两级学位改革；1995年高等教育法的出台为推进"博洛尼亚进程"奠定了基础，一方面明确了拥有博士学位的教师比例，一方面对高等教育机构进行了分类，分为大学和非大学类型。2004年拉脱维亚加入欧盟，增强了欧盟对于拉脱维亚教育改革的国际指导和援助，为拉脱维亚的教育改革提供了良好契机。目前拉脱维亚高等教育领域的改革主要集中在职业高等教育（Professional Higher Education）的现代化、高等教育竞争力的提升、高等教育教学质量的提高和终生学习的实施上。这些改革旨在加强拉脱维亚高等教育和欧洲高等教育体系的整合度，提高高等教育机构的自治权，改善学习过程的吸引力，同时改革还试图消除学术型课程和职业型课程的隔阂，提高高等教育资助机制。

根据高等教育法对大学类型高等教育机构的要求，1990—2008年有5所学院达到标准并更名为大学，包括2所专业类院校——里加工业大学（Riga Technical University，1990年更名）和拉脱维亚农业大学（Latvia Agriculture University，1991年更名）；2所地区师范院校——陶格夫匹尔斯师范大学（Daugavpils Pedagogical University，1993年更名；后于2003年更名为陶格夫匹尔斯大学）和利耶帕亚大学（Liepaja University，2008年更名）。里加医学院于2002年更名为里加斯特拉京什大学（Riga Stradiņš University），虽然仍隶属于卫生部，但增设了社会科学类专业。高等教育机构总数从1990年的10所增加至2022年的52所，其中公立大学16所。

随着高等教育机构数量的增加，拉脱维亚高等教育毛入学率和在校生人数也实现了大幅增长。入学率上，由1996年的27.32%增加至2006年的78.95%，之后变化趋势趋于平缓。2008年受全球经济危机影响，毛入学率由2008年的77.15%下降至2012年的65.56%。在校生人数上，由1990年的12 077人增长至2000年的62 167人，10年间翻了两番。而近年来，拉脱维亚高校在校生人数逐年下降（见表9-1），与其人口总数的下降趋势和社会老龄化趋势一致。

表 9-1 2012—2022 年拉脱维亚在校生人数统计

人

年份	2012	2013	2014	2015	2016	2017	2018	2019	2020	2021	2022
在校生	94 474	89 671	85 881	84 282	82 914	81 602	80 355	79 408	78 548	77 376	75 368

第三节 高等教育概况

拉脱维亚的高等教育具有"双轨制"特征。高等教育机构提供学术型（Academic）和职业型（Professional）高等教育，分为大学（Higher Education Institution）和学院（College）两种类型。2022 年，拉脱维亚共有 52 所高等教育机构，包括 28 所大学和 24 所学院。主要高等院校有里加工业大学、里加斯特拉京什大学、拉脱维亚大学、利耶帕亚大学、拉脱维亚医学院、拉脱维亚海洋学院、拉脱维亚音乐学院等，其中 3 所进入 2023 年 QS 世界大学排行榜。创办于 1919 年的拉脱维亚大学是拉建校最早的大学。

一、教育体系

拉脱维亚教育体系包括学龄前教育、基础教育、高中教育和高等教育。基础教育为 9 年制义务教育，包括小学（1~6 年级）和初中（6~9 年级）两部分，学生可以选择在一所学校（Basic School）中完成 9 年教育，也可以接续在小学（Primary School）和初中（Secondary School）2 所学校中完成。完成基础教育的学生须参加国家统一考试，考试门数和内容由拉脱维亚教育科学部决定。通过考试的学生将获得基础教育阶段证书和成绩单，作为高中阶段教育入学的选拔标准之一。高中教育分为学术型高中（即普通高中）和职业型高中两种，普通高中毕业生的目标是进入大学深造，职业高中毕业生的目标是获得职业资格证书后直接就业。高中可根据需要自行组织入学考试来选拔学生。截至 2021 年，拉脱维亚学前班在校生人数 9.95 万人，基础教育学校在校生 18.16 万人，高中在校生 6.36 万人（见表 9-2）。

表 9-2 2021 年拉脱维亚教育概况

层次	年龄范围/岁	机构数量/所	学生数量/万人
学前教育	1.5~6	651	9.95
基础教育	7~15	370	18.16
普通高中	16~18	298	3.56
职业高中	16~18	55	2.8

* 数据来源：拉脱维亚统计局

二、教育管理体制

拉脱维亚实行三级教育管理体制，包括国家层面、地方层面和院校层面。在国家层面，议会（立法机构）、内阁（执行机构）和教育科学部（Ministry of Education and Science，简称教科部）是教育领域主要的决策机构。教科部负责教育政策的制定和执行，同时有各种政府机构监督教育系统以支持教科部工作，如国家教育质量服务局（The State Education Quality Service，SEQS）负责登记教育机构相关信息、许可教育方案，进行学校的认证和重新认证，负责监督从小学到高中以及高等教育系统的教育质量，包括所有公立和私立教育机构；国家教育发展局（The State Education Development Agency，SEDA）负责监督国家教育政策执行及与教育国际合作有关的活动；拉脱维亚语言署（Latvian Language Agency）负责实施国家语言政策。在高等教育机构层面，拉脱维亚的高等教育机构拥有确定组织程序、制定内部规章制度、聘用人员、分配拨款、设计教学方案等自主权，校长负责管理高等教育，校长委员会负责就高等教育相关问题撰写提案，学生也可参与高等教育管理工作。

三、规模及分类

2022年，拉脱维亚共有52所高等教育机构，其中公立（国立）高等教育机构32所，私立高等教育机构20所。私立教育是拉脱维亚高等教育的重要组成部分，2022年拉高等教育机构在校生总数75 368人，其中私立高校占比11%；毕业生总数13 422人，其中私立高校占比14%（见表9-3）。外国留学生人数9 575人，占在校生总人数的12.7%；其中硕士留学生人数最多，达4 926人，占留学生总人数的51%；本科留学生数量次之，达4 206人，占比44%。外国留学生生源国排行依次是：印度（1 705，31%）、乌兹别克斯坦（1 292，18%）、乌克兰（865，9%）、德国（864，9%）、瑞典（817，8%）。

表9-3　2022年高等教育机构数量及规模

项目	总数	大学	学院
学校数量/所	52	28	24
其中：公立院校	32	16	16
私立院校	20	12	8
在校生人数/人	75 368	67 109	8 259
其中：公立院校	58 557	53 656	4 901
私立院校	16 811	13 453	3 358
毕业生人数/人	13 422	11 527	1 895
其中：公立院校	10 826	9 570	1 256
私立院校	2 596	1 957	639

* 数据来源：拉脱维亚统计局

从类型上分，拉脱维亚高等教育机构提供学术型和职业型高等教育。学术型高等教育更偏重理论与科学研究，旨在让大学毕业生做好开展独立研究的准备，也为从事专业性活动提供理论支持，学生需修满一定的学术课程，完成毕业论文和毕业答辩获得学士、硕士、博士学位。职业型高等教育则更偏重职业技能与实践，旨在为学生提供某一领域的专业知识，为毕业生从事设计或改良系统、生产和技术等工作做好准备，培养方案中必须包括实习实训。职业型高等教育体系包括专科层次（College Education）、学士职业教育、硕士职业教育和长硕士职业教育四类，完成学业的学生获得职业学位证书和相应职业资格证书。按层次统计，2022年，学士层次（包括职业型）在校生人数最多，达43 126人，占比57%；专科层次在校生12 944人，占比17%；高校女性学生比例为39.5%（见表9-4）。

表9-4　2022年高等教育机构在校生人数（按层次分）

教育层次	在校生总人数/人	女性学生比例/%
专科（学院）	12 944	33
学士（包括职业型）	43 126	47
硕士（包括职业型）	16 021	39
博士	3 277	39

*数据来源：拉脱维亚统计局

四、招生机制

高校招生拉脱维亚全国没有统一的录取规定，每个高等教育机构都有各自的录取委员会及相应录取标准。自2004年起，高等教育入学考试被高中阶段国家统一考试取代。只有完成普通高中阶段所有课程的学生，才能参加国家组织的高中统一考试。该考试的内容和形式由教科部决定、内阁部长批准，实行"3+1"模式，3门科目由教科部确定，1门科目由学生选择。通过考试的学生获得高中毕业文凭和统一考试成绩证书后才有资格申请大学。职业高中的学生在完成所有课程后也必须参加5门统一考试，其中1门是职业资格考试，另外4门考试的形式与普通高中统一考试一致。根据职业教育的不同类型，学生在毕业时可获得基础职业教育证书、职业教育证书或职业高中文凭。只有获得职业高中文凭的学生才有资格申请大学。

对于外国留学生，拉脱维亚高校没有特殊的入学要求和甄选程序，各校的申请流程及申请截止时间也不一样。申请者一般需要提供高中、学士、硕士或同等学力证明，证明自身的知识水平与拉脱维亚高校的招生及课程要求相一致，同时需具备足够的语言水平。

五、人才培养模式

（一）学制和学分

学术型高等教育包括学士、硕士、博士三个层次。本科阶段学制3~4年，需完成180~240个ECTS（欧洲学分换算及积累单位）的学习，包括必修课、选修课和论文；硕士阶段学制1~2年，需完成120个ECTS的学习，包括论文、特定领域理论必修课程和实践应用课程。博士阶段学制3~4年，需修满180个ECTS。申请攻读博士学位者必须获得硕士学位或同等学力，完成课程并通过论文答辩方可授予博士学位。博士论文须包括研究成果，并对专业学科提出新的认识。

职业型高等教育包括专科、学士和硕士三个层次。专科层次2~3年，主要是培养特定职业的从业人员，比如银行职员、信息技术专员或法律助手等，学生毕业需修满120个ECTS，毕业生将获得职业资格证书。职业学士阶段学制4年，需修满240个ECTS，授予职业学士学位和职业资格证书；课程包括通识课程、特定领域理论课、专业课、生产实习、国家考试和论文。职业硕士阶段1~2年，需达到60个ECTS，授予职业硕士学位和职业资格证书；课程包括相关专业的前沿理论知识和实践成果、实习、国家考试和论文以及研究、设计、管理和心理学课程等。医学、牙医学和兽医学的职业高等教育为长硕士项目，学制5~6年，与硕士学位学习相同，毕业生可继续申请攻读博士学位（见表9-5）。

表 9-5 波兰高等教育等级和学习年限

第三阶段	博士层次 博士学位 2~3 年，180ECTS	
第二阶段	硕士层次 硕士学位 （学术型） 2 年，120ECTS 职业学位和资格证书 （职业型） 1~2 年，60ECTS	长硕士 硕士学位 5~6 年 医学、牙医学和兽医学
第一阶段	学士层次 学士学位 （学术型） 3~4 年，180~240ECTS 职业学位和资格证书 （职业型） 4 年，240ECTS	
第一阶段	专科层次 职业高等教育项目 2~3 年，120ECTS	

（二）学期和评分体系

拉脱维亚大部分高校的学年从每年 9 月份开始，每学年有 40 周，分为 2 个学期。秋季学期的教学时间是 9—12 月，考试时间是 12 月—次年 1 月，其中包含 1 个圣诞节假。春季学期的教学时间是 2—5 月底，考试时间是 5—6 月，假期是 7—8 月。学校评分体系采取 10 分制，其中 4 分是最低及格分数（见表 9-6）。

表 9-6 评分体系

10 分制	程度	对应 ECTS 评分体系
10	杰出（with distinction）	A
9	优秀（excellent）	

续表

10分制	程度	对应ECTS评分体系
8	优良（very good）	B
7	良好（good）	C
6	良（almost good）	D
5	中（satisfactory）	E
4	及格（almost satisfactory）	
3	不及格（weak）	
2	差（very weak）	
1	极差（very, very weak）	

六、学生毕业情况

拉脱维亚高校的毕业生人数近年来逐年下降（见表9-7），与总人口下降趋势及高等教育在校生人数下降的现状一致。2022年，拉脱维亚高校毕业生总人数13 422人，较2012年下降了37.5%。其中专科毕业生3 066人，占比22.8%；本科（包括职业型）毕业生6 443人，占比48.0%；硕士（包括职业型）毕业生3 730人，占比27.8%；博士毕业生183人，占比1.4%。

表9-7　2012—2022年拉脱维亚高校毕业生人数

年份	毕业生人数/人
2012	21 472
2013	21 610
2014	17 345
2015	17 021

续表

年份	毕业生人数/人
2016	15 796
2017	14 587
2018	15 363
2019	14 848
2020	14 525
2021	14 707
2022	13 422

* 数据来源：拉脱维亚统计局

在拉脱维亚，最热门的专业是社会科学、商学与法学（34.5%），其次是医疗健康与社会福利（18.8%），工程、制造与建筑（11.5%），教育（9.6%），服务（8.3%）和人文与艺术（8.0%）（见表9-8）。

表9-8 2022年拉脱维亚高校毕业生数量（按学科划分）

学科	毕业生总数/人	女性毕业生人数/人
教育	1 287	1 207
人文和艺术	1 080	834
社会科学、商学与法学	4 626	3 198
自然科学、数学与信息技术	1 066	391
工程、制造与建筑	1 544	462
农业	181	99
医疗健康、社会福利	2 529	2 104
服务	1 109	536
总计	13 422	8 831

七、教育经费

拉脱维亚教育经费基本上呈逐年上涨趋势（见表9-9），2019年教育总支出达16.62亿欧元，较2015年增长7.6%。教育经费以政府公共支出为主，2019年拉脱维亚在教育上的公共支出达12.56亿欧元，占总支出的75.6%。公共支出占GDP的4.4%，其中在高等教育领域的支出占1.3%，略低于经济合作组织国家的平均支出水平（教育总支出4.9%、高等教育支出1.5%）。

表9-9　2015—2019年教育支出情况

亿欧元

年份	2015	2016	2017	2018	2019
教育总支出	14.73	13.45	13.93	15.06	16.62
公共支出	12.98	11.82	11.78	12.37	12.56
私人支出	1.53	1.50	1.90	2.19	2.64
外资渠道	0.22	0.14	0.25	0.49	0.41
公共支出占GDP比例/%	5.3	4.7	4.4	4.3	4.4

* 数据来源：拉脱维亚统计局

八、质量保障体系

拉脱维亚重视高等教育质量保障。1994年，拉脱维亚成立高等教育质量评估中心（Higher Education Quality Evaluation Centre，HEQEC），在教科部的指导下负责组织对高等教育机构和学位项目的认证工作，而认证的决策机构则是高等教育委员会（Council of Higher Education，CHE）和高等教育专业认证委员会（Higher Education Programme Accreditation Commission，HEPAC）。1996—2012年，高等教育质量评估中心对学位项目组织了两轮评估，每轮评估周期为6年。

2015 年，拉脱维亚对高等教育质量保障体系进行了改革，在 1994 年成立的公立非营利性基金会——学术信息中心（Academic Information Center）中专门设置高等教育质量署（Quality Agency for Higher Education，AIKA），负责对高等教育开展外部质量评估，具体包括对高等院校的评估认证、对学科方向的评估认证、对学位项目的认定、对高等教育质量的监管、从制度层面进行质量保障专题研究、向社会公开评估结果等。2018 年，高等教育质量署成为欧洲高等教育质量保障协会（ENQA）和欧洲高等教育质量保证注册局（EQAR）的正式成员，确保拉脱维亚质量保障体系符合《欧洲高等教育质量保障标准与指南》（*Standards and Guidelines for Quality Assurance in the European Higher Education Area*，ESG）的要求。

第四节　高等教育国际化

一、国际化历程

根据拉脱维亚高等教育发展历程，高等教育国际化也大致经历了社会主义时期和共和国时期两个阶段。

（一）社会主义时期（1940—1941 年、1944—1990 年）

社会主义时期拉脱维亚高等教育的国际化，主要是在东欧社会主义国家范围内展开。比如，拉脱维亚大学的合作伙伴院校包括当时属于苏维埃社会主义共和国联盟的莫斯科大学、维尔纽斯大学和塔尔图大学，属于捷克斯洛伐克社会主义共和国的查理大学，以及属于德意志民主共和国的罗斯托克大学。在拉脱维亚大学，只有最优秀的学生才有机会赴华沙公约组织成员国的某一所学校中进行为期 2 周的实习实践训练，其余学生则只能在本校进行。1974 年，拉脱维亚大学约有 130 名学生出国学习，与当年度接收的来自布拉格大学和罗斯托克大学来校进行实践训练的外国学生数量持平。

（二）共和国时期（1990年至今）

拉脱维亚独立后，与欧美高校重新建立合作和开展国际交流成为高等教育发展的首要任务之一。无论是高校层面还是学者层面，都在积极与西欧和美国的高校和学者建立联系，提升拉脱维亚高等教育的国际知名度。拉脱维亚裔的海外学者也在积极帮助本土大学和学者开展高水平国际学术合作。在此背景下，2001年拉脱维亚裔科学家第二届世界大会在里加举办，800位拉脱维亚本土学者和200位拉脱维亚裔海外学者出席，海外拉裔学者成为开展国际合作的重要支点。

2014年1月1日，拉脱维亚正式加入欧盟。在欧盟的指导和援助下，拉脱维亚高等教育国际化程度大大提高。拉脱维亚先后制定了《2014—2020年教育发展指导方针》(*Education Development Guidelines 2014—2020*)、《2021—2027年教育发展指导方针》，确定和更新其教育系统的发展目标、实施方向、相应的绩效指标和预期成果。在高等教育层面，拉脱维亚积极借助欧盟及国际力量发展教育，同时要大力推进教育领域的数字化改革。

除制定明确的、连续性的战略规划外，2012年拉脱维亚政府成立了国家教育发展局，隶属于教科部，专门负责指导和监督与国际教育合作有关的活动。国家教育发展局下设"伊拉斯谟+"项目部和教育指导及国际合作部，帮助高校和学者学生申请和参与欧盟及其他国际合作项目，提升拉脱维亚高等教育国际影响力，吸引更多外国学生来拉留学。国家教育发展局还负责运营"学在拉脱维亚"网站（Study in Latvia），该网站为外国留学生提供关于拉脱维亚教育体制、高等教育体系等实用英文信息，有助于国际学生更好地适应和融入拉脱维亚的学术和社会文化环境。

二、国际化内容

学生流动是高等教育国际化的重要表现。当前，拉脱维亚的人才输入与输出大致处于平衡状态——总体来看，拉脱维亚出国留学的学生为5 025人，占在校生总数比例为6.7%，外国留学生赴拉长短期学习10 080人，其中攻读学位的留学生9 575人。拉脱维亚学生的留学目的地国较为集中，主要为英国、德国、丹麦、俄罗斯、美国、爱沙尼亚、法国等；赴拉留学的学生生源地相对较分散，主要包括印度、乌兹别克斯坦、德国、乌克兰、俄罗斯、瑞典、芬兰、斯里兰卡、巴基斯坦、哈萨克斯坦、挪威、立陶宛等。

虽然拉脱维亚大学、里加斯特拉京什大学等主要高校近年来一直在推动全英文授课课程，但由于历史原因，拉脱维亚教育系统长期以来通用的是拉脱维亚语和俄语，英语课程资源并不丰富。同时从就业市场来看，掌握拉脱维亚语仍是在拉就业和谋生的基本条件之一，所以大部分外国留学生将在拉的学习（尤其是全英文授课）当作赴英语母语国家深造或工作的跳板。从专业来看，拉最受外国留学生欢迎的专业依次是社会科学、商学与法学（39.1%），医疗健康与社会福利（29.4%），自然科学、数学与信息技术（14.2%）（见表9-10）。

表9-10　2022年外国留学生赴拉长短期学习情况（按学科划分）

人

学科	总数	硕士层次（含职业型）	学士层次（含职业型）
教育	50	9	25
人文和艺术	269	94	156
社会科学、商学与法学	3 945	1 284	2 541
自然科学、数学与信息技术	1 436	401	998
工程、制造与建筑	881	273	553
农业	126	117	9
医疗健康、社会福利	2 963	2 918	26
服务	410	102	258
总计	10 080	5 198	4 566

＊数据来源：拉脱维亚统计局

第五节　中拉高等教育交流与合作

1996年9月，中拉双方在里加签署了《中华人民共和国政府和拉脱维亚共和国政府文化和教育合作协定》，为两国的教育文化合作奠定了基础。2010年10月，双方在北京签署《中拉高等教育学历学位互认协议》。2017年11月，教育部时任部长陈宝生会见拉脱维亚时任驻华大使玛瑞斯·赛尔嘉，并与其签署《中华人民共和国政府和拉脱维亚共和国政府教育合作协议》。赛尔嘉表示，拉方愿与中方进一步深化双边教育交流，并在"中国—中东欧国家合作"框架下开展多边教育合作。

一、学生流动

根据联合国教科文组织统计研究所（UNESCO UIS）和《来华留学生简明统计》的数据，中拉双方互派留学生的人数仍相对较少（见表9-11）。拉脱维亚赴中国留学人数年均约160人，中国学生选择前往拉脱维亚留学的人数年均约45人。

表9-11　2015—2020年中拉学生双向流动数据

人

年份	2015	2016	2017	2018	2019	2020
拉脱维亚学生来华留学	164	186	147	162	217	96
中国大陆学生留学拉脱维亚	22	27	26	66	45	85

* 数据来源：联合国教科文组织统计研究所、《来华留学生简明统计》

二、语言教学与文化互鉴

拉脱维亚的汉学研究有近百年的历史。彼得里斯·施密茨（1869—1938）是拉脱维亚汉学研究创始人。他于1919年在拉脱维亚大学创建汉学教研室，开始了汉学研究并出版了相关汉学研究书刊。此外，他还进行了大量的中国书籍收藏工作，为汉语理论研究及教学奠定了良好基础。对汉学贡献较大的还有埃德加斯·卡塔雅斯，他翻译了3本中文书籍；拉脱维亚翻译家、汉学家史莲娜教授多年潜心研究中国文化和历史，翻译出版了拉脱维亚语版《论语》，获得了第十二届中华图书特殊贡献奖；现任拉脱维亚大学孔子学院拉方院长的贝德高教授致力于研究中国语言、历史、文化50余年，花费8年时间编撰完成了世界上第一部拉汉词典《汉语拉脱维亚语大词典》，这是两国交流领域的一项历史性事件。该词典获得第十届中华图书特殊贡献奖。

拉脱维亚的汉语教学始于20世纪90年代，有20多年的历史。"汉语热"在拉脱维亚持续升温。拉脱维亚大学于1993年开设了汉语专业，培养了一批批优秀的汉语人才。2005年，斯特拉金什大学孔子中心（现为斯特拉金什大学中国研究中心）由史莲娜教授在首都里加成立，一方面通过举办中文培训班来增进拉脱维亚人民对中国文化的了解，另一方面也推动斯特拉金什大学与中国高校的学术交流与合作。

2011年，拉脱维亚第一所也是唯一一所孔子学院——拉脱维亚大学孔子学院建立。该学院由拉脱维亚大学与华南师范大学合作建立，现有17个教学点（含5个孔子课堂），已遍及拉脱维亚全境，涵盖小学、中学和大学。目前，已有8个教学点将汉语课程正式纳入学校学分课程体系，成为必修或选修课。5个孔子课堂分别在陶格夫匹尔斯大学、雷泽克内大学、交通与电信大学、里加文化中学和里加第34中学。

2019年10月，里加中国文化中心举行揭牌仪式，在拉脱维亚首都里加出席中国—中东欧国家旅游合作高级别会议的17国代表见证了揭牌时刻。该中心是中拉友好关系发展的重要成果，标志着中拉两国在人文领域的交流进入了新的阶段。2022年12月，里加中国文化中心与拉脱维亚大学孔子学院、人文学院以及拉脱维亚留华同学会成功合作举办了拉脱维亚中文教学暨留学工作交流会。

第六节 代表性大学

一、里加工业大学

里加工业大学（Riga Technical University，RTU）是拉脱维亚排名第一的以理工科类为主的综合性公立大学，位于首都里加。该校成立于1958年，但其历史可追溯至1862年成立的里加理工学院（Riga Polytechnic Institute），是东欧最古老最著名的公立大学之一。2023年QS世界大学排名位列751~800区间，拉脱维亚高校中排名第1位。

里加工业大学是拉脱维亚的第一所大学。1862年沙皇俄国在今拉脱维亚领土上成立了里加理工学院，是当时俄罗斯帝国疆域内的第一所多学科工程类学院，开办了6个系，仅招收男生，使用德语授课。截至1896年，里加理工学院共培养了4 941名学生。1896年，里加理工学院改制为正式的高等学校，并改用俄语授课。第一次世界大战爆发后，学院被迫迁往莫斯科，坚持教学及研究至1918年。1919年年初，拉脱维亚大学在里加理工学院的基础上于里加成立。随后的40多年时间内，拉脱维亚的工程类高等教育基本都由拉脱维亚大学来承担。1958年，拉脱维亚大学的工程类学科独立出来，再次成立了里加理工学院，学院采用俄语和拉脱维亚语进行教学。1990年3月19日，里加理工学院升格为里加工业大学。

里加工业大学设有9个学院：建筑学学院，土木工程学院，计算机科学与信息技术学院，电子与电信学院，电气与环境工程学院，电子研究与人文学院，工程经济与管理学院，机械工程、交通与航空学院、材料科学与应用化学学院。该校还建立了能源与环境、城市与发展、信息与通讯、交通、过程材料与技术、安全与防卫6个科研平台，以应对国家经济社会发展重点需求、推动跨学科产学研合作。此外，里加工业大学在采西斯、陶格夫匹尔斯、利耶帕亚和文茨皮尔斯四地设有分校。

2022年，在校生总数13 326人，其中博士研究生468人占比3.5%；国际学生2 263人，占该校在校生总数的17%。教学科研人员总数1 374人，其中教师577人，包括教授116人、副教授123人和助理教授171人，拥有博士学位的人员占教师总数的73%；国际教师约占总人数的9%。

二、里加斯特拉京什大学

里加斯特拉京什大学（Riga Stradiņš University，RSU），综合性公立大学，创建于1950年，前身为里加医学院（Riga Medical Institute）。随着学校的扩大，提供的教育及培训涵盖了医学之外的社会科学、自然科学等多学科领域，学校于2002年正式更名为里加斯特拉京什大学。该校自创建以来就隶属于国家卫生部，至今也是拉脱维亚唯一被纳入国家医疗体系的高校，这保证了拉脱维亚的医疗保健水平，同时也为学校自身的发展提供了良好的基础。2023年QS世界大学排名位列801~1 000区间，拉脱维亚高校中排名第2位。

学校名称中的斯特拉京什是为了纪念拉脱维亚大学医学院院长、里加医学院奠基人、医学教授保尔斯·斯特拉京什博士（Pauls Stradiņš）。斯特拉京什博士是"二战"后拉脱维亚仅存的两位医学教授之一，为拉脱维亚医学教育体系的恢复和重建作出了突出贡献。该校现设有9个学院：欧洲研究学院、药学院、法学院、传播学院、医学院、康复学院、公共卫生与社会福利学院、口腔医学院、临床医学院。

2021—2022学年，里加斯特拉京什大学在校生总数达9 102人，较2016—2017学年的8 238人增长了近10%。国际学生总数达2 523人，占比26%，留学生比例遥遥领先于拉脱维亚其他高校。国际学生来自世界65个国，其中排名前两位的是德国（33%）和斯堪的纳维亚国家（瑞典、挪威和芬兰，44%）。教师总数593人，拥有博士学位的人员占教师总数的69%；国际教师约占总人数的9%。

学校重视国际交流与科研合作，鼓励师生积极申请和参与欧盟地平线 2020（Horizon 2020）、"伊拉斯谟+"、北欧交换（Nordplus）以及校际合作等各种项目资助，开展跨国交流合作。2020年，根据 Web of Science 和 Scopus 两大数据库索引文献统计，里加斯特拉京什大学国际合作发表论文数占总数的比例为 52%；出国交流 1 个月以上的教师比例为 0.8%。与中国的国际合作网络方面，该校在中国大陆地区与北京理工大学、安徽医科大学、河北外国语大学签署了校际合作协议，开展师生交流交换项目。

三、拉脱维亚大学

拉脱维亚大学（University of Latvia，LU）成立于 1919 年，是拉脱维亚历史最悠久、规模最大的综合性大学，位于首都里加市区。该校历史可以追溯到 1862 年成立的里加理工学院。1919 年，拉脱维亚共和国成立后，在里加理工学院的基础上成立了拉脱维亚学院，1923 年改名为拉脱维亚大学。苏联时期，拉脱维亚大学的一些学科独立出来，成立了拉脱维亚农学院、里加医学院和里加理工学院等高等院校。2023 年 QS 世界大学排名位列 1 001~1 200 区间，拉脱维亚高校中排名第 3 位。

拉脱维亚大学设有 13 个学院、22 个学科、154 个专业方向，包括生物学院，计算机学院，物理、数学与视光学学院，地理与地球科学学院，化学学院，人文学院，神学院，历史与哲学学院，医学院，经管学院，法学院，教育、心理与艺术学院，社会科学学院。学校还设有 17 个研究所，涉及 50 多个学科领域。人文学院下设亚洲研究系，前身是东方学系，1993 年起开设汉语课程。这也是拉脱维亚唯一一所开设汉语专业的大学。

2020 年，拉脱维亚大学在校生总数达 15 260 人，规模位居拉脱维亚第一。国际学生总数达 764 人，占在校生总数的 5%，其中学历生 581 人、交换生 183 人。本国学生出国交流 274 人，通过欧盟资助和校际双边协议开展交换学习或实习。教师总数 586 人，国际教师约占总人数的 10%。

拉脱维亚大学重视国际交流，积极推动欧盟伊拉斯谟＋项目框架下的师生交流，与全球 447 所高等教育机构签署了 1 020 项协议，涉及 33 个欧盟项目，提供丰富的国际交流机会和资助。该校与 51 个国家 219 所高校建立了校际合作伙伴关系，其中中国高校包括北京外国语大学、中国传媒大学、兰州大学、华南师范大学、北京第二外国语学院和暨南大学。

拉脱维亚大学孔子学院于 2011 年 11 月 4 日揭牌，由拉脱维亚大学与华南师范大学合作建立，是拉脱维亚第一所和唯一一所孔子学院。孔院每年举行多场中国文化活动或汉语技能比赛，包括春节联欢会、元宵节联欢会、两至三次的汉语水平考试（HSK/HSKK）、"汉语桥"中文比赛、汉语夏令营等。除此之外，孔子学院还提供中国教育、文化、经济及社会等信息咨询服务，以及汉学研究项目等。

四、拉脱维亚生命科学与技术大学

拉脱维亚生命科学与技术大学（Latvia University of Life Sciences and Technologies，LLU），位于拉脱维亚杰尔加瓦市，公立大学。其历史可追溯到 1862 年成立的里加理工学院农业系，1919 年成为拉脱维亚大学农业系，1936 年农业系独立出来成立杰尔加瓦农学院，1990 年更名为拉脱维亚农业大学，2018 年 3 月 6 日更名为拉脱维亚生命科学与技术大学。

该校设有 8 个学院、53 个专业，包括工程学院、环境与土木工程学院、食品技术学院、经济与社会发展学院、信息技术学院、农学院、林学院和兽医学院。在校生人数 3 845 人，国际学生 123 人。

五、陶格夫匹尔斯大学

陶格夫匹尔斯大学（Daugavpils University，DU）成立于 1921 年，

位于拉脱维亚第二大城市陶格夫匹尔斯市，是拉脱维亚东部地区最大的国立大学也是唯一一所大学。1923年更名为陶格夫匹尔斯州立教育学院，1952年更名为陶格夫匹尔斯教育学院，1993年，该校获得大学资格，并于2001年10月13日更名为陶格夫匹尔斯大学。该大学最初是作为培养教师的教育机构而成立的，至今它延续了其师范传统，同时侧重于生命科学、语言学、社会科学和管理学。陶格夫匹尔斯大学的教育学院、管理学院、自然科学与数学学院、社会科学学院、音乐与艺术学院和人文学院提供了50多个本科、硕士、博士等不同学术水平的学习专业。在校国际学生2 200多名。

陶格夫匹尔斯大学的汉语课程开设于2013年9月，这是该校首次开设长期汉语课程。自开课以来，汉语课程受到了学生和社会的热烈欢迎和积极响应，第一学年共有80余人报名参加汉语课程。2015年10月，陶格夫匹尔斯大学汉语教学点升格为孔子课堂。此外，该校人文学院也开设汉语课程，纳入学分体系。

六、交通与电信大学

交通与电信大学（Transport and Telecommunication Institute，TSI）是一所具有近百年历史的现代大学，前身是著名的里加红旗民航学院（Riga Red-Banner Civil Aviation Institute）和里加航空学院（Riga Aviation Institute）。现今的交通与电信大学成立于1999年，是拉脱维亚唯一一所私立理工院校，采用俄语、拉脱维亚语和英语三种语言授课。该校提供的专业课程包括以下几个方向：运输和物流、计算机科学、电子和电信、经济与管理及航空运输。2019年，交通与电信大学在校生人数2 288人，学生规模不大但外国留学生比例较高，有来自俄罗斯、印度、斯里兰卡、哈萨克斯坦、摩尔多瓦、乌兹别克斯坦、乌克兰、阿塞拜疆等国家的学生在该校学习。

2015年9月始，交通与电信大学正式开设汉语言文化课程，成为拉脱维亚大学孔子学院第7个教学点。

参考文献

[1] 中华人民共和国外交部. 拉脱维亚国家概况.（2023-01 更新）[EB/OL].［2023-03-24］. https://www.fmprc.gov.cn/web/gjhdq_676201/gj_676203/oz_678770/1206_679330/1206x0_679332/.

[2] 商务部对外投资合作国别（地区）指南. 拉脱维亚（2021 年版）[EB/OL].［2023-03-24］. http://www.mofcom.gov.cn/dl/gbdqzn/upload/latuoweiya.pdf.

[3] 李诗亚. 浅析"俄罗斯化"与"去俄罗斯化"中的拉脱维亚［J］. 俄语学习，2018，（2）：57-60.

[4] Dedze I, Rubene Z. Universities in Latvia – from the Soviet to European Higher Education Area［J］. Foro de Educación, 2016, 14（21）, 13-38.

[5] 王岩. 拉脱维亚教育改革：概况、特点及启示［J］. 成都师范学院学报，2013，29（4）：29-33.

[6] 赵洪宝. 拉脱维亚语言政策与教育政策改革变迁［J］. 教育现代化，2018，5（20）：118-120.

[7] 范怡红，黄洁. 拉脱维亚高校教师发展项目浅析［J］. 中国高等教育，2010，（2）：77-78.

[8] 何雪莲. 平等竞争助力私立教育发展［N］. 中国科学报，2012-07-11.

[9] Study in Latvia. Higher Education in Latvia［EB/OL］.［2023-03-25］. https://www.studyinlatvia.lv/higher-education.

[10] Ministry of Education and Science Republic of Latvia. Education system in Latvia［EB/OL］.［2023-03-25］. https://www.izm.gov.lv/en/education-system-latvia.

[11] Central Statistical Bureau of Latvia. Education, culture and science［EB/OL］.［2023-03-25］. https://stat.gov.lv/en/statistics-themes/education.

[12] 刘进，闫晓敏."一带一路"沿线国家的高等教育现状与发展趋势研究（十）——以拉脱维亚为例［J］. 世界教育信息，2018,31(15)：

30—33.

[13] Central Statistical Bureau of Latvia. Higher Education Institutions and Colleges by Legal Status – Indicator, Legal Status of Education Institution, Time Period and Institutions of Education [EB/OL]. [2023-03-25]. https://data.stat.gov.lv/pxweb/en/OSP_PUB/START__IZG__IG__IGP/IGA060/table/tableViewLayout1/.

[14] Central Statistical Bureau of Latvia. Students in Higher Education Institutions and Colleges, 2022 [EB/OL]. [2023-03-25]. https://stat.gov.lv/en/statistics-themes/education/higher-education/8097-students.

[15] 中华人民共和国驻拉脱维亚共和国大使馆. 拉脱维亚高校招生概况 [EB/OL]. [2023-03-25]. http://lv.china-embassy.gov.cn/chn/jylx/jyxw/201106/t20110630_2913047.htm.

[16] UNIPAGE. Education in Latvia [EB/OL]. [2023-03-25]. https://www.unipage.net/en/education_latvia.

[17] Central Statistical Bureau of Latvia. Graduates in Higher Education Institutions and Colleges by Sex, and Education Thematic Group [EB/OL]. [2023-03-25]. https://stat.gov.lv/en/statistics-themes/education/higher-education/8097-students.

[18] OECD Education at a Glance 2022. Table C2.1. Total Expenditure on Educational Institutions as a Share of GDP (2019) [EB/OL]. https://www.oecd-ilibrary.org/docserver/3197152b-en.pdf?expires=1675482575&id=id&accname=guest&checksum=D4470D361816B07ECD1E885B338CC987.

[19] Central Statistical Bureau of Latvia. Expenditure on Education (Million Euro) – Indicator and Time Period [EB/OL]. [2023-03-25]. https://data.stat.gov.lv/pxweb/en/OSP_PUB/START__IZG__IG__IGP/IGD010/table/tableViewLayout1/.

[20] Quality Agency for Higher Education. Development of Higher

Education Quality Assurance System in Latvia［EB/OL］.［2023-03-25］. https://www.aika.lv/en/aika-about/development-of-higher-education-quality-assurance-system-in-latvia/#:~:text=The%20system%20described%20by%20these%20regulations%2C%20which%20can,...%203%20Accreditation%20of%20all%20study%20programmes.%20.

［21］European Union. Digital Skills & Jobs Platform. Latvian Education Development Guidelines 2021-2027［EB/OL］.［2023-03-26］. https://digital-skills-jobs.europa.eu/en/actions/national-initiatives/national-strategies/latvian-education-development-guidelines-2021-2027#:~:text=In%20order%20to%20address%20the%20challenges%20identified%20and,and%20efficient%20management%20of%20education%20systems%20and%20resources.

［22］UNESCO UIS. Global Flow of Tertiary-Level Students: Latvia［EB/OL］.［2023-03-26］. http://uis.unesco.org/en/uis-student-flow.

［23］Central Statistical Bureau of Latvia. Mobile students in Latvia by education thematic group［EB/OL］［2023-03-26］. https://stat.gov.lv/en/statistics-themes/education/higher-education/8098-mobile-students-abroad-latvia?themeCode=IG.

［24］汤蕴新. 拉脱维亚高校中国文化体验课教学调查研究［D］. 杭州：浙江科技学院，2019.

［25］拉脱维亚大学孔子学院. 拉脱维亚大学孔子学院简介［EB/OL］.［2023-03-26］. http://www.ci.lu.lv/?page_id=2.

［26］里加工业大学官方网站. 学校历史［EB/OL］.［2023-03-26］. https://www.rtu.lv/en/university/history.

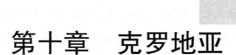

第十章　克罗地亚

第一节　国家概况

克罗地亚共和国（The Republic of Croatia），首都萨格勒布。克罗地亚位于欧洲中南部，巴尔干半岛西北部。西北和北部分别同斯洛文尼亚和匈牙利接壤，东部和东南部同塞尔维亚、波斯尼亚和黑塞哥维那、黑山为邻，西部和南部濒亚得里亚海，岛屿众多，海岸线曲折，长1 880千米。截至2022年6月，克罗地亚人口406万。主要民族为克罗地亚族（90.4%），其他为塞尔维亚族、波什尼亚克族、意大利族、匈牙利族、阿尔巴尼亚族、斯洛文尼亚族等，共22个少数民族。官方语言为克罗地亚语。全国大部分居民信奉罗马天主教，少部分居民信奉东正教、伊斯兰教、基督教新教、希腊天主教和犹太教。国土面积为5.66万平方千米。全国设20个省和1个省级直辖市，下辖128个市和428个区。克罗地亚货币为库纳，货币代码为HRK。2023年3月，库纳与人民币的汇率约为1∶0.98，与美元的汇率约为1∶0.14。

6世纪末和7世纪初，斯拉夫人开始向巴尔干半岛迁移并定居。8世纪末和9世纪初，克罗地亚人建立早期封建国家。10世纪，克罗地亚王国建立。1102—1527年，克罗地亚处于匈牙利王国统治之下。1527—1918年，克罗地亚受哈布斯堡王朝统治，直到奥匈帝国崩溃。

1918年12月，克罗地亚同一些南部斯拉夫民族联合成立塞尔维亚人—克罗地亚人—斯洛文尼亚人王国，1929年改称南斯拉夫王国。1941年，德国、意大利法西斯入侵南斯拉夫王国，扶持建立了"克罗地亚独立国"。1945年，南斯拉夫人民赢得反法西斯战争胜利，11月29日宣告成立南斯拉夫联邦人民共和国，1963年改称南斯拉夫社会主义联邦共和国，克罗地亚成为南联邦6个共和国之一。1991年6月25日，克罗地亚议会根据全民公决结果通过决议，宣布从南斯拉夫独立。1992年5月22日，克罗地亚加入联合国。2009年4月，克罗地亚成为北大西洋公约组织成员国。克罗地亚于2013年7月1日加入欧盟，成为其第28个成员。

2021年，克罗地亚对外贸易总额475亿欧元、同比增长25%，其中克罗地亚出口额191亿欧元、同比增长27.9%，进口额283亿欧元、同比增长23.2%，逆差92亿欧元。主要出口商品：石油产品、矿物燃料及润滑剂、药品、电子设备、食品。主要进口商品：原油和天然气、矿物燃料及润滑剂、交通工具、药品、机床设备。主要贸易伙伴：意大利、斯洛文尼亚、德国。

克罗地亚国民教育程度较高，具备较为完整的教育体系，包括学前教育、初等教育、中等教育、职业教育、高等教育、成人教育和特殊教育等。克罗地亚实行8年制中、小学义务教育。7所主要大学是萨格勒布大学、里耶卡大学、奥西耶克大学、斯普利特大学、扎达尔大学、杜布罗夫尼克大学和普拉大学。另外，还有13所公立理工学院，如萨格勒布研究理工学院、卡尔洛瓦茨理工学院等，以及其他私立专业院校，如萨格勒布经济与管理学院、奥帕蒂亚旅游与酒店管理学院等。

中国和克罗地亚于1992年5月13日建交，2005年建立全面合作伙伴关系。多年来双方政治互信加深，高层互访不断，经济合作、人文交流等广泛深入发展。克罗地亚位于"一带一路"沿线地区，也是中国巩固发展经贸关系、深化利益交融格局的欧盟成员国之一。克罗地亚领导人在多个场合强调支持"一带一路"倡议和中国—中东欧国家合作机制。2021年2月9日，习近平主席主持中国—中东欧国家领导人峰会并发表主旨讲话,为深化中国与中东欧国家合作指明了方向,克罗地亚总理普连科维奇参加了峰会并积极发言支持。2020年3月,李克强总理应约与普连科维奇总理通话会谈。2021年5月,中央政治局委员、中央外事工作委员会办公室主任杨洁篪率团成功访问克罗地亚,并与克罗地亚总统、总理和议长等进行了富有成效的会谈,期间,商务部国际贸易谈判代表兼副部长俞建华与克罗地亚经济和可持续发展部长举行了会谈,在经济合作领域达成多项重要共识。

第二节　高等教育发展历程

受历史背景和地缘政治影响,克罗地亚高等教育历程主要可以分为三个阶段:起步发展时期、快速发展时期和发展改革时期。

一、起步发展时期(8—19世纪)

克罗地亚最早的学校是925年在斯普利特的神职学校。早期的学校通常与修道院联合。从特尔皮米尔时期(约850年)直到13世纪末,克罗地亚的学校是由本笃会的修道士建立的。起初,本笃会学校要求严格使用拉丁文,后来随着克罗地亚本土学生的增多,开始采用克罗地亚文和克罗地亚字母。格拉果尔文字在学校里存在了许多年,1527年在威尼斯印刷的第一本初级读物使用的就是这种克罗地亚文字。13和14世纪,克罗地亚的不同城市开始成立世俗学校,由于它们是由市镇委员会资助的,故当时称为市镇学校。圣芳济会的修道士和圣多明尼克教修道士建立了许多学校。1503年,保禄会会员在克罗地亚列波格拉瓦成立了第一所中学和第一所大学,后者一直运营到1786年被约瑟夫二世关闭。1669年,耶稣会士在萨格勒布建立了第一所在克罗地亚有着长期影响的耶稣学院,这后来成为萨格勒布大学的前身。

当时,克罗地亚东南部高等教育呈现了多样化的特点,杜布罗夫尼克成立了耶稣会士大学，扎达尔、马卡尔斯卡和杜布罗夫尼克成立了圣芳济会神学院，扎达尔成立了圣多明尼克教神学院，这些神学院为克罗地亚人提供了一种彻底而广泛的人文主义教育，讲师也都是国内外优秀的人文主义学者。与克罗地亚北部和国外的大学不同，这些学校没有权力授予学位。

1861年，主教向克罗地亚议会提议在萨格勒布建立一所大学。1869年，弗朗茨·约瑟夫一世签署法令建立萨格勒布大学，1874年，议会通过建校法案并于同年1月15日批准。1874年10月19日举行创校仪式，萨格勒布大学成为奥匈帝国外莱塔尼亚地区内的第三所大学。在克罗地亚独立时期，学校被称为克罗地亚大学，是克罗地亚规模最大的大学，同时也是维也纳以南的中欧地区及东南欧持续办学时间最长的大学。

二、快速发展时期（20世纪初至1991年）

克罗地亚在社会主义时期十分重视教育事业，每年把国民收入的4%以上用于教育，致力于"培养有能力的、符合国家需要的专业干部"。作为南斯拉夫的共和国之一，克罗地亚遵循南斯拉夫的教育方针。

首先，加强对学生的马克思主义思想教育，不仅开设马克思主义的教育课程，而且把这种教育贯穿于整个教育工作中。其次，制订新的教学大纲实行定向教育，主要对中学教育进行改革，其目的是"更快地满足社会各部门对专业干部的需要，使人员的培养与社会发展计划更紧密地结合起来，克服教育与生产劳动相脱节的现象，同时使学生各尽其才，充分发挥自己的能力和特长，从而提高整个教育工作水平"。此外，教育部门职工同生产部门职工密切合作，使生产部门的劳动者参加对教育的管理，实行教育管理的社会化。

1952年开始，克罗地亚实行8年制义务教育。20世纪70年代以来，为了使中等教育更好地为社会和经济建设服务，克罗地亚的中等教育不断经历着改革。1974年后，教育制度改革的出发点是：为青年及成人建立一种指导就业并为进一步提高、深造和自学打下基础的统一教育体制。1978年前后,国家对中等教育做了调整,实行定向分流,将原来中等教育系统的各类学校(4年制普通中学、中等专业学校、职业技校)改为统一类型的中等定向教育学校,全国约有200所。定向学校是4年制,采取分阶段施教的做法,前两年以普通教育为主,后两年进行职业训练。学生在4年学习过程中,取得某一级的职业训练后,可就业,亦可升入大学继续学习。同时可通过在职学习(半日工作,半日学习)接受高一级的训练,也可以在就业后再回到学校继续学习。中等教育明显体现出一个趋势,即从以升学为主,向以定向职业教育为主、兼顾升学转变。这种趋势促进了普通教育和职业教育之间的相互渗透和统一。同时进行的高等教育改革为培养同时具有广泛专业知识的专门人才创造条件。高校允许有才能的学生跨系学习一个以上的专业。同时,允许在职人员和待业青年以非正规大学生的身份在大学学习。

三、发展改革时期(1991年至今)

1991年克罗地亚成为独立主权国家,这促使对教育体制、课程内容以及教育机构的行政管理进行改革。1993年,克罗地亚颁布《高等教育法》,根据法案成立全国高等教育委员会,负责了解和掌握全国高等教育状态,为全国高等教育行政部门科学、教育和体育部提供政策咨询服务。根据1996年通过的高等教育法,克罗地亚科技部决定将大学教育与职业教育分开,职业教育向学生们提供以实践为主的专业知识。

2001年,克罗地亚签署了《博洛尼亚宣言》,并制订了《2005—2010年教育发展计划》。该计划明确了一系列发展目标,包括到2006年前建立外部质量保障体系、2010年前降低辍学率、把提高高等教育的质量和效率作为优先发展事项等。

2003年7月,克罗地亚国会通过《科学活动和高等教育法案》,高等院校依法获得自主权,承担起内部质量保证体系建设职责。2005年,科学与高等教育局(The Agency for Science and Higher Education)成立,承担起外部质量保证体系建设的责任。

2005—2009年,克罗地亚根据博洛尼亚原则,对本、硕、博专业进行了改革。根据国家的战略发展规划,在重点关注领域新成立了30所高等教育机构,主要为公立理工学院和私立学院。第一所私立大学正是在这一期间成立。2006年,克罗地亚制定了资格认证制度并颁布了克罗地亚资格框架(CROQF),与欧洲资格框架(EQF)和欧洲高等教育区资格框架(QF-EHEA)保持一致。

2009年,《科学和高等教育质量保证法案》颁布,克罗地亚高等教育质量保证体系建设进入全新的发展时期。这一确立了科学和高等教育局为全国唯一的外部质量保证机构,具有独立自主开展外部评估活动的权力,具有独立的人力、财务和专业技术资源。2012年,《克罗地亚资格框架法》通过。

这些改革措施使得克罗地亚高等教育体系与欧洲接轨,并得以纳入欧洲高等教育区,从而提高了高等教育的质量,促进了克罗地亚高等教育的流动性、认可度和影响力。

第三节　高等教育概况

一、分类及规模

克罗地亚高等教育实行双轨制,分为大学学习(University Studies)和专业学习(Professional Studies)。大学分为公立大学和私立大学,提供本科、硕士和博士三个阶段的学习,在医学和法学等学科会有本硕连读模式。专业学习可在学院(Colleges)、理工学院(Polytechnics)和大学(Universities)中完成。专业学习包括短期本科专业学习(Short-cycle Professional Undergraduate studies)、本科专业学习(Undergraduate Professional Studies)和特定硕士专业学习(Specialist Graduate Professional

Studies）。专业学习不提供博士阶段学习。理工学院必须在至少 3 个学科领域开设至少 3 个专业。学院通常是指应用科学学院（Colleges of Applied Science），提供的是更专业化领域的学习。

目前有 12 所大学（9 所公立、3 所私立），17 所理工学院（11 所公立、6 所私立），18 所学院（3 所公立、15 所私立）。整体来看，90% 的学生在公立学校学习，10% 的学生选择在私立学校就读。在大学和理工学院中，公立学校的学生数量明显高于私立，而在学院中私立学院的学生数量则高于公立（见表 10-1）。

表 10-1　2016—2021 学年克罗地亚高等教育学生规模

人

学年	总数	大学		理工学院		学院	
		公立	私立	公立	私立	公立	私立
2016—2017	165 195	133 514	2 252	16 623	5 134	1 426	6 246
2017—2018	164 826	133 458	2 788	16 088	5 843	1 377	5 272
2018—2019	162 928	130 453	3 267	16 400	5 849	1 324	5 635
2019—2020	161 627	128 132	3 394	17 276	6 220	1 231	5 374
2020—2021	161 077	129 337	5 126	16 099	4 097	1 148	5 270

数据来源：克罗地亚科学与高等教育局

二、招生机制

2009 年，克罗地亚规定在 4 年高中完成后引入会考（the State Matura），类似于中国的高考，同时，升入高等教育机构采用统一的申请制度，并参考会考成绩。

会考内容分为必考科目和选考科目。必考科目有 3 门，分别为克罗地亚语、数学和 1 门外语。必考科目分为 A 等和 B 等两个等级。通常想要申请医学、理工科类专业的学生需要通过 A 等考试，想要申请文科类专业的学生需要通过 B 等考试。选考科目最多可以选择 6 门，考试科目由国家教育外部评估中心（The National Center for External Evaluation of Education）每年经科学、教育和体育部批准后在考试申请前发布。

学生只要通过必考 3 门科目，就可以通过会考，取得证书。但想要进入高等教育机构学习，学生还需要根据具体的入学考试要求，参与更多考试的选拔。通常高等教育机构的入学标准会根据学生高中成绩和会考等成绩的总和择优录取，包括 4 年高中成绩的平均分和国家统一会考的成绩，有些高等教育机构还会安排额外的入学考试，特长生还需要提供获奖证书等证明。

会考每年由国家统一举行，升学选拔更加公平和透明。会考考试目录、试卷命题、考卷准备等均由国家教育外部评估中心负责。

三、人才培养模式

（一）高等教育学制和评分体系

大学学习取得学位的年限与中国大致相同，本科学制为 3~4 年，硕士学制为 1~2 年，博士学制为 3 年（见表 10-2）。专业学习中，通常本科专业学习也为 3~4 年，但短期本科专业学习只需要 2~2.5 年，特定硕士专业学习需要 1~2 年（见表 10-2）。

表 10-2　克罗地亚高等教育分类

类别	级别	年限	学分	对应克罗地亚资格框架
大学学习	本科大学学习	3~4 年	180~240	6 级
	硕士大学学习	1~2 年	60~120	7 级
	博士大学学习	3 年	180	8 级
专业学习	短期本科专业学习	2~2.5 年	120~150	5 级
	本科专业学习	3~4 年	180~240	6 级
	特定硕士专业学习	1~2 年	60~120	7 级

克罗地亚采用的评分体系是从 1（不合格）到 5（优秀）进行等级划分（见表 10-3）。

表 10-3 克罗地亚高等教育评分等级划分

等级	程度
5	优秀（excellent）
4	非常好（very good）
3	良好（good）
2	及格（sufficient）
1	不及格（fail）

（二）质量保证

科学和高等教育局是国家层面的高等教育外部质量保证机构，独立行使外部质量保证机构权力，下设管理委员会（Management Board）、董事（Director）和认证委员会（Accreditation Council），成员由科学和高等教育局相关成员组成。认证委员会是专业机构，负责高等院校、学习项目初始认证和再认证文件的制定；执行专题评估和审计，制定评估标准，建立外部评估程序运行规划；任命外部评估专家委员会成员；对外部质量评估程序的最终报告提供意见；处理对外部评估程序的申诉；对董事提交年度工作报告和年度工作计划；建立认证委员会工作运行模式。

高等教育机构外部质量保障活动主要包括首次认证、再认证、外部审计、专题评估等。其中，首次认证主要看申请院校或学习项目是否达到了教育部规定的最低标准。再认证在高等院校自我评估的基础上进行，主要看是否保证了教育部所要求的最低标准以及发展程度。对没有达到标准的院校或学习项目，给予改进意见和期限。对于通过的认证院校，则要求制定继续提升质量的发展战略规划，每年向科学和高等教育局提交执行情况。审计主要看高等院校内部质量保证体系是否符合《欧洲高等教育质量保证标准与指南》，与国内以及欧洲同类院校相比的发展水平和有效性如何。对于通过认证的院校，科学和高等教育局将颁发证书，并提出进一步提高的建议；对没有通过的院校，则在18个月内再次审计。专题评估则主要是根据教育部、科学组织、高等院校、学生委员会或科学和高等教育局的要求开展。

高等院校从2003年起依法获得自治权，成为内部质量保证体系的主体，并开始按照《欧洲高等教育质量保证标准与指南》建设学校内部质量保证体系。高等院校制定持续提高质量的发展战略规划，提出培育质量文化和质量意识的概念；构建质量保证组织构架，形成相关章程规则，学校和二级学院纷纷成立质量保证委员会和质量保证办公室，担起与国内和欧洲层面相关机构对接的各种相关工作；按照科学和高等教育局要求，开展院校自我评估；积极申请和参与科学和高等教育局以及国际组织的质量评估活动。

克罗地亚以质量保证体系建设为契机和平台，与欧洲和国际质量保证领域密切联系合作，不仅对国内高等教育质量起到了再保证作用，而且直接推进克罗地亚高等教育更深入地融入欧洲、走向国际。

四、学生毕业和就业情况

根据科学和高等教育局数据统计，2016—2020年，克罗地亚高等教育毕业生人数整体规模趋于稳定，总人数不超过3.5万人。其中，大学毕业人数平均占比最高，约占80%，理工学院毕业人数平均占比约15%，学院毕业人数平均占比最低，仅为5%左右（见表10-4）。在各类学科中，自然科学、技术科学等理工类学科和人文学科毕业生人数规模基本持平，交叉学科毕业生规模较低（见表10-5）。

表10-4　2016—2020年克罗地亚各类高等教育机构毕业生人数

人

学校类别	2016年	2017年	2018年	2019年	2020年
大学	27 114	27 250	27 773	28 247	27 855

续表

学校类别	2016 年	2017 年	2018 年	2019 年	2020 年
理工学院	5 030	4 941	5 141	5 073	5 163
学院	1 884	1 799	1 487	1 562	1 450
总数	34 028	33 990	34 401	34 882	34 468

数据来源：科学和高等教育局

表 10-5　2018—2020 年克罗地亚高等教育各学科毕业人数

人

学科	2018 年	2019 年	2020 年
自然科学	1 601	1 552	1 598
技术科学	8 623	8 942	9 009
生物医学与健康	3 833	4 027	3 929
生物技术科学	1 912	2 083	1 967
社会科学	14 614	14 403	14 058
人文	2 369	2 459	2 469
艺术	730	737	763
交叉学科	719	679	675
总数	34 401	34 882	34 468

数据来源：科学和高等教育局

科学和高等教育局也是国家层面对毕业生进行就业跟踪的主要机构。从 2014 年起，科学和高等教育局对毕业生进行就业情况问卷调查，截至 2021 年，已进行了 6 次各类问卷调查。2021 年，对 2019—2020 学年毕业生就业能力进行了全国性调查，这也是对就业能力进行的第 4 次调查。全国 86 个高等教育机构的 13 505 名学生参与了调查问卷。调查问卷数据显示，30% 的受访者表示寻找第一份工作的主要策略是主动投递简历，78.8% 的受访者在本专业领域找到工作，63% 的受访者的第一份工作是在私营企业，61% 的受访者认为工作机会不足是失业的主要原因。

五、经费

全球经济网站公布的数据显示，2002—2018 年克罗地亚教育经费占国内生产总值比重的平均值为 4.05%。其中 2002 年最低，为 3.78%；2013 年最高，为 4.5%（见图 10-1）。

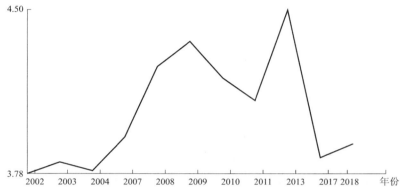

图 10-1　克罗地亚 2002—2018 年教育经费支出占国内生产总值比重

2002—2018 年，克罗地亚公共教育经费支出占政府公共支出比重的平均值为 8.55%，其中 2002 年最低，为 7.53%，2013 年最高，为 9.46%（见图 10-2）。

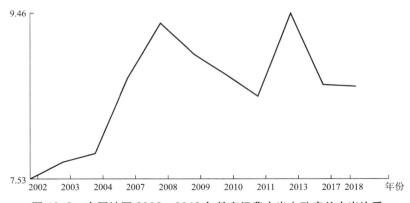

图 10-2　克罗地亚 2002—2018 年教育经费支出占政府总支出比重

克罗地亚的学费因学校和专业而异。人文和社会学科专业每年的学费 1 100~10 400 欧元，自然科学和技术科学专业每年的学费 1 000~6 000 欧元，医学专业学费每年 10 000~12 000 欧元。

第四节　高等教育国际化

克罗地亚一直重视教育的国际化，从学前教育到高等教育，包括成人教育，均制定了一系列针对性的教育国际化政策和方针战略，推进国际合作。国家在国际化合作方面的各项优先发展事项也与博洛尼亚进程和哥本哈根进程保持一致。在教育国际化的背景下，克罗地亚对内实施高等教育改革，提升高等教育在欧洲和全球高等教育体系中的竞争力；对外推动高等教育开放与合作，促进学生、教师和学术人员流动，支持高等教育机构建立伙伴关系，不断提升其高等教育国际化实力。

一、国际化历程

从 2009 年开始，克罗地亚一直在修订立法框架，以推动教育国际化和流动性。其中包括外国学历的认证和质量保证条例，规范外国公民在克罗地亚的逗留、权利、税收制度和福利/减免的法律框架。

2010 年，"欧盟 2020 发展战略"中的"青年行动"倡议指出，增加学习流动机会是提高年轻人就业能力的一个重要手段和因素。在与科学、教育和体育部就签署试点项目进行谈判时，公立高等教育机构的战略目标之一是国际化和流动性，开启了许多以结果为导向的新资助模式。

2010 年，克罗地亚出台了国家框架课程（National Framework Curriculum），在普通教育层面，该框架课程考虑到了欧洲的教育趋势，将欧洲终身学习的关键能力纳入其中，使其成为基础教育的核心部分和终身学习的前提条件。

2012年4月，克罗地亚科学、教育和体育部发布了《教育、科学和技术战略指导方针》，强调教育的国际化也是提升教育质量的关键因素。

二、国际化内容

（一）学生的国际流动

自从2009年加入终身学习计划，克罗地亚学生的流动率就一直持续增长。其学生交流主要依靠"伊拉斯谟+"项目、中欧大学研究交流项目（CEEPUS）和双边合作项目。选择来克罗地亚留学的学生人数始终低于克罗地亚出国留学的学生人数，以萨格勒布大学为例，接收国际学生的人数大约为出国留学人数的一半。

根据联合国教科文组织数据库数据显示，2016—2021年，克罗地亚学生出国留学目的地国家除美国为传统留学目的地之外，其他主要以欧洲国家为主（见表10-6）。与克罗地亚历史和文化背景相似的波黑和斯洛文尼亚均在克罗地亚留学生前五大目的地国家之列。克罗地亚前10大出国留学目的地国家的留学生总人数已经占每年出国留学人数的82%~88%（见表10-7）。

表10-6　2016—2020年克罗地亚出国留学前10名国家人数统计

人

序号	国家	2016年	2017年	2018年	2019年	2020年	2021年
1	波黑	3 021	2 926	2 736	2 720	2 188	13 591
2	奥地利	976	1 065	1 081	1 026	1 046	5 195
3	英国	538	768	976	1 118	1 173	4 573
4	斯洛文尼亚	705	700	670	1 009	986	4 070
5	意大利	896	860	819	633	612	3 820
6	德国	512	560	673	732	1 065	3 542

续表

序号	国家	2016年	2017年	2018年	2019年	2020年	2021年
7	塞尔维亚	571	600	554	545	485	2 755
8	美国	548	538	525	—	485	2 096
9	丹麦	138	232	313	374	433	1 490
10	荷兰	252	321	344	390	—	1 307
总数		8 157	8 570	8 692	8 547	8 473	8 157

数据来源：联合国教科文组织数据库

表 10-7　2016—2020 年克罗地亚出国留学总数

人

年份	2016	2017	2018	2019	2020
总数	9 224	9 692	9 754	10 169	10 003

数据来源：联合国教科文组织数据库

由于克罗地亚的高等教育水平有限，因此该国的国际学生规模也相对较小。根据联合国教科文组织数据库数据显示，2016—2020 年，克罗地亚接收的国际学生人数在 4 500~6 000 人，且在 2019 年达到最高，为 5 722 人（见表 10-8）。留学克罗地亚的学生来源以欧洲和亚洲国家为主。

表 10-8　2017—2020 年各洲别留学到克罗地亚的人数统计

人

洲别	2017 年	2018 年	2019 年	2020 年
欧洲	4 355	4 531	5 050	4 216
亚洲	192	221	347	287
非洲	26	31	43	33
北美	152	161	172	150
大洋洲	8	9	10	13

续表

洲别	2017年	2018年	2019年	2020年
其他	48	61	100	69
总数	4 781	5 014	5 722	4 768

数据来源：联合国教科文组织数据库

（二）课程的国际化

克罗地亚政府很重视高等院校课程的国际化开发，以促进学生的交流项目。萨格勒布大学是克罗地亚最大的公立大学，其课程的国际化发展也很有代表性。

2010年，萨格勒布大学启动英文授课计划，开启了课程国际化的历程。开设英文课最初的目的是为学生，特别是交换学生，提供至少1学期30学分的英文授课课程。2013—2014学年，学校拨款400 000库纳用以支持用英语、法语和德语授课的92门课程的建设。目前，学校已有300余门外语授课的课程，已有8个专业可以使用全英文授课且覆盖本科、硕士和博士三个层次。

克罗地亚推行外语授课专业和课程的另一个目的是推动在地国际化，克罗地亚本地学生即便没有参加国际交流项目，也可以有机会选择国际化课程。

（三）双边奖学金

克罗地亚政府设立了克罗地亚政府双边奖学金（The Croatian Government Bilateral Scholarships），用于支持来自与克罗地亚政府签署双边教育合作协议国家高等学校的学生、教师和研究学者来克罗地亚学习。克罗地亚科学和教育部与交流和欧盟项目机构（The Agency for Mobility and EU Programmes）每年会发布奖学金支持的专业和科研领域。

申请者每年3—4月申请下一学年的学习。该奖学金计划可支持本硕博学生3~10个月的交流学习、申请2~3年的本硕博学位学习、在读博士生或者博士后1~10个月的科研交流以及2周克罗地亚语和文化短期项目。奖学金主要包括生活费和住宿补贴。

第五节 中克高等教育交流与合作

中国和克罗地亚自1992年建交以来，各领域合作取得丰硕成果，其中教育合作成为中克合作亮点之一。我国与克罗地亚政府早在1993年就签订了首个《文化教育合作协定》，是前南斯拉夫解体后我国与西巴尔干地区开展教育有关合作最早的政策文本之一。

1994年4月11日，两国签署《科学技术合作协定》，同意在科学研究方面加深合作，并鼓励相互邀请科学家和其他技术专家传授科学技术知识及经验，相互派遣专家、技术人员进行科技考察，组织科学技术讨论会与学术会议。

2004年10月，萨格勒布大学正式开设汉学专业。2006年，北京外国语大学开设克语专业。

2005年5月，克罗地亚前总理伊沃·萨纳德先生正式来华访问，两国签署了建立全面合作伙伴关系的联合声明。双方约定将继续支持两国在文化、科技、教育、医药、体育等领域的传统良好合作。双方对两国在应用科学领域的联合研究项目表示满意，并将大力支持两国在基础研究和应用科学领域的合作。双方支持各自为促进在本国学习对方国家语言、历史、文化等创造条件所做的各种努力。

2012年5月，萨格勒布大学孔子学院正式揭牌。

2013年3月，中克双方签署了《中华人民共和国教育部与克罗地亚共和国科学、教育和体育部2013—2016年教育合作计划》。根据该计划，双方每年互换政府奖学金留学生，中方同时提供若干单方面奖学金名额。刘延东副总理访克期间，宣布中国未来5年将向克提供200个政府奖学金名额，以促进两国青年交流和教育合作。2018年7月，中克签署《中华人民共和国教育部和克罗地亚共和国科学和教育部 2018—2022 年教育合作计划》。

2019 年，中国科学技术部与克罗地亚科学和教育部签署《关于联合资助研发合作项目的谅解备忘录》，支持两国科研机构、高校、企业开展联合研发以及成果产业化合作。

一、交流合作

2017 年 11 月 7 日，第四十届克罗地亚国际图书与教育展在首都萨格勒布开幕，中国图书进出口（集团）总公司作为中国唯一的参展商展出了 180 多种、200 多册中国图书，其中，关于"一带一路"倡议的英文图书等集中亮相。中国驻克罗地亚大使胡兆明、克罗地亚文化部长特派代表奈梅茨和萨格勒布大学校长博拉斯参观了中国展台，并出席了当天下午举办的中克图书文化交流座谈会。中图公司与克罗地亚 INTECH 公司签署了数字内容资源合作协议，国家哲学社会科学文献中心学术期刊数据库将通过中图公司"易阅通"平台获取克罗地亚相关信息，这对两国文化教育的交流与发展起到了重要作用。

2018 年 3 月 7 日，克罗地亚国家科学高等教育技术发展委员会代表团访问上海对外经贸大学，并希望与上海对外经贸大学就海外实习生项目开展合作。访问期间，双方就学生的国际化培养、国际教育项目的合作开展等进行了探讨。近 5 年来，上海对外经贸大学和克罗地亚大学两校教师互访讲学活动稳步推进，为其他学校的国际交流提供了很好的借鉴。

2018 年 10 月 30 日，中国教育国际交流协会主办的中国—克罗地亚高等教育论坛成功举办，中克数十所高校 200 余名师生参与论坛。中国驻克罗地亚大使胡兆明强调，在"一带一路"背景下，两国加强教育合作正当其时。中克教育界人士应通力协作，携手谱写中克教育合作新的华彩乐章，为推动两国关系再上一个台阶贡献力量。

2019 年 4 月，由北京体育大学与萨格勒布大学体育学院共同主办的首届"一带一路"体育教育论坛在克罗地亚萨格勒布举行。首届论坛主题为"冬季运动，合作共赢"。来自中国、克罗地亚、美国、加拿大、英国、德国、俄罗斯、泰国和中东欧其他国家共计20余国30余所高校的代表参加了论坛。"一带一路"体育教育论坛作为北京体育大学纪念建校65周年系列学术活动之一，是北京体育大学经与北京师范大学、首都体育学院、波兰格但斯克体育大学、克罗地亚萨格勒布大学等10所国内外高校达成共识，在第六届中外大学校长体育论坛的开幕仪式上共同发起成立的。为了更好地推动中国与世界各国在足球领域的交流与合作，振兴中国足球运动，建设体育强国，北京体育大学经与萨格勒布大学、北京师范大学等国内外高校达成共识，在首届"一带一路"体育教育论坛的开幕仪式上举行了"一带一路"大学足球联赛启动仪式。旨在为深化我国与"一带一路"沿线国家高校在足球领域的交流与合作搭建共享平台，本着"互相尊重、互学互鉴、合作共赢、共同发展"的原则，发挥各自的资源优势，增进交流，提升水平，积极组织开展大学生足球联赛，让比赛升温友谊，让足球连接世界。

2022年5月，为贯彻《中国—中东欧国家合作布加勒斯特纲要》精神，落实做大做强中国—中东欧国家高校联合会的倡议，促进联合会内资源共享，发挥高校学科优势，"中国—中东欧国家高校联合会经济学学科建设共同体"成立仪式在中国人民大学举行。本次活动由中国人民大学牵头，北京大学、罗兰大学、萨格勒布大学等中国和中东欧高校共同参与，共享各方经济学科优质资源，共同探索高等教育如何服务于人类社会和经济的有序发展。

二、学生流动

学生流动是中国与克罗地亚高等教育交流的重要方面，但总体来看，两国留学生流动水平偏低。我国出国留学生选择到克罗地亚留学的人数较少，根据联合国教科文组织统计研究所数据中心公布的数据，2016—2020年，我国每年出国留学到克罗地亚的人数均在25人以下。

根据教育部国际合作与交流司发布的《来华留学生简明统计》中的数据，克罗地亚学生来中国留学人数在 2015—2019 年之间逐年增加，并在 2019 年达到最高为 191 人（见表 10-9）。

表 10-9　2015—2020 年中国和克罗地亚双向留学人数

人

年份	2015	2016	2017	2018	2019	2020
中国大陆学生留学克罗地亚	—	1	21	20	23	20
克罗地亚学生来华留学	99	111	115	118	191	67

三、汉语教育

（一）历史起源

克罗地亚汉语教学起步较晚，且主要在萨格勒布大学开展。中华人民共和国成立以后，中国与南斯拉夫两国关系有起有伏，萨格勒布大学直到 1979 年才开始真正的汉语教学，从那时起每 2 年有一位中国老师到校任教，但是争取独立期间的 2 年内没有汉语教师。那时汉语是作为语言教学隶属于语言学系的，是供学生选修的 1 门外语，也没有稳定生源。2004 年，萨格勒布大学人文与社会科学学院（原哲学学院）成立了 3 年制汉学选修专业，隶属于印度学与远东学系。

（二）规模

克罗地亚的汉语教学组织主要分为三种：正规院校、语言培训学校和孔子学院。

克罗地亚主要是两所大学萨格勒布大学和萨格勒布经济学院开展汉语教学。萨格勒布大学作为克罗地亚第一个开设汉语专业的机构，逐步发展成为克罗地亚汉语教学领域的领头羊，汉语专业也从一门新兴的语言专业变得成熟起来。2004 年，萨格勒布大学汉语专业开始招生，学员大部分是学院在读学生，他们通常将汉语作为以后寻找工作的辅助技能。此外，萨格勒布经济学院也以选修课的形式于 2005 年开设汉语课程。

在克罗地亚的中小学中，设置汉语专业的学校是创新学校，该校办学层次覆盖幼儿园、小学、中学三个层级。该校开展汉语教学的初衷是创办者喜欢中国，觉得汉语会对于克罗地亚孩子的未来有所帮助。创新学校让学生从小学开始学习汉语，直至到高中毕业，是克罗地亚唯一一所面向中小学生教授汉语的学校。

克罗地亚的语言学校数量极少，目前只有两所，分别是 Sputnik 语言学校和 Jezici 语言学校。这两所语言学校开设的汉语课程均以口语课程为主，学员多是工作与中国有关、迫切想要提升自身汉语水平的社会各界人士，上课时间大都在工作日的晚上或者周末。

（三）师资

克罗地亚的汉语教师一般分为四种：中国国家教育部委派的语言教师、聘请的文化教师、当地培养的本土教师和华侨教师。

萨格勒布大学汉语专业的汉语课授课老师主要由中国国家教育部委派，而文化课是聘请的当地的文化教师，学校的选修课也是由当地培养的本土教师执教。而萨格勒布经济学院的教师是聘请的华侨教师，虽然对于专业不设限制，但还是要有一定的教学经验。萨格勒布大学孔子学院的教师是由中国高校选派的毕业大学生或者硕士在读生。而一般的语言学校例如创新学校的汉语教师普遍由中国国家教育部委派，以及院方聘请的华侨教师。

（四）孔子学院

克罗地亚有 1 所孔子学院，即萨格勒布大学孔子学院。2012 年 5 月 19 日，由时任中国全国人大常委会委员长吴邦国和时任克议会议长什普雷姆共同为萨格勒布大学孔子学院揭牌。萨格勒布大学孔子学院由萨格勒布大学和上海对外经贸大学合作建立，在中克两国建交 20 周年之际揭牌。2014 年 5 月，该孔子学院成立 2 周年之际，时任刘延东副总理访问，并代表孔子学院总部向该校赠送 1 000 册汉语教材和 500 件中华文化教学体验用品，邀请 20 名学生来华参加"汉语桥"夏令营。2022 年 9 月，驻克罗地亚大使齐前进出席萨格勒布大学孔子学院成立 10 周年庆典。

萨大孔院设有语言类课程和文化类课程，语言课程包括：标准汉语课程、旅游汉语课程、青少年汉语课程、大学选修课等，其中标准汉语课程是孔院的主要课程。文化类课程包括：烹饪课、书法课、传统水墨画课、文化讲座、太极拳课等。目前孔院的中文课程已经覆盖克 8 个城市。

第六节　代表性大学

一、萨格勒布大学

萨格勒布大学（University of Zagreb），简称萨大，成立于 1699 年，是萨格勒布以及东南欧地区最古老的大学，也是克罗地亚最大的大学。萨大是一所综合性公立大学，学校下设 32 个学院：农业学院、建筑学院、天主教神学院、土木工程学院、化学工程于技术学院、经济与商业学院、教育与康复科学学院、电气工程和计算机学院、食品技术与生物技术学院、林业学院、测量学院、岩土工程学院、平面艺术学院、人文与社会科学学院、运动机能学院、法学院、机械工程与造船学院、冶金学院、采矿、地质和石油工程学院、组织与信息学院、药学与生物化学学院、哲学与宗教研究学院、政治学院、理学院、口腔医学院、师范学院、纺织技术学院、运输与交通科学学院、兽医学院、音乐学院、美术学院和戏剧艺术学院。萨大还设有一个克罗地亚研究中心。萨大在校生约 72 000 人，教师约 7 900 人。

萨大不仅在教学方面表现出色，在科研方面也十分突出。萨大对克罗地亚年度研究成果的贡献度都超过50%，占克罗地亚所有大学科研产出的80%。萨大未来发展的核心战略是成为一个以研究为导向的高质量教育机构，因此，未来重点将放在硕士和博士课程上，促进学科间的研究成果转化，促进克罗地亚的和谐长远发展。

在2023年QS世界大学排名中，萨大位居800~1 000之间。在2022年QS世界大学学科排名中，农林和石油工程两个学科表现突出，位居101~150之间，药剂学和药理学位居301~350之间，生命科学和医学学科排名360位。

目前，萨格勒布大学已与全球215所高校签署了校级合作协议，其中包括西安交通大学、中国科学院大学、华北电力大学、上海外国语学院等13所高校在内的中国高校。

2023年3月，驻克罗地亚大使齐前进访问萨格勒布大学土木工程学院，并捐赠教学和科研设备。在克罗地亚佩列沙茨大桥建设中，土木工程学院及其教授和毕业生与中国企业共同努力，高质量打造了这座中克欧三方合作的里程碑，成为两国人民友谊的象征。

二、里耶卡大学

里耶卡大学（University of Rijeka）成立于1973年，是一所公立大学，位于克罗地亚的第三大城市里耶卡。学校设有16个学院：经济与商业学院、旅游与酒店管理学院、医疗研究学院、人文与社会研究学院、土木工程学院、医学院、口腔医学学院、海事学院、法学院、工程学院、教育学院、信息与数字技术学院、数学学院、物理学院、生物技术学院和应用艺术学院。此外，学校设有9个中心和5个附属机构。在校生13 000左右，教师约1 000人。

在2023年QS世界大学排名中，里耶卡大学位居1 001~1 200之间。在2022年QS新兴欧洲及中亚地区大学（EECA）排名中，里耶卡大学大学位居第108位。

目前，里耶卡大学已与全球100余所高校签署了校级双边协议或谅解备忘录，其中包括北京大学医学院、沈阳建筑大学和香港岭南大学等5所中国高校。

2022年11月，驻克罗地亚大使齐前进赴里耶卡考察访问。其间，在里耶卡大学经济学院举办题为"中国的发展和对外开放带来新机遇"的专题讲座，重点阐述了党的二十大就推进高水平对外开放所作战略部署，强调中国将继续坚持对外开放的基本国策，坚定奉行互利共赢的开放战略，不断以中国新发展为世界提供新机遇。齐大使还重点介绍了中克经贸合作成果及广阔前景，呼吁克罗地亚各界把握机遇，深化务实合作，实现双赢。

三、奥西耶克大学

奥西耶克约瑟夫·尤拉伊·斯托斯马耶尔大学（Josip Juraj Strossmayer University of Osijek）成立于1975年，是一所公立大学，位于克罗地亚第四大城市奥西耶克。学校设有17个学院，包括农业生物技术科学学院、土木工程与建筑学院、口腔医学与健康学院、电气工程、计算机科学和信息技术学院、食品技术学院、医学院、生物学院、化学学院、数学学院、物理学院、经济学院、教育学院、人文社会科学学院、运动学学院、法学院、天主教神学院、旅游与农村发展学院和艺术文化学院。学校开设有129个本科专业、36个硕士专业和18个博士专业。在校生17 000左右，教师约2 000人。

在2023年QS世界大学排名中，奥西耶克大学位居1 001~1 200之间。在2022年QS新兴欧洲及中亚地区大学（EECA）排名中，奥西耶克大学位居231~240之间。

目前，学校与全球合作伙伴签署了85个双边协议和914个"伊拉斯谟+"协议，其中与中国政法大学、华东政法大学和南京审计大学3所中国院校签署了协议。

四、斯普利特大学

斯普利特大学（University of Split）成立于1974年，是一所公立大学，位于克罗地亚第二大城市斯普利特。学校设有16个学院，包括经济、商业与旅游学院、电气工程、机械工程与造船学院、人文社会科学学院、土木工程、建筑与测量学院、天主教神学院、化学与技术学院、运动学学院、医学院、地中海农业学院、海事学院、法学院、理学院等。学校开设79个本科专业，9个本硕联合专业，72个硕士专业和18个博士专业。在校生20 000左右，教师约1 700人。

在2023年QS世界大学排名中，斯普利特大学位居1 201~1 400。在2022年QS世界大学学科排名中，只有药学学科上榜，位居651~670。在2022年QS新兴欧洲及中亚地区大学（EECA）排名中，斯普利特大学位居第134位。

五、扎达尔大学

扎达尔大学（University of Zadar）成立于1396年，位于克罗地亚的扎达尔县。扎达尔大学是一所综合大学，设有27个系，包括英语系，考古系，古典语言学系，克罗地亚研究系，俄罗斯研究系，生态学、农学和水产养殖系，经济系，民族学和人类学系，法语和法语研究系，地理系，德国研究系，西班牙裔和伊比利亚研究系，卫生研究系，历史系，艺术史系，意大利研究系，信息科学系，语言学系，教育学系，哲学系，心理学系，社会学系，教师和学前教师教育研究系，戈斯皮奇教师教育研究系，交通与海事研究系，旅游与传播科学系，神学系。目前学校设有34个本科专业、42个硕士专业和7个博士专业。

在2022年QS新兴欧洲及中亚地区大学（EECA）排名中，杜布罗夫尼克大学位居301~350。学校已与120余所世界院校签署合作协议，与浙江外国语学院、浙江开放大学和郑州西亚斯学院3所中国高校开展交流合作。

参考文献

[1] 中华人民共和国外交部.克罗地亚国家概况（2023年1月更新）[EB/OL].[2023-03-09].https://www.mfa.gov.cn/web/gjhdq_676201/gj_676203/oz_678770/1206_679306/1206x0_679308/.

[2] 对外投资合作国别（地区）指南 克罗地亚（2021年版）[EB/OL].[2023-03-09].https://static.ltdcdn.com/uploadfilev2/file/0/467/309/2023-01/16735771193644.pdf.

[3] 中国社会科学院俄罗斯东欧中亚研究网.克罗地亚教育[EB/OL].[2023-03-11].http://euroasia.cssn.cn/eoybl/eoybl_gggk/gggk_kldy/201004/t20100419_1846530.shtml.

[4] Agency for Science and Higher Education.Higher Education in the Republic of Croatia[EB/OL].[2023-03-18].https://www.azvo.hr/en/higher-education/higher-education-institutions-in-the-republic-of-croatia.

[5] Agency for Science and Higher Education.ASHE_Self-assessment_2021[EB/OL].[2023-03-11].https://www.azvo.hr/images/stories/publikacije/ASHE_Self-assessment_2021.pdf.

[6] Study in Croatia.Higher Education System[EB/OL].[2023-03-11].https://www.studyincroatia.hr/study-in-croatia/higher-education-system/.

[7] State Graduation Exams[EB/OL].[2023-03-11].https://gov.hr/en/state-graduation-exams/1036.

[8] 吴素梅.克罗地亚高等教育质量保证体系建设研究——基于博洛尼亚进程背景[J].高教探索，2014（3）：58-64.

[9] Employment Tracking of Graduate students[EB/OL].[2023-03-19].https://www.azvo.hr/en/uncategorised/2555-pracenje-zaposljivosti-diplomiranih-studenata.

[10] The Global Economy. Croatia Economic Indicators[EB/OL].

［2023-03-19］.https://www.theglobaleconomy.com/Croatia/.

［11］Agency for Mobility and EU Programmes.Bilateral Sholarship［EB/OL］.［2023-03-25］.https://en.ampeu.hr/bilateral-scolarships.

［12］毛兴嘉."一带一路"倡议下我国与西巴尔干地区教育合作探析［J］.西部学刊，2020（19）：117-120.

［13］刘进，闫晓敏."一带一路"沿线国家的高等教育现状与发展趋势研究（二十四）——以克罗地亚为例［J］.世界教育信息，2019，32（6）：28-32.

［14］中华人民共和国驻克罗地亚大使馆.驻克罗地亚大使许尔文在中克教育合作视频交流会上的讲话［EB/OL］.［2023-03-18］.http://hr.china-embassy.gov.cn/dsxx/dsjhjcf/202012/t20201217_2913672.htm.

［15］一带一路网.中国图书参加2017克罗地亚国际书展"一带一路"英文图书集中亮相［EB/OL］.［2018-01-15］.https://www.yidaiyilu.gov.cn/xwzx/hwxw/33730.htm.

［16］上海对外经贸大学.克罗地亚国家科学、高等教育及技术发展委员会代表团来我校访问［EB/OL］.［2018-01-15］.http://www.suibe.edu.cn/gjjlc/e0/35/c5416a57397/page.htm.

［17］外交部.驻克罗地亚大使胡兆明出席"中国-克罗地亚高等教育论坛"［EB/OL］.［2018-01-15］.https://www.fmprc.gov.cn/web/zwbd_673032/gzhd_673042/t1608911.shtml.

［18］刘洋.区域国别研究背景下的中东欧四国中文教育比较研究［D］.大连：辽宁师范大学，2022.

［19］中国人大网.吴邦国为克罗地亚萨格勒布大学孔子学院揭牌侧记［EB/OL］.［2023-03-18］.http://www.npc.gov.cn/npc/c18661/201205/5d3977bbabad45de9cb9d0886f3a670e.shtml.

［20］中华人民共和国教育部.记刘延东副总理访问克罗地亚萨格勒布大学并与中东欧国家孔子学院代表座谈［EB/OL］.［2023-03-18］.http://www.moe.gov.cn/jyb_xwfb/s6052/moe_838/201405/

t20140526_169400.html.

［21］驻克罗地亚大使齐前进出席萨格勒布大学孔子学院成立10周年庆典［EB/OL］.［2023-03-18］.http://hr.china-embassy.gov.cn/dssghd/202209/t20220929_10774285.htm.

［22］人民网.北体大共同发起的首届"一带一路"体育教育论坛成功举办［EB/OL］.［2023-03-19］.http://sports.people.com.cn/n1/2019/0419/c202403-31040108.html.

［23］中国人民大学新闻网."中国—中东欧国家高校联合会经济学学科建设共同体"在中国人民大学正式成立［EB/OL］.［2023-03-19］.https://news.ruc.edu.cn/archives/384967.

［24］刘筱,崔延强."一带一路"沿线中东欧国家留学生教育现状及中国的对接战略［J］.高等教育研究,2020,41（10）:101-109.

［25］University of Zagreb.http://www.unizg.hr/.

［26］驻克罗地亚大使齐前进访问萨格勒布大学土木工程学院［EB/OL］.［2023-03-11］.http://hr.china-embassy.gov.cn/dsxx/dshd/202303/t20230309_11038297.htm.

［27］University of Rijeka.https://uniri.hr/.

［28］中华人民共和国外交部 驻克罗地亚大使齐前进考察访问里耶卡市［EB/OL］.［2023-03-11］.https://www.mfa.gov.cn/web/wjdt_674879/zwbd_674895/202212/t20221201_10984088.shtml.

［29］Josip Juraj Strossmayer University of Osijek.http://www.unios.hr/.

［30］University of Split.https://www.unist.hr/en/.

［31］University of Zadar.https://www.unizd.hr/.

第十一章 保加利亚

第一节 国家概况

保加利亚共和国（The Republic of Bulgaria），简称保加利亚，是欧洲东南部巴尔干半岛东南部的一个国家，与罗马尼亚、塞尔维亚、北马其顿、希腊和土耳其接壤，东部濒临黑海。国土面积为11.1万平方千米。保加利亚共有28个大区和265个市，首都为索非亚。2021年，保加利亚的人口为683万人。保加利亚族占总人口的84%、土耳其族占9%、罗姆族占5%、马其顿族、亚美尼亚族等占2%。保加利亚语为官方语言，土耳其语为主要少数民族语言。在保加利亚居民中，85%信奉东正教，13%信奉伊斯兰教，其他信奉天主教和新教等。色雷斯人是保加利亚最古老的居民。681年，色雷斯人、斯拉夫人和古保加利亚人在多瑙河流域建立斯拉夫保加利亚王国，史称保加利亚第一帝国。1018年被拜占廷帝国占领。1185年建立保加利亚第二帝国。1396年被奥斯曼土耳其帝国吞并。1878年恢复独立，重建保加利亚王国。1946年成立保加利亚人民共和国。1989年东欧剧变期间，保加利亚政权更迭，改行多党议会民主制。1990年11月15日，改国名为保加利亚共和国。2004年加入北大西洋公约组织，2007年加入欧洲联盟。

1989年东欧剧变前，90%国民收入依靠进出口贸易，外贸伙伴主要是经互会（全称"经济互助委员会"）国家。1989年后，逐步向市场经济过渡，发展包括私有制在内的多种所有制经济，优先发展农业、轻工业、旅游和服务业。2004年年底，大部分国有资产完成私有化。2001—2008年，经济年增长率保持在5%以上。2009年，经济受国际金融危机和欧洲主权债务危机冲击有所衰退。2010年起经济逐步企稳回升。2021年，保加利亚国内生产总值为679亿欧元，人均国内生产总值9 800欧元，失业率为4.8%。保加利亚的法定货币是保加利亚列弗（Bulgarian Lev），ISO 4217货币代码BGN。2023年2月，保加利亚列弗与人民币的汇率约为1∶3.75；与美元的汇率约为1∶0.55。

保加利亚自然资源较贫乏，原料和能源供应很大程度依赖进口。主要矿藏有煤、铅、锌、铜、铁、铀、锰、铬、矿盐和少量石油。森林面积412万公顷[①]，占国土面积的34%。主要工业部门有机械制造、电子、冶金、食品、轻纺、造纸、化工等。2021年工业产值156.4亿欧元，占国内生产总值的26.5%。保加利亚农业资源丰富，农业传统历史悠久。主要农产品有小麦、葵花籽、玉米、烟草等。2021年农业产值25.3亿欧元，占国内生产总值的4.3%。20世纪90年代以来，服务业保持快速发展，其中旅游业是重要产业之一。2021年服务业产值408.5亿欧元，占国内生产总值的69.5%。该国旅游资源较丰富。2021年接待外国游客718.8万人次，主要来自土耳其、罗马尼亚、希腊、德国、塞尔维亚、北马其顿、俄罗斯、波兰、乌克兰。2021年保加利亚对外贸易总额739.4亿欧元、同比增长26%，其中出口347.3亿欧元、同比增长24%，进口392.1亿欧元、同比增长27.5%。主要出口机械及运输装备、工业制成品、食品、化工产品，主要进口机电产品、金属矿石、化工材料、燃料、食品。主要出口目的地国有：德国、意大利、罗马尼亚、土耳其、希腊、法国；主要进口来源国有：德国、俄罗斯、意大利、罗马尼亚、土耳其、西班牙。

---

① 1公顷=10 000平方米。

保加利亚全国普及 12 年制义务教育，小学、初中、高中均为 4 年。2018—2019 学年有各类教学单位 4 699 所，在校生 1 186 933 人，教师 106 244 人。中小学校 1 964 所，中等专业技术学校及职业技术培训中心 847 所，高等学校 54 所。著名高等学府有索非亚大学、普洛夫迪夫大学、大特尔诺沃大学、新保加利亚大学、国民和世界经济大学等。

中国与保加利亚于 1949 年 10 月 4 日建交，保加利亚是世界上第二个同新中国建交的国家。2014 年 1 月，两国建立全面友好合作伙伴关系。2019 年 7 月，两国建立战略伙伴关系。两国外交部建有磋商机制。近年来，双边关系发展顺利。2016—2019 年，李克强总理在出席历届中国—中东欧国家领导人会晤期间同保总理博里索夫举行双边会见。2018 年 5 月，王毅国务委员兼外长在布宜诺斯艾利斯出席二十国集团外长会期间会见保副总理兼外长扎哈里埃娃。7 月，李克强总理对保进行正式访问并出席在索非亚举办的第七次中国—中东欧国家领导人会晤。10 月，全国人大常委会副委员长曹建明赴保出席第四次中国—中东欧国家地方领导人会议。2019 年 4 月，全国政协副主席张庆黎访保。7 月，保总统拉德夫结合出席第十三届夏季达沃斯论坛对华进行国事访问，双方发表《中华人民共和国和保加利亚共和国关于建立战略伙伴关系的联合声明》。同月，中共中央政治局委员、天津市委书记李鸿忠访保。2019 年 10 月，国家主席习近平、国务院总理李克强、国务委员兼外交部部长王毅分别同保加利亚总统拉德夫、总理博里索夫、副总理兼外长扎哈里埃娃就中保建交 70 周年互致贺电。2020 年 3 月，李克强总理应约同保总理博里索夫通电话。2021 年 2 月，保副总理尼科洛娃出席中国—中东欧国家领导人峰会。2022 年 6 月，全国政协副主席张庆黎同保副议长伊万诺夫举行视频会晤。2021 年中保双边贸易额 41.1 亿美元、同比增长 40.8%，其中中方出口额 23.1 亿美元，进口额 18 亿美元。2022 年 1—8 月，双边贸易额 28.4 亿美元、同比增长 9.9%，其中中方出口额 19.7 亿美元，进口额 8.7 亿美元。截至 2020 年年底，中国对保直接投资存量 1.56 亿美元，保对华直接投资

8 057 万美元。中方主要出口电脑、空调、通信设备等，进口有色金属、金属矿砂等。

第二节　高等教育发展历程

保加利亚原是欧洲比较落后的农业国家，工业不够发达，专业技术人才稀缺。1939 年，全国仅有 5 所高等院校，共有 7 个系、25 个专业、453 名大学教师和 1 万多名大学生。初等和中等教育也相对落后，27% 的居民区没有学校，每年有 10 万名学龄儿童不能入学。从解放后至 1980 年，全国高等院校增加到 28 所，并建立了学科齐全的大学教育体系，有正副教授 2 930 名。同时，初等和中等教育也开始发展，全国共有 4 292 所学校，在校学生达 150 多万人。解放后的保加利亚教育共经历了四个关键时期。

一、季米特洛夫宪法（1944—1947 年）

1946 年，保加利亚人民共和国成立后，从社会主义建设一开始，便十分重视高等教育的发展。1947 年实施的基本生产资料国有化使高等教育建立在有计划的发展基础上。保加利亚实行计划领导体制的主要特点是，根据本国国情和不同历史时期社会经济发展的需要，通过定制教育规划和专门人才培养、分配计划和途径，对高等教育的发展规模和速度、人才培养的数量和结构、人才的分配和使用以及高等院校的布局等实行有计划地领导。因此，保证了高等教育迅速发展与高速发展的社会主义建设相适应。

在这一时期，保加利亚改组了旧教育部，挑选了德才兼备的干部任命学校校长，在教师队伍中清除了法西斯分子和反人民分子，规定学校必须用进步的思想教育学生。同时，初等和中等 12 年联贯制改为 11 年制，采用夜校、函授、走读等办法加速干部培养，并积极开展扫盲活动。

二、保共中央召开四月全会（1947—1956年）

在这一时期，保加利亚进一步贯彻社会主义教育方针和原则。1948年，保加利亚通过了第一部《保加利亚社会主义教育法》，规定学校的任务是以马克思列宁主义思想培养教育社会主义的建设者，并开始在国营的工厂、企业开办职业中学（学制为1~3年）。1949年，保共中央通过了《关于进一步改进人民教育领导的决议》，规定增加师范学校学生的资助金额，增加教师工资，第一次授予教师"功勋教师""人民教师"等荣誉称号。

三、保共中央通过教改提纲（1956—1979年）

保加利亚政府为进一步加强学校与社会的联系，贯彻教育与劳动相结合的新方针，1956年，保共中央四月全会恢复了党领导经济建设和发展科学、教育、文化等方面的马列主义原则和准绳。1957年，保共中央通过了《关于进一步发展保加利亚教育的决议》，强调加强职业教育。1959年，保加利亚政府公布《关于学校同实际生活紧密联系和进一步发展人民教育法》。教育法规定，开办12年制普通技术学校，免费义务教育从7年改为8年，首次提出教育同生产劳动相结合的原则。1969年，保共中央全会提出进一步完善教育体制的任务，教育体制要适应经济发展。

四、教育体制全面改革（1979年至今）

20世纪70年代以来，保加利亚经济逐步向集约化方向转变，而保加利亚的普通教育和职业教育所培养的人才，由于基础知识差、专业窄、可塑性小、不能掌握和运用现代科学技术和工艺，无法适应科技进步和发展的需要。保共中央在总结了本国教育经验并吸收了国外特别是苏联的经验的基础上，于1979年制定了《关于发展保加利亚教育事业提纲》，并于同年7月经保共中央全会通过该提纲。这是保加利亚教育改革的纲领性文件，标志着教育部体制全面改革的开始。

在这一时期,保证各类专业人才的协调发展,是高等教育有计划发展的重要内容之一。但是,保加利亚的高等教育发展,除非生产领域专门人才不足外,还出现了其他许多专业的人才近年"生产过剩"的现象。因此,保加利亚政府认为,采用完善青年职业定向体系的办法,既可在报考大学时,也可在大学学习过程中去限制培养专门人才过程中不确定的因素作用。近年来,保加利亚采取了一些发展普通中学职业定向体系的措施,并把这一定向体系列入了高等院校各个专业的预先定向选择中。此外,保加利亚还在这一时期改革了高等院校的招生条例,规定入学大学必须具有工作经验。高等院校采用这种招生制度,不仅是为了改进学生生源质量,也是为了巩固青年的职业方向。

1989年后,私立高等教育迅速发展,在促进保加利亚高等教育改革中扮演了重要角色。1990年的一项立法方案恢复了学术自治,使得高等教育机构可以自由确定其组织结构,包括自由建立新的学院,有权寻求国家预算之外的经费资助。1944年前,保加利亚只有一所私立大学——索菲亚自由大学,它成立于1920年,1939年收归国有。进入社会主义时期后,保加利亚禁止私人和私立机构提供高等教育,直到1991年私立高等教育机构在保加利亚才开始出现。之后的5年中陆续建立了5所私立大学和3所学院,学生入学人数占高等学校总人数的10.45%。2008—2009年,私立高等教育机构增加至16所,占全国高等教育机构总数的30.2%,在校生占全国高等学校在校生总数的17.5%。

第三节 高等教育概况

一、分类与规模

(一)高等教育机构分类

保加利亚高等教育的目标是培养高于中学水平的高素质专家,并发展科学和文化。2017—2021年，保加利亚高等教育机构数量保持稳定，共54所，包括公立高校37所和私立高校17所。根据《高等教育法》，这些高校分为公立和私立，包括大学（Universities）、高等专业学校（Specialized Higher Schools）和独立学院（Self-contained Colleges）。

加入"博洛尼亚进程"后，根据国际标准教育分类法（International Standard Classification of Education, ISCED），保加利亚高等教育主要分为以下几个类别。

本科（Bachelor），又包括专业学士（Professional Bachelor; ISCED 5B）和学士（Bachelor; ISCED 5A）；

硕士（Master; ISCED 5）；

博士（Doctor; ISCED 6）。

三类高等教育机构的主要区别在于："大学"所涉及的学科领域包括自然科学、人文科学、社会科学和技术科学，提供学士、硕士、博士学位；"高等专业学校"所涉及的学科包括艺术、文学、体育、文化等文科类别，提供学士、硕士、博士学位；"独立学院"为获得"专业学士"的学生提供课程，学制不少于3年。2022年，保加利亚高等教育系统包括51所高等教育学校。在三类高等教育机构中，有37所公立学校（25所大学、11所高等专业学校和1所独立学院）和14所私立高等教育学校（5所大学、2所高等专业学校和7所独立学院）。每学年分为2个学期，通常包括32个教学周。学年开始和结束的确切日期由各高等学校确定。

高等教育系统的管理是在国家/公共行政层面和机构层面实施的。保加利亚政府负责制定和实施长期的国家政策，建立一个能保障高等学校学术自治、保障培训质量和科学研究的环境。高校可以自由决定学校的管理，国家只是进行评估和分配资源。

（二）学生规模

近年来，保加利亚高等教育机构学生入学率基本保持在70%左右（见图11-1），但在校生人数总体呈下降趋势。2012—2013学年，私立高校在校生人数为5万人，但2017—2018学年学生人数为3万人，累计下降比例达40%。公立高校下降人数较为缓慢，2017—2018学年比2012—2013学年学生人数减少2.8万人，累计下降比例为16.9%。

根据保加利亚教育部公布的官方数据，2021—2022学年，保加利亚高等教育机构在校生共计226 981人，其中专业学士7 799人、本科139 000人、硕士73 640人、博士6 542人，共涉及30个学科领域（见表11-1）。保加利亚国家统计局数据表明，2021—2022学年，工商管理、教育学、工程三个领域在校生数量最多。

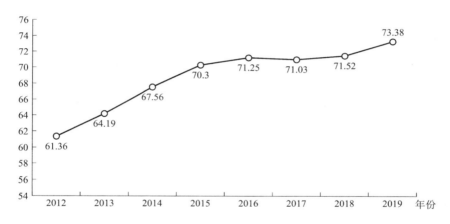

图 11-1　保加利亚高等教育机构 2012—2019 年入学率 / %

表 11-1　2016—2022 学年保加利亚高等教育机构在校生规模

人

学年	2016—2017	2017—2018	2018—2019	2019—2020	2020—2021	2021—2022
专业学士	10 335	8 527	8 181	8 233	7 991	7 799
本科	155 237	146 564	141 505	139 711	139 765	139 000
硕士	77 627	74 680	73 311	72 224	72 035	73 640
博士	6 738	6 564	6 467	6 440	6 570	6 542
总计	249 937	236 335	229 464	226 608	226 361	226 981

二、学制与学分

1946年,成立保加利亚人民共和国。1948年,国民议会通过《国民教育法》,规定学校为工人阶级、人民大众服务,确保教育的普及性、教育制度的统一性及教学的连续性为新学校建设的基本原则。全国统一学制:实施7年制义务教育,分小学4年、初中3年;普通高中4年、中专5年、工业技校1~3年、企业职业学校2~3年;高等学校4~5年。

本科学制为4年,需要获得至少240学分。大学和高等专业学校在所有研究领域都提供学士课程。根据课程设置,学士学位的教学提供全面的综合培训或专业领域的培训。一所高等教育机构要开设本科教学,必须获得国家评估和认证机构(The National Evaluation and Accreditation Agency,NEAA)的认证,其认证的等级至少为4.00。专业学士学制一般为3年,需要获得至少180学分。

获得硕士学位可分为以下三种类型:第一,本硕连读,学制最少为5年,毕业需要获得至少300学分;第二,获得专业学士学位后,攻读硕士需要获得至少120学分;第三,获得学士学位后,攻读硕士需要获得至少60学分。

博士课程包括全日制(Full-time)、非全日制(Part-time)和独立(Independent)课程。全日制和独立课程的学制最长为3年;非全日制学习和远程学习的学制最长为4年。在相关高等教育机构或学术组织章程中规定的特殊情况下,学习年限可以延长,但延长的时间不超过1年。

三、招生机制

学生申请大学需要完成高中教育并通过国家入学考试(State Matriculation Examinations)。每年4月30日,教育部确定录取学生人数,并根据专业领域供资高等教育机构不同额度的资金支持。

在12年级结束后,学生需要参加国家入学考试。考试分为两部分必考内容,一部分为保加利亚语和文学,另一部分为高中必修课或核心选修课中的一门科目（由学生自选进行考试）。国家入学考试以笔试形式进行，匿名判卷。考试时长由不同科目和考试大纲决定。所有大学都认可国家入学考试成绩。除以上两种必考科目外，高中毕业生可最多再选择两个科目进行考试，可选范围有外语（英语、法语、德语、意大利语、西班牙语或俄语）、数学、信息学、计算机、物理和天文学、生物和健康、化学与环境保护、历史、地理、经济和哲学。

每个高等教育机构也可自行设置大学入学考试，若学校未设置专门的入学考试，申请人必须通过国家入学考试后方可被录取。

四、毕业生情况

根据保加利亚国家统计局公布的数据，2015—2021年高等教育机构各类毕业生数量总体呈现下降趋势（见表11-2）。毕业生数量最多的是本科生，其次是硕士、专业学士、博士生。

表11-2 高等教育机构2015—2021年各学生类别毕业生

人

年份	2015	2016	2017	2018	2019	2020	2021
专业学士	2 535	2 418	2 175	1 869	1 843	1 712	1 864
本科	31 623	30 895	28 926	27 831	25 807	23 151	23 269
硕士	27 118	25 606	24 327	23 415	22 529	20 395	21 002
博士	1 442	1 464	1 423	1 365	1 285	1 097	1 149
总计	62 718	60 383	56 851	54 480	51 464	46 355	47 284

表11-3列出了累计5年毕业生最多的8个学科领域，以本科毕业生为例，分别是工商管理、社会行为科学、工程、教育学、信息通信科学、健康学、文学、语言学。从各领域毕业生数量趋势来看，工商管理和社会行为学近年毕业生人数下降明显，信息通信科学略有上浮，其他领域历年毕业生人数基本持平。

表 11-3　高等教育机构 2017—2021 年本科阶段毕业人数最多的 8 大专业

人

年份	2017	2018	2019	2020	2021
工商管理	8 920	8 160	7 190	6 152	5 642
社会行为学	4 411	4 182	3 718	3 225	2 819
工程	3 115	2 857	2 825	2 427	2 538
教育学	2 423	2 535	2 363	2 454	2 754
信息通信科学	1 288	1 272	1 293	1 318	1 512
健康学	1 066	1 217	1 122	974	1 152
文学	1 079	977	1 020	937	1 003
语言学	949	925	890	827	824

五、师资

近年，无论是公立高校还是私立高校，保加利亚独立学院的教师明显少于在大学和高等专业学校就职的教师，总体教师数量呈逐步下降趋势，2021—2022 学年比 2017—2018 学年教师比例下降 5.5%（见表 11-4）。同样，保加利亚高等教育的师生比例也处于下降阶段，其中私立高校师生比例降幅更明显，从 2012—2013 学年的 1∶16.5 下降到 2017—2018 学年的 1∶13.3，同期公立高校的师生比例从 1∶11.5 下降到 1∶10.5。

表 11-4　2017—2022 年高等教育机构教师数量

人

学年		2017—2018	2018—2019	2019—2020	2020—2021	2021—2022
公立	独立学院	601	601	580	584	573
	大学/高等专业学校	19 036	18 908	18 212	18 131	18 438

续表

学年		2017—2018	2018—2019	2019—2020	2020—2021	2021—2022
私立	独立学院	106	91	96	93	99
	大学/高等专业学校	2 171	2 156	2 006	1 908	1 585
	总计	21 914	21 756	20 894	20 716	20 695

在高校教师质量上，保加利亚高等教育机构教师的职称中，助教占比最高，其次是副教授。教授占比逐年稳步提升，副教授和助教比例小幅下降，讲师比例有所提升（见表 11-5）。

表 11-5 保教利亚高等教育机构不同职称占比

%

学年	2012—2013	2013—2014	2014—2015	2015—2016	2016—2017	2017—2018	2018—2019	2019—2020	2020—2021
教授	12.52	13.84	14.63	15.00	15.20	15.52	15.70	15.27	15.24
副教授	29.90	28.73	28.84	28.62	28.40	28.67	28.44	28.12	27.88
讲师	14.64	15.99	15.68	17.83	17.32	16.47	16.35	18.04	18.06
助教	42.82	41.36	40.75	38.51	39.03	39.32	39.29	38.26	38.48
研究员	0.12	0.08	0.10	0.04	0.05	0.03	—	—	—

六、经费

保加利亚从国家的长远利益出发，在投资策略中，对高等教育发展十分重视，并不断增加高等教育的经费。每所高等学校的主要筹资机制形式由学生人数、专业领域和认证评估、出版教科书和科研成果决定。每所公立大学可以形成自己的经费制度和支出程序。高等教育机构享有学术自主权。学术自治体现在有权筹集资金和独立决定资金分配的条款和条件，有权独立与国家或其他单位签订基础和应用研究的合同。保加利亚国家审计署（The Bulgarian National Audit Office）负责所有大学的财务检查和外部审计。教育、青年和科学部（The Ministry of Education, Youth and Science）有义务每月向财政部（the Ministry of Finance, MoF）提交各大学和保加利亚科学院的支出报告，并每季度向财政部和国家审计署提交一份总结报告。

原则上，所有的学生就读公立大学都要交费。欧洲联盟和欧洲经济区成员国或瑞士联邦的硕士和博士生可以在保加利亚大学就读，并按照为保加利亚公民制定的规则支付学习费用。保加利亚的《高等教育法》允许私立高等教育机构享有学术自主权。它们不受国家预算的资助，可以根据自己的政策自主地使用自己的预算。这些私立机构的收入来源主要是学生学费以及来自各类组织、公司等赞助。

根据联合国教科文组织1981年鉴《1978年世界各国（地区）教育经费一览表》提供的资料，保加利亚1978年总的教育经费为1 042 992美元，占国民生产总值的5.6%，人均教育经费为118.3美元。

根据全球经济网站公布的数据，1980年至2017年，保加利亚的教育经费支出占国内生产总值的平均数为3.8%，其中1996年度最低，占比2.23%；1991年度最高，占比5.43%（见图11-2）。2017年占比4.08%，略低于同年世界平均水平（4.52%）。

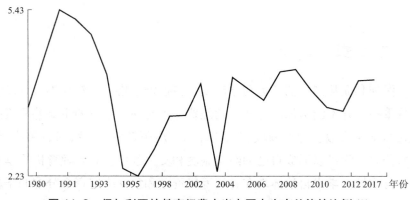

图11-2 保加利亚的教育经费支出占国内生产总值的比例 /%

1998—2018 年，保加利亚教育经费占政府总经费总支出的平均值为 10.89%，其中 2004 年最低，占比 6.7%；但自 2012 年后逐年提高，2017 年最高，占比 12.73%（见图 11-3）。

从政府对公立和私立教育经费投入的绝对值来看，自 2015 年后，总投入金额逐渐递增，其中对高等教育的投入占所有教育类别投入的 30%（见表 11-6）。

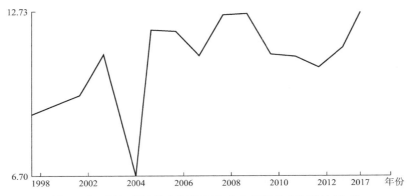

图 11-3　保加利亚教育经费占政府总经费总支出的比例 /%

表 11-6　保加利亚政府 2015—2017 年对公立和私立教育的投入

千列弗

年份	2015	2016	2017	2018	2019
总计	3 704 137	3 838 787	4 282 069	4 606 257	5 213 121
学前教育	743 844	767 790	820 466	872 082	974 026
小学	519 655	566 641	613 512	690 454	807 410
初中	545 652	584 728	643 404	721 310	840 403
高中	679 526	699 421	778 716	869 535	1 014 275
高中后教育	15 440	14 943	8 418	6 984	6 621
高等教育	1 200 020	1 205 264	1 417 553	1 445 892	1 570 386

第四节　高等教育国际化

一、国际化战略

保加利亚积极参与欧洲教育区域的建设，参与不同的欧洲倡议、计划和项目，这些倡议、计划和项目都是在欧盟领域或国际组织发起的，如欧洲委员会（Council of Europe）、教科文组织（UNESCO）、欧安组织（OSCE）、联合国教育目标活动（UN Education Targeted Activities）。这使保加利亚不仅能够更好地了解欧洲乃至世界各国不同的教育政策，还可以从已有的欧洲合作中获益，双方在各自领域交流经验。

保加利亚高等教育机构参与欧洲高等教育区和欧盟邻近地区的大学合作，共同培养学士和硕士学位的项目数量正在上升。主要是通过伊拉斯谟、"伊拉斯谟+"和Tempus计划得以实现。保加利亚高等教育法（Higher Education Act, HEC）也规定保加利亚的高等院校可以根据法律规定的条款和条件，并遵守东道国的法规，开设海外合作办学机构。因此，在保加利亚高等教育机构与国外的大学签署协议后，如果学生顺利完成了两个学校的教学计划并达到毕业条件，双方可以颁发联合文凭，即双学位。

2008—2011年，欧洲社会基金人力资源开发（Human Resources Development）方案中提到要从国家层面"提高教师的学术资格"，具体目标如下：第一，提升大学讲师在关键领域的能力，如外语使用能力和在授课时使用信息和通信技术（Information and Communication technologies, ICT）的能力；第二，具有监测、评估、预测和规划的具体知识和技能，以提高大学教师的资格，从而提高教育服务的质量。目前，该项目中有600名大学教师参与了英语、法语和德语的课程培训。

二、学生流动

从保加利亚高校接收国际学生的数量上看,总数逐年增长,其中硕士留学生数量最多、增长最快。2021 年硕士留学生数量相比 2015 年增长了 65%。其次是本科留学生,但历年数量较为稳定。专业学士和博士留学生(缺少 2019 年和 2020 年数据)相对较少(见图 11-4)。

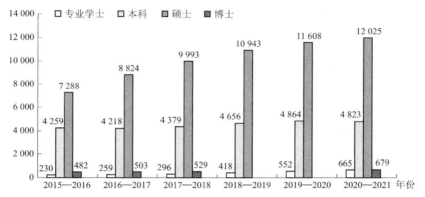

图 11-4 2015—2021 年保加利亚高校不同学历层次国际学生数量 / 人

从国际学生生源国别上看,以 2020—2021 学年为例,欧洲的留学生数量最多,其次为亚洲(见表 11-7)。学生主要来自希腊(4 138 人)、英国(2 755 人)、德国(1 531 人)、乌克兰(1 327 人)、马其顿(1 083 人)、土耳其(830 人)、意大利(749 人)、塞尔维亚(586 人)和摩尔多瓦(369 人)。从专业选择上看,国际学生选择最多的专业为:健康、工商管理、工程、社会和行为科学、教育、语言学等。

表 11-7 保加利亚国际学生洲别统计

人

洲别	欧洲	亚洲	非洲	美洲	大洋洲
大学和高等专业学校	13 921	2 256	336	155	10
学院	657	205	24	4	2
总计	14 343	2 461	360	159	12

三、留学政策

保加利亚共有 47 个高等教育机构加入了伊拉斯谟计划。学生交流也基于国家的双边或多边合作分为长期和短期，总体看来分为两类：一为学生培训类交流，主要是欧盟成员高校间的 1~2 个学期的交流；二是学生实习类交流，主要是学生前往欧洲的公司进行实习，为期 3~12 个月。

第五节　中保高等教育交流与合作

一、教育交流合作

从国家和高校层面的合作来看，1952 年，中保两国政府在索非亚签订了第一个文化合作协定。1987 年，两国领导人在京签署了新的中保科学和文化合作协定，并在此基础上定期商签文化合作执行计划；1990 年，中保两国签署了《中华人民共和国国家教育委员会和保加利亚共和国科学和高等教育部关于承认文凭、学位和证书的协议》，保加利亚是最早与我国签署高等学历学位互认协议的国家之一。2003 年，中保两国签署《中华人民共和国教育部和保加利亚共和国教育部 2004—2007 年教育合作协议》；2008 年，双方签署《中华人民共和国教育部与保加利亚教育和科学部 2008—2011 年教育合作协议》；2012 年，两国签署《中华人民共和国与保加利亚共和国教育、青年与科学部 2012—2015 年教育合作协议》。2017 年，索非亚中国文化中心正式揭牌。2011 年至 2019 年，"欢乐春节"活动已连续 9 年在保成功举办。2019 年，索非亚中国文化中心正式启用。中国（宁波）文化日及"传统与创新"中国非遗文化展在保举行。2020 年，两国教育部签署《2020—2023 年教育合作协议》。北京外国语大学、北京第二外国语学院、天津外国语大学开设有保加利亚语本科专业。北京外国语大学建有保加利亚研究中心。以上协议奠定了中保两国开展教育领域交流合作的基础，为两国高等教育机构合作、教师交流和学生流动提供了便利。

二、合作办学

2017年6月，上海交通大学农业与生物学院与保加利亚国家与世界经济大学（University of National and World Economy, Bulgaria）签订《关于设立上海交通大学保加利亚中心的合作备忘录》，并与保加利亚索菲亚大学签订校际合作框架协议；2002年，中国科学院与保加利亚科学院签订了《中国科学院保加利亚科学院科学合作协定》。截至2022年，中国与保加利亚开展的合作办学项目只有一个，即天津外国语大学与保加利亚国家与世界经济大学合作举办经济学专业本科教育项目。该项目学制为4年，招生起止年份为2020—2024年，每年1期，每期100人。顺利毕业的学生可以获得天津外国语大学颁发的普通高等教育本科毕业证书、学士学位证书和保加利亚国家与世界经济大学颁发的学位证书。

三、学生流动

为促进中保两国留学人员交流互动，两国积极开展奖学金政策，保加利亚学生可以申请国际中文教师奖学金、中国政府奖学金等项目。这些奖学金政策也是近年来保加利亚留学生来华留学的有力支撑。但中国学生留学保加利亚的数量相对较少，根据保加利亚国家统计局数据，2015年留学保加利亚的中国学生只有19人，直到2018年开始，每年人数才过百（见表11-8）。

表 11-8 2015—2020 年保加利亚和中国学生流动数量

人

年份	2015	2016	2017	2018	2019	2020
保加利亚学生来华留学	358	385	373	429	393	203
中国大陆学生留学保加利亚	19	51	77	119	158	165

四、中文教育

20 世纪 50 年代至 80 年代，中国政府在 1952 年派选北京大学的朱德熙教授赴保加利亚教授中文。除了中国政府对保加利亚中文教学师资的支持外，保加利亚中文教学主要依靠本土教师。1954 年，张荪芬和朱德熙教授合作出版的保加利亚第一部汉语教材《汉语教科书》填补了保加利亚东方语言教学领域的空白。

（一）基础教育阶段的中文教育发展

保加利亚基础教育阶段的中文教学呈现以下特点：第一，中文深入中小学教育，教学点与日俱增。一方面是因为中文课数量的激增和中国文化的深入传播，使得越来越多的保加利亚中小学生对中国历史文化开始感兴趣。另一方面，随着中国国力的提升和"一带一路"倡议的提出，许多中小学教育工作者和学生家长更关注中国的经济发展和工作前景，积极鼓励学生学习中文。第二，中文课程划入外语必修课。随着中小学教学点和中文课程的增多，中文课程的性质也发生了改变。保加利亚中小学开始支持学生选择中文作为自己的第一外语或第二外语，中文课程由选修课、兴趣课逐渐归为必修课。如保加利亚第二大中学——瓦希尔·列夫斯基学校自 2005 年开设中文课以来，已将 1~12 年级的中文课全部设为必修课。第三，私立中小学对中文教育的重视日益显现。保加利亚中小学课程最早都是由公立学校开设，但随着中文在当地外语体系中地位的提升，越来越多的私立中小学也开设了中文课程。如埃夫洛吉·格奥尔基耶夫学校是保加利亚第一所将中文作为第一外语教学的私立学校。

（二）高等教育阶段的中文教育发展

保加利亚有10所大学开设了中文课程，从类型上可分为中文系和非中文系教学两大类。

目前，保加利亚共有三所大学设立中文专业，分别是索菲亚大学、大特尔诺沃大学和普罗夫迪夫大学。其中，索菲亚大学是保加利亚最早设立中文系的高校。1986年，该校成立了古典与现代语言文学系东方语言与文化中心，"汉语言文学"专业属于该中心下设的历史最长的专业之一。大特尔诺沃大学是保加利亚第二所国立大学，20世纪90年代初设立了"汉语言文学"专业。2002年1月成立了保加利亚中国语言文化中心。普罗夫迪夫大学从2011年起开设了与中文相关的三个本科专业。目前，索菲亚大学本土中文教师7人，外派中文教师及志愿者2人；大特尔诺夫大学本土中文教师5人，外派教师及志愿者2人；普罗夫迪夫大学本土中文教师和外派教师各1人。

非中文系课程包括中文辅修专业课程和中文函授课程。目前保加利亚共有四所大学开设了中文辅修专业课程，即瓦尔纳自由大学、布拉戈耶夫格勒西南大学、鲁塞大学和多布里奇国际大学，此类辅修课程多集中在经济专业。另外舒门大学、瓦尔纳经济大学和斯维什托夫经济科学院开设了中文函授课程，学生大多为初、中级汉语水平的在校学生以及转为学习商务汉语的社会人员。

（三）孔子学院

1.索菲亚大学孔子学院

1953年索菲亚大学开设汉语专业，2003年起设立汉语水平考试点。2006年，保加利亚首家孔子学院在索菲亚大学挂牌成立，中方合作院校是北京外国语大学，该孔子学院是巴尔干地区最早成立的孔子学院。

该孔子院成立以来，一直致力于提高中国语言教学水平、科研能力以及和当地其他教育机构和政府部门的合作，促进保加利亚和中国之间的教育和文化交流合作，为保加利亚社会更好地了解中国传统和现代中国做出贡献。索非亚示范孔子学院是全球首批14个示范孔子学院之一，也是欧洲第一个启用的示范孔子学院。

一直以来，索非亚孔子学院制定了具体的汉语教学计划，教学活动以学院内办班、全国大中学汉语教学点教学为主，共设置了汉语初级班、中级班、提高班、长城汉语远程教学班、少儿汉语班、本地教师进修班、HSK培训班等。截至2019年，索非亚孔子学院现下设7个孔子课堂、13个教学点，分布在普罗夫迪夫、鲁塞、瓦尔纳等9座城市，2017年被原孔子学院总部授予"先进孔子学院"称号。

2. 大特尔诺沃孔子学院

2012年10月10日，保加利亚第二家孔子学院在大特尔诺沃大学成立，中方合作院校为中国地质大学。中国驻保加利亚大使、大特尔诺沃大学校长、中国地质大学副校长以及来自中国、保加利亚等地的400余名代表出席了孔子学院授牌仪式。

大特尔诺沃大学孔子学院开设的课程包括"成功之路""商务汉语""少儿汉语""HSK/HSKK辅导课"和"中国武术课"等多种课程。大特尔诺沃大学孔子学院的汉语学习者与日俱增，每年学习人数至少1200人。除此之外，HSK与HSKK考试通过率也是节节攀升。大特尔诺沃孔子学院目前有21名汉语教师，其中中国籍教师17名，均为汉语教师志愿者，本土汉语教师4名。

2022年10月，为庆祝大特尔诺沃大学孔子学院建院10周年，第九届"中国与中东欧政治、经济、文化关系"国际学术研讨会在保加利亚故都大特尔诺沃市召开。大特尔诺沃大学孔子学院保方院长伊丝克拉·曼多娃主持会议，大特尔诺沃大学校长赫里斯托·邦卓洛夫致开幕词。大特尔诺沃市副市长内可·根切夫在致辞中，感谢大特尔诺沃大学孔子学院在丰富大特尔诺沃市文化内涵、促进中保文化交流方面做出的贡献，并向学院颁发了"大特尔诺沃市特别贡献奖"勋章及奖状。本次研讨会共收到来自中国、保加利亚、马来西亚不同高校及学术机构学者们的论文、报告50余篇，主题涵盖"一带一路"倡议、低碳及清洁能源合作、中国传统及流行文化、保加利亚中文教育等领域。100多位与会学者就相关议题进行了深入讨论，分享最新研究成果。

第六节 代表性大学

一、索菲亚大学

索菲亚大学（Sofia University St. Kliment Ohridski）是保加利亚最早的一所高等学校，于1888年建校，也是保加利亚最重要的科学文化中心之一。索菲亚大学经过多次的改革和改组，已经成为保加利亚讲授社会和自然的基础科学、培养各方面的专家和师资、从事科学研究和提高各类专家业务水平的大型综合教学研究中心。索菲亚大学的一项重大改革就是同保加利亚科学院实现一体化。这是索菲亚大学发展的一个新阶段，这种一体化使专家的科研活动同高等学校中的教学活动和培养年轻科研干部的工作有机地结合起来，保证了向高等学校输送新的科研力量，使年轻专家的培训同科研、生产密切联合起来。这样既有利于科研单位和高等学校更好地建立内容丰富的信息基地，也有利于生产单位对科学知识和科研成果的迅速推广和应用。

索菲亚大学设有哲学、历史、生物、化学等14个系，学制为5年。各专业的教学都分三个阶段，第一阶段是基础理论教育，主要注重学生的全面发展，培养独立思考和工作能力；第二阶段是学习专业理论知识和实际才干；第三阶段是保证"生产和科学活动的专业化"，培养熟练的专门人才。学校除肩负着教学任务外，还有科研、文化等多种职能，是保加利亚人民最重要的文化机构之一。索菲亚大学有10个系设有教学法研究室，专门负责培养中学的师资；还有全国最大的学后进修中心，为提高业务水平培养了无数专业人才；索非亚大学还是全国学术中心。每一个工作人员在这里几乎都从事科学研究工作。在国家登记的发明奖中，以索大获奖最多。除了传统的基础科学研究外，索大还进行了大量的应用研究项目，如激光技术和工艺，提纯物质和特纯物质等，对国民经济的发展做出了很大贡献。此外，索大的学生也广泛地参加了自然科学和人文科学各方面的科学研究活动。他们成立了大学青年探险俱乐部，主要研究一些跨学科的问题，有许多参加课余科研活动的大学生获得了全国大学生科技竞赛的金质奖章。

索非亚大学图书馆在发展保加利亚学术和高等教育方面的贡献也是巨大的。它与索非亚大学同时成立。在社会主义革命取得胜利后，为满足社会主义文化蓬勃发展的需要，索大图书馆已经发展了16个分馆，藏书量增加到200万册，并以每年30万~40万册的速度持续增加。此外，该图书馆还藏有许多古籍，包括善本书籍、名人手稿、历代圣像、圣诗集、经书抄本等。索大图书馆还是保加利亚其他高等学校图书馆的图书馆学研究中心、大学图书馆专业的教学基地和图书馆专业学生的实习场所。

2022年，索非亚大学共有在校生超过21 000人，本科生占比64%，研究生占比36%，另有1 564名国际学生。教职工2 488人。在2023年QS世界排名中位于561~570。

二、普罗夫迪夫大学

普罗夫迪夫大学（The Paisii Hilendarski University of Plovdiv）位于保加利亚的第二大城市普罗夫迪夫。学校建立于1961年，是保加利亚南部最大的高等教育机构，同时也是保加利亚第二大的综合性大学。普罗夫迪夫大学已有60余年的悠久历史，专业领域包括自然科学、人文科学、社会科学与经济学，为学生提供了高质量的教育课程。普罗夫迪夫大学设有生物系、经济与社会科学系、数学与信息科学系、教育系、物理系、语言与文学系、哲学与历史系、化学系及法律系。学校设有本科及硕士学位的课程，包括：社会学、历史、哲学、教育学、特殊教育、社会教育、数学、计算机科学、应用数学、物理工程、信息与交流系统、工商管理、化学、生物、环境学与环境保护、分子生物、宏观经济、国际经济关系、市场营销、政治、经济管理、保加利亚语言及外国语言、戏剧表演等。

全校目前有超过 8 000 名全日制学生和 5 000 名非全日制学生。教职工人数超过 900 人，包括 550 名全职人员，其中有 30 名教授、160 名副教授和 360 名讲师。

普罗夫迪夫大学与多数欧洲高校都建立了国际合作关系，同时也与美国、亚洲和非洲的部分高校有合作交流。同时，该校也积极参与欧洲伊拉斯谟计划，目前已与葡萄牙、比利时、克罗地亚、捷克、法国、德国、希腊、匈牙利、意大利等 24 个国家的 132 所大学开展了合作交流。

参考文献

［1］中华人民共和国外交部. 保加利亚国家概况［EB/OL］.［2023-02-13］. https://www.mfa.gov.cn/web/gjhdq_676201/gj_676203/oz_678770/1206_678916/1206x0_678918/.

［2］古启永. 保加利亚教育的发展与改革［J］. 外国教育动态，1986（2）：37-41.

［3］古启永. 保加利亚教育发展概况、改革内容和今后发展教育的措施［J］. 苏联东欧问题，1985（4）：38-43.

［4］徐长瑞. 保加利亚高等教育的现状和发展趋势——有计划培养专门人才的几个问题［J］. 外国教育研究，1985（2）：11-17.

［5］李建. 保加利亚私立高等教育的发展与挑战［J］. 中国农业教育，2011，101（3）：12-14.

［6］Types of Higher Education Institutions. European Commission［EB/OL］.（2022-06-12）［2023-02-26］. https://eurydice.eacea.

ec.europa.eu/national-education-systems/bulgaria/types-higher-education-institutions.

［7］Students Enrolled by Educational-qualification Degree and Narrow Field of Education. Republic of Bulgari National Statistical Institute ［EB/OL］.［2023-02-28］. https://www.nsi.bg/en/content/3392/students-enrolled-educational-qualification-degree-and-narrow-field-education.

［8］Tertiary Education Graduates by Educational-qualification Degree and Narrow Field of Education. Republic of Bulgari National Statistical Institute.［EB/OL］.［2023-03-01］. https://www.nsi.bg/en/content/4911/362-tertiary-education-graduates-educational-qualification-degree-and-narrow-field-education.

［9］Teaching Staff by Level of International Standard Classification of Education. Republic of Bulgari National Statistical Institute［EB/OL］.［2023-03-02］. https://www.nsi.bg/en/content/3548/teaching-staff-level-international-standard-classification-education-isced-2011.

［10］刘进，杨莉．"一带一路"沿线国家的高等教育现状与发展趋势研究（十一）——以保加利亚为例［J］.世界教育信息，2018,31(16)：34-39.

［11］Higher Education Funding. European Commission［EB/OL］.［2023-03-02］. https://eurydice.eacea.ec.europa.eu/national-education-systems/bulgaria/higher-education-funding.

［12］The Global Economy. Bulgaria: Education Spending, Percent of GDP［EB/OL］.［2023-03-02］. https://www.theglobaleconomy.com/Bulgaria/Education_spending/.

［13］The Global Economy. Bulgaria: Education Spending, Percent of Government Spending［EB/OL］.［2023-03-02］. https://www.theglobaleconomy.com/Bulgaria/Education_spending_percent_of_government_spending/.

[14] Other Dimensions of Internationalization in Higher Education. European Commission[EB/OL].[2023-03-07]. https://eurydice.eacea.ec.europa.eu/national-education-systems/bulgaria/other-dimensions-internationalisation-higher-education.

[15] Mobile Students by Educational-qualification Degree and Country of Prior Education.[EB/OL].[2023-03-10]. Republic of Bulgaria National Statistical Institute. https://www.nsi.bg/en/content/4900/32-mobile-students-educational-qualification-degree-and-country-prior-education.

[16] 中外合作办学监管工作平台. 教育部审批和复核的机构及项目名单[EB/OL].[2023-03-10]. https://www.crs.jsj.edu.cn/aproval/detail/2712.

[17] 肖珊，徐成慧，廖雅璐. 保加利亚中文教学发展现状及前瞻研究[J]. 国际中文教育，2022，7（1）：94-96.

第十二章 爱沙尼亚

第一节 国家概况

爱沙尼亚共和国（Republic of Estonia），简称爱沙尼亚，位于波罗的海东岸，东与俄罗斯接壤，南与拉脱维亚相邻，北邻芬兰湾，国土面积45 339平方千米，海岸线长3 794千米。全国人口133万人（2022年1月）。人口最多的五个民族是爱沙尼亚族、俄罗斯族、乌克兰族、白俄罗斯族和芬兰族。其中，爱沙尼亚族人口最多，共91.5万人，占全国人口的68.8%；俄罗斯族人口32.3万人，占比24.2%。乌克兰族、白俄罗斯族和芬兰族人口分别为2.7万人、1.1万人和0.8万人，各占爱沙尼亚全国人口的2%、0.8%和0.6%。官方语言为爱沙尼亚语。英语、俄语亦被广泛使用。主要信奉基督教路德宗、东正教和天主教。全国共分15个省，大小城镇254个。人口最多的城市依次是塔林（44万人）、塔尔图（9.5万人）、纳尔瓦（5.3万人）、科赫拉亚尔维（3.3万人）和帕尔努（5.1万人）。首都塔林是全国的政治、经济、文化中心，人口数量约占全国人口的32.9%，国内生产总值（GDP）占全国一半以上。塔林市地处爱沙尼亚西部，濒临波罗的海，始建于1248年丹麦王国统治时期，1918年成为爱沙尼亚首都，联合国教科文组织将塔林老城列入世界文化遗产目录。

爱沙尼亚族形成于 12—13 世纪，曾先后被普鲁士、丹麦、瑞典、波兰、德国、沙俄和苏联占领统治。1710—1918 年受沙俄统治，1918 年 2 月 24 日宣布独立，成立爱沙尼亚共和国。2 月底德军占领爱沙尼亚。同年 11 月，苏维埃俄国宣布对爱沙尼亚拥有主权，爱俄之间爆发战争。1920 年 2 月，爱俄签署《塔尔图和平条约》，苏维埃俄国承认爱沙尼亚独立。1939 年 8 月，苏德签订秘密条约，将爱沙尼亚划入苏联势力范围。1940 年 6 月，苏联出兵爱沙尼亚，同年 7 月成立爱沙尼亚苏维埃社会主义加盟共和国。1991 年 8 月 20 日，爱沙尼亚脱离苏联，宣布恢复独立。同年 9 月 17 日，联合国宣布接纳爱沙尼亚为成员国。爱沙尼亚于 2004 年 3 月 29 日加入北约，5 月 1 日加入欧盟，2007 年 12 月 21 日加入申根区，2010 年 12 月 9 日成为经济合作与发展组织（OECD）正式成员国，2011 年 1 月 1 日加入欧元区，欧元成为爱沙尼亚法定流通货币。

自恢复独立以来，爱沙尼亚一直奉行自由经济政策，大力推行私有化，实行自由贸易政策，经济发展迅速，年均经济增速在欧盟成员国位列前茅，数字化建设全球领先，被誉为"波罗的海之虎"。2020 年，受新冠疫情影响，爱沙尼亚经济增速为 -2.9%。2021 年经济呈复苏发展势头，国内生产总值（GDP）达 256.6 亿欧元，增长率 4.3%；人均国内生产总值达 19 269 欧元。在对外关系上，爱沙尼亚以欧盟和北约为经济、安全依托，重视与波罗的海及北欧国家的传统友谊，以加强波罗的海—北欧（NB8）合作为优先方向，着力推动和加强区域合作。同时进一步加大参与国际事务力度，不断深化与美国关系。

中国是爱沙尼亚恢复独立后最早与爱建立外交关系的国家之一。自 1991 年建交以来，两国各领域交流合作从无到有、由浅入深，政治、经贸、科技、教育、人文各领域交流日益密切，务实合作不断深化。尤其是经贸关系不断加强，近年来，两国签订涉及爱鲱鱼、乳清粉、禽肉和鲑鱼输华多个议定书，双边贸易和投资不断增加，特别是在疫情期间，双边贸易仍逆势增长。2021 年上半年，中爱双边贸易额为 6.3 亿美元，同比上升 27.3%。爱沙尼亚积极参与"一带一路"建设，2017 年在中国—中东欧领导人会晤期间，两国签订"一带一路"合作备忘录、数字丝路合作备忘录和电子商务合作备忘录三项合作文件。在文化教育领域，两国交流合作也日益扩大。武术、太极、舞龙舞狮、汉语、中国电影周、"欢乐春节"，以及中国服饰和餐饮文化等在爱沙尼亚越来越深入人心，许多当地学生在塔林大学孔子学院学习中国文化。

第二节　高等教育发展历程

爱沙尼亚教育体系的发展拥有较为悠久的历史，社会整体教育基础较好。13世纪开始，爱沙尼亚地区就长期处在德意志、瑞典和丹麦的封建领主势力控制之下，其教育体系的建立也受到外部统治势力的影响。1617—1629年，瑞典在波瑞战争中击败波兰，取得爱沙尼亚地区的控制权。1632年，瑞典国王阿道夫·古斯塔夫二世（Gustavus Ⅱ Adoplphus）下旨建立古斯塔夫学院（Academia Gustaviana），拉开了爱沙尼亚高等教育发展的序幕。依据1632年古斯塔夫学院成立、1940年爱沙尼亚苏维埃社会主义加盟共和国建立和1991年爱沙尼亚恢复独立三个节点，爱沙尼亚高等教育发展历程大致可分为奠基期、转折期和改革期三个阶段。

一、奠基期（1632—1940年）

1632年古斯塔夫学院建立，是瑞典王国历史上继乌普萨拉大学（University of Uppsala）之后建立的第二所大学、爱沙尼亚地区第一所大学，创校之初开设哲学、法学、神学和医学四个学院，只招收瑞典和芬兰学生。1710年，由彼得一世统治的沙皇俄国在大北方战争中击败瑞典，获得爱沙尼亚地区的统治权，古斯塔夫学院也因此关闭。1802年，沙皇亚历山大一世下旨在塔尔图重建古斯塔夫学院，改名为多尔帕特帝国大学（Kaiserliche Universität zu Dorpat），作为沙皇俄国的一所国立大学，以德语为授课语言，并向爱沙尼亚学生开放。1889年，在沙皇亚历山大三世推行的"俄罗斯化"政策影响下，多尔帕特帝国大学改用俄语授课。

1918年2月爱沙尼亚宣布独立，成立爱沙尼亚共和国。1919年，在多尔帕特帝国大学基础上，爱沙尼亚宣布成立塔尔图大学（Tartu University），授课语言为爱沙尼亚语。1919—1939年，塔尔图大学共培养了5 751名毕业生，为爱沙尼亚贡献了大量律师、医生、神职人员和农学人才。此时期还成立了专业技术学院（1918年成立，塔林工业大学前身）、塔林高等音乐学院（1919年成立，爱沙尼亚国立音乐学院前身）和塔林教师培训学院（1919年成立，塔林大学前身）。

二、转折期（1940—1991年）

1940年爱沙尼亚苏维埃社会主义加盟共和国成立。作为苏联的一部分，爱沙尼亚在政治、经济和教育政策上完全实施苏联制度。教育体系逐步统一为苏联体系，即中小学教育10年，其中小学5年、初中3年和高中2年；中等专业技术学校发达，既有初中后2~3年制的，也有高中后2年制的；大学本科5年制为主，不设学士、硕士学位，毕业生获得专家文凭（Specialist），副博士学位为最高学位，而博士只是一种称号，授予对科学和学术做出重要贡献的学者、教授和其他科学和文教领域领袖。教育行政上采取分级管理制度，大学由苏联教育部和爱沙尼亚加盟共和国教育部管理；中等专业技术学校由加盟共和国教育部管理，中小学由市县政府管理。爱沙尼亚拥有自己的语言，但所有学生都必须学习俄语和爱沙尼亚语两种语言。教学基本使用俄语，尤其在高等院校更是如此。

社会主义时期的爱沙尼亚高等教育具有集中化、功利主义和平等主义的特点。此时期高等教育发展取得了一定成就，截至1988年共有6所公立高等教育机构，包括1所大学（塔尔图大学）和5所专业高等学院（师范大学、工业大学、农业学院、音乐学院和艺术学院）。高等教育的平等性与普及率得到了提高，许多来自平民阶层的学生也能有机会接受高等教育。但是，受苏联高度集中的国家制度和管理体制的影响，高校的自主性和开放性有限，高等教育的发展主要是以苏联政府的决策为主。因为苏联对工业化和军事工业的高度重视，高校也更加偏重自然科学和工程学科的发展，1975—1978年爱沙尼亚高校理工科专业毕业生的比例高达70%。

三、改革期（1991年至今）

自20世纪80年代中期开始，爱沙尼亚教育系统持续寻求改革。1987年，爱沙尼亚爆发教师运动，反对苏联教育体系，要求进行课程改革，目标是培养学生解决问题的能力、培养批判性思维、增强个人责任意识、促进民主决策；核心是教会学生自我反思、自我管理。1989年，爱沙尼亚语学校开始进行课程改革。1990年前后，爱沙尼亚开始探索发展私立教育，成立了2所私立高等教育机构，包括培养神学、人文与社会科学类人才的爱沙尼亚人文学院（Estonian Institute of Humanities）和培养工商管理类人才的爱沙尼亚商学院（Estonian Business School），弥补了社会主义时期苏联对上述专业发展与人才培养的长期忽视。

1991年，爱沙尼亚独立后，改革运动扩展到整个教育系统。爱沙尼亚的教育改革历程围绕"追求教育公平"和"扩大学校自主权"两大主题展开。1992年，《爱沙尼亚教育法》通过，规定所有爱沙尼亚公民，不论年龄、社会地位、居住地点或心理健康状态，均有权根据其能力接受不同阶段或类型的教育。政府开始下放权力，高等教育机构拥有充分的自主权。在大学的决策和管理层面，相较于政府，学术委员会拥有的话语权越来越大。

爱沙尼亚共和国成立后的几年内，高等教育发展迅速迎来了一波高潮，高等教育机构总数翻了一番。1993—1994学年，高校数量已由3年前的6所增加至20所，包括6所公立大学（塔尔图大学和5所升格为大学的专业高等学院）、7所国立职业型高校（通过职业学校重组升格成立的军事学院、工程学院、教师培训学院等及1992年成立的安全科学学院）和 7 所私立职业型高校（人文学院、社科学院、3 所工商学院和 2 所神学院）。此后，高等教育机构总数持续增加（见表 12-1），私立高等教育机构也不断发展，2002 年高校总数达到峰值 49 所，其中公立大学 14 所、私立大学 10 所；国立职业型高校 7 所、私立职业型高校 14 所。高校数量的攀升也带来了一些"乱象"，比如大多数新成立的私立高校学生规模仅在千人左右，师资也主要由公立高校教师来兼职；还出现了一批私立的"文凭工厂"，只以营利为目的，开设的是法学、工商管理或心理学等投资少但学费高的专业。所以自 1996 年开始，爱沙尼亚教育与科学部（Ministry of Education and Research）颁布执行《高等教育标准》，对高等教育机构的设立及其学科专业的设置进行监管。在政府的指导下，2002 年至今，爱沙尼亚高校总数逐年回落，从峰值时期的 49 所稳定至目前的 18 所，其中公立高校 13 所、私立高校 5 所。

表 12-1　1990—2020 年爱沙尼亚高等教育机构数量

所

年份	1990	1995	2000	2005	2010	2015	2020
大学	6	7	15	11	9	7	7
公立	6	6	6	6	6	6	6
私立	0	1	9	5	3	1	1
职业型高校	0	18	19	21	22	15	11
公立	0	8	8	8	10	8	7
私立	0	10	11	13	12	7	4
职业学校	0	1	8	7	2	2	0
总计	6	26	46	39	33	24	18

数据来源：爱沙尼亚统计局

随着高校数量的增加，爱沙尼亚高等教育机构学生人数也在不断增长（见表 12-2），总数由 1995 年的 27 126 人增加至 2005 年的 68 286 人，

10 年来增长 1.5 倍。但近年来高校在校生人数逐年下降,与爱沙尼亚步入老龄化社会、人口增速缓慢趋势相一致。从学校类型来看,自 2005 年起,大学和职业型高校在校生人数的比例趋于稳定,占比分别为 66% 和 34%。

表 12-2　1990—2020 年爱沙尼亚高等教育在校生数量

人

年份	1990	1995	2000	2005	2010	2015	2020
大学	25 899	21 063	33 277	44 870	47 143	36 857	33 538
职业型高校	0	6 063	22 759	23 416	21 970	14 235	11 721
在校生总数	25 899	27 126	56 036	68 286	69 113	51 092	45 259

数据来源:爱沙尼亚统计局

1999 年,随着《博洛尼亚宣言》的发布,爱沙尼亚进行了以融入欧洲高等教育区为目标的新一轮高等教育改革,包括启动本硕两级学位改革,划分学术型和职业型"双轨制"高等教育体系,明确公立、国立和私立三种类型的教育机构等。爱沙尼亚教育与研究部制定了一系列战略措施,如颁布《爱沙尼亚终身学习战略 2014—2020》《爱沙尼亚终身学习战略 2020》《教育战略 2021—2035》等。在各阶段实施的统领性教育发展规划中,爱沙尼亚对于教育公平性和教育现代化的目标是一以贯之的,具体包括:①为每个人创造均等的终身学习机会;②提升教师地位、创造以受教育者为中心的多元学习环境;③改进终身学习机会与市场需求的匹配度;④在教学过程中运用现代信息和数字技术。为实现上述目标,2021—2035 年,爱沙尼亚计划拨付 185 亿欧元用于完善教育体系、创造终身学习机会、促进教育国际交流与流动;拨付 60 亿欧元用于提高教师待遇、提升学习环境和教育技术水平;拨付 8 亿欧元用于改进学习机会与社会和市场需求的匹配度。

近年来,爱沙尼亚学生在由经合组织研发和开展的国际学生评估项目（Program for International Student Assessment，PISA）中表现突出，平均成绩高于经合组织成员国平均成绩，甚至位居欧盟和经合组织成员国前列，受到各国的关注。自2006年参加国际学生评估项目以来，爱沙尼亚的排名逐步上升（2009年第13名，2012年第9名），2015年更是以综合排名第3的成绩进入世界基础教育排名前列，经合组织国家中排名第2位、欧盟国家排名第1位。

教育质量飞速提升的背后，一方面归功于爱沙尼亚持续增长的经济和稳定发展的社会，另一方面则归功于爱沙尼亚政府对数字经济和创新经济的发展，以及对高校信息通信技术（ICT）专业与人才培养的大力支持。自爱沙尼亚恢复独立并加入欧盟和欧元区后，便开始大力发展数字型社会，致力于推行跨部门的电子政务，建立"数字化爱沙尼亚"（e-Estonia）。例如，2002年，电子身份证系统（Digital ID）开始使用、电子学校系统（e-School）运行；2005年，电子选举开始实行（i-Voting）；2008年，电子健康系统（e-Health）投入使用；2011年，智能电网（Smart Grid）建成运营；2015年，世界上第一个数据大使馆（Data Embassy）建成；2019年，政府出台人工智能战略（Government AI strategy）。"数字化爱沙尼亚"及电子政务系统成为爱沙尼亚的国家名片，在数字技术运用、科技创新、公民数字素养等方面处于世界领先水平。根据欧盟委员会公布的2021年欧洲创新排行榜，爱沙尼亚在创新发展最快的国家排名中列第9位。

为促进爱沙尼亚数字化，爱沙尼亚政府每年向塔林工业大学和塔尔图大学提供300万欧元的资金，以支持信息通信技术领域的研究开发，促进创新和知识型解决方案的创建，并在生活领域应用。经合组织发布的《教育概览2017》（*Education at a Glance 2017*）显示，爱沙尼亚有9%的高等教育机构学生开始学习信息通信技术，这在经合组织国家中所占比例最高。信息通信技术人才的培养将进一步促进信息技术在教育和学习领域的广泛运用，研发针对学生个性化学习、方便教师运用的教学内容软件，提升学校网络环境和信息技术硬件设备，建立各级各类教育数据共享、分析与监测的信息平台。

第三节　高等教育概况

爱沙尼亚的高等教育具有"双轨制"特征。高等教育机构分为两类，一是学术型高等教育机构，即大学（University），包括公立大学和私立大学；二是职业型高等教育机构（Professional Higher Education Institution），包括国立职业高等教育机构和私立职业高等教育机构。2021年，爱沙尼亚共有高等教育机构18所，包括6所公立大学、1所私立大学、7所国立职业高等教育机构、4所私立职业高等教育机构。主要高等院校有塔尔图大学、塔林大学、塔林工业大学、爱沙尼亚生命科学大学、爱沙尼亚商学院等，其中3所进入QS 2023年世界大学排行榜。创办于1632年的塔尔图大学是爱沙尼亚建校最早的大学，被誉为"爱沙尼亚的启蒙圣母"。

爱沙尼亚国民受教育的时长平均为15.57年，在欧盟国家中名列前茅。受高等教育人数39.4万人，占总人口的30%。受教育程度较高的地区主要是哈留省、塔尔图省和东维鲁省，接受过高等教育的人数在当地居民中的占比分别达到42%、35%和33%，其他省份的这一比例为20%~25%。

一、教育体系

爱沙尼亚的教育系统分为四个阶段，包括学前教育、基础教育、中等教育和高等教育。基础教育为9年制义务教育（1~9年级），学生年龄为7~16岁。基础教育在基础学校（Basic School）进行，以公立学校为主，国家设置课程大纲。基础教育阶段没有常规期末考试，1~6年级使用描述性评价而不用分数衡量学生表现。完成基础教育后，可选择普通中学（10~12年级）或职业学校继续学习。一般三分之二的基础教育毕业生会选择普通中学。完成普通中学学业的学生可选择自愿参加国家统一考试，考试成绩将作为高等教育机构选拔学生的标准之一。2021年，共有23.3万人在各类学校学习，中小学学生16.2万人，各类技校及职业学校学生2.59万人，大学学生4.46万人（见表12-3）。

表12-3　2021年爱沙尼亚教育概况

层次	年龄范围/岁	机构数量/个	学生数量/万人
基础教育	7~16	350	13.26
普通中学	16~19	153	2.96
职业学校	16~19	37	2.59
高等教育	19~22	18	4.46

* 数据来源：爱沙尼亚统计局

爱沙尼亚非常重视教育信息化和现代化，设有教育信息系统（Estonian Education Information System），可以为使用者提供有关教育机构、学生、教师、毕业文件、学习材料、课程等的详细信息。同时，该系统是教育系统监督体系的一部分，以便政府能准确把握未来劳动力市场发展的方向。

二、教育管理体制

爱沙尼亚实行教育部领导下的分层管理体制，包括国家层面、地方层面和院校层面。政府设立国家教育与研究部（Ministry of Education and Research）简称教育部，主管全国各级各类教育事务，包括高等教育、基础教育、职业教育、学前教育、成人教育、教师教育事务和国家语言政策。除了主管全国教育发展规划、国家教育财政预算、教师教育和供给保证、各项教育改革发展政策和学校课程标准制定以外，教育部还直接管理所有公立高等院校，包括6所公立大学和7所国立职业型高校。公立中小学和幼儿园则主要由全国15个市县管理，国家教育部仅保证每个县至少有1所公立普通中学，并资助各市县的特殊教育机构。成人教育主要由地方市县政府和社区管理。全国考试与资格中心（National Examinations and Qualifications Center）与教育部共同研讨、开发和修订国家课程和相关评估，并对国家考试进行管理。大学在法律规定的范围内拥有自治权，有权自主决定其学术和组织结构、教学和研究工作内容、课程设置、入学和毕业要求等。

三、规模及分类

2021年，爱沙尼亚共有18所高等教育机构，包括13所公立高校和8所私立高校。从类型上分，爱沙尼亚高等教育机构提供学术型和职业型高等教育，现有7所大学和11所职业高等教育机构。学术型高等教育更偏重理论与科学研究，授予学士、硕士、博士学位。职业型高等教育则更偏重职业技能与实践，包括中学后职业高等教育（相当于学士学位阶段）、职业硕士教育。相较于职业型高校，学术型大学在设立新专业、制订学校发展计划和预算、确定招生条件、选举校长等方面拥有更大的自主权。职业型高等教育并非只由职业型高校提供，学术型大学也可以开设职业高等教育专业；神学、公共安全和国防领域的硕士学位项目可由职业型高校独立开设，但其他领域的硕士学位项目则须与学术型大学共同开设；私立职业型高校主要提供社会科学、工商管理、信息技术和神学领域的职业高等教育课程。2021年，职业型高等教育学生人数11 462人，占总人数的26%；学士、硕士、博士层次学生人数占比分别为35%、26%和5%（见表12-4）。

表12-4 2021年高等教育机构在校生人数（按层次分）

教育层次	在校生总人数/人
职业型高等教育	11 462
学士层次	15 786
长硕士	3 324
硕士层次	11 686
博士层次	2 353
总数	44 611

数据来源：爱沙尼亚统计局

外国留学生人数5 696人，占在校生总人数的12.8%；生源国排行依次是：芬兰（988，17.3%）、俄罗斯（934，16.4%）、尼日利亚（349，6.1%）、乌克兰（306，5.4%）、印度（209，3.7%）、阿塞拜疆（201，3.5%）。

四、招生机制

对于高校招生，爱沙尼亚全国没有统一的录取规定，每个高等教育机构都有权根据不同专业的要求制定相应录取标准。总体而言，完成普通中学阶段所有课程的学生，参加国家组织的统一考试所取得的成绩，将作为高校录取学生的参考之一。该考试的内容和形式由教育部决定、由全国考试与资格中心组织开展。统一考试包括5门，至少须包括3门国家考试和2门学校考试，也可选择参加5门国家考试。同一科目可选择参加国家考试或学校考试。爱沙尼亚语是国家考试必考科目，其他考试科目可从俄语、英语、德语、法语中选择一门作为第二语言，并从数学、物理、生物、化学、历史、地理和社会学中选择一门。3门国家考试中，外语类科目只能选择一门（爱沙尼亚语除外）。通过考试的学生将获得普通中学毕业证书和毕业考试成绩证明。

对于外国留学生，爱沙尼亚高校没有特殊的入学要求和特别的甄选程序，各校的申请流程及申请截止时间也不一样。申请者一般需要提供高中、学士、硕士或同等学力证明，证明自身的知识水平与爱沙尼亚高校的招生及课程要求相一致，同时有足够的语言水平。爱沙尼亚高校主要以爱沙尼亚语教学，但大多数高校都能提供以英语授课的本科和硕士专业。

五、人才培养模式

（一）学制和学分

学术型高等教育包括学士、硕士、博士三个层次（见表12-5）。本科阶段学制3~4年，需达到180~240 ECTS（欧洲学分换算及积累单位）；硕士阶段学制1~2年，需达到60~120 ECTS；博士阶段学制3~4年，需达到180~240 ECTS。

职业型高等教育包括学士和硕士两个阶段（见表12-5）。学士阶段学制3~4年，需达到180~240 ECTS，授予职业高等教育文凭；特殊专业的职业高等教育，比如助产士或护士，学制为4.5年，需达到270 ECTS；长硕士教育主要在医学、牙医学、药剂学、兽医学、建筑学、土木工程、师范教育学专业开展，授予硕士学位。其中医学类专业学制6年，需达到360 ECTS；其他专业学制5年，需达到300 ECTS。

表12-5 爱沙尼亚高等教育等级和学习年限

第三阶段	博士层次 博士学位 3~4年 180~240 ECTS		
第二阶段	硕士层次 硕士学位 1~2年 60~120 ECTS		长硕士 硕士学位 5~6年 300~360 ECTS
第一阶段	学士学位 3~4年 180~240 ECTS	职业高等教育 文凭 3~4.5年 180~270 ECTS	

（二）学期和评分体系

爱沙尼亚大学一学年包括秋季学期和春季学期2个学期，不同大学的学期周数稍有不同，比如塔林工业大学每学期设有16个学习周和3个考试周。秋季学期从9月初（9月份的第一个星期一）开始至12月底结束，圣诞节和新年后进入考试周；春季学期从1月底或2月初至5月底结束，此后进入考试周；6月3日学年结束，7月1日开始放暑假。每门课程都须以期末考试或及格/不及格评定结束。考试形式包括口试和笔试。爱沙尼亚的评分体系包括 5 级制和 6 级制两种。直至 1999—2000 学年，爱沙尼亚高校才开始使用统一的 6 级制评分体系，其中 51% 为最低及格线（见表 12-6）。

表 12-6　评分体系

等级	程度	课程完成程度 /%
5 或 A	杰出（excellent）	91~100
4 或 B	优秀（very good）	81~90
3 或 C	优良（good）	71~80
2 或 D	良好（satisfactory）	61~70
1 或 E	及格（sufficient）	51~60
0 或 F	不及格（insufficient）	0~50

六、学生毕业情况

爱沙尼亚高校的毕业生人数近年来基本保持稳定（见表 12-7）。2021 年毕业生总人数 9 618 人，较 2012 年下降了 16.3%，与总人口下降趋势及高等教育在校生人数下降的现状一致。其中，职业型高等教育毕业生人数 2 168 人，占总人数的 22.5%；学士、硕士、博士层次毕业生人数占比分别为 35%、36% 和 2%。

表 12-7　2012—2021 年爱沙尼亚高校毕业生人数

人

年份	2012	2013	2014	2015	2016	2017	2018	2019	2020	2021
职业型高等教育	3 886	3 556	3 271	3 115	2 601	2 509	2 318	2 212	2 286	2 168
学士层次	4 292	3 966	3 642	3 709	4 093	3 559	3 184	3 130	3 036	3 354
长硕士	455	485	485	522	454	490	442	423	452	438
硕士层次	2 674	2 627	2 579	2 937	2 890	2 795	2 885	3 025	3 128	3 436

续表

年份	2012	2013	2014	2015	2016	2017	2018	2019	2020	2021
博士层次	190	233	213	208	239	253	244	235	221	222
总数	11 497	10 867	10 190	10 491	10 277	9 606	9 073	9 025	9 123	9 618

数据来源：爱沙尼亚统计局

在爱沙尼亚，最热门的学习专业是商学、管理学与法学（24.3%），其次是工程、制造与建筑（12.6%），医疗健康与社会福利（12.6%），人文与艺术（12.1%）和信息通信技术（10.1%）（见表12-8）。

表12-8　2021年爱沙尼亚高校毕业生数量（按学科划分）

学科	毕业生总数/人
教育	815
人文与艺术	1 163
信息通信技术	975
自然科学、数学与统计学	513
农业、林业、渔业与畜牧业	150
社会科学、新闻学	712
服务	526
工程、制造与建筑	1 216
医疗健康与社会福利	1 215
商学、管理学与法学	2 333
总计	9 618

七、教育经费

爱沙尼亚教育经费以政府公共支出为主（见表12-9），2019年教育经费公共支出占国内生产总值的4.7%，其中在高等教育领域的支出约为 4 亿欧元，占国内生产总值的 1.5%，基本与经济合作组织国家的平均支出水平持平（教育总支出 4.9%、高等教育支出 1.5%）。

表 12-9　2017—2019 年高等教育支出情况

年份	总支出 / 万欧元	学校类型	支出类型	金额 / 万欧元
2017	35 381.1	公立高校	公共支出	25 566.7
			外资渠道	4 590.3
			私人支出	4 272.8
		私立高校	公共支出	48.1
			外资渠道	74.5
			私人支出	828.7
2018	41 960.4	公立高校	公共支出	29 087.5
			外资渠道	5 377.8
			私人支出	6 436.8
		私立高校	公共支出	66.6
			外资渠道	70.5
			私人支出	921.2
2019	40 910.9	公立高校	公共支出	28 861
			外资渠道	5 905.9
			私人支出	5 586.3
		私立高校	公共支出	6.2
			外资渠道	29
			私人支出	522.5

数据来源：爱沙尼亚统计局

八、质量保障体系

爱沙尼亚高等教育质量认证由高等教育质量评估委员会（Higher

Education Quality Assessment Council，HEQAC）和高等教育认证中心（Estonian Higher Education Accreditation Centre,EHEAC）参照国际原则、标准和框架执行。高等教育质量评估委员会成立于1995年，隶属于教育部，是评判高等教育质量的最高组织机构，主要负责认证高等教育机构、认证学科专业，向社会公布评估结果，以及根据评估结果提出改进意见。高等教育认证中心成立于1997年，主要负责组建专家团队、与高校联系进校评估等具体执行层面的事宜。

爱沙尼亚质量保障体系包括高校（或学院系所）自评、外部专家评议、评估委员会最终评定和高校自我改进四个部分。一般先由高校开展严格的自我分析和评价，自评结果由高等教育认证中心组织专家组进行评估。专家进校认证后，在自评报告的基础上形成专家意见和建议，交由高等教育质量评估委员会最终评定。高等教育质量评估委员会给出的评定结果分为"通过"（7年有效）、"有条件通过"（3年有效）和"未通过"三种，同时还可包含对机构或专业建设的改进意见。

第四节　高等教育国际化

一、国际化历程

1940—1991年社会主义时期爱沙尼亚高等教育的国际化，主要是在东欧社会主义国家范围内展开。1991年独立后，高等教育国际化受到高度重视，成为爱沙尼亚融入欧洲高等教育区的重要举措。1999年加入世界贸易组织，2004年加入欧盟，爱沙尼亚不断加快融入世界的进程，同时积极融入欧洲"博洛尼亚进程"，保证高等教育质量、促进教师和学术人员的流动，深度融入欧洲教育体系，加强与其他国家的高等教育合作。2005年起，高等教育国际化战略成为爱沙尼亚国家层面教育发展规划的重要组成部分之一，国际化不仅是教育发展的目标，更是提升教育质量的途径。为了促进国际化发展，爱沙尼亚从改进法律体系、增强文化包容度、促进教育国际化水平等多个方面实施改革，包括修订法规以更灵活地接纳外来移民、为国际学生创造更利好的就业条件；倡导对不同文化的接纳与包容、为非爱沙尼亚母语的人员创造更友好的生活环境；提升高校国际教员和国际学生的比例、提高外语授课课程的数量等。

爱沙尼亚积极提升本国教育的国际影响力，国家教育部下设教育与青年委员会（The Education and Youth Board），专门负责推动教育国际化。该委员会通过运营与维护"学在爱沙尼亚"（Study in Estonia）网站，不断吸引外国学生赴爱留学。2011—2020年的10年，除2020年受新冠疫情影响规模略有下降外，爱沙尼亚攻读学位的国际学生的规模基本保持了逐年递增的趋势（见表12-10），10年来总规模增长了近4倍。

表12-10 2011—2020年爱沙尼亚国际学生规模（学位生）

人

年份	2011	2012	2013	2014	2015	2016	2017	2018	2019	2020
人数	1 573	1 876	2 230	2 887	3 476	3 917	4 395	5 047	5 528	5 236

数据来源：Study in Estonia 网站

二、国际化内容

学生流动是高等教育国际化的重要表现。根据联合国教科文组织统计研究所（UNESCO UIS）统计数据，2020年爱沙尼亚出国留学学生3 524人，占在校生总数的7.8%，外国留学生赴爱长短期学习5 520人，占在校生总数的12.2%，人才输入与输出大致处于平衡状态。最受外国留学生欢迎的专业依次为商学、管理学与法学（国际学生1 803人），人文与艺术（国际学生759人）和信息与通信技术（国际学生660人）。近几年，爱沙尼亚学生留学目的地国前10名的国家分别为：英国、德国、芬兰、俄罗斯、丹麦、澳大利亚、美国、瑞典、法国、拉脱维亚，且前往英国留学的人数远多于其他各国；赴爱沙尼亚的留学生的生源国主要为芬兰、俄罗斯、尼日利亚、乌克兰、孟加拉国、印度、阿塞拜疆、巴基斯坦、土耳其等。

爱沙尼亚提供多种类型的奖学金，鼓励师生开展国际流动，包括欧盟"伊拉斯谟+"项目、北欧高校交流交换项目（Nordplus Higher Education Programme）、欧洲经济区国家/挪威双向交流奖学金（EEA/Norway Grant Programme）、由欧洲区域发展基金和爱沙尼亚政府共同资助的多拉奖学金（DoRa Plus）、由爱沙尼亚政府资助的研究人员奖学金项目（Kristjan Jaak Scholarship Programme）、由企业资助的青年学者奖学金项目等。根据经合组织统计数据，2020年爱沙尼亚出国3个月以上、以获得学分而非攻读学位为目标的学生中，80%的学生由欧盟奖学金资助。

第五节　中拉高等教育交流与合作

1991年9月，中国与爱沙尼亚正式建立外交关系，为两国发展友好合作关系打下基础。在教育合作方面，1993年，中爱两国签署《中华人民共和国政府与爱沙尼亚共和国政府关于文化、教育与科学合作的协议》，鼓励两国高等院校和科研机构之间的直接交流与合作，促进互派专家、教师和学生，进一步发展两国文化、教育关系；2008年10月，中爱两国签署《中华人民共和国教育部与爱沙尼亚教育与研究部2008—2012年合作协议》，对教育机构合作、语言课程互设、政府奖学金政策的制定等方面进行了协定；2015年4月，两国教育部签署了《中华人民共和国教育部与爱沙尼亚共和国教育和研究部关于相互承认高等教育文凭的协议》《2015—2019年教育合作协议》。2017年5月，中爱两国签署《2017—2022年教育合作协议》。

一、学生流动

根据联合国教科文组织统计研究所和《来华留学生简明统计》的数据,中爱双方互派留学生的人数并不多(见表12-11)。爱沙尼亚赴中国留学人数年均90人左右(疫情前),中国学生选择前往爱沙尼亚留学的人数年均110人左右。

表 12-11　2015—2020 年中爱学生双向流动数据

人

年份	2015	2016	2017	2018	2019	2020
爱沙尼亚来华留学生	95	108	105	86	77	29
中国大陆学生留学爱沙尼亚	—	107	117	113	106	116

数据来源：联合国教科文组织统计研究所、《来华留学生简明统计》

二、语言教学与文化互鉴

1988 年，爱沙尼亚开始高等教育改革，成立了东欧地区的第一所私立大学——爱沙尼亚人文学院（Estonian Institute of Humanities），开设了亚洲研究等各类新型课程。而汉语教学也在此时兴起，爱沙尼亚人文学院的学生构成了汉语学习学生的主体。2005 年，爱沙尼亚人文学院、波罗的海电影与媒体学院、塔林教育学院以及塔林开放大学等高校合并建立塔林大学，汉语系也继续在塔林大学开设。中国高校也先后开设了爱沙尼亚语专业。2010 年 9 月，北京外国语大学举办了爱沙尼亚语开班仪式，时任爱沙尼亚驻华大使翁卡出席仪式并致辞。2016 年，北京第二外国语学院开设爱沙尼亚语专业，并于 2017 年招收首批本科生。首届爱沙尼亚语专业本科生全班 15 人分赴塔尔图大学、塔林大学留学，其中 13 人获得国家留学基金委员会的资助。2019 年，由爱沙尼亚科教部语言研究所主办的"一带一路"爱沙尼亚与中国语言学术论坛在塔林举行，论坛期间发布了首部爱沙尼亚语汉语词典——《爱沙尼亚语汉语基础词典》。

孔子学院的建立是语言教学与文化互鉴的重要成果之一。2010年2月16日，由塔林大学与广西大学合作设立的爱沙尼亚塔林大学孔子学院正式挂牌成立，2014年其与中国合作高校变更为上海财经大学。这是爱沙尼亚乃至波罗的海地区的第一所孔子学院，其成立被誉为中爱两国文化交流中的"里程碑"式事件。该孔子学院成立后，塔林大学将人文学院中东及亚洲研究中心并入孔子学院，汉语系也随之转入。孔子学院积极开设汉语课程及艺术课，也为当地中国社会研究学者及中医从业人员开设专门课程；学院设立常规的孔子学院日活动、每年的春节晚会、中秋晚会等具有中国元素的活动；同时，"汉语桥"中文比赛的举办有效地鼓励了爱沙尼亚学生积极学习汉语，深入了解中国文化，成为吸引海外留学生的重要窗口，用汉语架起了两国人民友好的桥梁。

第六节　代表性大学

一、塔尔图大学

塔尔图大学（University of Tartu，UT）位于爱沙尼亚第二大城市塔尔图，是爱沙尼亚最大、最古老的综合性国立大学，在波罗的海乃至整个欧洲地区都享有很高声誉。塔尔图大学由瑞典国王古斯塔夫二世建立于1632年，1919年由古斯塔夫学院改称塔尔图大学，是北欧乃至全欧洲最古老的大学之一。学校的历史建筑被列入欧洲遗产标签清单，作为"启蒙时代大学理念的体现"。该大学培育了众多优秀校友，爱沙尼亚许多政要和知名人士曾毕业或任教于该校。2023年QS世界大学排行榜中，塔尔图大学位列第293名，在爱沙尼亚高校中位列第1名。

塔尔图大学下设4个学院：艺术与人文学院、社会科学学院、医学院以及科学技术学院。其学科涵盖面广，包括人文科学、社会科学、自然科学、医学等领域，研究水平居于欧洲前列，尤其是在信息技术、生命科学、物理学等领域享有很高声望。学科排名中，语言学位列第151~200名，教育学位列251~250名，医学位列201~250名，社会学位列201~250名，化学位列401~450名。截至2023年3月，该大学拥有在校生14 200余人，其中包括1 800名国际学生，教职工3 000人。

塔尔图大学与来自26个国家的60多所高校签署了校际合作关系。该大学与中国高校保持积极的合作关系，开展形式多样的国际交流与合作项目，例如，与清华大学、北京科技大学、上海大学、上海科技大学、香港浸会大学等高校开展交换生或暑期交流等项目，与同济大学、东南大学、上海大学、北京交通大学、北京第二外国语学院在法学、语言学开展科研交流与合作等。

二、塔林工业大学

塔林工业大学（Tallinn University of Technology，TalTech），始建于1918年，是首都塔林最古老以及规模最大的高校，同时也是爱沙尼亚最大的公立理工类院校。2023年QS世界大学排行榜中，该校位列第701~750名，在爱沙尼亚高校中位列第2名，其电子与电气工程专业位列第351~400名，计算机专业位列第451~500名，商业管理专业位列第501~550名。

塔林工业大学下设5个学院：信息科技学院、工程学院、科学学院、商业与治理学院以及爱沙尼亚海事学院。该校提供本、硕、博课程项目，课程领域涵盖计算机科学、电气工程、机械工程、经济学、管理学、建筑学、城市规划、数学、物理学、化学、生物学等。现有在校生9 200余人，占爱沙尼亚高校学生总数的五分之一；国际学生1 100余人，来自92个国家和地区。

塔林工业大学与全球多所高校签订了500余份合作协议，建立了互惠互利的学术伙伴关系，开展双向师生交流活动。该校与中国高校合作紧密，与包括北京理工大学、中国石油大学（北京）、北京科技大学、北京信息科技大学、上海交通大学、山东科技大学等在内的高校建立了校际合作伙伴关系，开展学生交换、科研交流合作等。

三、塔林大学

塔林大学（Tallinn University，TLU）位于首都塔林，成立于2005年，前身是1919年创立的塔林教师培训学院。塔林大学是塔林最大的人文社会科学类大学，也是爱沙尼亚第三大公立大学。2023年QS世界大学排行榜中，塔林大学位列第1 001~1 200名，在爱沙尼亚高校中位列第3名，其艺术、人文科学、社会学、教育学与社会研究等学科排名靠前。

塔林大学下设7个学院，分别是波罗的海电影媒体与艺术学院、数字技术学院、教育学院、人文学院、自然科学与健康学院、治理法律与社会学院以及哈普萨鲁学院。截至2022年，塔林大学在校学生人数为6 900余名，其中国际学生约750名、占比11%。塔林大学人文学院前身为1988年成立的爱沙尼亚人文学院，其主要研究方向包含亚洲研究、爱沙尼亚语言文化研究、西欧研究、东欧和俄罗斯研究等。人文学院还开设中东及亚洲研究中心，承担汉语教学和中华文化研究等工作。

塔林大学注重开展国际合作，促进师生流动。该校与全球21个国家的43所院校签订了合作协议，此外，还签署了490项"伊拉斯谟+"项目协议。其在中国的合作院校包括北京外国语大学、上海财经大学、中国传媒大学等，共同开展学生联合培养、暑期学校等交流合作项目。

塔林大学还与上海财经大学合作建立了塔林大学孔子学院，这是爱沙尼亚唯一的一所孔子学院，成立于2010年。塔林大学孔子学院下设15个教学点，分布在爱沙尼亚5个城市，开设了语言课程、文化课程以及中国政治与社会研究、中医、针灸和推拿等专题课程，并致力于开展中国文化活动。

四、爱沙尼亚生命科学大学

爱沙尼亚生命科学大学（Estonian University of Life Sciences，EMU）位于爱沙尼亚塔尔图市，是爱沙尼亚第四大公立大学，也是该国唯一一所专注于自然资源可持续发展、致力于遗产及栖息地环境保护的大学。其办学主旨是确保自然资源的可持续利用以及促进城乡发展。该校最早可追溯到创建于 1632 年的塔尔图大学，由塔尔图大学农学系、林学系等学系于 1951 年合并组成爱沙尼亚农业科学院。爱沙尼亚加入欧盟后，学校于 2005 年更名为爱沙尼亚生命科学大学。

爱沙尼亚生命科学大学下设五个学术机构：农业与环境科学研究所、兽医与动物科学研究所、林业与工程研究所、语言中心以及科学研究中心。学校在校生 3 000 余人，其中国际学生约 340 人。教职工 1 000 余人。

爱沙尼亚生命科学大学与中国东北农业大学、浙江农林大学开展科研交流及人员互访等合作。

五、爱沙尼亚商学院

爱沙尼亚商学院（Estonian Business School，EBS）成立于 1988 年，是波罗的海地区历史最悠久的私立商业大学之一，由爱沙尼亚、美国和加拿大的教育专家共同创立。该校提供商业管理、公共管理等专业的本硕博学位课程，其中国际工商业管理学士（International BBA）、工商管理硕士（MBA）和管理硕士（MA）为全英文授课。在校学生 1 400 余人，其中 36% 为国际学生，来自 42 个国家和地区；博士研究生 57 人，来自 12 个国家和地区。

2011 年，爱沙尼亚商学院在芬兰赫尔辛基设立分校。2016 年，该校的国际工商管理课程成为爱沙尼亚第一个获得欧洲管理发展项目（European Foundation for Management Development Programme，EFMD）认证的课程，是商学院可以获得的最高级别认证之一。

参考文献

[1] 中华人民共和国外交部. 爱沙尼亚国家概况.（2023-01 更新）[EB/OL]. https://www.mfa.gov.cn/web/gjhdq_676201/gj_676203/oz_678770/1206_678820/1206x0_678822/.

[2] 中国驻爱沙尼亚大使馆. 庆祝中华人民共和国和爱沙尼亚共和国建交三十周年[EB/OL].［2023-04-02］. http://ee.china-embassy.gov.cn/dssghd/202109/t20210910_10111756.htm.

[3] 商务部对外投资合作国别（地区）指南 爱沙尼亚（2021 年版）[EB/OL].［2023-04-02］. http://www.mofcom.gov.cn/dl/gbdqzn/upload/aishaniya.pdf.

[4] History of the University of Tartu[EB/OL].［2023-04-02］. https://ut.ee/en/content/history-university-tartu.

[5] Saar, E., Roosalu, T. Inverted U-shape of Estonian Higher Education: Post-Socialist Liberalism and Postpostsocialist Consolidation. In: Huisman, J., Smolentseva, A., Froumin, I. (eds) 25 Years of Transformations of Higher Education Systems in Post-Soviet Countries. Palgrave Studies in Global Higher Education[M]. Cham: Palgrave Macmillan, 2018.

[6] Compiled and edited by Gunnar Vaht, Liia Tüür and Ülla Kulasalu. Higher Education in Estonia Fourth Edition 2010[R].［2023-04-02］.https://www.harno.ee/sites/default/files/documents/2021-03/Raamat%20Higher%20Education%20in%20Estonia.pdf.

[7] 张民选. 爱沙尼亚：教育成功转型的东欧小国[J]. 外国中小学教育，2018，(3): 1-7.

[8] Statistics Estonia. HT27: Higher Educational Institutions by Type of Institution and Year[EB/OL].［2023-04-08］. https://andmed.stat.ee/en/stat/sotsiaalelu-haridus-kergharidus/HT27/table/tableViewLayout2.

[9] Statistics Estonia. HT275: Acquisition of Higher Education Indicator,

Level of study, Type of Study and Year［EB/OL］.［2023-04-08］. https://andmed.stat.ee/en/stat/sotsiaalelu-haridus-kergharidus/HT275/table/tableViewLayout2.

［10］Ministry of Education and Research. Strategic planning for 2021–2035［EB/OL］.［2023-04-08］. https://www.hm.ee/en/ministry/ministry/strategic-planning-2021-2035.

［11］章君艳.爱沙尼亚基础教育研究及其启示［J］.世界教育信息，2017，30(21)：58-60+62.

［12］张力玮，王昕.爱沙尼亚教育信息化概览［J］.世界教育信息，2012，25(7)：36-40.

［13］董海青.爱沙尼亚将拨款300万欧元以支持ICT研发［J］.世界教育信息，2018，31(11)：78.

［14］章君艳.爱沙尼亚基础教育研究及其启示［J］.世界教育信息，2017，30（21）.

［15］Statistics Estonia. HTG01: Formal Education Institutions by Type of Institution［EB/OL］.［2023-04-09］. https://andmed.stat.ee/en/stat/sotsiaalelu__haridus__hariduse-uldandmed/HTG01.

［16］刘进，林松月."一带一路"沿线国家的高等教育现状与发展趋势研究(十二)——以爱沙尼亚为例［J］.世界教育信息，2018，31(17)：54-57.

［17］Statistics Estonia. HT309: Students in Estonia by Country/territory, Country of Residence/Citizenship and Year［EB/OL］.［2023-04-09］. https://andmed.stat.ee/en/stat/sotsiaalelu__haridus__kergharidus/HT309/table/tableViewLayout2.

［18］OECD Education at a Glance 2022. Table C2.1. Total Expenditure on Educational Institutions as a Share of GDP (2019)［EB/OL］.［2023-04-09］. https://www.oecd-ilibrary.org/docserver/3197152b-en.pdf?expires=1675482575&id=id&accname=guest&checksum=D4470D361816B07ECD1E885B338CC987.

[19] Statistics Estonia. HTG14: Educational Expenditure by Year, Type of Ownership, Source of Financing, Type of Education and Type of Expenditure［EB/OL］.［2023-04-09］. https://andmed.stat.ee/en/stat/sotsiaalelu__haridus__hariduse-uldandmed/HTG14.

[20] The Education and Youth Board. Statistics: International Students at Estonian Universities in 2020［EB/OL］.［2023-04-22］. https://studyinestonia.ee/news/statistics-international-students-estonian-universities-2020.

[21] UNESCO UIS. Global Flow of Tertiary-Level Students: Latvia［EB/OL］.［2023-04-12］. http://uis.unesco.org/en/uis-student-flow.

[22] European Commission. Eurydice. Estonia, 13.2 Mobility in Higher Education［EB/OL］.［2023-04-10］. https://eurydice.eacea.ec.europa.eu/national-education-systems/estonia/mobility-higher-education.

[23] OECD Education at a Glance 2022. Indicator B6. What is the Profile of Internationally Mobile Students［EB/OL］.［2023-03-07］. https://www.oecd-ilibrary.org/docserver/3197152b-en.pdf?expires=1675482575&id=id&accname=guest&checksum=D4470D361816B07ECD1E885B338CC987.

[24] 中国外交部. 中国同爱沙尼亚的关系(2023年1月更新)［EB/OL］.［2023-04-02］. https://www.fmprc.gov.cn/web/gjhdq_676201/gj_676203/oz_678770/1206_678820/sbgx_678824/.

[25] 黄梅. 爱沙尼亚塔林大学孔子学院汉语教学现状调查与研究［D］. 长沙：湖南大学，2021.

第十三章　斯洛文尼亚

第一节　国家概况

斯洛文尼亚位于欧洲中南部，巴尔干半岛西北端。西接意大利，北邻奥地利和匈牙利，东部和南部同克罗地亚接壤，西南濒亚得里亚海，夏季平均气温 21.3℃，冬季平均气温 –0.6℃，年平均气温 10.7℃。首都卢布尔雅那（Ljubljana）。国土面积 2.03 万平方千米，2022 年人口达到 211 万人。主要民族为斯洛文尼亚族，约占 83%。少数民族有塞尔维亚族、克罗地亚族、匈牙利族、意大利族等。官方语言为斯洛文尼亚语。主要宗教为天主教。

6 世纪末，斯拉夫人迁移到现斯洛文尼亚一带。9—20 世纪初，斯洛文尼亚受德意志国家和奥匈帝国统治。1918 年，斯洛文尼亚同其他一些南部斯拉夫民族联合成立塞尔维亚人—克罗地亚人—斯洛文尼亚人王国，1929 年改称南斯拉夫王国。1941 年，德国、意大利法西斯入侵南斯拉夫。1945 年，南斯拉夫人民赢得反法西斯战争胜利，11 月 29 日宣告成立南斯拉夫联邦人民共和国（1963 年改称南斯拉夫社会主义联邦共和国），斯洛文尼亚为 6 个共和国之一。1991 年 6 月 25 日，斯洛文尼亚议会通过决议，宣布脱离南斯拉夫社会主义联邦共和国，成为独立的主权国家。1992 年 5 月，斯洛文尼亚加入联合国。

斯洛文尼亚拥有良好的工业和科技基础、现代化的经济和产业结构，在汽车制造、高新技术、电气、制药等领域具有一定优势。2007年1月1日加入欧元区。2021年主要经济数据如下：国内生产总值522亿欧元，人均国内生产总值2.5万欧元，国内生产总值增长率8.2%。货币名称：欧元（Euro）。截至2023年2月，人民币与欧元的汇率约为1∶0.136；美元与欧元的汇率约为1∶0.948。

1991年6月25日，斯洛文尼亚宣布脱离南斯拉夫独立。1992年4月27日，中国承认斯洛文尼亚，5月12日两国签署建交公报，正式建立外交关系。1996年10月，两国签署《中斯联合公报》。近年来，双边关系发展顺利。2013年以来，国务院总理李克强同斯洛文尼亚总理在历次中国—中东欧国家领导人会晤期间举行双边会见。2017年，中共中央政治局常委、国务院副总理张高丽，习近平主席特使、中共中央政治局委员、中央政法委书记孟建柱分别访斯。2019年4月，李克强总理在出席中国—中东欧国家领导人杜布罗夫尼克会晤期间同斯总理沙雷茨举行双边会见。9月，全国政协副主席杨传堂访斯。12月，国务委员兼外交部部长王毅访斯。2020年2月，斯总统帕霍尔、副总理兼外长采拉尔分别致函习近平主席、王毅国务委员兼外长，支持中国抗击新冠肺炎疫情。12月，国务委员兼外长王毅同斯外长洛加尔通电话。2021年2月，斯副总理兼经济部长波契瓦尔舍克出席中国—中东欧国家领导人峰会。5月，中央政治局委员、中央外事工作委员会办公室主任杨洁篪访斯。9月，全国政协副主席张庆黎同斯国民委员会主席科弗什察举行视频会晤。12月，外交部副部长邓励同斯外交部国务秘书拉什昌举行中斯副外长级政治磋商。2022年5月，习近平主席同斯总统帕霍尔就中斯建交30周年互致贺电。5月，全国人大常委会委员长栗战书向斯新当选国民议会议长祖潘契奇致贺电。6月，李克强总理、王毅国务委员兼外长分别向斯新任总理戈洛布、副总理兼外长法永致贺电。

中斯政府间建有经济联委会和科技合作委员会等机制，签有共建"一带一路"谅解备忘录等多项合作文件，各领域交流不断深化。2019

年 10 月，国家体育总局局长苟仲文访斯并出席第二届中斯冰雪论坛。11 月，教育部部长陈宝生访斯。5 月，斯时任副总理兼教育、科学和体育部长皮卡洛访华。4 月和 11 月，斯经济发展和技术部长波契瓦尔舍克先后来华出席第二届"一带一路"国际合作高峰论坛和第二届中国国际进口博览会。

斯洛文尼亚积极参与中国—中东欧国家合作，是中国—中东欧国家林业合作机制牵头国，在中国—中东欧国家体育合作协调机制中牵头冬季运动。2019 年 6 月，斯时任副总理兼基础设施部长布拉图舍克访华并出席中国—中东欧国家合作论坛。9 月，斯举办第六届中国—中东欧国家高级别智库研讨会。2021 年中斯双边贸易额 60 亿美元、同比增长 51.4%。2022 年 1—8 月双边贸易额 52.8 亿美元、同比增长 50.5%，其中中方出口额 48.6 亿美元，进口额 4.2 亿美元。中斯两国就抗击新冠疫情团结合作。两国政府、企业、社会各界通过多种方式相互支持。

第二节　高等教育发展历程

斯洛文尼亚高等教育，尤其是现代高等教育的起步，始于 20 世纪。梳理其发展历史，大致分为以下三个阶段。

一、本土高等教育的初创（16 世纪至 1919 年）

在 16 世纪后期，宗教改革运动（Reformation）促使第一批斯洛文尼亚语书籍、公众图书馆、印刷工厂及寄宿学校出现，最终于 1595 年成立了耶稣会学院。17 世纪末，在哈布斯堡家族首领玛利亚·特蕾莎（Malia Thelesa）进行了一系列改革后，斯洛文尼亚民族复兴运动诞生了。约瑟夫二世（Joseph II）继承特蕾莎的皇位后，推行义务教育。1919 年，第一所现代意义上的大学——卢布尔雅那大学（University Of Ljubljana）成立，斯洛文尼亚开始实施中央教育和科研制度。

二、本土高等教育的发展（1919—2007年）

20世纪60年代末，高等教育现代化进程进一步加快。1975年，斯洛文尼亚成立了第二所大学——马里博尔大学。1981年，斯洛文尼亚通过了《职业教育法案》（Career-Oriented Education Act），认定教育应当侧重为就业服务，该法案最终于1989年进行修订，确立了大学的学术自治权，同时确定高中结束后应当开展统一考试。

1993年，斯洛文尼亚颁布《高等教育法》（Higher Education Act），并于1999年、2001年、2003年和2004年分别进行了修订，推动了高等教育多样化的进程。1994年斯洛文尼亚高等教育委员会成立，是国家机构的顾问，享有财政权，并为大学课程和高等教育工作质量的监测和评估制定标准。负责大学认定的最高学术机构为大学理事会（University Senate），可以说，大学理事会和高等教育委员会是负责高等教育的最重要的机构。新法案认可大学的法人身份，同时在国立大学之外设立其他的高等教育机构，如艺术学院、职业教育学院。三年制职业教育学院取代了两年制学院。法案也引发了高等教育系统结构的变化，即实施文凭补充制度，以及三段式高等教育制度。高等教育机构包括大学、学院、艺术学院或职业教育学院。截至目前，斯洛文尼亚有4所大学、37个学院、3所艺术学院或职业教育学院，以及10所私立高等教育机构。

1996年，斯洛文尼亚通过了《职业教育和培训法》，将中学后职业教育纳入国家职业教育体系，第一批高等职业院校于1996—1997年成立，截至2005年数量达到了45所。该法案在2000年和2004年分别进行了修订。

三、高等教育的欧洲化进程（2007年至今）

1999年，9个欧洲国家在意大利博洛尼亚提出欧洲高等教育改革计划，目标是整合欧盟的高教资源，打通教育体制，简称"博洛尼亚进程"（Bologna Process）。"博洛尼亚进程"的发起者和参与国家希望，到 2010 年，欧洲"博洛尼亚进程"签约国中的任何一个国家的大学毕业生的毕业证书和成绩，都将获得其他签约国家的承认，大学毕业生可以毫无障碍地在其他欧洲国家申请学习硕士阶段的课程或者寻找就业机会，实现欧洲高教和科技一体化，建成欧洲高等教育区，为欧洲一体化进程做出贡献。

斯洛文尼亚真正开始在高等教育阶段推行"博洛尼亚进程"相关政策是在 2007 年以后。斯洛文尼亚对教育投入一直很大。在 2007 年以前，从小学到高等教育阶段，本国人在公立学校的学习完全免费。由于政府给予学生在生活和就业方面诸多便利条件，斯洛文尼亚的学生对完成学业的紧迫感普遍不足。根据欧盟统计，斯洛文尼亚学生完成本科阶段的学习平均需要 7 年时间，很多 30 岁出头的人可能还在处在本科学习阶段。而在 2007 年以后，斯洛文尼亚教育开始实行"博洛尼亚进程"相关政策，要求学生必须在 4 年内完成本科阶段学习，最长 3 年内完成硕士阶段学习。2005 年，第一批共有 6 名斯洛文尼亚学生从"博洛尼亚进程"中毕业，到 2015 年，约有 82% 的毕业生参与了"博洛尼亚进程"。

2011 年，斯洛文尼亚高等教育和科学技术部出台了《2011—2020 年国家高等教育规划》，确定了截至 2020 年斯洛文尼亚高等教育的发展目标和措施。该规划重新定义了高等教育机构和学习架构，强化科研机构的自主权，推动高校和研究机构的合作，改革财政支持政策等。在这 10 年当中，高等教育机构的数量有所增加，2001—2002 学年，全国只有 2 所公立大学和十几所独立教育机构，到 2017—2018 学年，共有 5 所大学（3 所公立大学和 2 所私立大学）和 47 所独立高等教育机构（1 所公立和 46 所私立）。截至 2020 年，全国有四分之一的人口接受过高等教育。

2021 年，斯洛文尼亚高等教育、科学和体育部发布《2021—2030 年国家高等教育规划的决议》，主要目标是在未来 10 年，提高教育水平和质量的同时，为斯洛文尼亚提供高等教育和卓越的研究，提高灵活性和吸引力。针对高等教育体系的需要，整合经济与非经济部门共同作用，加强国际一体化水平,为继续教育和终身学习提供更多机会,加大科研创新力度,提高科研水平,将知识转移到社会环境中。

第三节 高等教育概况

一、分类及规模

斯洛文尼亚的高等教育由短期高等职业教育和普通高等教育组成(分类见表 13-1)。短期高等职业教育由高等职业院校提供,学生完成学业后可获得高职文凭;普通高等教育由普通高等院校提供,此类院校需要至少具备颁发两种学位(学士和硕士,或硕士和博士)的资质。大力提升高等教育的普及度是斯洛文尼亚的一项国家级任务,所以每一个斯洛文尼亚公民可以在任何年龄选择上大学。85% 的大学生在国家补助的大学读学士和硕士阶段都不需要交学费,而且还可以享受学生福利:医疗保险、学生住宿、学生餐食等。斯洛文尼亚大学均采用学分制,在转学至其他同样使用 ECTS 学分制的欧洲大学时,所修学分均被认可。

表 13-1 斯洛文尼亚的高等教育分类

层次		毕业条件(学习年限/ECTS 学分)	举办院校	文凭
短期高等职业教育		完成短周期高等职业教育	高等职业院校	高职文凭
普通高等教育	本科教育	本科课程通常需要 3~4 年的学习,要求获得 180~240 ECTS 学分	普通高等院校	学士学位
	硕士研究生教育	硕士研究生课程一般需要 1~2 年的学习,要求获得 60~120 ECTS 学分;综合硕士课程需要 5~6 年的学习,要求获得 300 或 360 ECTS 学分		硕士学位
	博士研究生教育	博士课程一般需要 3~4 年的学习,要求额外的 180~240 ECTS 学分		博士学位

《2011—2020年国家高等教育规划》实施前，斯洛文尼亚接受高等教育的人数已经从1991年的64 000人增加至2009年的114 873人。2015年，高等职业教育在校生11 162人，普通高等教育在校生69 636人。

表13-2为2017—2022年斯洛文尼亚接受高等教育的人数。

表13-2　2017—2022学年高等院校在校人数

学年	总人数/人
2017—2018	76 534
2018—2019	75 991
2019—2020	76 728
2020—2021	82 694
2021—2022	81 715

二、招生机制

斯洛文尼亚的高中教育一般是2~5年不等。普通高中是"4+1"模式，前4年侧重于全科教育，最后一年则准备毕业考试为上大学做准备。普通高中的学生在毕业前需要参加全国统考（General Matura）。3门必考科目：斯洛文尼亚语（意大利/匈牙利语）、数学、另外1门外语；2门可选科目。职业和技术高中的学生在毕业前要参加职业考试（Vocational Matura）。2门必考科目：斯洛文尼亚语（意大利/匈牙利语）以及特定的科目；1门可选科目：数学或者1门外语。凭借以上两种考试成绩学生可以进入大学阶段的学习深造。学生在中学最后一年的结业考试中取得优异成绩，就能进入大学学习。那些不够条件的学生则会被夜校以及其他非全日制的教育项目录取。

从2001—2002学年起，超过90%已完成中学学业且符合升学条件的学生，开始接受高等教育。在2008—2009学年，约有96%已完成中学学业且符合升学条件的学生升入大学或其他高等教育机构。其中，接受短期高等职业教育的占 9.9%，接受普通高等教育的占 86%。表 13-3 为 2000—2008 年应届高中毕业生升学情况。

表 13-3 2000—2008 年应届高中毕业生升学情况统计

年份	完成 4 年或 4 年以上高中项目的学生数量 / 人	同年进入高等教育的应届生 / 人			所占比例 / %		
		短期高等职业教育	高等教育	合计	短期高等职业教育	高等教育	合计
2000	16 762	797	13 789	14 586	4.8	82.3	87.0
2001	17 081	864	15 015	15 879	5.1	87.9	93.0
2002	16 997	1 160	14 940	16 100	6.8	87.9	94.7
2003	16 972	1 416	14 737	16 153	8.3	86.8	95.2
2004	18 345	1 415	15 096	16 511	7.7	82.3	90.0
2005	17 890	1 572	14 966	16 538	8.8	83.7	92.4
2006	18 366	1 833	15 411	17 244	10.0	83.9	93.9
2007	18 130	1 719	15 229	16 948	9.5	84.0	93.5
2008	17 171	1 695	14 773	16 468	9.9	86.0	95.9

在 2006—2007 学年之前，接受高等教育的学生人数一直呈上升趋势，在 2009—2010 学年，接受高等教育的学生人数为 114 873 名，达到顶峰，后有所下降。

2008 年，斯洛文尼亚有 50.3% 的 19 岁青少年接受了高等教育。在 2006—2007 学年，斯洛文尼亚 20~24 岁的人接受高等教育的比例是欧盟国家中最高的。

在过去 10 年中，接受高等教育的人数从 2005—2006 学年的 100 548 人减少到 2017—2018 学年的 66 181 人（本科生 41 840 人，硕士 21 517 人，博士研究生 2 824 人）。

三、人才培养

联合国教科文组织采用国际教育标准分类法（International Standard Classification of Education, ISCED）对学历层次进行分类，并发布相关的教育数据库。ISCED（2011版）将学历层次分为9级（ISCED 0~8），高等教育阶段包括4个级别：ISCED 5等同于短期高等教育（Short-cycle Tertiary Education）、ISCED 6等同于学士或同等水平（Bachelor's or Equivalent Level）、ISCED 7等同于硕士或同等水平（Master's or Equivalent Level）、ISCED 8等同于博士或同等水平（Doctorate Equivalent Level）。表13-4为2016—2020年不同学历层次在学人数。

表13-4 2016—2020年斯洛文尼亚各高等教育学历层次在学人数

人

年份	ISCED 5	ISCED 6	ISCED 7	ISCED 8
2016	11 162	45 292	22 013	2 331
2017	11 001	44 124	21 864	2 558
2018	10 353	41 840	21 517	2 824
2019	10 566	41 348	20 988	3 089
2020	10 662	41 933	20 827	3 306

2000年，国家职业资格认证被写入斯洛文尼亚《国家职业资格法》，保证民众的非正规和非正式学习成果得到认证。2015年颁布的《斯洛文尼亚资格框架法》（见表13-5）从法律层面确立起了斯洛文尼亚资格框架，确定了职业标准和国家职业资格目录的编制过程。这将斯洛文尼亚统一资格体系定义为斯洛文尼亚资格框架（SQF），将通过教育、职业和附加资格获得的资格置于统一体系中，由10个级别组成，并将在SQF中的学习与在欧洲资格框架（EQF）中的学习链接起来。

表 13-5　斯洛文尼亚资格框架

资格类型	SQF 级别	EQF 级别
基础教育毕业证（教育标准较低基础教育）； 完成 7 或 8 年级基础教育的证书	1	1
基础教育毕业证（9 年）； 国家职业资格（2 级）	2	2
期末考试证书（短期职业高中教育）； 国家职业资格（3 级）； 补充资格证书（SQF 3 级）	3	3
期末考试证书（职业高中教育，3 年）； 国家职业资格（4 级）； 补充资格证书（SQF 4 级）	4	4
期末考试证书（技术高中教育，4 年）； 普通考试证书（普通高中教育）； 工匠、领班、店长考试证书； 国家职业资格（5 级）； 补充资格证书（SQF 5 级）	5	4
高等职业教育； "博洛尼亚"前高等职业教育； 国家职业资格（6 级）； 补充资格证书（SQF 6 级）	6	5
专业学士； 学术学士； "博洛尼亚"前专业高等教育； "博洛尼亚"前短周期高等教育之后的专业化文凭； 补充资格证书（SQF 7 级）	7	6
硕士； "博洛尼亚"前专业高等教育后的专业化文凭； "博洛尼亚"前大学预科高等教育文凭； "博洛尼亚"前高等教育文凭	8	7
"博洛尼亚"前研究生； 理科硕士； "博洛尼亚"前高等教育学历后的专业文凭	9	8
博士	10	8

近年来，高等教育教师的数量有所增加，2009—2010学年，教师和学生的数量比为1∶20，低于经合组织国家的平均水平（大约每15名学生对应1名大学教师）。2008年，斯洛文尼亚有为数不多的外国学生和外国教师（学生占比为0.9%，员工占比为2.7%），其中大部分是外语助理。

四、学生毕业情况

自1980年以来，斯洛文尼亚高等教育毕业生的数量一直在增长。2009年，毕业的学生人数几乎是1980年的3倍、1996年的2倍、2000年的1.5倍。

尽管斯洛文尼亚公民接受高等教育的机会和入学率很高，但学习的效果和结果并不令人满意。35%的人在接受高等教育时未能完成学业。在高等教育机构的第一学年入学但在下一学年不再继续学习的人数在过去5年中一直在增加，几乎占所有在校生的三分之一。不同年度和不同专业的毕业率见表13-6。

表13-6 斯洛文尼亚高等教育学位课程（ISCED6和7）总毕业率

%

年份	2017	2018	2019	2020
总合	47.52	47.53	46.47	46.49
女	61.62	60.92	59.46	59.96
男	34.18	34.96	34.37	34.01

从专业上看，2017—2020年毕业率最高的三个专业分别为科技类、工程类、商业和法律类（见表13-7）。

表13-7 斯洛文尼亚高等教育学位在不同专业上的毕业率

%

专业	2017年	2018年	2019年	2020年
艺术与人文专业	9.04	8.96	8.88	7.72

续表

专业	2017年	2018年	2019年	2020年
社会科学、新闻、信息专业	10.40	9.27	9.25	9.77
商业、管理和法律专业	20.34	20.48	18.22	19.08
自然科学、数学和统计学专业	6.39	6.56	6.39	6.94
信息和通信技术专业	3.67	3.51	4.05	4.15
工程、制造和建筑专业	16.56	17.16	17.53	17.56
农业、林业、渔业和兽医专业	2.47	2.98	3.27	2.28
健康和福利专业	12.50	12.11	12.50	12.42
服务专业	7.42	7.84	8.92	8.92
科技、工程和数学专业	26.61	27.73	27.97	28.64

五、经费

斯洛文尼亚实施"公平至上"的全民免费教育，高等教育经费支出占教育总支出的比例相对稳定（约占19%）。具体见表13-8、表13-9。

表13-8 2016—2019年高等教育经费支出

百万美元

年份	2016	2017	2018	2019
高等教育经费支出	423.53	459.40	548.39	553.94

表13-9 斯洛文尼亚政府高等教育支出占教育总支出的比例

%

学年	2013—2014	2014—2015	2015—2016	2016—2017
比例	19.09	18.94	18.34	19.05

斯洛文尼亚的高校教育机构包括 3 种类型，分别是公立机构、私立机构及国际机构。其中，公立机构是高校教育机构的主要类型，其经费支出（见表 13-10、表 13-11）占高等教育机构总支出的比例连续 4 年（2013—2017 年）超过 80%。私立机构的经费支出占比维持在 13% 左右；国际机构的经费支出最少，一般不超过 4.5%。

表 13-10　斯洛文尼亚不同类型高等教育机构经费支出

%

学年	2013—2014	2014—2015	2015—2016	2016—2017
公立机构	83.82	81.94	80.03	81.43
私立机构	12.37	13.55	12.51	13.93
国际机构	3.81	4.51	7.46	4.64

表 13-11　斯洛文尼亚政府高等教育支出占国内生产总值（GDP）的比例

%

年份	2016	2017	2018	2019
比例	0.95	0.95	1.01	1.02

在高等教育的经费支出中，有四分之一用于给学生提供补助，与其他欧盟国家相比这一比例更高。

第四节　高等教育国际化

一、国际化历程

20 世纪 50—80 年代，一些"非结盟"国家的学生来到斯洛文尼亚学习，他们的主要目标是在完成学业后，为本国的政治和经济发展做出贡献。由于 20 世纪 80 年代末斯洛文尼亚政治危机，来斯洛文尼亚留学的外国学生数量从262人降至93人。1992年，斯洛文尼亚加入欧洲理事会和联合国教科文组织，同时加入了欧洲跨国流动组织大学研究计划（TEMPUS），这也成为斯洛文尼亚高等教育国际化的主要工具。在20世纪90年代，斯洛文尼亚的高等教育机构不断加强双边和多边合作。

1999年6月，斯洛文尼亚加入"博洛尼亚进程"，标志着斯洛文尼亚高等教育国际化进入了新的时期。2002年，斯洛文尼亚第一个《国家高等教育规划》强调了与欧盟国家或地区的国际学生交换项目的重要性，2007年第二版《国家高等教育规划》则强调增强斯洛文尼亚高等教育机构的国际竞争力和流动性。

根据斯洛文尼亚官方公报，国民议会在2011年5月通过了《2011—2020年国家高等教育规划的决议》（以下简称《决议》）。《决议》提出了到2020年将要达到的一系列发展目标，其中一项即为高等教育国际化，其考核标准包括五个方面：一是要有20%的斯洛文尼亚流动毕业生就业（短期流动）；二是国际留学生规模至少占斯洛文尼亚高等教育学生总规模的10%；三是至少有20%的博士生参与中外合作办学项目；四是国际教师及研究人员比例至少达到10%；五是通过与最佳外国机构合作、从国际项目获得资金份额等方式来扩大项目活动范围。这五项标准反映了斯洛文尼亚政府对高等教育国际化发展的愿景，跨国合作是实现美好愿景的必然选择。

2016年7月，斯洛文尼亚政府发布了《2016—2020年斯洛文尼亚高等教育国际化战略》。2021年，斯洛文尼亚高等教育、科学和体育部发布的《2021—2030年国家高等教育规划的决议》中，也对国家高等教育国际化做了要求和部署。

二、国际化内容

斯洛文尼亚高等教育国际化内容包括学生流动、教师流动、跨境项目、语言教学、本土国际化等内容。

前往斯洛文尼亚接受学历教育的外国留学生逐年递增（见表 13-12）。2018 年，根据斯洛文尼亚统计局数据，有 3 198 名外国留学生来斯洛文尼亚求学，占全部高等教育在校人数的 4.8%。其中有 70% 以上的留学生来自南斯拉夫共和国，例如马其顿和克罗地亚，分别占 22.9% 和 20.6%。截至 2020 年，国家计划吸引 10% 以上来自西巴尔干地区的学生来斯留学。其他地区的学生占留学生总数的约三分之一，其中意大利占 6.7%，俄罗斯占 3%，土耳其占 1.4%。

表 13-12 斯洛文尼亚入境国际流动学生总数

年份	2016	2017	2018	2019	2020
总数 / 人	2 675	3 090	3 420	5 071	5 974
入境流动率 /%	3.31	3.88	4.47	6.67	7.79

2015 年，斯洛文尼亚出国留学的学生人数为 2 819 人，此后 5 年人数略有增长（见表 13-13）。最受欢迎的留学目的地为欧盟国家，其中前往奥地利的学生占总人数的 21.2%，前往德国的占 14.2%，前往英国的占 13.1%。出国留学人数占当年所有高等教育在校人数的 2.8%，仍远低于 2020 年 5% 的预期值。

表 13-13 斯洛文尼亚出国国际流动学生总数

年份	2016	2017	2018	2019	2020
总数 / 人	2 893	3 323	3 198	4 550	3 288
出境流动率 /%	3.58	4.18	4.18	5.99	4.28

根据《2011—2020 年国家高等教育规划的决议》的要求，高等教育教师、研究人员和工作人员当中至少有 10% 来自国外。但是，2013 年外籍人员仅占总员工人数的 1.1%（137 人）。参与斯洛文尼亚高等教育机构跨境项目的人员中，来自国外的学术和专业人员所占比例的增长也低于预期。

《决议》设定了未来10年斯洛文尼亚国际化发展的目标，其总体国际化水平应与欧洲最优秀的国家相媲美。具体的目标为：提高斯洛文尼亚高等教育机构在欧洲共同高等教育区的参与度，提升课程的国际化水平；吸引国外的斯洛文尼亚人回到斯洛文尼亚接受高等教育；提高国际学生和教师的比例。

三、留学政策

在斯洛文尼亚留学，当地政府每年都会向来自不同国家的学生发放奖学金，以此提高留学生的学习热情，并且积极参加研究计划。来自保加利亚、波斯尼亚和黑塞哥维那、中国、希腊、匈牙利、印度、以色列、意大利、日本、马其顿、墨西哥、黑山、波兰、俄罗斯、塞尔维亚、斯洛伐克、瑞士和土耳其的学生被邀请申请奖学金，以进一步保障学生的学习。奖学金是根据斯洛文尼亚与国外教育部门之间的合作伙伴关系提供的。本杰明·吉尔曼国际奖学金和戴维·L.波伦奖学金是其中最著名的奖学金。富布莱特计划是面向在斯洛文尼亚学习的美国留学生提供奖学金的教育交流项目。一些非政府组织也为本科和研究生课程提供奖学金。

第五节　中斯高等教育交流与合作

2017年，斯洛文尼亚与中国签订关于共同推进"一带一路"倡议的谅解备忘录，经贸、文化、教育等领域的交流不断深化。

一、合作办学

2016年7月，中国教育部印发《推进共建"一带一路"教育行动》（以下简称《教育行动》）的通知，倡议沿线各国携手推动教育发展，重点开展人才培养培训合作，包括实施"丝绸之路"留学推进计划、合作办学推进计划、师资培训推进计划、人才联合培养推进计划等，以构建"一带一路"教育共同体为最终目标。斯洛文尼亚的《决议》与中国的《教育行动》高度契合，为中斯高等教育领域合作提供了政策依据。此外，工程制造与服务业是斯洛文尼亚的优势学科领域，再加上"一带一路"建设急需这两个领域的专业人才，中国高校与斯洛文尼亚开展该领域的合作办学，为"一带一路"沿线的经济发展提供人才支撑。例如，2018年，中国广东石油化工学院与斯洛文尼亚卢布尔雅那大学签署长期合作协议，双方将在"一带一路"倡议下合力共建国际科研与教育合作平台，从此长期开展高校间的教学科研以及人才培养与交流的合作。2021年，中国石油大学联合斯洛文尼亚马里博尔大学共同申报"政府间国际科技创新合作"重点项目并成功立项，进一步开展互利双赢科技合作，探索解决人类共同面对的能源、资源、环境、健康等领域重大科技问题。

二、学生流动

2015—2020年，斯洛文尼亚来华留学生的数量（含学历生和非学历生）如表13-14所示。

表13-14　2015—2020年来华留学生人数

年份	2015	2016	2017	2018	2019	2020
斯洛文尼亚来华留学生/人	92	97	135	123	163	50

三、中文教育概说

斯洛文尼亚汉学研究起步较早，在南斯拉夫共和国时期就已成立了专业的汉学研究机构，总部设在塞尔维亚的首都贝尔格莱德。而斯洛文尼亚境内真正的汉语教学则是在1995年卢布尔雅那大学文学院亚非学系的汉学教研室成立之后，汉语被正式设立为一门学科。2010年斯洛文尼亚境内第一所且唯一一所孔子学院卢布尔雅那大学孔子学院正式挂牌成立，随后卢大孔子学院于2014年下设了4所孔子课堂，汉语国际教育事业在斯洛文尼亚开始蓬勃发展，汉语教学已初具规模。

随着中国与世界各国经贸关系的进一步加深，越来越多的外国商界人士加入学习汉语的队伍中。他们希望更好地了解中国，了解如何与中国人打交道、做生意，于是在孔子学院的基础上，"商务孔子学院"应运而生。

2009年8月27日，由上海对外经济贸易大学和卢布尔雅那大学商学院共同建立的卢布尔雅那大学商务孔子学院启动运行，2010年正式挂牌运营。卢大经济学院是中南欧一所获得EQUIS和AACSB双项认证的著名商学院，卢大商务孔子学院也是全球4所商务孔子学院之一，以商务与汉语的契合点为基础，进行中国语言文化在斯洛文尼亚的推广。外方院长为该校国际交流合作处的负责人Danijela Voljc女士，中方院长从上海对外经贸大学的教师队伍中选派，中外语言交流合作中心（原国家汉办）为其提供汉语教师志愿者与教材等基本教学资源。卢布尔雅那大学孔子学院现有汉语教师和管理人员共30人，汉语教学点超过30个，涵盖本专科、中小学、幼儿园、华人班、社会人士班等各类培训班在内的不同层次、不同种类的汉语教学类型，年均注册学生人数超过1 000人，汉语学习者年均增幅超过10%，迄今为止共培养各类型汉语学习者超5 000人。截至2016年7月，卢大孔子学院已下设4个孔子课堂，汉语学习者在册人数达1 055人。卢大孔子学院每年举办大小文化活动约200场次，包括春节晚会、端午节龙舟赛、斯洛文尼亚大中学生"汉语桥"比赛、中国文化月、"童眼看中国"中小学汉语学习者文艺汇演、重阳节敬老院慰问演出、中国日展览、中斯艺术交流展、中国文化体验夏秋冬令营、孔子学院"三巡"演出，等等，年均活动参与人数超过20 000人，在斯洛文尼亚十分有影响力。

第六节 代表性大学

一、卢布尔雅那大学

卢布尔雅那大学创建于1919年，是斯洛文尼亚历史最悠久、规模最大的高等学府，位于首都卢布尔雅那市中心。2022年QS世界大学排名中，卢布尔雅那大学位列第591名。

学校现拥有23个学部（Faculty）、3个研究院（Academy），下属3个成员单位，即国家大学图书馆、卢布尔雅那大学中央技术图书馆、卢布尔雅那大学创新发展研究所。其中国家大学图书馆藏书达200万册，并收藏国内出版的所有书刊、报纸及有关人类学、社会学、图书馆学、信息科学等的国外文献及期刊，中央技术图书馆藏书12万册及120种国内外科技期刊。大学在校学生约30 000人，教授、副教授约1 500名，讲师和助教500余名。

该校与本国的研究所（院）关系密切，经常聘请研究所的教授来校讲课或举行报告会，与国外34所大学签订了校际交流协议，进行师资和学生互换并开展合作研究项目。卢布尔雅那大学在248个研究领域为硕士、博士研究生的学位学习提供广泛的选择机会。由于实行《2000年年轻研究人员科技教育计划》（类似中国的跨世纪人才培养计划），大学和研究所根据国内科技发展和研究需要，聘用研究生（初步就业）参与科学研究，其生活费用和研究经费由政府科技部和教育体育部提供资助。大学除与研究所（院）关系密切外，与工业经济部门也有密切的合作，在人才培养（训）、科研和工业应用、技术发展等方面都起着重要作用。

学校实行学分制，学生可在4年内完成学位学习，同时也可选修自己感兴趣的本专业以外的任何课程。学校在聘用教师的合同上明确规定了双方的责任和权利，教学质量直接影响合同的续签，所以教师对本职工作十分认真负责。学校实行学生宽进严出的招生制度，保证了学生始终在一种竞争状态下学习。学生在入学考试时，成绩低于录取标准，入学后要自己支付学费；不能按时毕业的学生（包括硕士、博士生），国家停止财政资助，且不同的学历在就业时待遇悬殊，这种情况下，多数学生均能自觉地学习，争取按时完成学业。在教学过程中，校方十分强调培养学生的独立工作能力，引导学生独立思考、提高灵活运用知识的能力。

卢布尔雅那大学的主要学院及系科设置包括：哲学院、法学院、经济学院、社会科学学院、自然科学和艺术（理工）学院、电子工程及计算机科学学院、机械工程学院、医学院、生物技术学院、兽医学院、体育学院、教育学院、神学院、音乐学院、戏剧、无线电广播、电影和电视学院、美术学院、船舶及海运学院、社会工作学院、健康护理学院、安全工程学院、公共管理学院。

二、马里博尔大学

马里博尔大学，简称马大或 UM，成立于 1975 年，是斯洛文尼亚第二大和第二古老的大学，也是斯洛文尼亚一流的公立研究型综合大学，以其严谨治学和学术自由在中欧和南欧地区声誉卓著。总校坐落于"欧洲文化之都——马里博尔市"的市中心，其余 7 个校区分布在斯洛文尼亚境内不同城市。2023 年 QS 排名中，马里博尔大学排名 801~1 000 之间。

马里博尔大学的前身是马里博尔高等教育机构协会，成立于 1959—1961 年。其中历史最悠久的是经济与商业学院，其次是技术学院，设有机械工程、电气工程、纺织技术、土木工程和化学系。1960 年成立农学院、法学院、牙科学院。1961 年，教育学院成立。马里博尔拥有六所高等教育机构，成为重要的学术中心，1975 年马里博尔大学成立。目前马里博尔大学有在校学生 13 986 人，教职工 1 199 人，外国留学生 1 815 人。

参考文献

[1] 中华人民共和国外交部.斯洛文尼亚国家概况（2022年10月更新）[EB/OL].[2023-02-01].https://www.mfa.gov.cn/web/gjhdq_676201/gj_676203/oz_678770/1206_679738/1206x0_679740/.

[2] 对外投资合作国别（地区）指南 斯洛文尼亚（2021年版）[EB/OL].[2023-02-01].http://www.mofcom.gov.cn/dl/gbdqzn/upload/siluowenniya.pdf.

[3] 刘进,杨莉."一带一路"沿线国家的高等教育现状与发展趋势研究（四）——以斯洛文尼亚为例[J].世界教育信息,2018,31（8）:28-31+51.

[4] 菲利普·阿特巴赫.斯洛文尼亚建设一流大学[J].教育,2013,（23）:60.

[5] Slovenia Ministry of Higher Education, Science and Technology. Resolution on the National Higher Education Programme 2011-2020 [EB/OL].[2023-02-13].https://eprints.lancs.ac.uk/id/eprint/82128/1/drzna_slovenija_en_final.pdf.

[6] Statistical Office of the Republic of Slovenia.Education in Slovenia [EB/OL].[2023-02-01].https://www.stat.si/StatWeb/File/DocSysFile/1299/Izobrazevanje_ANG.pdf.

[7] Centre for Education Policy.Development of Higher Education in Slovenia [EB/OL].[2023-02-01].http://www.cep.edu.rs/library/2552.

[8] 王荧婷,王琪.斯洛文尼亚职业教育系统特点、困境和发展趋势[J].宁波职业技术学院学报,2022,26（6）:11-17.

[9] 魏明.斯洛文尼亚职业教育现状与发展趋势[J].深圳职业技术学院学报,2017,6:25-32.

[10] Statistical Office of the Republic of Slovenia.National Statistics in 2020 Annual Report 2020 [EB/OL].[2023-02-13].https://www.

stat.si/StatWeb/File/DocSysFile/11618/LPSR_2020-ang.pdf.

［11］Statistical Office of the Republic of Slovenia.National Statistics in 2021 Annual Report 2021［EB/OL］.［2023-02-13］.https://www.stat.si/StatWeb/File/DocSysFile/12067/LPSR_2021-ANG.pdf.

［12］Slovenian Qualifications Framework［EB/OL］.［2023-02-01］.https://www.nok.si/en/table-qualifications.

［13］曹丹妮.斯洛文尼亚孔子课堂发展模式探究［D］.南京：东南大学，2018.

第十四章　阿尔巴尼亚

第一节　国家概况

阿尔巴尼亚共和国（Republic of Albania），简称"阿尔巴尼亚"，位于东南欧巴尔干半岛西部，北部和东北部分别同黑山、塞尔维亚、北马其顿接壤，南部同希腊为邻，西临亚得里亚海，隔奥特朗托海峡同意大利相望，国土面积2.87万平方千米。境内山地和丘陵占总面积的77%，平原为23%。森林覆盖率为36%，可耕地面积占24%，牧场占15%。海岸线长472千米。属亚热带地中海式气候。降雨量充沛，年均1 300毫米。平均气温1月约5℃，7月约25℃。阿尔巴尼亚全国划分12个州、下辖61个市，首都为地拉那。截至2022年1月，阿尔巴尼亚人口279万人，其中阿尔巴尼亚族占98%。少数民族主要有希腊族、罗马尼亚族、马其顿族、罗姆族等。

1190年建立封建制公国。1415年起被奥斯曼帝国统治近500年。1912年11月28日宣布独立。第一次世界大战中被奥匈、意、法军占领。1925年建立共和国。1928年改行君主制，至1939年4月意大利入侵。第二次世界大战期间，先后被意、德法西斯占领。1944年11月29日全国解放。1946年1月11日成立阿尔巴尼亚人民共和国，1976年改称阿尔巴尼亚社会主义人民共和国。1991年改国名为阿尔巴尼亚共和国。

20世纪90年代初开始由计划经济向市场经济过渡。阿尔巴尼亚经济保持稳定增长。2021年主要经济数据如下：国内生产总值171亿美元，人均国内生产总值5 200美元，国内生产总值增长率8.5%。阿尔巴尼亚的通用货币为列克，2023年2月，人民币与列克汇率为1∶15.9，美元与列克汇率为1∶109.2。

中华人民共和国和阿尔巴尼亚共和国于1949年11月23日建交。两国于1954年互派大使。1971年，阿尔巴尼亚为恢复中华人民共和国在联合国的合法席位做出重要贡献。中阿签有共建"一带一路"谅解备忘录、贸易协定、保护投资协定等合作文件，两国政府建有经济联委会、投资合作工作组等机制。2021年中阿双边贸易额7.6亿美元，同比增长15.9%。2022年1—8月双边贸易额5.8亿美元，同比增长13.2%，其中中方出口额4.2亿美元，进口额1.6亿美元。

第二节　高等教育发展历程

一、国家解放前（1944年前）

阿尔巴尼亚解放前，在奥斯曼帝国时期，学校完全禁止使用阿尔巴尼亚语；全国80%以上的人口都是文盲；全国没有高等教育，只有极为有限的中小学教育，学校包括基督教学校、法国中学、美国和意大利技术学校，主要集中在部分城市，完全是为各个帝国主义掠夺者的利益及其侵犯政策服务的。

二、初步建立期（1946—1963年）

解放后第二年，1946年8月阿尔巴尼亚首次出台了关于改革国民教育的法令，颁布《学校改革法》，规定学校与教会脱离、教育机构国有化、用本族语教学及普及四年制义务教育为国民教育发展的基本原则，并确立四三四制（即小学 4 年，不完全中学 3 年，完全中学 4 年）；实施初等的义务教育。这一改革为建立真正的人民教育的学校制度奠定了基础。1946 年，地拉那高等教育学院成立，它是阿尔巴尼亚真正意义上的第一所高等教育院校，目的是为中小学培养教师人才。1951—1954 年，开设了一些 4 年制或 5 年制的高等教育院校，其中包括理工学院、师范学院、农学院、经济学院、医学院和法学院，旨在培养不同领域的高级干部，农学院后被并入了地拉那大学。阿尔巴尼亚从 1952 年起实施 7 年制义务教育。1957 年建立了阿尔巴尼亚历史上第一所综合性大学——地拉那大学，它也是 1990 年以前全国唯一的综合性大学。同年，斯库德拉高等教育学院（Shkodra Higher Pedagogical Institute）成立。1958 年，几所文体类院校逐一成立，包括高等体育学院、高等演员学校、音乐学院和形象艺术学院。1966 年，这些机构合并成立了高等艺术学院（Higher Institute of Arts）。

1960 年，阿尔巴尼亚劳动党中央全会发表了《关于学校更密切地联系生活和进一步发展人民教育》的提纲，根据"教学与劳动相结合和学校综合技术化的马克思列宁主义原则"，提出了改革学校的新任务。1963 年，人民议会通过了以"思想与行动统一，学习与工作统一，理论与实践统一"为基础的学制改革法，并规定以 8 年制义务教育代替 7 年制学校。

三、现代化发展期（1963 年至今）

随着阿尔巴尼亚高等教育的发展，高校在校学生人数从 1963 年的 5.63 万人增加到 1983 年的 71.35 万人。

1988 年建立阿尔巴尼亚教育部，负责领导和管理各级教育，基层学校实行校长负责制，教育经费由政府预算提供。2003 年，加入"博洛尼亚进程"后，阿尔巴尼亚的高等教育改革开始向纵深发展，以人才市场的需求为导向，逐步下放权力给高等教育机构，提供自主办学的权力，以期高等教育得到高质量发展。

2008年，阿尔巴尼亚教育与科学部（Ministry of Education and Science）出台了《2008—2013年高等教育国家战略》，提出阿尔巴尼亚的高等教育和科学研究仍然远未达到国际标准。2007年颁布的《阿尔巴尼亚高等教育法》是向完善高等教育体系迈出的重要一步，但这只是起点。因此，政府制订了这项战略，以改进高等教育制度和确定长期目标和政策。战略提出以下四个总体目标：一是通过对学生的教育，促进社会发展和民主标准，公民生活充满活力；二是通过对合格劳动力的教育，促进国家和特定地区的经济发展；三是实现年轻一代的发展愿望；四是从国家利益出发，扩展和巩固广泛而充分的知识基础。

第三节　高等教育概况

一、分类及规模

阿尔巴尼亚高等教育机构分为三种不同的类型，即大学、学院、高等职业学院。大学主要进行高等教育、科学发展和创新知识等领域的教学服务，并开展基础和应用科学的研究活动。学院主要是开展科学研究和专业活动的高等教育机构，根据其研究领域可以提供具有专业性质的学习周期和计划。高职院校是一种专业定位的高等教育机构，主要培养具备实践技能的专业人才。

阿尔巴尼亚的大学主要分为公立和私立两大类，大学的每一学年分为2个学期，每学期通常持续15周，第一学期从10月开始，第二学期于次年3月开学，学习课程分为全日制课程和扩展课程两种类型。截至2023年，该国共有公立大学15所，包括地拉那大学（Tirana University）、地拉那理工大学（Polytechnic University of Tirana）、地拉那农业大学（Agricultural University of Tirana）、斯坎德培军事大学（Skanderbeg Military Academy）等。其中地拉那大学是阿尔巴尼亚的最高学府，是一所具备文法理工医学科的综合大学；私立大学26所，主要有地拉那都会大学（Universiteti Metropolitan University of Tirana）、马林·巴尔莱蒂大学（Marin Barleti University）等。

阿尔巴尼亚私立高等教育机构依照并遵循《阿尔巴尼亚高等教育法》及其章程设立和运行。私立高等教育机构在取得办学许可后，可以开始教育教学活动。根据教育与科学部的建议，私立高等教育机构的许可证在符合国家标准和部长委员会的要求后生效。私立高等教育机构的教育计划和公立教育机构相同。如果高等教育机构的教育计划是由国外高等教育机构或类似的教育机构颁发文凭，该教育计划必须纳入学分评价（ECTS）系统，以便承认学分和进行学分转换。

根据《阿尔巴尼亚高等教育法》，高等教育的使命包括三个方面。在文化方面，通过教学、科学研究和服务，建立、传播、发展和保护知识；发展和进一步推进艺术、体育运动；培养和储备高素质的专家和青年科学家；提供终身高等教育的可能性。在国家经济方面，维持国家和地区经济繁荣和发展。在民主政治方面，通过高等教育提升青年职业规划和发展水平，推动社会发展和民主进程。

公立高等教育机构主要由国家举办并由公共财政提供经费支持。公立高等教育结构的教育教学活动须符合国家高等教育发展规划，符合国家利益和社会公共利益。公立高等教育结构的办学属于公共事业，不得以营利为目的。

二、招生机制

在阿尔巴尼亚，基础教育为期8年，分为两个周期，每个周期四年，并获得毕业证书（Leaving Certificate），中等教育从九年级到十二年级，毕业时颁发成熟证书（Mature Certificate）。接受高等教育需要通过大学入学考试。

法律规定所有完成中学教育的公民都可以接受高等教育。由于阿尔巴尼亚教育计划性、民主性和普及性的特点，并且高中阶段和大学阶段的知识衔接性较高，所以入学率也相对较高。录取与否主要基于几种成绩综合考查：一是高中各必修选修科目成绩，二是高中会考成绩，还有各个公立大学单独组织的考试成绩。

阿尔巴尼亚高等教育毛入学率从 2000 年的 15.6% 迅速增加至 2014 年的 70.35%，在 14 年间近乎增长了 5 倍，且在 2011 年高等教育毛入学率就已达到 50% 以上，表明进入高等教育大众化阶段。2014—2017 年，其高等教育毛入学率呈现逐年下降的趋势，这一方面与该国人口总数以及高等教育适龄人口数量的减少有关，另一方面也是 2014 年关闭和停办了一些高等教育机构产生的间接后果。

三、人才培养

阿尔巴尼亚高等教育分为三个阶段。第一阶段为本科阶段，通常需要 6~12 个学期（即 3~6 年，大多数学科为 6 个学期，医学为 12 个学期），在毕业之前需要拿到 180 个欧洲学分互认体系（European Credit Transfer System，ECTS）学分，毕业时授予学士学位。第二个阶段是硕士研究生阶段，授予硕士学位，包括理学硕士学位、文学硕士学位、专业硕士学位、行政硕士学位。理学和文学硕士一般为期 2 年，毕业前要求获得 120 个 ECTS 学分；专业硕士学位通常为期 1.5 年，要求获得 60~90 个 ECTS 学分；行政硕士学位为期 1 或 2 年，要求获得 60 或 120 个 ECTS 学分。第三个阶段是博士研究生阶段，学位课程为期 3~5 年（6~10 个学期），包括个人学习和研究，在达到毕业要求时授予科学博士学位。此外，阿尔巴尼亚学制系统还包括一个专业化学位，主要针对长期进行专业化研究的人员，提供医学、牙科、药学、工程、法律、兽医等领域的研究，要求至少获得 120 个 ECTS 学分，时间上至少为 2 年，并通过全面的考试和毕业论文最终确定毕业资格，再颁发"专业文凭"。

阿尔巴尼亚高等教育开展了跨学科教育计划、联合教育计划和培训教育计划。跨学科教育计划是指高等教育机构的不同院系联合组织跨学科教育计划，可以由不同的高等教育机构开展。联合教育计划则是一个高等教育机构与另外一个或多个其他国内或国外、公立或私立高等教育机构合作完成培养计划，并授予联合学位或双学位。培训教育计划则是一种终身学习的形式，旨在更新和强化知识、培训技能、完成资格认证等。该计划旨在帮助提升个人学历的同时提升自己的专业技能。此外，学校可以组织各种非正式教育活动，如课程学习、暑期培训及其他培训计划等。

阿尔巴尼亚高等教育质量保证由内部和外部两部分组成。高等教育机构负责自身质量保证。机构内部可以建立负责质量保证的单位，由学生和外部专家担任成员。成员定期评估教学、研究、艺术活动、绩效和效率以及该高等教育机构的行政和财务活动。质量保证单位有自主权以及获得高等教育机构有关数据的权利。外部质量保证是由高等教育公共认证机构或者其他的认证机构通过质量保证和评估流程进行。认证委员会的成员不得同时兼任校长、副校长或院长职务。国家质量标准由高等教育与科学委员会和高等教育认证机构根据欧盟质量保证的文件精神合作制定。所有的公立或私立高等教育机构及其教育计划均须在颁发文凭之前经过初始认证，已经通过初始认证的高等教育机构有权颁发阿尔巴尼亚共和国认可的文凭。质量保证和认证程序、标准和要求适用于公立机构和私立机构。教育机构每6年都要接受一次评估和认证。除了高等教育机构内外部的质量保证体系，国家还设立教育与科学部，负责高等教育机构的质量保证和标准的执行、监督法律的实施以及法律所规定的公立和私立的高等教育的公共资金使用情况。教育与科学部至少每3年定期对公立和私立高等教育机构进行监督，并对高等教育机构每年至少进行一次财务评估。

学术评议会、校长、行政委员会、道德委员会和学院或院系委员会、学校的委员会构成了公立高等教育机构的管理和行政机构，对高等教育机构进行管理。公立高等教育机构的领导机构由校长、院长及本单位的负责人构成。管理人员和领导人员由高等教育机构选举产生，任期4年。

四、经费

2013—2017 年，阿尔巴尼亚公共教育经费支出占 GDP 比重从 2013 年的 3.54% 上升至 2016 年的 3.95%，但 2017 年降低至 2.19%。同时，阿尔巴尼亚高等教育经费支出占政府教育支出的比例从 2013 年的 21.93% 降低至 2017 年的 19.53%。高等教育经费支出占 GDP 的比重也呈现出同样的趋势，尤其是从 2016 年的 0.76% 锐减至 2017 年的 0.43%。三个比例均呈现下降趋势，2017 年下降幅度明显加大，阿尔巴尼亚近几年来高等教育经费投入力度不足。与欧盟教育经费占 GDP 比例的平均水平（9.9%）相比，阿尔巴尼亚与其有较大差距，仍然处于较低水平（见表 14-1）。

表 14-1　阿尔巴尼亚政府高等教育支出占国家生产总值的百分比

%

年份	2016	2017	2018	2019	2020
高等教育支出占 GDP 百分比	0.76	0.68	—	0.73	0.74

第四节　高等教育国际化

一、国际化历程

阿尔巴尼亚作为欧盟候选国，一直努力融入"博洛尼亚进程"。1999 年，来自欧洲 29 个国家的教育代表在意大利博洛尼亚举行会议，探讨欧洲高等教育问题。与会代表提出欧洲高等教育改革计划，其目的是整合欧盟各国的高等教育资源，形成共同的教育体制。这就是"博洛尼亚进程"。本次会上代表们签署了《博洛尼亚宣言》，确立了"博洛尼亚进程"中的国家的教育发展目标，即建立欧洲高等教育区。阿尔巴尼亚是加入"博洛尼亚进程"的国家。根据"博洛尼亚进程"，签署国的大学毕业生的毕业证书和成绩,都将获得其他签署国的承认。签署国的大学毕业生可以在其他欧洲国家申请完成硕士课程的学习,寻求就业,以期在欧洲实现高等教育和科技的一体化,形成欧洲高等教育区。

在国际合作方面,阿尔巴尼亚积极实施伊拉斯谟项目(Erasmus Mundus),充分利用欧洲各国的高等教育优势,与欧洲各国加强校际交流,增派学生赴欧洲其他国家学习,以获得欧盟承认的学历和学位。同时,加强教育机构和师生的信息交流与共享,以期共享教育资源。另外,在和欧洲各国充分交流的基础上制定了《阿尔巴尼亚高等教育法》,促进高等教育系统现代化的同时提高教育质量,为公民提供更多的教育机会,确保实现教育的多样性和公平性。阿尔巴尼亚和欧洲其他国家开展高等教育领域的合作和交流的规模依然需要进一步扩大。

二、国际化内容

联合国教科文组织统计数据显示,目前阿尔巴尼亚学生出国留学率为8.96%(2020年),其他国家学生赴阿留学率为1.69%(2021年),出国留学规模大于赴阿留学规模(见表14-2、表14-3)。阿尔巴尼亚学生留学国家主要集中在欧洲发达国家和美国,其中最大的留学目的地国为意大利。阿尔巴尼亚接收的外国留学生主要来自意大利、黑山、塞尔维亚等国。

表14-2 阿尔巴尼亚入境外国留学生总数

人

年份	2018	2019	2020	2021
数量	1 969	2 244	2 246	2 088

表14-3 阿尔巴尼亚高等教育出国留学生总数

人

年份	2016	2017	2018	2019	2020
数量	17 576	17 811	18 764	11 098	11 675

近年来，阿尔巴尼亚学生留学目的地国前 10 名为：意大利、希腊、土耳其、美国、法国、澳大利亚、罗马尼亚、英国、沙特阿拉伯和保加利亚，其中最主要的留学目的地国是意大利，赴意留学的学生数量远超其他国家。

在高等教育合作项目上，阿尔巴尼亚许多高等教育机构参与了欧盟伊拉斯谟项目，通过与欧盟之间的交流网络促进学生流动和学术交流与合作。阿尔巴尼亚高等教育机构也参加了《中欧大学研究交流计划》（Central European Exchange Programme for University Studies，CEEPUS），这是一个针对中欧和东欧学生和教授的学术交流计划，以促进高校学生流动，为学术研讨搭建平台。此外，阿尔巴尼亚政府还设立了"卓越基金"（Excellence Fund）项目，旨在资助学生出国留学，支持优秀学生和青年学者获得世界优秀大学的硕士或博士学位。

第五节　中阿高等教育与合作

一、合作办学

1949 年 11 月，在中华人民共和国成立之初，阿尔巴尼亚与中国正式确立外交关系，并于 1954 年开始互派大使。

在教育合作协议方面，中阿两国在 1954 年签署《中华人民共和国和阿尔巴尼亚人民共和国文化合作协定》，建立密切的文化合作关系，发展两国人民之间的友谊。此后，双方陆续签署了八个年度交流计划。1991 年，双方签订《中华人民共和国政府和阿尔巴尼亚社会主义人民共和国政府文化、教育和科学合作协定》，发展两国在文化、教育方面的合作。1996 年，阿尔巴尼亚最高领导人首次访华，并签署了《中华人民共和国与阿尔巴尼亚共和国政府科学技术合作协定》，促进双方在科技领域平等互利合作，鼓励两国大学、科研院所直接进行科技项目合作。

2009年，两国发表《中华人民共和国和阿尔巴尼亚共和国关于深化传统友好关系的联合声明》，就继续扩大双方在教育、文化和科技领域的交流与合作达成一致，强调两国传统友好关系是以坚实的民心为基础，符合两国共同利益。同年10月，中国教育部与阿尔巴尼亚教育和科学部在阿尔巴尼亚首都地拉那签署《中华人民共和国教育部与阿尔巴尼亚共和国教育和科学部2010—2012年教育执行计划》，推动中阿两国在教育事业共同发展上做出更深层次的交流。2016年6月，我国同阿方签署《中国文化部和阿尔巴尼亚文化部2016—2020年文化合作计划》，在文化领域搭建人文交流平台，助推两国文化关系深入发展。

二、学生流动

中阿两国并非是彼此出国留学的主要目的地国，虽然目前我国赴阿留学人数很少，但由于阿尔巴尼亚加入了"博洛尼亚进程"，充分享受欧洲高等教育资源，可以作为我国学生留学的选择。在"一带一路"倡议下，中阿两国可以不断加强两国在高等教育领域的合作和交流，以实现高等教育领域的共赢。

2015—2020年，阿尔巴尼亚来华留学生的数量（含学历生和非学历生）如表14-4所示。

表14-4　2015—2020年来华留学生人数

人

年份	2015	2016	2017	2018	2019	2020
阿尔巴尼亚来华留学生	113	124	173	220	211	163

三、中文教育概说

阿尔巴尼亚的中文教育起步较早，早在20世纪60年代，阿尔巴尼亚地拉那大学历史语言学系就开设了"汉语"和"中国古典文学"等课程。同时期,阿尔巴尼亚国立图书馆不仅购入了大量中文图书,更有64部中国文学作品被译成阿尔巴尼亚语,总印刷量达51万册,中国古典诗词《离骚》《杜甫诗选》,现代文学作品《雷雨》等都曾广泛流传,深受专家和读者好评。20世纪70年代中后期,由于历史原因,两国经济文化等各领域往来大幅减少。直至20世纪90年代,两国关系逐渐回暖,中阿签署多项教育合作协议,推动了中文教育的发展。2009年,阿尔巴尼亚地拉那大学时隔半个世纪后再次开设中文课程。2012年,阿尔巴尼亚前总理萨利·贝里沙在政府工作会议上提议将中文列为阿尔巴尼亚学校的第二外语,又在同年阿尔巴尼亚国际教育会议上强调了中文的重要性及尽快在阿尔巴尼亚学校引入中文的迫切性。2013年,阿尔巴尼亚地拉那大学孔子学院正式成立,当地中文教育开始进入稳步发展阶段。

地拉那大学孔子学院成立于2013年,由北京外国语大学与地拉那大学共建,是该国第一所也是唯一一所孔子学院。2021年12月,该孔子学院有4位公派汉语教师、1位汉语教师志愿者及1位本土汉语教师。2016—2017年,地拉那大学孔子学院先后在杜拉斯亚历山大摩西大学、地拉那都市大学、地拉那国际学校、地拉那国际学院、地拉那特蕾莎修女国际机场、发罗拉Ali Demi高中设立了共6个教学点。2017—2021年,地拉那大学孔子学院的注册学生人数分别是950人、609人、439人、462人和467人,在新冠疫情下,年均注册人数保持了约500人的规模。

地拉那大学孔子学院的中文课程类型分为综合课与口语课,其中综合课包括学分课和非学分课两类。学分课面向地拉那大学经济系和外语系开设,使用的教材分别是《当代中文(阿尔巴尼亚语版)》和《HSK标准教程》。非学分课招收当地大学生和社会学员,先后使用《当代中文(阿尔巴尼亚语版)》和《HSK标准教程》等教材。口语课的教学对象为HSK2级以上的孔院学生,由教师自编教材。2016—2020年,该孔院共举办了29场HSK考试和9场HSKK考试,参加考试总人数为443人次,通过率为87.4%。考试内容涵盖了HSK1~6级,HSKK初级和中级。初级汉语水平考试为该孔院考试工作的主体内容，其中参加HSK1级、HSK2级的考生总计339人，占总人数的76.0%，通过率高达95.0%。

地拉那大学孔子学院组织的文化活动主要包括大中学生"汉语桥"比赛、汉字听写大赛、中文诗朗诵比赛、中文歌曲大赛等语言类赛事以及包饺子、足球和排球友谊赛等。

第六节 代表性大学

地拉那大学是一所包括有文法理工医学科的综合大学，是阿尔巴尼亚的最高学府。它建校于1957年，1985年改名为地拉那恩维尔·霍查大学，是阿尔巴尼亚最大的教学与科研中心。

地拉那大学设有8个系：政法系、历史语言系、自然科学系、电子机械工程系、建筑工程系、医学系、地质矿业系和经济系，开设50个专业，在其他城市设有5个分校。有教师近1 000名，占全国高等院校教学科研人员的三分之二。

地拉那大学教育是免费的，家庭经济生活困难的学生可以申请助学金。招生是根据国家经济文化发展的需要按计划进行的。学习成绩优秀的中学生可由区市保送到地拉那大学习。全日制大学生学习期限根据不同学科分别为4~5年，而非全日制学习期限相应延长一年，即5~6年。

参考文献

[1]中华人民共和国外交部.阿尔巴尼亚国家概况（2022年10月更新）[EB/OL].[2023-03-01].https://www.mfa.gov.cn/web/gjhdq_676201/gj_676203/oz_678770/1206_678772/1206x0_678774/.

[2]顾明远.阿尔巴尼亚的学校教育制度[J].外国教育动态,1973(2):1-7.

［3］董洪杰，李蓓蕾.阿尔巴尼亚中文教育发展现状研究［J］.国际中文教育（中英文），2022，7（1）：87-91.

［4］王玉平，王彦莉."一带一路"视域下阿尔巴尼亚高等教育研究［J］.山西大同大学学报（社会科学版），2020，34（2）：136-139+144.

［5］刘进，林松月."一带一路"沿线国家的高等教育现状与发展趋势研究（十八）——以阿尔巴尼亚为例［J］.世界教育信息，2018，31（24）：32-36.

［6］UNESCO.Higher Education in Albania［EB/OL］.［2023-03-01］.https://unesdoc.unesco.org/ark:/48223/pf0000071382.

［7］The European Education Directory.Albania［EB/OL］.［2023-03-01］.https://www.euroeducation.net/prof/albanco.htm.

［8］Quality Assurance Agency in Higher Education.HEI list［EB/OL］.［2023-03-01］.https://www.ascal.al/en/hei-list.

第十五章 黑山

第一节 国家概况

黑山（Montenegro）位于欧洲巴尔干半岛中西部，东南同阿尔巴尼亚为邻，东北部同塞尔维亚相连，西北同波黑和克罗地亚接壤，西南部地区濒临亚得里亚海，海岸线长293千米，国土面积1.39万平方千米。西部和中部为丘陵平原地带，北部和东北部为高原和山地。年平均降水量为1 798毫米。冬季寒冷多雨，夏季炎热干燥。气候依地形自南向北分为地中海式气候、温带大陆性气候和山地气候。黑山共有25个行政区，首都为波德戈里察。2022年6月，黑山人口62.2万，为多民族国家，黑山族占45%、塞尔维亚族占29%、波什尼亚克族占8.6%、阿尔巴尼亚族占4.9%。官方语言为黑山语。主要宗教为东正教。货币为欧元。

9世纪，斯拉夫人在黑山地区建立"杜克利亚"国家。11世纪，"杜克利亚"改称"泽塔"，并在12世纪末并入塞尔维亚，成为塞行政省。15世纪，奥斯曼土耳其帝国占领现波德戈里察及其以北地区，泽塔王朝陷落。1878年柏林会议承认黑山为独立国家。1918年第一次世界大战后，黑山再次并入塞并加入"塞尔维亚—克罗地亚—斯洛文尼亚王国"，1929年改称南斯拉夫王国。20世纪90年代初，南斯拉夫联邦解体，黑山和塞尔维亚2个共和国联合组成南斯拉夫联盟共和国。2003年2月4日，南斯拉夫联盟共和国议会通过《塞尔维亚和黑山宪法宪章》，改国名为塞尔维亚和黑山。2006年5月，黑山就国家独立举行公民投票并获通过。同年6月3日，黑山宣布独立。6月28日，黑山加入联合国。

旅游业和制铝工业是黑山经济支柱，南斯拉夫解体后，黑山因受战乱、国际制裁影响，经济一路下滑。近年来随着外部环境改善及各项经济改革推进，经济逐步恢复，总体呈增长态势。黑山政府将旅游、能源、农业、基础设施作为重点领域，重视改善投资环境和吸引外资。2021年国内生产总值49.6亿欧元，人均国内生产总值8 002欧元。

中国和黑山两国人民之间有着传统友谊。2006年6月14日，外交部部长李肇星复信黑山共和国外长米奥德拉格·弗拉霍维奇，表示中国政府决定自即日起承认黑山共和国，并强调中方愿在和平共处五项原则基础上发展同黑山共和国的友好合作关系。同年7月6日，李肇星和黑山外交部部长米奥德拉格·弗拉霍维奇在北京签署了《中华人民共和国和黑山共和国建立外交关系联合公报》。建交后，两国关系发展良好，政治互信不断增强。双方在经贸、文化、旅游等各领域交流与合作成效显著。

第二节　高等教育概况

黑山教育体系完备，包括学前教育、初等教育、中等教育、高等教育、成人教育和特殊教育。高等教育机构分为大学教育和高职高专两种——大学教育学制为4~6年，毕业后可获得学士文凭；高职高专学制为2~4年。大学毕业后，学生可以进一步接受研究生教育。研究生教育分为硕士研究生和博士研究生两阶段。

在黑山的教育体系中，学生完成小学义务教育后，可以选择去普通学校或职业学校继续学习。黑山的中等教育主要由文科中学、综合中学（提供普通教育和职业教育）、职业学校和艺术学校组成。文科中学和艺术学校（音乐、艺术和舞蹈）提供 4 年制教育，职业学校分别有 2 年制（初级水平）、3 年制和 4 年制（中级水平）。2 年制职业学校的学生完成课程学习并通过资格考试就可以升入 3 年制学校的合适水平，3 年制和 4 年制职业学校学生教育完成后分别需要参加相应的实操能力测试和职业水平考试。所有中等教育毕业生都需要参加马图拉毕业会考（学术型或者技术型），技术高中也可以向中级水平的职业教育毕业生提供为期 2 年的中学后水平的教育，如图 15-1、表 15-1 所示。

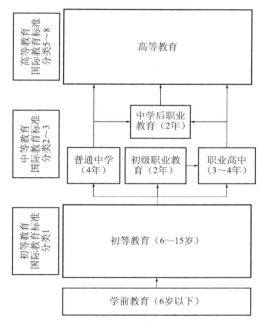

图 15-1　黑山教育体系

表 15-1　2018—2022 年黑山高等教育录取率

%

学年	总录取率	男性	女性
2018—2019	31.74	27.49	36.29
2019—2020	32.26	27.7	37.16
2020—2021	32.41	27.78	37.34

续表

学年	总录取率	男性	女性
2021—2022	31.91	26.58	37.59

黑山教育体系是由教育和科学部统一管理，教育和科学部负责制定全国性的教育政策，参与教育和科学领域的立法，并推动各级各类教育机构有关法规、条例的落实。新世纪以来，黑山加强教育制度与法律体系的建设，推动教育管理体制分权制改革。为此，黑山建立了新的机构和部门，并将教育和科学部的部分权力转移给了新机构。新成立的机构有职业教育与培训中心、教育服务管理局、考试中心和职业教育委员会等。

黑山的高等教育系统包括1所公立大学、3所私立大学和5所私立学院。其中，黑山大学为公立综合性高等学府，下戈里察大学和地中海大学为2所私立大学，95%学生就读于这3所高等院校。2016—2022年高等教育在读学生人数如图15-2所示。2017—2022年研究生在读学生人数如表15-2所示。2021—2022学年，高等院校在读学生17 679人，其中公立高等院校12 181人，私立高等院校5 498人。

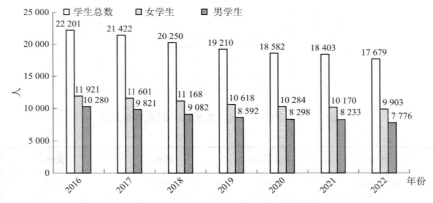

图15-2　2016—2022年黑山高等教育院校学生人数

表 15-2　2017—2022 年黑山研究生学生人数

人

学年	专业硕士			学术硕士			博士		
	总计	男	女	总计	男	女	总计	男	女
2017—2018	2 907	1 223	1 684	617	271	346	52	31	21
2018—2019	2 810	1 253	1 557	606	274	332	83	41	42
2019—2020	3 173	1 402	1 771	1 115	442	673	93	51	41
2020—2021	2 297	1 023	1 274	1 899	706	1 193	101	49	52
2021—2022	1 613	743	870	2 944	1 033	1 911	140	71	69

2021 年，黑山高等院校毕业生人数 2 759 人，相比 2020 年 3 044 人降低 9.4%。2014—2022 年高等院校毕业生人数见图 15-3。

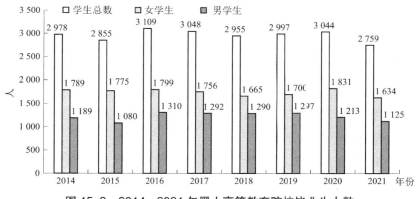

图 15-3　2014—2021 年黑山高等教育院校毕业生人数

第三节　高等教育国际化

高等教育国际化是高等教育发展的重要方面，也是欧洲高等教育机构发展的重要战略。黑山高等院校一直致力于提高国际竞争力和国际地位，旨在对标博洛尼亚宣言的标准，使在课程、质量、学制等方面更加符合欧洲高等教育区标准，更高效地满足社会的需要，能够与欧洲高等教育区和欧洲研究领域的一体化进程相匹配。

欧洲大学协会（European University Association, EUA）在2014年对黑山高等教育机构的评估报告中指出，黑山在大学层面缺乏战略规划，也缺乏对国际化研究的定期评估，并强调指出，其缺乏对学生和教师流动性的评估，以及国际项目的实施没有得到严密的调控。评估小组的评价之一是对参与流动性项目的外国留学生和国内学生的支持与服务不足。其他阻碍黑山高等教育机构更好地实现国际化的问题，还有诸如流动性项目的参与动能不足、学术和行政人员的流动有限、流动期的认可度问题，以及在英语或其他外语的学习项目上的缺乏。

为解决高等教育机构在国际化能力方面的不足，2019年11月，为期2年的推进黑山高等教育院校国际化战略（Internationalization at Montenegrin HEIs through Efficient Strategic Planning, IESP）正式施行，项目预算683 014欧元。该项目旨在通过创设一个可增强国际化全方面能力的最优模式，来提高黑山高校的国际竞争力和知名度。战略包括：实行有计划的国际化战略、制定国际化的相关支持文件、研究和创新国际化、提高教师和学生的国际流动性、搭建国际化交流网络及对国际化进行质量评估。

IESP项目被列为黑山国家级Ⅱ类建设项目，涉及高等教育国际化的战略规划和国际化战略的实施与调控。参加IESP项目的每所黑山高校都将制定2020—2025年的国际化战略，其中包括总体任务、发展愿景及战略目标等问题。每项战略都要求附有实现其目标的具体实施计划，并详细说明计划内的活动、完成期限、负责人和应急准备程序。在项目周期内开展的活动将解决目前最紧迫的问题，如制定国际化的支持文件、学生和教师流动性的管理程序、双边协议及国际项目的管理程序、开设英语授课的课程，制定英语授课的跨学科暑期学校课程，以及开发或重新设计黑山高等教育机构的英语网站。

以黑山大学为例，为能够系统化持续提升学校各方面国际化水平和国际认可度，学校制定了黑山大学 2021—2026 年国际化发展战略。战略围绕教学国际化、科研国际化、师生国际流动和国际排名四个方面，设定了以下九个目标：

①增加英文授课课程数量。

②建设英文授课专业。

③增加与合作院校的联合项目。

④增强与个人或科研机构合作。

⑤推进博士培养国际化。

⑥增强科研的国际影响力。

⑦鼓励师生的国际流动。

⑧增加与世界知名院校的合作。

⑨提高学校世界排名。

此项发展战略也是 IESP 项目中的一个组成部分，并受到"伊拉斯谟+"项目资助。黑山大学在欧洲的合作院校斯洛文尼亚卢布尔雅那大学（University of Ljubljana）、西班牙加迪斯大学（University of Cádiz）、法国蔚蓝海岸大学（Université Côte d'Azur）以及黑山教育部、科技部和高等教育质量认证部均参与了黑山大学 2021—2026 年国际化发展战略的制定。

2020 年，黑山大学共有 62 个本科专业、73 个硕士专业和 25 个博士专业，通常每个专业有 5 门课程使用英文授课，但暂未建设全英文授课专业。与法国图尔大学法语文学专业和法国蔚蓝海岸大学经济学专业建有双学位项目。

由于黑山大学尚无全英文授课项目，外国留学生规模较小，大多数外国留学生来自前南斯拉夫国家。2017—2020 年本、硕、博阶段的外国留学生人数如表 15-3 所示。大多数外国留学生申请的是"伊拉斯谟+"或 CEEPUS 项目（见表 15-4），在黑山大学进行为期 3~12 个月的交换学习，生源国主要有立陶宛（16%）、葡萄牙（14%）、罗马尼亚（10%）。黑山大学学生留学目的地国主要为德国（20%）、意大利（12%）、法国（9%）、波兰（9%）、斯洛文尼亚（9%）。教师流动情况见表15-5。

表15-3 黑山大学2017—2020年本硕博阶段外国留学生人数

人

学年	2017—2018		2018—2019		2019—2020	
本科	275	1.77%	250	1.75%	254	1.91%
硕士	39	1.42%	30	1.08%	38	1.14%
博士	17	22.08%	8	8.16%	13	10.74%

表15-4 黑山大学2017—2020年留学生资助项目学生流动情况

人

项目名称	2017—2018学年		2018—2019学年		2019—2020学年	
	流入	流出	流入	流出	流入	流出
"伊拉斯谟+"	18	136	26	107	42	112
CEEPUS	2	0	6	31	3	24
其他项目	2	0	2	0	0	2
合计	22	136	34	138	45	138

表15-5 黑山大学2017—2020年教师资助项目流动情况

人

项目名称	2017—2018学年		2018—2019学年		2019—2020学年	
	流入	流出	流入	流出	流入	流出
Erasmus+	72	136	108	148	49	56
CEEPUS	0	0	0	8	3	5
其他项目	0	2	4	1	17	4
合计	72	138	112	157	69	65

第四节　中黑高等教育交流与合作

　　黑山作为"一带一路"沿线国家,积极参与中国—中东欧(16+1)合作,积极与中方在基础设施建设、文化教育、旅游等方面开展合作,取得了显著的合作成果。黑山也将中国与欧盟、美国一起列为主要合作伙伴。2017年,黑山的经济增长达4.4%,位列欧洲前茅。这些都为两个国家在"一带一路"的持续有效的合作中,创造了良好的前景。

　　黑山大学孔子学院位于黑山共和国首都波德戈里察,于2015年4月正式揭牌,是黑山大学和长沙理工大学合作的孔子学院。黑山大学孔子学院成立7年以来,在当地获得了社会各界极大的支持。相继与黑山大学,当地的中小学、幼儿园建立了合作项目。截至2017年1月1日,黑山大学孔子学院在孔子学院本部开设了从HSK1级到HSK4级的课程,同时也与3所高中、4所中小学、1所幼儿园建立了合作关系,甚至深入企业,与当地中资企业建立联系,为在中资企业工作的外籍员工上汉语课。同时也在另外一座城市尼克希奇建立了新的教学点,将汉语课程拓展到了其他三个城市。

　　2016年,四川省西华大学与黑山的下戈里察大学签署合作备忘录,确定了两所高校将在院系交往、学生互换、文化交流、新技术研发、经验交流等方面加强交流合作。

　　在两国的共同努力下,两国在教育领域的合作内容越来越丰富、项目越来越具体。中国政府为黑山学生提供了奖学金,该奖学金项目受到黑山学生的追捧,申请人数不断增长(见表15-6)。

表15-6　2015—2020年黑山学生留学中国数据

人

年份	2015年	2016年	2017年	2018年	2019年	2020年
人数	38	68	74	124	122	68

第五节　代表性大学

一、黑山大学

黑山大学（University of Montenegro）成立于1974年，是黑山成立最早的高等教育机构，也是规模最大的综合性高等教育机构，有超过2万名学生，由19个院系和3个科学院组成，是黑山唯一一所公立高校。

黑山大学主要位于波德戈里察市，同时在尼克希奇、采蒂湿、科托尔、巴尔、新海尔采格等城市设有校区或项目研究基地，几乎遍布黑山的所有重要城市。最初，黑山大学由技术系、法律系、教育学院、高等海事学院、历史学院、农业和生物与医学研究所等组成。教育学院后来改为教学系，如今是哲学系。1978年以后，学校建成了技术学院，包括电气工程、机械工程、冶金等专业。随后几年，黑山大学经历了几次重组，新的大学机构于1999年确立。

目前，黑山大学下设有农业学院、生物技术学院、经济学院、电气工程学院、戏剧艺术学院、艺术学院、政治学学院、运动与体育学院、旅游学院、语言学院、哲学学院、土木工程学院、机械工程学院、医学院、冶金学院、音乐学院、海洋学院、法学院、数学学院19个学院和海洋生物、科研与创新、历史学3个研究所，已成为黑山科研、文化、艺术和创新中心，是欧洲大学协会（The European University Association）、巴尔干大学联盟（The Balkan University Association）成员之一。

黑山大学重视与全球高校在教育、科研等领域的合作，早在1975年就与佛罗里达州立大学签订了第一份合作协议。如今，黑山大学已经与欧洲和亚洲高等院校签订了80项合作协议，与150所高校在"伊拉斯谟+"框架下开展学分互换项目。在校师生借助"伊拉斯谟+"CEEPUS、Mevlana等项目进行广泛的国际交流。根据高等教育在全球趋势和劳动力市场的需要，黑山大学在建设现代化大学以及不断提高课程质量、科研资源等方面不断探索新的方向。

二、地中海大学

地中海大学（University Mediteran）成立于2006年5月30日，是黑山建立的第一所私立大学，由6个学院组成。该大学是巴尔干大学联盟的成员之一。成立之初，该大学由旅游学院、酒店贸易管理学院、商学院、视觉艺术和信息技术学院组成。2006年12月16日，地中海大学又增设了两个学院：外国语学院和法学院。地中海大学的商学院、视觉艺术和信息技术学院、外国语学院和法学院位于波德戈里察，而旅游学院和酒店贸易管理学院位于巴尔市。

地中海大学还设立了项目研究和咨询中心，通过项目合作提高了教学人员的专业能力，并且加强了黑山学术研究和商业环境之间的共通性。此外，学校采用欧洲教学和科学研究的标准，与许多国际高等教育机构的合作较为紧密，还积极参与黑山的文化和经济发展，融入欧洲和世界教育发展的大趋势。地中海大学与欧盟一些伙伴大学合作较多，如匈牙利的德布勒森大学、荷兰的瓦赫宁根大学、苏格兰农业学院、匈牙利的布达佩斯商学院。

参考文献

［1］中华人民共和国外交部．黑山国家概况（2023年1月更新）［EB/OL］．［2023-03-11］．https://www.mfa.gov.cn/web/gjhdq_676201/gj_676203/oz_678770/1206_679258/sbgx_679262/.

［2］ENIC-NARIC Montenegro［EB/OL］．［2023-03-12］．https://www.enic-naric.net/page-Montenegro.

［3］黑山国家统计局［EB/OL］．［2023-03-12］．http://www.monstat.org/eng/index.php.

［4］陈宏，牛东芳.黑山［M］.大连：大连海事大学出版社，2018.
［5］魏名.黑山共和国职业教育现状与发展对策［J］.深圳职业技术学院学报，2018（5），68-74.
［6］李沁阳."一带一路"框架下中国与黑山的合作分析［D］.北京：外交学院，2019.
［7］IESP［EB/OL］.［2023-03-15］.https://www.iesp.ucg.ac.me/.
［8］UoM Internationalization 2021-2026［EB/OL］.［2023-03-16］.https://www.iesp.ucg.ac.me/uploaded/files/KPI%20UoM%202021-2026%20ENG%282%29.pdf.
［9］黑山大学［EB/OL］.［2023-03-16］.https://www.ucg.ac.me/#lat.
［10］地中海大学［EB/OL］.［2023-03-17］.https://unimediteran.net/?lang=en.
［11］下戈里察大学［EB/OL］.［2023-03-17］.https://www.udg.edu.me/en/.

第十六章 北马其顿

第一节 国家概况

北马其顿共和国（The Republic of North Macedonia），简称北马其顿，位于欧洲巴尔干半岛中部。西邻阿尔巴尼亚，南接希腊，东接保加利亚，北部与塞尔维亚接壤，国土面积2.57万平方千米。气候以温带大陆性气候为主。北马其顿共设84个地方行政单位，首都为斯科普里（Skopje）。2022年，北马其顿人口209.7万人。主要民族为马其顿族（54.21%）、阿尔巴尼亚族（29.52%）、土耳其族（3.98%）、罗姆族（2.34%）和塞尔维亚族（1.18%）。官方语言为马其顿语。居民多信奉东正教，少数信奉伊斯兰教。北马其顿的法定货币为代纳尔（Denar），货币代码MKD。2022年2月，人民币与北马其顿代纳尔的汇率约为1∶8.40；美元与代纳尔的汇率约为1∶56.58。

7世纪，斯拉夫人迁居马其顿地区。10世纪下半叶至11世纪初，塞缪尔始建第一个斯拉夫人的国家。1912年第一次巴尔干战争结束后，塞尔维亚、保加利亚、希腊军队占领马其顿地区。经过1913年第二次巴尔干战争，塞尔维亚、保加利亚和希腊重新瓜分马其顿地区。地理上属于塞尔维亚的部分称瓦尔达尔马其顿，属于保加利亚的部分称皮林马其顿，属于希腊的部分称爱琴马其顿。第一次世界大战后，瓦尔达尔马其顿作为塞尔维亚的一部分并入塞尔维亚人—克罗地亚人—斯洛文尼亚人王国（1929年改称南斯拉夫王国）。1941年，德国、意大利法西斯入侵南斯拉夫。1945年，南斯拉夫人民赢得反法西斯战争胜利，11月29日宣告成立南斯拉夫联邦人民共和国（1963年改称南斯拉夫社会主义联邦共和国）。1991年11月20日，马其顿宣布独立，定宪法国名为"马其顿共和国"。因希腊反对该国名，1993年4月7日，马其顿以"前南斯拉夫马其顿共和国"的临时国名加入联合国。2018年6月12日，马其顿、希腊两国总理宣布就国名问题达成协议。2019年2月12日，北马其顿政府宣布正式更改国名为"北马其顿共和国"。

近年来，随着国内外环境改善和各项改革措施推进，北马其顿经济保持稳定增长。2021年国内生产总值112.4亿欧元，人均国内生产总值5 360欧元，国内生产总值增长率4%。北马其顿矿产资源比较丰富，有煤、铁、铅、锌、铜、镍等，其中煤的蕴藏量约9.4亿吨。2021年工业产值约占国内生产总值的21.5%，主要工业有矿石开采、冶金、化工、电力、木材加工、食品加工等。

2021年对外贸易总额195.8亿美元、同比增长27.6%，其中出口额81.9亿美元、同比增长23.5%，进口额113.9亿美元、同比增长30.8%。主要贸易伙伴为德国、英国、塞尔维亚、中国、希腊等。

2021年，中北马双边贸易额6亿美元、同比增长56.7%。2022年1—8月双边贸易额3亿美元、同比下降22.1%，其中中方出口额1.7亿美元，进口额1.3亿美元。1997年6月，两国签署《中华人民共和国和马其顿共和国联合公报》；2007年12月，两国发表《中华人民共和国和马其顿共和国关于深化互利合作关系的联合声明》；2016年9月，中国与马其顿等9个"一带一路"沿线国家签署了标准化合作协议，旨在促进互联互通建设；2017年9月，中国与中东欧16国共同发表了《中国—中东欧国家文化合作杭州宣言》，并签署了相关合作计划与备忘录。2017年11月，中国再次确定向中东欧国家提供优惠贷款，马其顿总理称"一带一路"倡议为该国带来巨大投资前景；2018年5月1日起，海南省实施马其顿等59国人员入境旅游免签政策。

中国同北马其顿就抗击新冠疫情团结合作。中国政府、企业、社会各界向北马其顿政府和民间捐赠防疫物资。2021年5月，中国向北马其顿捐赠新冠疫苗。

第二节　高等教育概况

北马其顿高等教育的起源可以追溯到70年前，第一个使用马其顿语教学的院系——哲学系于1946年成立，第一所马其顿大学圣基里尔·麦托迪大学（Ss. Cyril and Methodius University）于1949年成立。2003年，北马其顿加入"博洛尼亚进程"并对高等教育体系进行改革，引入欧盟本、硕、博三周期学制体系，以促进高等教育的发展、与欧洲的合作、学生和教师的国际流动。

2022年，北马其顿共有26所高等教育院校，其中公立院校9所、私立院校15所、宗教院校2所。2021—2022学年，高等院校在读学生51 582人，其中全日制学生46 075人，教师共3 182人，教辅人员1 374人，如表16-1、表16-2所示。

表16-1　2017—2022年北马其顿教师、教辅人员和学生人数

人

学年	教师		教辅		学生	
	总数	全日制	总数	全日制	总数	全日制
2017—2018	2 961	2 273	1 169	433	56 941	50 701
2018—2019	3 101	2 342	1 222	409	53 677	48 525
2019—2020	3 162	2 398	1 275	400	51 734	46 467
2020—2021	3 074	2 367	1 214	486	50 881	45 981
2021—2022	3 182	2 467	1 374	529	51 582	46 075

表 16-2 2022 年北马其顿高等教育机构师生人数

人

学校类别	学校名称	教师		教辅人员		学生	
		总数	全职	总数	全职	总数	全日制
公立高等院校	圣基里尔·麦托迪大学 University "Ss. Cyril and Methodius" –Skopje	1 481	1 133	505	245	22 261	21 282
	圣克里门特·奥瑞斯基大学 University "St. Kliment Ohridski" – Bitola	255	243	9	9	3 519	3 254
	戈斯·德尔切夫大学 University "Goce Delchev" – Shtip	348	297	193	64	7 013	5 506
	信息与科技大学 University for Information Science and Technology "St. Paul the Apostle" – Ohrid	16	16	5	5	271	271
	泰托沃州立大学 University of Tetovo	388	289	375	71	7 771	6 870
	特雷莎修女大学 University "Mother Teresa" – Shtip	57	57	35	35	1 295	1 203
	高等医学院 Higher Medical School – Bitola（高职）	38	7	23		467	328
		2 583	2 042	1 145	429	42 597	38 714
宗教院校	神学学院 Orthodox Faculty of Theology	6	6	8	8	80	55
	伊斯兰学学院 Faculty of Islamic Sciences – Skopje	10	10			276	169
		16	16	8	8	356	224
私立高等院校	欧洲大学 European University – Skopje	52	29	20	17	507	507

续表

学校类别	学校名称	教师		教辅人员		学生	
		总数	全职	总数	全职	总数	全日制
私立高等院校	东南欧大学 SEE University – Tetovo	116	76	37	1	1 747	1 551
	美国欧洲大学 AUE – FON University – Skopje	58	58	8	8	602	517
	美国学院 American College – Skopje	53	30	31	12	815	703
	国际视野大学 Vision International University	34	29	43	31	884	884
	旅游管理大学 University of Tourism and Management – Skopje	25	25	7	7	726	157
	管理信息学院 MIT – Management and Information Technologies – Skopje	86	85	56	8	116	64
	斯拉夫国际大学 International Slavic University "Gavrilo Romanovic Derzavin" – Sveti Nikole	79	40	7	7	428	187
	巴尔干大学 International Balkan University – Skopje					2 211	2 211
	商业经济学院 Faculty of Business Economics – Skopje	10	9	1	1	153	113
	欧洲学院 Euro College – Kumanovo	14	7	1		113	32
	Europa Prima 国际大学 Europa Prima – International University – Skopje	44	11	7		75	75

续表

学校类别	学校名称	教师		教辅人员		学生	
		总数	全职	总数	全职	总数	全日制
私立高等院校	商业学院 Business Academy Smilevski – BAS（高职）	12	10	3		206	94
	巴尔干国际医学院 Higher Medical School – International Balkan（高职）University – Skopje					35	35
	医学美容和理疗学院 College of Medical Cosmetology and Physiotherapy – "MIT" –Skopje（高职）					11	7
		583	409	221	92	8 629	7 137

北马其顿高等教育实行三周期学历结构，即学士—硕士—博士三级学位制度。通常本科学习年限为3~4年，毕业须获得180~240学分。艺术、牙科、建筑、医学等专业学习年限通常为4~6年。硕士学习年限为1~2年，毕业须获得60~120学分。申请1年制硕士项目，本科需完成4年的学习并获得240学分。博士学习年限为至少3年，毕业须获得180学分，如图16-1所示。

北马其顿本科、硕士、博士阶段的录取条件由各个高等院校自行设定，本科录取通常包括完成高中学习和通过国家Matura考试（相当于我国高中毕业会考或者是高考）。Matura考试被很多欧洲国家认可，包括外部和内部考试，通过这些考试测试和评估学生在中学教育中获得的知识、技能和能力。同时考试结果可供教育政策制定者在规划战略和开展提高教育质量时作为参考。根据北马其顿教育科技部关于设定国家Matura考试的相关规定，考试分为三部分：必考科目（马其顿语言文学/阿尔巴尼亚语言文学/土耳其语言文学）、选考科目（外语（英语/法语/德语/俄罗斯语）/数学/哲学/美学）和项目报告。其中，前两个部分为外部考试，由北马其顿国家考试中心负责组织，项目报告为内部考试，由各高中学校自行实施。Matura 考试在每年 6 月和 8 月举行，8 月通常为 6 月因各种原因未参加考试或未通过考试的学生参加。2021—2022 学年共有 15 899 名学生注册 6 月份的 Matura 考试。

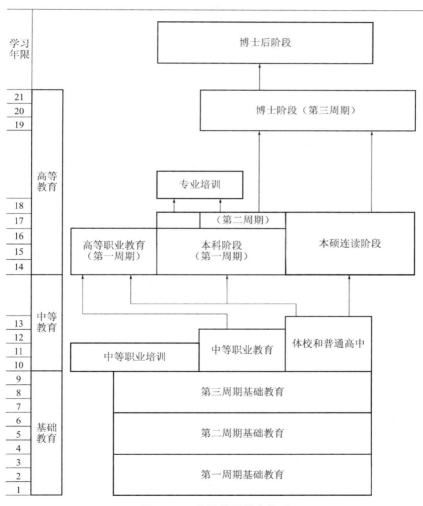

图 16-1　北马其顿教育体系

本科和硕士的项目培养均包含60%必修课程、30%选修课程和10%由各高校设定的自由选修课程。自由选修课程中需包含创新创业课程。学生成绩评价体系采用10分制，5分为不及格。课程最终成绩由任课老师根据学习情况和高等教育法中规定的条例评定。博士项目培养通常包含少量的课程学习、在导师指导下的科研项目、至少1周的海外学习、国际学术交流、在国际期刊上发表论文、博士论文写作与答辩等。各高等教育院校的专业和课程设置由高等院校学术委员会审定，需得到高等教育认证委员会的认可和教育与科技部的批准。

2017年，北马其顿的本科毕业生数量为8 545人。约54%的学生取得社会科学领域的本科学位，宗教科学、生物技术科学、自然科学与数学学科领域的本科毕业生人数占比较小，分别为1%、4%、5%。2017年硕士毕业生数量为1 851人，博士毕业生数量为209人，大多毕业生毕业于社会科学领域专业。

北马其顿教育与科技部下设有高等教育认证与评估委员会，该委员会于2002年成立。自2003—2004学年起，所有高等教育院校需要接受高等教育认证与评估委员会的认证与评估。本科和硕士项目每5年认证一次，博士项目每3年认证一次。高等院校的评估内容包括院校自评、外部评价和教职工质量评估三部分。

第三节　高等教育国际化

鼓励高等教育人员流动、提高教育国际化以及发展国际教育机构是北马其顿高等教育国际化最重要的战略目标之一，其工作重点为推进博洛尼进程和哥本哈根进程。高等院校教育流动由国家教育与科技部、各高校和对接欧洲教育和流动的机构负责。在高等教育法中，教师和学生的国际流动是其中的一项重要内容。

高等教育法中规定，国际合作项目也是各高等院校国际化的重要工作内容。大多数高等院校均建有国际合作办公室，负责计划与实施相关国际合作项目，包括建立双边或多边合作关系、经费制定、师生国际流动等，尤其是与欧盟和西巴尔干半岛国家的合作。

国家教育与科技部委派专人对教师和学生国际流动项目进行宣传，如中欧学生交换项目（CEEPUS，Central European Exchange Program for University Studies）、伊拉斯谟（Erasmus）项目、富布莱特（Fulbright）奖学金项目、鲍里斯·特拉伊科夫斯基（Boris Trajkovski）奖学金项目、外国留学生奖学金项目、双边合作奖学金（与俄罗斯、中国等）项目。

北马其顿于 2006 年加入 CEEPUS 项目。2005 年国家教育与科技部成立了 CEEPUS 项目办公室，负责接待和指导申请者申请该项目，并出具项目相关报告。该项目奖学金获得者均为硕士研究生、博士研究生和教师。

根据伊拉斯谟计划年度报告，2014—2018 年，负责对接欧盟教育和流动的机构共签署 72 份合作协议以资助北马其顿高校师生参与到国际流动中，"伊拉斯谟+"项目投入超过 600 万欧元、1 550 余名师生到欧盟国家交换学习。截至 2018 年，共有 24 所北马其顿高等教育院校获得伊拉斯谟高等教育宪章（Erasmus Charter for Higher Education，ECHE）项目资质。

在与欧盟国家的合作伙伴中，与法国的合作项目最多（64 项），占合作项目总数的 53%。与英国的合作项目共 59 项，占合作项目总数 48.8%，合作项目大多为促进学生和教师的国际流动。

为吸引外国留学生来北马其顿留学，提升本国高等院校国际化水平，北马其顿政府设立有北马其顿政府外国留学生奖学金。奖学金资助对象为优秀本科留学生，奖学金包括往返机票、全额学费、签证费、在指定宿舍的住宿费和每个月 5 000 代纳尔的生活补助。申请者不得超过 22 周岁，如表 16-3 所示。

表 16-3　2018 年 ERASMUS 计划中北马其顿高校学生和教师流动情况

人

人员	出境人数						入境人数					
	欧盟间项目			合作国家项目			欧盟间项目			合作国家项目		
	学习	培训	合计	学习	培训	合计	学习	培训	合计	学习	培训	合计
学生	318	80	398	—	—	—	123	158	281	—	—	—
教师	69	57	126	8	5	13	210	222	432	3	—	3

第四节　中北马高等教育交流与合作

北马其顿于 1993 年 10 月与中国正式建立外交关系，自建交以来，两国在各领域合作关系密切。在高等教育方面，2015 年，北京外国语大学新增了马其顿语专业。2010 年 8 月，北马其顿科技代表团访问东北大学，旨在促进两校间的师生交流；2016 年 4 月，北马其顿信息科学与技术大学与兰州交通大学签署了两校合作协议备忘录，同年 6 月，两校科技文化交流中心揭牌；2017 年 6 月，沈阳化工大学访问北马其顿斯提普—戈采德尔切夫大学（Goce Delchev-Stip），两校签订了校际合作协议。2021 年，中国—中东欧国家领导人峰会的成功召开促进了中北马之间的传统友好关系，北马其顿圣基里尔麦托迪大学与武汉大学、中国农业大学、西南财经大学等高校合作密切。

2007 年，中国与北马其顿签署了《中华人民共和国教育部和马其顿共和国教育和科学部教育合作协议》，为中北马教育合作奠定了良好基础。2017 年，李克强总理在第六次中国—中东欧国家领导人会晤上的讲话提到，未来 5 年中国将向中东欧国家提供不少于 5 000 个各类中国政府奖学金名额，北马其顿作为中东欧国家的一员，其学生具备申请该项奖学金的资格。中国与北马其顿学生双向流动情况如表 16-4

所示。

表 16-4　2015—2020 年中北马学生双向流动数据

人

年份	2015	2016	2017	2018	2019	2020
中国大陆学生留学北马其顿	—	—	1	2	2	1
北马其顿学生在华留学	36	52	66	59	56	41

2013 年，圣基里尔麦托迪大学—西南财经大学孔子学院成立。作为北马其顿唯一的孔子学院，圣基里尔麦托迪大学孔子学院开展了大量汉语推介工作。2013 年 11 月，圣基里尔麦托迪大学孔子学院在马其顿首都斯科普里举行了马其顿文版《孔子：论语、大学、中庸》新书推介发布会；2014 年 11 月，圣基里尔麦托迪大学孔子学院与斯科普里 NOVA 国际中学举办了汉语教学点合作协议的签字仪式，标志着汉语教学首次进入马其顿高中课堂。

第五节　代表性大学

一、圣基里尔麦托迪大学

圣基里尔麦托迪大学（Ss. Cyril and Methodius University in Skopje）成立于 1949 年，位于北马其顿首都斯科普里，是北马其顿第一所公立大学，也是北马其顿规模最大的高等教育院校。圣基里尔麦托迪大学下设哲学、农业科学、建筑学、土木工程、计算机科学与技术、牙医、艺术设计、戏剧、经济、电气工程与信息技术、艺术学、森林、机械工程、医学、音乐、自然科学与数学等 23 个院系。在校本科生 28 400 人，硕士生 1 100 人，博士生 1 071 人。教职工人数 3 100 余人。圣基里尔麦托迪大学已与全球 70 余所大学签订双边合作协议。

2022年，北马其顿圣基里尔麦托迪大学位列USNEWS欧洲大学排名第510位，QS新兴欧洲及中亚地区大学排名（QS EECA University Rankings）159位。

二、泰托沃州立大学

泰托沃州立大学（University of Tetova）成立于1994年，位于城市泰托沃，在库马诺沃设有分校。下设农业与生物技术、应用科学、艺术、工商管理、经济、食品科学、法学、医学、自然科学与数学、教育学、语言学、哲学、运动学13个院系，教师人数388人，教辅人员375人，在校生人数7 700余人。

学校重视建立国际化项目，与65所外国高校签订了校际合作协议。学校尤其重视与阿尔巴尼亚高校间的合作，泰托沃州立大学是北马其顿唯一一所提供阿尔巴尼亚语授课的大学，为促进北马其顿与阿尔巴尼亚的合作做出了很大贡献。

参考文献

[1] 中华人民共和国外交部. 北马其顿国家概况（2023年1月更新）[EB/OL].[2023-02-04]. https://www.mfa.gov.cn/web/gjhdq_676201/gj_676203/oz_678770/1206_679474/1206x0_679476.

[2] 北马其顿教育部[EB/OL].[2023-02-10]. https://www.mon.gov.mk/en.

[3] 统计局统计局[EB/OL].[2023-02-10]. https://www.stat.gov.mk/IndikatoriTS_en.aspx?id=5.

[4] State Matura[EB/OL].[2023-02-12]. https://dic.edu.mk/%D0%B4%D1%80%D0%B6%D0%B0%D0%B2%D0%BD%D0%B0-%D0%BC%D0%B0%D1%82%D1%83%D1%80%D0%B0/?lang=en.

[5] ENIC-NARIC North Macedonia[EB/OL].[2023-02-13]. https://

www.enic-naric.net/page-North-Macedonia.

［6］Eeropean Higher Educaion Organization - North Macedonia［EB/OL］.［2023-02-14］. https://eurohighereducation.com/north-macedonia.

［7］Macedonia Government Scholarships for International Students［EB/OL］.［2023-02-14］.https://scholarshipfellow.com/bachelor-scholarships-south-eastern-european-region-macedonia-international-students.

［8］The UNESCO Institute for Statistics［EB/OL］.［2023-02-06］. http://data.uis.unesco.org.

［9］兰州交通大学-马其顿信息科学与技术大学科技文化交流中心在马其顿揭牌［EB/OL］.［2023-02-15］. https://ddh.lzjtu.edu.cn/info/1007/1215.htm.

［10］圣基里尔麦托迪大学［EB/OL］.［2023-02-15］. https://www.ukim.edu.mk/en_index.php.

［11］泰托沃州立大学［EB/OL］.［2023-02-15］. https://unite.edu.mk/en.